Charchulla/Welzel · Referendarausbildung in Strafsachen

Referendarausbildung in Strafsachen

Stationspraxis
Klausurtechnik
Aktenvortrag

von

Dr. Tim Charchulla
Staatsanwalt in Kiel

und

Dr. Marcel Welzel
Richter am Amtsgericht Oldenburg/H.

3., neu bearbeitete Auflage

C.F. Müller

Tim Charchulla, Dr. jur., geb. 1972 in Itzehoe. Referendarexamen 1997 in Schleswig. Im Jahr 2000 Promotion in Kiel und Assessorexamen in Hamburg. Seit 2001 Staatsanwalt und Referendarausbilder. Prüfer im Staatsexamen bei dem Justizprüfungsamt in Schleswig-Holstein.

Marcel Welzel (geb. Ernst), Dr. jur., geb. 1969 in Bielefeld. Referendarexamen 1995 in Schleswig, Assessorexamen 1999 in Hamburg. Anschließend Arbeit als Rechtsanwalt und Abschluss des Fachanwaltslehrgangs für Strafrecht. Im Jahr 2001 Promotion sowie Aufnahme der Tätigkeit als Staatsanwalt und Referendarausbilder. Seit 1. Januar 2010 Richter. Prüfer im Referendar- und Assessorexamen in mehreren Bundesländern. Diverse Veröffentlichungen zum Straf- und Strafprozessrecht.

Bibliografische Information der Deutschen Nationalbibliothek
Die Deutsche Nationalbibliothek verzeichnet diese Publikation in der Deutschen Nationalbibliografie; detaillierte bibliografische Daten sind im Internet über <http://dnb.d-nb.de> abrufbar.

Bei der Herstellung des Werkes haben wir uns zukunftsbewusst für umweltverträgliche und wiederverwertbare Materialien entschieden. Der Inhalt ist auf elementar chlorfreies Papier gedruckt.

ISBN 978-3-8114-7103-0

E-Mail: kundenbetreuung@hjr-verlag.de
Telefon: +49 89/2183-7928
Telefax: +49 89/2183-7620

FSC www.fsc.org MIX Papier aus verantwortungsvollen Quellen FSC® C008492

www.cfmueller-campus.de
www.hjr-verlag.de

Satz: Gottemeyer, Rot
Druck: Beltz Druckpartner GmbH & Co. KG, Hemsbach

Vorwort

Im Rahmen der dritten Auflage wurden die aktuelle Gesetzgebung, Rechtsprechung und Literatur eingearbeitet. Dabei haben wir uns auf die wesentlichen Änderungen beschränkt, um den Stoff überschaubar zu halten. Insbesondere haben wir auf neue Gerichtsentscheidungen hingewiesen, die nach unseren Erfahrungen als Prüfer examensrelevant sind. Nach wie vor sind Beweisverwertungsverbote häufig Gegenstand von Examensklausuren. Die Korrektur zahlreicher Examensklausuren zeigt jedoch auch, dass der Referendar bei der Examensvorbereitung neben dem Strafprozessrecht das materielle Strafrecht nicht aus den Augen verlieren darf.

Ausgehend von unserem Konzept, dem Referendar auch eine Hilfestellung bei der praktischen Tätigkeit während der Stationsausbildung zu bieten, haben wir das Buch um einige Beispiele und Muster erweitert.

Lübeck, im August 2012

Tim Charchulla
Marcel Welzel

Vorwort zur 1. Auflage

Das Buch richtet sich in erster Linie an Referendare in den Strafstationen und dient zur Vorbereitung auf das Assessorexamen. Daneben kann es Studenten im Wahlfach eine wertvolle Hilfe sein und jungen Staatsanwälten, Richtern sowie Strafverteidigern den Berufseinstieg erleichtern.

In den ersten Abschnitten wird die Ausbildung beim Staatsanwalt, Strafrichter und Strafverteidiger praxisnah dargestellt. Die für die Anfertigung von Klausuren und für die mündliche Prüfung erforderlichen Kenntnisse werden in den weiteren Kapiteln vertieft. Damit bietet das Buch eine umfassende Anleitung für die Stationspraxis in Strafsachen und vermittelt das examensrelevante Wissen.

Die Erfahrung als Ausbilder zeigt, dass Referendare nicht selten Schwierigkeiten haben, sich in die im Vergleich zur Universität andersartige juristische Arbeitsweise der Praxis einzufinden. Zahlreiche Beispiele und Muster sollen den Einstieg in die Stationsausbildung und die Aktenbearbeitung erleichtern. Zugleich bieten sie Formulierungshilfen für die in den Stationen und im Examen anzufertigenden Arbeiten. Die Muster orientieren sich an dem in den norddeutschen Bundesländern üblichen Aufbau. Auf Abweichungen in Süddeutschland wird im Anhang anhand von Beispielen hingewiesen. Dabei sind die Namen und Orte frei gewählt. Die Muster entsprechen nicht vollständig der Praxis an den dortigen Staatsanwaltschaften und Gerichten. Aus Gründen der Übersichtlichkeit wurde auf die Darstellung regionaler Besonderheiten verzichtet. Diese werden dem Referendar ohnehin in der Stationsausbildung und den Arbeitsgemeinschaften nahe gebracht.

Der gezielten Vorbereitung auf das Assessorexamen trägt das Buch dadurch Rechnung, dass schon in den Abschnitten über die Stationsausbildung Examenswissen vermittelt wird. Die besonders prüfungsrelevanten Inhalte standen bei der Auswahl der dargestellten Themen im Vordergrund. In den Kapiteln über die Klausurbearbeitung und die mündliche Prüfung wird der Referendar mit den aus Prüfersicht bestehenden Anforderungen und Problemschwerpunkten vertraut gemacht. Neben der Staatsanwalts- und Richterklausur wird die Anwaltsklausur eingehend behandelt. Zudem befasst sich das Buch mit revisionsrechtlichen Fragestellungen und bietet Hinweise zum Aktenvortrag.

Wegen der Ausrichtung des Buches auf das Assessorexamen und die Bedürfnisse der Praxis wurden die Fußnoten auf ein Minimum beschränkt. Dabei haben wir grundsätzlich auf die Kommentare von *Meyer-Goßner* und *Tröndle/Fischer* zurückgegriffen, die als Hilfsmittel in fast allen Bundesländern im zweiten Staatsexamen zugelassen sind. Der Referendar sollte frühzeitig die effiziente Arbeit mit diesen Kommentaren trainieren, da sowohl die Prüfungsämter als auch die Prüfer regelmäßig darauf zurückgreifen.

Zu Übungszwecken ist im Anhang eine Anwaltsklausur abgedruckt. Wir empfehlen, die Klausur unter „Examensbedingungen“ zu lösen und erst anschließend die einem amtlichen Prüfervermerk entsprechenden Lösungshinweise heranzuziehen.

Für die Unterstützung und wertvollen Anregungen bedanken wir uns bei Frau *Martina Wittland* und Frau *Daniela Henze* sowie bei Herrn *Hans-Ulrich Führer*.

Lübeck, im August 2007

Tim Charchulla
Marcel Ernst

Inhaltsverzeichnis

	Rn.	Seite
Vorwort		V
Vorwort zur 1. Auflage		V
Abkürzungs- und Literaturverzeichnis		XIII
A. Die Ausbildung bei der Staatsanwaltschaft	1	1
I. Stellung und Aufgabe	2	1
1. Ermittlungsverfahren	3	1
2. Hauptverhandlung	5	2
3. Strafvollstreckung	6	2
II. Behördenaufbau	8	3
III. Aktenbearbeitung	12	4
1. Aufbau der Akte	13	4
2. Weg der Akte	14	5
3. Sachbearbeitung und Verfügungstechnik	19	6
IV. Verfügungen und Maßnahmen im Ermittlungsverfahren	26	9
1. Durchsuchung und Beschlagnahme	27	10
2. Vorläufige Entziehung der Fahrerlaubnis	39	13
3. Untersuchungshaft	44	17
a) Sachliche Voraussetzungen für die Anordnung von Untersuchungshaft	45	17
aa) Dringender Tatverdacht	47	17
bb) Haftgrund	50	18
(1) Flucht (§ 112 Abs. 2 Nr. 1 StPO)	51	18
(2) Fluchtgefahr (§ 112 Abs. 2 Nr. 2 StPO)	52	18
(3) Verdunkelungsgefahr (§ 112 Abs. 2 Nr. 3 StPO)	55	19
(4) Besonders schwerwiegende Delikte (§ 112 Abs. 3 StPO)	57	20
(5) Wiederholungsgefahr (§ 112a StPO)	58	20
cc) Verhältnismäßigkeit	62	21
b) Formelle Voraussetzungen für die Anordnung von Untersuchungshaft	63	21
c) Hinweise für das Verfahren bei der Staatsanwaltschaft in Haftsachen	66	22
4. Sicherheitsleistung	69	24
5. Fahndung/Abwesenheit des Beschuldigten	75	26
6. Vernehmung von Beschuldigten und Zeugen	79	28

7. Akteneinsicht 85 30
8. Pflichtverteidigerbestellung im Vorverfahren 93 32
9. Verfahrensabtrennung 96 34
V. Abschlussverfügungen 101 36
1. Verfahrensgegenstand 102 36
2. Einstellung des Verfahrens 108 38
a) Einstellung nach § 170 Abs. 2 StPO mangels hinreichenden Tatverdachts 108 38
aa) Allgemeines 109 38
bb) Täter nicht ermittelt (einfache Unbekanntsache) 121 40
cc) Kein hinreichender Tatverdacht aus tatsächlichen Gründen 122 41
dd) Einstellung und Verweisung auf den Privatklageweg 123 42
ee) Einstellung der Straftat und Abgabe an die Ordnungsbehörde 124 43
b) Einstellung aus Opportunitätsgründen 125 44
aa) Einstellung nach § 153 Abs. 1 StPO 127 45
(1) Vergehen 128 45
(2) Geringe Schuld 129 45
(3) Kein öffentliches Strafverfolgungsinteresse 130 45
(4) Zustimmung des Gerichts 132 46
bb) Einstellung nach § 153a Abs. 1 StPO 135 48
(1) Vergehen 136 48
(2) Keine entgegenstehende Schwere der Schuld 137 48
(3) Beseitigung des öffentlichen Strafverfolgungsinteresses durch Auflagen oder Weisungen 138 49
(4) Zustimmung des Gerichts 139 49
(5) Zustimmung des Beschuldigten 140 49
cc) Absehen von der Strafverfolgung nach § 154 Abs. 1 StPO und § 154a Abs. 1 StPO 146 53
(1) Einstellung nach § 154 Abs. 1 StPO 147 54
(2) Beschränkung der Strafverfolgung nach § 154a Abs. 1 StPO 153 58
dd) Weitere Einstellungsvorschriften im Überblick 159 59
(1) § 153b StPO 160 59
(2) § 154d StPO 161 59
(3) § 154e StPO 162 60
(4) § 154f StPO 162a 60
(5) § 45 JGG 163 60
3. Abschlussverfügungen bei Anklageerhebung 168 62
VI. Anklageschrift 179 66
1. Kopf der Anklageschrift 181 67
2. Personalien 184 68
3. Zeit und Ort der Tatbegehung 188 69
4. Gesetzliche Merkmale der Straftat 193 69

5. Konkretisierung ... 205 73
6. Angewendete Vorschriften ... 213 74
7. Angabe der Beweismittel ... 219 76
8. Wesentliches Ergebnis der Ermittlungen ... 231 78
9. Anträge ... 237 80
VII. Strafbefehl mit Abschlussverfügung ... 243 86
VIII. Sitzungsvertretung ... 249 90
1. Nichterscheinen des Angeklagten ... 253 92
2. Verlesung des Anklagesatzes ... 258 92
3. Vernehmung des Angeklagten zur Sache ... 261 93
4. Beweisaufnahme ... 262 93
5. Schlussvortrag ... 265 94
a) Anrede ... 268 95
b) Darstellung des Sachverhalts ... 269 95
c) Beweiswürdigung ... 271 95
d) Rechtliche Würdigung ... 273 96
e) Strafzumessung ... 278 96
aa) Allgemeines Strafrecht ... 279 96
(1) Geldstrafe ... 287 99
(2) Freiheitsstrafe ... 290 100
(3) Gesamtstrafe ... 298 102
(4) Weitere Entscheidungen ... 304 105
bb) Jugendstrafrecht ... 309 106
f) Antrag ... 319 108
6. Urteil ... 320 108

B. Die Ausbildung beim Strafrichter ... 322 110

I. Stellung des Strafrichters ... 323 110
II. Aufgaben des Strafrichters ... 323a 110
1. Ermittlungsverfahren ... 324 111
2. Zwischenverfahren ... 327 112
3. Vorbereitung der Hauptverhandlung ... 340 115
4. Hauptverhandlung ... 343 116
III. Das Urteil ... 345 116
1. Rubrum ... 347 117
2. Tenor ... 350 119
3. Liste der angewendeten Vorschriften ... 367 122
4. Gründe ... 368 123
a) Persönliche Verhältnisse ... 369 123
b) Feststellungen ... 370 123
c) Beweiswürdigung ... 372 124
d) Rechtliche Würdigung ... 378 125
e) Strafzumessung ... 380 126
f) Nebenentscheidungen ... 382 126

5. Unterschriften ... 386 127
6. Urteilsbegleitende Beschlüsse ... 387 127

C. Die Ausbildung beim Strafverteidiger ... 389 135

I. Stellung des Verteidigers ... 390 135
II. Aufgaben des Verteidigers ... 391 136
1. Ermittlungsverfahren ... 392 136
2. Zwischenverfahren ... 407 142
3. Hauptverfahren ... 411 143
a) Beweisaufnahme ... 412 143
aa) Beweisantrag ... 413 144
(1) Bestimmte Tatsachenbehauptung ... 416 145
(2) Bestimmtes Beweismittel ... 421 146
(3) Konnexität zwischen Beweistatsache und Beweismittel ... 424 146
bb) Bedingte Beweisanträge ... 427 147
cc) Ablehnungsgründe für einen Beweisantrag ... 429 147
(1) Ablehnung des Beweisantrags bei nicht präsenten Beweismitteln ... 431 148
(a) Unzulässigkeit der Beweiserhebung ... 432 148
(b) Offenkundigkeit ... 433 148
(c) Bedeutungslosigkeit ... 434 148
(d) Erwiesenheit ... 436 149
(e) Ungeeignetheit ... 437 149
(f) Unerreichbarkeit ... 438 149
(g) Verschleppungsabsicht ... 439 150
(h) Wahrunterstellung ... 440 150
(i) Weitere Ablehnungsgründe beim Sachverständigenbeweis ... 441 150
(j) Weitere Ablehnungsgründe bei Augenscheinsbeweis und Auslandszeugen ... 443 151
(2) Ablehnung des Beweisantrags bei präsenten Beweismitteln ... 444 151
b) Schlussvortrag ... 447 152
4. Rechtsmittelverfahren ... 452 153

D. Klausuren ... 453 154

I. Allgemeine Hinweise zur Klausurbearbeitung ... 459 154
II. Die staatsanwaltschaftliche Klausur ... 466 156
1. Verfahrensstadium: Ermittlungsverfahren ... 467 156
a) Materielles Gutachten ... 470 157
aa) Subsumtion ... 472 157
bb) Verfolgbarkeit ... 475 158

(1) Verfolgungsverjährung 476 158
(2) Fehlender Strafantrag 481 160
(3) Strafklageverbrauch 492 164
(4) Weitere Strafverfolgungshindernisse 493 164
cc) Relevanter Sachverhalt 494 164
(1) Unzulässige Beweisgewinnung 501 166
(2) Beweisverwertungsverbot 503 167
(a) Beweisverwertungsverbot des § 136a Abs. 3 S. 2 StPO 504 167
(b) Gesetzlich nicht geregelte Beweisverwertungsverbote 508 168
dd) Konkurrenzen 513 171
b) Prozessuales Gutachten 515 171
aa) Einstellung des Verfahrens 521 172
bb) Anklageerhebung 523 173
(1) Zuständigkeit des Gerichts 525 173
(2) Antrag auf Erlass eines Haftbefehls 531 174
(3) Antrag auf vorläufige Entziehung der Fahrerlaubnis 533 175
(4) Antrag auf Bestellung eines Pflichtverteidigers 534 175
(5) Mitteilungspflichten 537 176
(6) Weitere prozessuale Erwägungen 538 176
c) Entschließung der Staatsanwaltschaft 541 176
2. Verfahrensstadium: Hauptverfahren 543 177
3. Verfahrensstadium: Rechtsmittelverfahren 550 179
III. Die Anwaltsklausur 553 179
1. Verfahrensstadium: Ermittlungs- und Zwischenverfahren 554 179
2. Verfahrensstadium: Hauptverfahren 566 182
3. Verfahrensstadium: Rechtsmittelverfahren 569 183
a) Zulässigkeit der Revision 573 183
aa) Statthaftigkeit 574 184
bb) Revisionsberechtigung 575 184
cc) Beschwer 576 184
dd) Kein Rechtsmittelverzicht 577 185
ee) Ordnungsgemäße Revisionseinlegung und -begründung 578 185
b) Begründetheit der Revision 585 186
aa) Verfahrenshindernisse 589 187
bb) Verletzung des Verfahrensrechts 591 187
(1) Verfahrensverstoß 592 188
(2) Beweisbarkeit 594 188
(3) Beruhen 597 188
(4) Kein Rügeausschluss 601 190
cc) Verletzung des materiellen Rechts 602 190
(1) Darstellungsmängel 604 190
(2) Fehlerhafte Gesetzesanwendung 606 191
(3) Fehlerhafter Rechtsfolgenausspruch 607 191

c) Revisionsanträge 609 191
IV. Die Richterklausur 617 193

E. Mündliche Prüfung 622 195

I. Der Aktenvortrag 623 195
1. Allgemeine Hinweise 624 195
2. Aufbau des Aktenvortrags 627 196
a) Einleitung 628 196
b) Sachbericht 629 196
c) Pauschaler Entscheidungsvorschlag 634 198
d) Rechtliche Würdigung 636 198
e) Abschließender Entscheidungsvorschlag 639 199
II. Pflicht- und Wahlfachprüfung 640 199

F. Anhang 641 200

I. Aufbau einer Einstellungsverfügung in Bayern und Baden-Württemberg 641 200
II. Aufbau einer Anklageschrift in Bayern 642 201
III. Aufbau einer Anklageschrift in Baden-Württemberg 643 203
IV. Musterklausur (Anwaltsklausur) mit Lösungshinweisen 644 204

Stichwortverzeichnis 222

Abkürzungs- und Literaturverzeichnis

AA	Amtsanwalt
a.A.	anderer Ansicht
aaO.	am angegebenen Ort
Abt.	Abteilung
Abs.	Absatz
AD	Aktendoppel
a.E.	am Ende
a.F.	alte Fassung
AG	Amtsgericht
AL	Abteilungsleiter
AO	Abgabenordnung
Art.	Artikel
AV	Allgemeine Verfügung
Az.	Aktenzeichen
BAK	Blutalkoholkonzentration
Beulke	Strafprozessrecht, 11. Auflage 2010
BGH	Bundesgerichtshof
BGHSt	Entscheidungen des Bundesgerichtshofes in Strafsachen
Bl.	Blatt
BT-Drs.	Bundestagsdrucksache
BtMG	Betäubungsmittelgesetz
BVerfG	Bundesverfassungsgericht
BVerfGE	Entscheidungen des Bundesverfassungsgerichtes
BZR	Bundeszentralregisterauszug
BZRG	Bundeszentralregistergesetz
bzw.	beziehungsweise
d.A.	der Akte
Dahs	Handbuch des Strafverteidigers, 7. Auflage 2005
d.h.	das heißt
DNS	Desoxyribonukleinsäure
DRiG	Deutsches Richtergesetz
DRiZ	Deutsche Richterzeitung
EB	Einstellungsbescheid
Eisenberg	Jugendgerichtsgesetz, 15. Auflage 2011
EMRK	Europäische Konvention zum Schutz der Menschenrechte und Grundfreiheiten
EN	Einstellungsnachricht
Engländer	Examens-Repetitorium Strafprozessrecht, 5. Auflage 2011
evtl.	eventuell
EZR	Auszug aus dem Erziehungsregister

f.	folgende
ff.	fortfolgende
FIN	Fahrzeugidentifikationsnummer
Fischer	Strafgesetzbuch und Nebengesetze, 59. Auflage 2011
Fn.	Fußnote
G 10	Gesetz zur Beschränkung des Brief-, Post- und Fernmeldegeheimnisses
gem.	gemäß
gez.	gezeichnet
GG	Grundgesetz für die Bundesrepublik Deutschland
ggf.	gegebenenfalls
GL	Gruppenleiter
GVG	Gerichtsverfassungsgesetz
HA	Handakte
Haller/Conzen	Das Strafverfahren, 6. Auflage 2011
h.M.	herrschende Meinung
HPT	Haftprüfungstermin
Hs.	Halbsatz
HSB	Haftsonderband
i.d.F.	in der Fassung
IMEI	International Mobile Equipment Identity
InsO	Insolvenzordnung
i.V.m.	in Verbindung mit
JGG	Jugendgerichtsgesetz
JM	Justizminister/-ium
JuS	Juristische Schulung
JVA	Justizvollzugsanstalt
JZ	Juristenzeitung
Karlsruher Kommentar zur Strafprozessordnung, 6. Auflage 2008	
KBA	Auszug aus dem Verkehrszentralregister
KK	Kriminalkommissar
LG	Landgericht
LOStA	Leitender Oberstaatsanwalt
MDR	Monatsschrift für Deutsches Recht
Meyer-Goßner	Strafprozessordnung, 54. Auflage 2011
MiStra	Mitteilungen in Strafsachen
MRK	Konvention zum Schutze der Menschenrechte und Grundfreiheiten
mwN.	mit weiteren Nachweisen
n.A.	nach Antrag
NJ	Neue Justiz
NJW	Neue Juristische Wochenschrift
Nr.	Nummer
NStZ	Neue Zeitschrift für Strafrecht
NStZ-RR	NStZ-Rechtsprechungsreport
NZV	Neue Zeitschrift für Verkehrsrecht

OAA	Oberamtsanwalt
o. Dez.	ordentliche(r) Dezernent(in)
o.f.W.	ohne festen Wohnsitz
OLG	Oberlandesgericht
OrgStA	Anordnung über Organisation und Dienstbetrieb der Staatsanwaltschaft
OStA	Oberstaatsanwalt
OWiG	Gesetz über Ordnungswidrigkeiten
Park	Handbuch Durchsuchung und Beschlagnahme, 2. Auflage 2009
PK	Polizeikommissar
POK	Polizeioberkommissar
POM	Polizeiobermeister
R	Auszug aus dem Bundeszentralregister
RB	Rechtsbelehrung
RiStBV	Richtlinien für das Strafverfahren und das Bußgeldverfahren
Rn.	Randnummer
Roxin/Schünemann	Strafverfahrensrecht, 27. Auflage 2012
RPflG	Rechtspflegergesetz
Russack	Die Revision in der strafrechtlichen Assessorklausur, 7. Auflage 2012
S.	Satz/Seite
SchlHA	Schleswig-Holsteinische Anzeigen
Schönke/Schröder	Strafgesetzbuch, 28. Auflage 2010
s.o.	siehe oben
sog.	sogenannte(r)
StA	Staatsanwalt/Staatsanwaltschaft
StGB	Strafgesetzbuch
StPO	Strafprozessordnung
str.	streitig
StVÄG 1999	Strafverfahrensänderungsgesetz 1999 v. 2. 8. 2000
StVG	Straßenverkehrsgesetz
StV	Strafverteidiger
T	Auszug aus dem Erziehungsregister
u.a.	unter anderem
U.m.A.	Urschriftlich mit Akten
usw.	und so weiter
V./Vfg.	Verfügung
v.A.w.	von Amts wegen
vgl.	vergleiche
Vollmer/Heidrich	Die Assessorklausur im Strafprozess, 10. Auflage 2011
VZR	Auszug aus dem Verkehrszentralregister
wg.	wegen
wgl.	weglegen
Wolters/Gubitz	Strafrecht im Assessorexamen, 7. Auflage 2012
Wv./Wvl.	Wiedervorlage

z.B.	zum Beispiel
z.d.A.	zu den Akten
Ziff.	Ziffer
z.K.	zur Kenntnis

A. Die Ausbildung bei der Staatsanwaltschaft

In der Station bei der Staatsanwaltschaft ist der Referendar gefordert, sein im Studium erworbenes Wissen in die Praxis umzusetzen. Dazu ist es erforderlich, sich einerseits die Aufgabe und Funktion der Staatsanwaltschaft zu vergegenwärtigen und sich andererseits mit den praktischen Geschäftsabläufen vertraut zu machen. 1

I. Stellung und Aufgabe

Die Staatsanwaltschaft trägt zur Durchsetzung des staatlichen Strafverfolgungsanspruchs bei. Der Schwerpunkt der staatsanwaltschaftlichen Tätigkeit liegt in der Leitung und dem Abschluss des Ermittlungsverfahrens. Daneben nimmt sie wichtige Aufgaben in der Hauptverhandlung und im Strafvollstreckungsverfahren wahr. Die Staatsanwaltschaft ist nicht Partei, sondern ein dem Gericht gleichgeordnetes **objektives Organ der Rechtspflege**. Sie hat sowohl be- als auch entlastende Umstände zu ermitteln. Formal gehört die Staatsanwaltschaft zur Exekutive[1]. Wegen ihrer Eingliederung in die Justiz wird sie als Behörde *sui generis* betrachtet[2]. 2

1. Ermittlungsverfahren

Nach dem in § 151 StPO geregelten Akkusationsprinzip findet eine gerichtliche Untersuchung nur nach Erhebung der öffentlichen Klage statt. Hierzu ist die Staatsanwaltschaft berufen (§ 152 Abs. 1 StPO). Beim Vorliegen **zureichender tatsächlicher Anhaltspunkte (Anfangsverdacht)** ist sie nach § 152 Abs. 2 StPO zur Aufnahme von Ermittlungen verpflichtet **(Legalitätsgrundsatz)**. Die Durchführung der einzelnen Ermittlungen erfolgt in der Regel durch die Polizei. Die Staatsanwaltschaft verfügt über keinen eigenen Ermittlungsapparat. Nach § 163 StPO hat die Polizei das Recht und die Pflicht des ersten Zugriffs. Sie hat Straftaten zu erforschen und alle keinen Aufschub gestattenden Anordnungen zu treffen, um die Verdunkelung der Sache zu verhindern. 3

Dazu ist sie zur Vornahme von Ermittlungen jeder Art befugt. Bestimmte Befugnisse wie etwa die Beschlagnahme oder die Anordnung der körperlichen Untersuchung des Beschuldigten stehen ausschließlich den Ermittlungspersonen der Staatsanwalt-

1 Vgl. *BVerfG* NJW 2001, 1123 mwN.
2 Vgl. *Meyer-Goßner*, vor § 141 GVG Rn. 6.

schaft (§ 152 GVG) zu. Dies sind durch Landesrecht ermächtigte Polizeibeamte oder Angestellte[3].

4 In der überwiegenden Zahl der Fälle werden die Ermittlungen – insbesondere im Bereich der kleineren und mittleren Kriminalität – selbstständig durch die Polizei geführt und die Akten erst nach dem Abschluss an die Staatsanwaltschaft übersandt[4]. Diese entscheidet dann nur noch über den Abschluss des Ermittlungsverfahrens, d.h. regelmäßig über die Frage der Anklageerhebung oder Verfahrenseinstellung. Die Leitung des Ermittlungsverfahrens obliegt jedoch der Staatsanwaltschaft. Diese soll den Sachverhalt in bedeutsamen oder in rechtlich oder tatsächlich schwierigen Fällen vom ersten Zugriff an selbst aufklären. Dies ergibt sich aus Nr. 3 der Richtlinien für das Straf- und das Bußgeldverfahren (RiStBV)[5]. Nach § 152 GVG haben die Ermittlungspersonen den Anordnungen der Staatsanwaltschaft Folge zu leisten, insbesondere bestimmte Ermittlungsaufträge durchzuführen. Soweit einzelne Ermittlungen unter einem Richtervorbehalt stehen (z.B. Durchsuchung, Telekommunikationsüberwachung), muss die Staatsanwaltschaft durch entsprechende Anträge vor Durchführung der Maßnahme grundsätzlich einen richterlichen Beschluss erwirken.

2. Hauptverhandlung

5 Die Staatsanwaltschaft vertritt die Anklage in der Hauptverhandlung[6]. Nach § 226 Abs. 1 StPO muss ein Beamter der Staatsanwaltschaft ununterbrochen an der Hauptverhandlung teilnehmen. Obwohl die Leitung der Hauptverhandlung dem Vorsitzenden des Gerichts obliegt (§ 238 Abs. 1 StPO), ist der Staatsanwalt gehalten, aktiv an einem geordneten Ablauf mitzuwirken. Die Aufgaben des Staatsanwalts in der Hauptverhandlung sind in Nr. 127 und 128 der RiStBV näher geregelt[7].

3. Strafvollstreckung

6 Schließlich erfolgt die Strafvollstreckung nach § 451 StPO durch die Staatsanwaltschaft als Vollstreckungsbehörde. Sie hat dafür zu sorgen, dass die gegen den Verurteilten verhängte Strafe durchgesetzt wird. Dabei sind die Vollstreckungsgeschäfte grundsätzlich dem Rechtspfleger bei der Staatsanwaltschaft übertragen[8].

7 In Verfahren gegen Jugendliche und Heranwachsende, die nach Jugendstrafrecht verurteilt wurden, obliegt die Strafvollstreckung nach §§ 82 Abs. 1 S. 1, 110 Abs. 1 JGG

---

3 Nach § 152 Abs. 2 GVG müssen die Ermittlungspersonen im öffentlichen Dienst stehen, das 21. Lebensjahr vollendet haben und mindestens zwei Jahre in den bezeichneten Beamten- oder Angestelltengruppen tätig gewesen sein. In der Praxis sind die meisten Polizeibeamten nach der jeweiligen Landesverordnung Ermittlungspersonen der Staatsanwaltschaft.

4 Kriminalpolitisch ist die mangelnde Beteiligung der Staatsanwaltschaft an den Ermittlungen in vielen Fällen mit Sorge zu betrachten, da dies eine Umkehr der gesetzlich vorgesehenen Aufgabenverteilung darstellt.

5 Bei den Richtlinien für das Straf- und Bußgeldverfahren (RiStBV) handelt es sich um eine bundeseinheitlich geltende Verwaltungsvorschrift, die im Wesentlichen Handlungsanweisungen für den Staatsanwalt enthält. Sie ist abgedruckt bei *Meyer-Goßner*, Anhang 12.

6 Zum Gang der Hauptverhandlung vgl. Rn. 251.

7 In dem Abschnitt zur Sitzungsvertretung wird hierauf näher eingegangen; vgl. Rn. 252 f.

8 Vgl. § 31 Abs. 2 S. 1 RPflG.

grundsätzlich dem Jugendrichter. Die Staatsanwaltschaft hat lediglich eine Kontrollfunktion, die sie durch Stellungnahmen und die Einlegung von Rechtsbehelfen gegen Vollstreckungsmaßnahmen des Gerichts ausübt.

II. Behördenaufbau

Die Staatsanwaltschaft ist hierarchisch aufgebaut. Nach § 144 GVG handelt der einzelne Staatsanwalt als Vertreter des Behördenleiters. Dieser ist nach § 145 Abs. 1 GVG berechtigt, das Verfahren an sich zu ziehen **(Devolutionsrecht)** oder einen anderen Staatsanwalt damit zu beauftragen **(Substitutionsrecht)**. Seinem Dienstvorgesetzten gegenüber ist der Staatsanwalt weisungsgebunden, § 146 GVG. Die Dienstaufsicht in den Bundesländern wird nach § 147 GVG durch den jeweiligen Landesjustizminister oder seine Vertreter ausgeübt. Der Behördenaufbau stellt sich demnach wie folgt dar: **8**

Landesjustizminister
Generalstaatsanwälte
Leitende Oberstaatsanwälte
Oberstaatsanwälte und Gruppenleiter
Staatsanwälte und Amtsanwälte

Trotz dieses hierarchischen Aufbaus arbeitet der Staatsanwalt in der Praxis weitgehend unabhängig. Weisungen werden nur in Ausnahmefällen erteilt.

Im Verhältnis zu den Gerichten ist die Staatsanwaltschaft gem. § 150 GVG **unabhängig**. Allerdings ist umstritten, ob und inwieweit die Staatsanwaltschaft an die höchstrichterliche Rechtsprechung gebunden ist[9]. Relevant wird dieser Streit, wenn die Staatsanwaltschaft entgegen der Rechtsprechung die Strafbarkeit eines bestimmten Verhaltens verneint und das Verfahren einstellen möchte. Entgegen einem großen Teil des Schrifttums nimmt der Bundesgerichtshof eine **Bindung der Staatsanwaltschaft an die ständige höchstrichterliche Rechtsprechung** an[10]. Gestützt wird dies im Wesentlichen auf das Legalitätsprinzip (Anklageverpflichtung der Staatsanwaltschaft), den Grundsatz der Gewaltenteilung (Übertragung der rechtsprechenden Gewalt nach Art. 92 GG an die Gerichte) sowie den Gleichheitsgrundsatz (einheitliche Entscheidungen). Dagegen spricht die in § 150 GVG normierte Unabhängigkeit der Staatsanwaltschaft von den Gerichten sowie der Umstand, dass die Verpflichtung des Staatsanwalts zur Wahrheit und Gerechtigkeit eine selbstständig und eigenverantwortlich gewonnene Rechtsüberzeugung voraussetzt[11]. **9**

9 Zum Streitstand vgl. *Beulke*, Rn. 90 mwN.
10 Vgl. BGHSt 15, 155 ff.
11 Vgl. *Roxin/Schünemann*, § 9 Rn. 14.

10 Die Organisation und der Dienstbetrieb der Staatsanwaltschaften sind in den Bundesländern durch die sog. OrgStA (Anordnung über Organisation und Dienstbetrieb der Staatsanwaltschaft) geregelt[12]. In dieser Rechtsverordnung finden sich insbesondere Regelungen zum Zeichnungsrecht und der Verpflichtung zur Vorlage von Akten an den Abteilungs- oder Behördenleiter.

Bei größeren Staatsanwaltschaften wird der Bereich der kleineren Kriminalität häufig durch **Amtsanwälte** bearbeitet. Dies sind Beamte des gehobenen Dienstes mit einer qualifizierten Ausbildung. Nach § 145 Abs. 2 GVG können sie das Amt der Staatsanwaltschaft nur bei den Amtsgerichten versehen. Ihre Kompetenzen können durch Regelungen auf Landesebene weiter eingeschränkt sein.

11 Innerhalb der einzelnen Staatsanwaltschaften ist die Zuständigkeit der Staats- und Amtsanwälte sowie der nachgeordneten Dienste in einem **Geschäftsverteilungsplan** geregelt. Der dem einzelnen Staats- oder Amtsanwalt zugewiesene Aufgabenbereich wird als sein **Dezernat** bezeichnet.

Hinweis: Für den Referendar ist es sinnvoll, sich zu Beginn der Ausbildung mit dem Geschäftsverteilungsplan vertraut zu machen. Auf diese Weise kann er das Aufgabengebiet seines Ausbilders ersehen. Außerdem ist eine Kenntnis der Zuständigkeiten für die Dezernatsbearbeitung unerlässlich.

III. Aktenbearbeitung

12 Der Großteil der staatsanwaltschaftlichen Tätigkeit besteht in der Aktenbearbeitung. Diese bildet auch den Schwerpunkt der Stationsausbildung.

1. Aufbau der Akte

13 Entsprechend des Grundsatzes der Aktenklarheit, Aktenwahrheit und Aktenvollständigkeit muss das gesamte Strafverfahren in der Akte schriftlich dokumentiert werden. Dies geschieht in chronologischer Reihenfolge, also vom Ermittlungsverfahren über das Zwischen- und Hauptverfahren bis hin zur Strafvollstreckung. Dabei werden Neueingänge der Akte nachgeheftet. Einzelheiten zum Aufbau und zur Haltung der Akten sind in den Aktenordnungen der Bundesländer geregelt. Die Staatsanwaltschaft ist die aktenführende Behörde. Neben der Akte, die aus mehreren Bänden, beispielsweise einer Hauptakte und mehreren Spuren- und Beweismittelbänden bestehen kann, wird bei der Staatsanwaltschaft eine **Handakte** angelegt. Diese verbleibt immer im Geschäftsbereich der Staatsanwaltschaft. Das Führen von Handakten ist erforderlich, weil die Hauptakte häufig versandt werden muss, etwa an den Verteidiger zur Akteneinsicht, an die Polizei zur Tätigung von Ermittlungen oder an das Gericht mit Anklageerhebung oder anderen Anträgen. In der Handakte wird der

12 Vgl. etwa AV des JM Schl.-H. v. 8.9.1975 – SchlHA 1975, 159.

Versand der Akte vermerkt. Außerdem sollten Ablichtungen wichtiger Aktenbestandteile zur Handakte genommen werden. Dies ist im Falle einer Anklageerhebung von entscheidender Bedeutung. Dem Sitzungsvertreter der Staatsanwaltschaft steht in der Hauptverhandlung lediglich die Handakte zur Verfügung, da sich die Hauptakte in diesem Verfahrensstadium bei Gericht befindet. Die in der Hauptverhandlung für den Staatsanwalt erforderlichen Kenntnisse, insbesondere von der Anklageschrift, Vorstrafen des Angeklagten und wichtige Zeugenaussagen, müssen sich aus der Handakte ergeben.

2. Weg der Akte

Der Weg der Akte zum Staatsanwalt lässt sich am folgenden Schaubild verdeutlichen: **14**

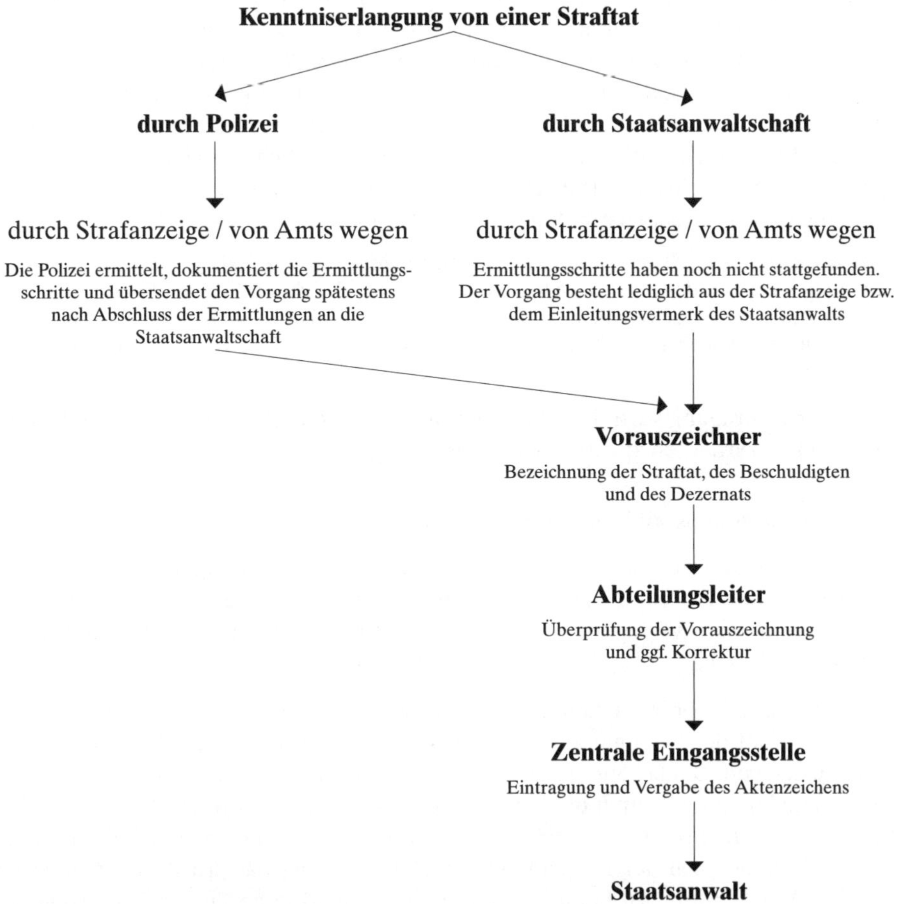

Regelmäßig erlangt die Staatsanwaltschaft durch die Polizei Kenntnis von einer **15**
Straftat. Teilweise werden Strafanzeigen auch direkt an die Staatsanwaltschaft gerichtet oder dort erstattet. Erlangt der Staatsanwalt dienstlich Kenntnis von einer Straf-

tat, ist er wegen des Legalitätsprinzips verpflichtet, ein Ermittlungsverfahren einzuleiten. Sofern er außerhalb seines Dienstes von der Begehung einer Straftat erfährt, ist er nach herrschender Meinung nur bei besonders schwerwiegenden Straftaten zum Einschreiten verpflichtet. Damit wird dem Bedürfnis auf eine geschützte Privatsphäre des Staatsanwalts Rechnung getragen. Dieses Recht findet seine Grenze bei schwerwiegenden Taten, die die Belange der Öffentlichkeit in einem besonderen Maß berühren. Solche Straftaten sind die sog. Katalogstraftaten des § 138 StGB[13].

16 Aus dem Schaubild (Rn. 14) ist ersichtlich, dass der **Vorauszeichner** nach Eingang der Akte bei der Staatsanwaltschaft zunächst auf einem gesonderten Blatt den Strafvorwurf, den Beschuldigten sowie das zuständige Dezernat bezeichnet. Dieser Vorgang wird als „Vorauszeichnung" bezeichnet.

17 Anschließend wird die Akte dem Abteilungsleiter zur Überprüfung der Vorauszeichnung vorgelegt. Danach leitet der Abteilungsleiter die Akte – ggf. nach einer Korrektur der Vorauszeichnung – an die **zentrale Eingangsstelle** weiter. Dort wird das Verfahren eingetragen und erhält ein Aktenzeichen. Auf diese Weise wird die Akte auch im internen Computersystem der Staatsanwaltschaft registriert und sichergestellt, dass ein Aktenzeichen nicht mehrfach vergeben wird. Richtet sich das Verfahren gegen einen oder mehrere (ermittelte) Beschuldigte, wird ein Js-Aktenzeichen vergeben. In Unbekanntsachen erhält der Vorgang ein UJs-Aktenzeichen[14].

Beispiel: Bei dem Aktenzeichen 711 Js 2016/10 bezeichnet die Zahl 711 die zuständige Abteilung innerhalb der Staatsanwaltschaft. Dabei steht die Ziffer 7 für die Staatsanwaltschaft Lübeck, die Ziffer 11 für die zuständige Abteilung. Das Kürzel Js gibt das Registerzeichen an. Die Folgezahlen 2016/10 bedeuten, dass es sich um das 2016. Verfahren des Jahres 2010 handelt.

18 Nach der Eintragung wird die Akte über die Geschäftsstelle der betreffenden Abteilung dem Dezernenten zur Bearbeitung vorgelegt.

3. Sachbearbeitung und Verfügungstechnik

19 Der zuständige Dezernent hat sich zunächst mit dem vollständigen Akteninhalt vertraut zu machen. Anschließend entscheidet er über das weitere Verfahren. Dazu muss er in der Akte eine **Verfügung** treffen. Eine Verfügung enthält die schriftliche Anweisung an die Geschäftsstelle, bestimmte Arbeitsschritte vorzunehmen.

20 Die Verfügung ist oben links mit dem betreffenden Aktenzeichen zu versehen. Entweder im Kopf der Verfügung (oben rechts) oder am Ende ist das Datum der Verfügung anzugeben. Bei besonders eilbedürftigen Verfahren – etwa Beschwerden gegen Beschlagnahmen – ist durch die Formulierung *„eilt!"* oder *„sofort!"* im Kopf der Verfügung (oben rechts) auf das Erfordernis einer beschleunigten Bearbeitung hinzuweisen. Befindet sich der Beschuldigte in Untersuchungshaft, ist dies (oben rechts) mit dem Wort *„Haft!"* zu kennzeichnen. Sofern die Akte an eine andere Stelle ver-

13 Vgl. *Roxin/Schünemann*, § 39 Rn. 3 mwN.

14 Die **Registerzeichen der ordentlichen Gerichte und Behörden** sind im Anhang Registerzeichen des Schönfelders abgedruckt.

sandt werden soll, ist – ebenfalls im Kopf oder am Ende der Verfügung – die Behörde, für die der Staatsanwalt tätig ist, zu bezeichnen[15]. In den Fällen der Versendung hat der Staatsanwalt die Verfügung mit Namen und Dienstbezeichnung zu unterzeichnen, damit der Absender für den Empfänger erkennbar ist. In allen übrigen Fällen reicht es aus, dass der Dezernent die Verfügung mit seinem Namenszeichen (Paraphe) versieht. Die Verfügung muss als solche gekennzeichnet werden, und zwar zentriert durch die Abkürzung „V." oder „Vfg.". Die Verfügung ist übersichtlich zu gestalten und eindeutig zu formulieren. Mehrere Verfügungspunkte werden deshalb durch arabische Ziffern gekennzeichnet. Die Geschäftsstelle ist gehalten, die einzelnen Verfügungspunkte der Reihenfolge nach auszuführen. Daher ist unbedingt auf einen logischen Aufbau zu achten.

Beispiel: Aus einer Akte sollen für den Verteidiger Ablichtungen gefertigt werden. Außerdem soll die Akte wegen einer Beschwerde dem Landgericht übersandt werden.

In diesem Fall ist zunächst die Fertigung der Ablichtungen, anschließend die Übersendung der Kopien an den Verteidiger, schließlich eine Frist zur Wiedervorlage der Handakte und erst zuletzt die Versendung der Akte an das Landgericht zu verfügen. Würde die Akte als erstes dem Landgericht übersandt werden, könnten die weiteren Verfügungspunkte nicht mehr durch die Geschäftsstelle ausgeführt werden.

Teilweise ist es zum Verständnis einer Akte oder zur Dokumentation bestimmter Vorgänge erforderlich, einen **Vermerk** anzufertigen. Anders als die übrigen Verfügungspunkte enthält dieser keine Arbeitsanweisung an die Geschäftsstelle. Die Anfertigung eines Vermerks bietet sich etwa an, um den Inhalt eines Telefongesprächs mit einem Verfahrensbeteiligten festzuhalten. Im Fall einer Anklageerhebung können in einem Vermerk rechtliche Erwägungen oder sonstige Hinweise niedergelegt werden. Dabei sollten sich die Ausführungen stets auf das Wesentliche beschränken. **21**

In der Praxis finden sich häufig scheinbare Verfügungspunkte, die ebenfalls keine Anweisung an die Geschäftsstelle darstellen. Solche Verfügungspunkte sind bei einer Verfahrenseinstellung etwa: *„Kein Bescheid an Anzeigenden, da Verfahren von Amts wegen"* oder *„keine Einstellungsnachricht an Beschuldigten, da nicht verantwortlich vernommen"*[16]. Derartige „Negativverfügungen" dienen lediglich der Dokumentation, weshalb der Staatsanwalt eine bestimmte Verfahrensweise unterlässt. Inhaltlich handelt es sich dabei um einen Vermerk. **22**

Hinweis: Vor dem Hintergrund, dass der Vermerk nur dann erforderlich ist, wenn er zum Verständnis des Akteninhalts beiträgt oder bestimmte Vorgänge dokumentiert, sind solche „Negativverfügungen" grundsätzlich entbehrlich. Sie sind in der Praxis jedoch vielfach üblich und haben auch in die Ausbildungsliteratur Eingang gefunden[17]. In der Examensklausur kann dem Referendar daher die Verwendung gängiger „Negativverfügungen" nicht als Fehler angelastet werden. Sachgerechter ist es allerdings, derartige Fragen ggf. im prozessualen Gutachten der Klausur zu erörtern und in der Verfügung wegzulassen.

15 Abweichend *Wolters/Gubitz*, Rn. 130, welche die Auffassung vertreten, dass eine derartige Verfügung stets am linken oberen Rand mit der Bezeichnung der Behörde beginne.
16 Näher zu Einstellungsverfügungen vgl. Rn. 108 ff.
17 Vgl. etwa *Emde*, JuS 1996, 442, 443.

23 Für einzelne Verfügungspunkte haben sich feste Formulierungen herausgebildet, die in der nachfolgenden Übersicht beschrieben werden:

Formulierung	Bedeutung/Anwendungsfall
Akte erfordern *oder* Bundeszentralregisterauszug erfordern	Anforderung einer Akte aus einer anderen Abteilung oder von einer anderen Behörde/Anforderung des Bundeszentralregisterauszugs
Akte beifügen	Beiziehung einer Akte aus der eigenen Abteilung
Urschriftlich mit Akte(n)	Versendung der Akte mit dem Original der Verfügung
mit dem Antrag übersandt,...	Formulierung bei Übersendung der Akte an das Gericht
mit dem Ersuchen übersandt, ... *oder* mit der Bitte übersandt,...	Formulierung bei Übersendung der Akte mit einem Ermittlungsauftrag an die Polizei
Akte foliieren *oder* Akte paginieren	Akte mit fortlaufenden Seitenzahlen versehen
Frist	Verfügung einer Wiedervorlagefrist der Akte oder – bei Versendung – der Handakte
Weglegen	Bei endgültigem Abschluss des Verfahrens wird die Akte „weggelegt", d.h. sie wird entsprechend den Aufbewahrungsbestimmungen bis zur Vernichtung im Archiv aufbewahrt

24 Häufig werden einzelne Verfügungspunkte abgekürzt. Gängige Abkürzungen in der Praxis sind:

AA	– Amtsanwalt	o. Dez.	– ordentlicher Dezernent (zuständiger Sachbearbeiter)
AD	– Aktendoppel	o.f.W.	– ohne festen Wohnsitz
AE	– Akteneinsicht	OStA	– Oberstaatsanwalt
AL	– Abteilungsleiter	RA	– Rechtsanwalt
Bl.	– Blatt	RB	– Rechtsbelehrung
BZR *oder* R	– Bundeszentralregisterauszug	StA	– Staatsanwalt oder Staatsanwaltschaft
d.A.	– der Akte(n)	T *oder* EZR	– Erziehungsregister beim Bundeszentralregister
EB	– Einstellungsbescheid	U.m.A.	– Urschriftlich mit Akte(n)
EN	– Einstellungsnachricht	v.A.w.	– von Amts wegen
GL	– Gruppenleiter	VZR	– Verkehrszentralregisterauszug
HA	– Handakte	wgl.	– weglegen
HPT	– Haftprüfungstermin	Wv. *oder* Wvl.	– Wiedervorlage
HSB	– Haftsonderband	z.d.A.	– zu der/den Akte(n)
KBA *oder* VZR	– Auskunft aus dem Verkehrszentralregister	z.K.	– zur Kenntnis
LOStA	– Leitender Oberstaatsanwalt		
n.A.	– nach Antrag		
OAA	– Oberamtsanwalt		

Abschließend soll eine Verfügung anhand eines Musters dargestellt werden[18]: **25**

```
710 Js 23460/09
                              Vfg.
1. Vermerk:
   Mit Rechtsanwalt Hertzel wurde die Sach- und Rechts-
   lage fernmündlich erörtert. Er teilte mit, dass Max
   Bergmann (Bl. 8 d.A.) nunmehr doch zu einer Aussage
   als Zeuge vor der Polizei bereit ist. Übereinstimmend
   wurde die Vernehmung des Max Bergmann als weiteren
   Zeugen für notwendig erachtet.
2. Frist: 1 Monat.
3. U.m.A.
   der Kriminalpolizeistelle
   Kommissariat 12
   in Lübeck

   mit dem Ersuchen übersandt, den Zeugen Max Bergmann
   (Bl. 8 d.A.) zu seinen Beobachtungen am Tattag zu ver-
   nehmen.

Lübeck, 20.08.2009
Staatsanwaltschaft
bei dem Landgericht

Wagner
(Wagner)
Staatsanwalt
```

IV. Verfügungen und Maßnahmen im Ermittlungsverfahren

Im Ermittlungsverfahren hat die Staatsanwaltschaft vielfältige Maßnahmen und Verfügungen zu treffen. Im Folgenden sollen diejenigen dargestellt werden, die für die **Stationsausbildung** und das **Examen** am bedeutsamsten sind. Anhand von Beispielen wird die praktische Verfügungstechnik veranschaulicht. **26**

18 Der formale Aufbau einer Verfügung kann je nach Behörde unterschiedlich gestaltet sein. Der Referendar sollte sich diesbezüglich an den Verfügungen seines Ausbilders und den Vorschlägen der Arbeitsgemeinschaft orientieren.

1. Durchsuchung und Beschlagnahme

27 Durchsuchung und Beschlagnahme stellen für den Betroffenen häufig **schwerwiegende Grundrechtseingriffe** dar. Als solche bedürfen sie grundsätzlich einer **Eingriffsermächtigung**. Die Voraussetzungen für eine Durchsuchung sind in §§ 102 ff. StPO geregelt[19]. Stets muss der Anfangsverdacht einer Straftat bestehen. Die weiteren Voraussetzungen für eine Durchsuchung beim Verdächtigen (§ 102 StPO) sind weniger streng als die für eine Durchsuchung beim Unverdächtigen (§ 103 StPO).

28 Nach § **102 StPO** ist die Durchsuchung der Wohnung und anderer Räume des **Verdächtigen** sowie seiner Person und der ihm gehörenden[20] Sachen (z.B. Kleidung, Taschen, Kraftfahrzeuge) sowohl zum Zweck seiner Ergreifung als auch dann zulässig, wenn zu vermuten ist, dass die Durchsuchung zur Auffindung von Beweismitteln führen werde.

29 Dagegen ist die Durchsuchung der Wohnung und anderer Räume[21] bei **anderen Personen** nach **§ 103 StPO** nur zum Zweck der Ergreifung des Beschuldigten oder zur Verfolgung von Spuren einer Straftat bzw. zur Beschlagnahme bestimmter Gegenstände zulässig. Im Gegensatz zu § 102 StPO müssen zudem **Tatsachen** vorliegen, aus denen zu schließen ist, dass die gesuchte Person, Spur oder Sache sich in den zu durchsuchenden Räumen befindet. Die bloße Vermutung, dass die gesuchten Gegenstände oder Personen sich in der Wohnung befinden, reicht nicht aus.

30 Sofern der Betroffene mit der Durchsuchung nicht einverstanden ist, bedarf es einer ausdrücklichen **Durchsuchungsanordnung**. Durchsuchungen müssen nach § 105 Abs. 1 S. 1, 1. Hs. und S. 2, 1. Hs. StPO grundsätzlich durch den Richter angeordnet werden (sog. **Richtervorbehalt**). Eine bestimmte Form für die Durchsuchungsanordnung ist nicht vorgeschrieben; sie kann daher – in Eilfällen – auch mündlich oder telefonisch ergehen[22]. Den Regelfall stellt jedoch die schriftliche, richterliche Durchsuchungsanordnung dar. Sie ergeht nach § 33 Abs. 4 StPO ohne Anhörung des Beschuldigten, da diese regelmäßig den Zweck der Anordnung gefährden würde.

31 An die **Bestimmtheit** der Durchsuchungsanordnung sind wegen des Schutzbereichs von Art. 13 GG hohe Anforderungen zu stellen. Inhaltlich muss der richterliche Durchsuchungsbeschluss folgende Punkte enthalten[23]:

1. Bezeichnung der Straftat
2. Konkretisierung des Tatvorwurfs, sofern dies Zwecken der Strafverfolgung nicht zuwiderläuft
3. Zweck und Ziel der Durchsuchung; insbesondere möglichst genaue Angabe der Beweismittel, die gefunden werden sollen
4. Genaue Bezeichnung des Durchsuchungsobjekts

---

19 Näher zur Durchsuchung und Beschlagnahme vgl. *Park*, Handbuch Durchsuchung und Beschlagnahme.

20 „Ihm gehörend" bedeutet nicht das Eigentum, sondern umfasst den Besitz, Gewahrsam und Mitgewahrsam (vgl. *Meyer-Goßner*, § 102 Rn. 10).

21 § 103 StPO regelt ausdrücklich nur die Wohnungsdurchsuchung, nicht dagegen die Personendurchsuchung. Nach h.M. ist diese als mildere Maßnahme jedoch auch von § 103 StPO gedeckt, vgl. *Meyer-Goßner*, § 103 Rn. 3 mwN.

22 Vgl. *Meyer-Goßner*, § 105 Rn. 3.

23 Vgl. auch *Meyer-Goßner*, § 105 Rn. 5 mwN.

Das Erfordernis inhaltlicher Bestimmtheit der Durchsuchungsanordnung betrifft zwar lediglich den Durchsuchungsbeschluss des Ermittlungsrichters, hat jedoch auch Auswirkungen auf die Tätigkeit des Staatsanwalts. Dieser muss ebenfalls die Voraussetzungen für eine Durchsuchung sorgfältig prüfen und das Bestimmtheitsgebot berücksichtigen. In der entsprechenden Verfügung ist der Durchsuchungsantrag genau zu begründen.

Beim Vorliegen von **Gefahr im Verzug** darf die Anordnung der Durchsuchung auch **32**
von dem **Staatsanwalt** und seinen **Ermittlungspersonen** getroffen werden (§ 105 Abs. 1 S. 1, 2. Hs. und S. 2, 2. Hs. StPO). Gefahr im Verzug liegt vor, wenn die richterliche Anordnung nicht so rechtzeitig eingeholt werden kann, ohne dass der Zweck der Maßnahme gefährdet wird[24]. Abgesehen von wenigen **Eilfällen** haben Staatsanwaltschaft und Polizei grundsätzlich vor der Annahme von Gefahr im Verzug den Versuch zu unternehmen, den zuständigen Richter zu erreichen. Ist dieser nicht bereit, ohne Vorlage eines schriftlichen Vorgangs zu entscheiden – der in diesem Verfahrensstadium häufig noch nicht existiert – müssen Polizei oder Staatsanwaltschaft entscheiden, ob bis zur Erstellung, Vorlage und Prüfung der Akte durch den Richter zugewartet werden kann oder ob dies den Zweck der Maßnahme gefährden würde und daher Gefahr im Verzug anzunehmen ist.

Nach der **grundlegenden Entscheidung des Bundesverfassungsgerichts** aus dem Jahr 2001[25] wurden bei den Gerichten **Bereitschaftsdienste** der Ermittlungsrichter eingeführt oder diese zeitlich erweitert. Bei den Staatsanwaltschaften existieren solche Dienste bereits seit langer Zeit.

Das Bundesverfassungsgericht hat an das Vorliegen von Gefahr im Verzug strenge **33**
Anforderungen gestellt. Diese kann nicht durch reine Spekulationen, hypothetische Erwägungen oder auf kriminalistische, fallunabhängige Alltagserfahrungen gestützte Vermutungen begründet werden[26]. Gefahr im Verzug wäre etwa anzunehmen, wenn zu befürchten ist, dass der im konkreten Fall bereits vorgewarnte Beschuldigte die Zeit, die bei Einholung einer richterlichen Entscheidung verstreicht, dazu nutzen würde, Beweismittel beiseite zu schaffen.

Nach dem Urteil des Bundesverfassungsgerichts[27] müssen die Gründe für die Annahme von Gefahr im Verzug in unmittelbarem zeitlichen Zusammenhang mit der Durchsuchungsmaßnahme in den Ermittlungsakten **dokumentiert** werden. Dabei ist insbesondere zu vermerken, weshalb von der Einschaltung eines Richters abgesehen wurde oder weshalb dieser Versuch misslungen ist. Die Dokumentation ist erforderlich, um eine wirksame richterliche Nachprüfbarkeit der Maßnahme zu ermöglichen.

Die bei der Durchsuchung aufgefundenen Gegenstände können als Beweismittel **34**
oder Einziehungsgegenstände sichergestellt werden.

24 Vgl. BVerfGE 51, 97, 111; *Meyer-Goßner*, § 98 Rn. 6 mwN.
25 BVerfGE 103, 142.
26 BVerfGE 103, 142, 155.
27 BVerfGE 103, 142.

Die Strafprozessordnung enthält in § 94 StPO und §§ 111b, 111c StPO Rechtsgrundlagen für eine Sicherstellung von Gegenständen für Zwecke des gerichtlichen Strafverfahrens. Dabei verfolgen die Normen unterschiedliche Ziele. § 94 StPO dient der Sicherstellung von Beweismitteln. Dagegen sollen nach §§ 111b, 111c StPO Gegenstände gesichert werden, die einer späteren gerichtlichen Anordnung des Verfalls, der Einziehung oder Rückgewinnungshilfe unterliegen.

35 **Sicherstellung** bedeutet die Überführung eines Gegenstandes in amtlichen Gewahrsam. Wird dabei der sicherzustellende Gegenstand durch den Betroffenen nicht freiwillig herausgegeben, so bedarf es der **Beschlagnahme** (§ 94 Abs. 2 StPO). Dabei ist zu beachten, dass bestimmte Gegenstände nicht der Beschlagnahme unterliegen, vgl. §§ 96, 97 StPO.

Als ungeschriebenes Tatbestandsmerkmal muss die Beschlagnahme in einem angemessenen Verhältnis zur Schwere des Tatverdachts stehen und für die Ermittlungen notwendig sein. Die Beschlagnahmeanordnung obliegt dem Richter am Amtsgericht, in dessen Bezirk die Staatsanwaltschaft ihren Sitz hat (§§ 98, 162 Abs. 1 S. 1 StPO). Die Anordnung wird gemäß § 36 Abs. 2 Satz 1 StPO durch die Staatsanwaltschaft vollzogen.

Hinweis: Im Ermittlungsverfahren ist die Staatsanwaltschaft nicht verpflichtet, die Anordnung (sofort) zu vollziehen. Sie kann die Vollstreckung etwa aus ermittlungstaktischen Gründen jederzeit aufschieben.

36 Die Anordnung muss binnen sechs Monaten nach ihrem Erlass vollzogen werden[28]. Diese Frist berücksichtigt, dass sich ein Ermittlungsverfahren unterschiedlich entwickeln kann. Der Richter trifft eine Entscheidung immer auf der Grundlage des jeweiligen Ermittlungsstandes. Nach einem größeren Zeitablauf kann sich dieser aber grundlegend geändert haben, so dass der Richter unter Berücksichtigung der neueren Erkenntnisse eine Beschlagnahmeanordnung möglicherweise nicht mehr getroffen hätte. Der Staatsanwalt muss daher nach Ablauf der Frist von sechs Monaten die Gültigkeit der Beschlagnahmeanordnung erneut richterlich überprüfen lassen.

37 Bei **Gefahr im Verzug**[29] dürfen auch der Staatsanwalt und seine Ermittlungsbeamten die Beschlagnahme anordnen.

Widerspricht der Betroffene der Beschlagnahme oder ist er oder ein erwachsener Angehöriger bei der Beschlagnahme nicht anwesend, ist gemäß § 98 Abs. 2 StPO **binnen drei Tagen** die **richterliche Bestätigung** durch die Staatsanwaltschaft zu beantragen.

---

28 Vgl. *BVerfG* NJW 1997, 2165. Das gilt sowohl für die Beschlagnahmeanordnung als auch für die Anordnung einer Wohnungsdurchsuchung.

29 Siehe hierzu oben, Rn. 32 f.

Ein Durchsuchungsantrag der Staatsanwaltschaft könnte wie folgt formuliert werden: **38**

711 Js 1945/09 **E i l t !**

Vfg.

1. Frist: 2 Wochen.
2. U.m.A.

Amtsgericht
- Ermittlungsrichter/in -
Lübeck

mit dem Antrag übersandt,

gem. §§ 102, 105 StPO die Durchsuchung der Wohnung des Beschuldigten Michael Kunze, geb. am 18.06.1980 in Mannheim, in der Königsstrasse 4 in Lübeck sowie seines Pkw Nissan Almera mit dem amtlichen Kennzeichen HL-MU 23 anzuordnen.

Die Durchsuchung dient der Auffindung einer Armbanduhr der Marke „Lange & Söhne" sowie eines Mobiltelefons Nokia, IMEI-Nr. 12444000127.

Der Beschuldigte ist verdächtig, am 12.02.2009 den Zeugen Helmut Peters in dessen Wohnung in der Ringstraße 5 in Lübeck besucht und in einem unbeobachteten Moment dessen auf dem Wohnzimmertisch abgelegte Armbanduhr und Mobiltelefon an sich genommen zu haben, um die Gegenstände für sich zu behalten.

Vergehen, strafbar nach § 242 Abs. 1 StGB.

Bei antragsgemäßer Entscheidung bitte ich, die Akte direkt an das 2. Polizeirevier Lübeck zur Vollstreckung der Durchsuchungsanordnung weiterzuleiten.

Lübeck, 13.02.2009
Staatsanwaltschaft
bei dem Landgericht

Wagner

(Wagner)
Staatsanwalt

2. Vorläufige Entziehung der Fahrerlaubnis

39 Nach § 94 Abs. 3 StPO können auch Führerscheine, die der Einziehung unterliegen, sichergestellt werden. Gibt der Beschuldigte den Führerschein nicht freiwillig heraus, kann dieser beschlagnahmt werden (§ 94 Abs. 2, 3 StPO). Erforderlich ist, dass der Führerschein der Einziehung unterliegt, vgl. § 69 Abs. 3 S. 2 StGB. Im Gegensatz zur

Sicherstellung von Gegenständen nach § 94 Abs. 1 StPO wird der Führerschein regelmäßig nicht als Beweismittel benötigt. Das ist nur ausnahmsweise der Fall, wenn der Führerschein etwa im Rahmen eines Urkundendelikts beschlagnahmt wird. Damit dient die Sicherstellung des Führerscheins grundsätzlich nicht der Sicherung von Beweisen, sondern der Sicherheit des Straßenverkehrs.

40 Um diesen Zweck zu erreichen, reicht die Sicherstellung des Führerscheins als Urkunde nicht aus[30]. Entscheidend ist vielmehr die Entziehung der Fahrerlaubnis, d.h. der Berechtigung zum Führen eines Kraftfahrzeugs. Diese kann auch vorläufig erfolgen. Der Führerschein verkörpert nur die materielle Berechtigung zum Führen von Kraftfahrzeugen. § 94 Abs. 3 StPO ist deswegen stets im sachlichen Zusammenhang mit der vorläufigen Entziehung der Fahrerlaubnis nach § 111a StPO zu sehen. Eine Sicherstellung oder Beschlagnahme des Führerscheins kommt deswegen grundsätzlich nur in Betracht, wenn auch die Voraussetzungen für eine vorläufige Entziehung der Fahrerlaubnis vorliegen.

41 Nach § 111a Abs. 1 und 3 StPO ist sowohl für die Anordnung der vorläufigen Entziehung der Fahrerlaubnis als auch für die Beschlagnahme des Führerscheins der Richter zuständig. Allerdings stellt eine Führerscheinbeschlagnahme auf Anordnung des Richters in der Praxis nicht den Regelfall dar. Tatsächlich wird der Führerschein zumeist durch die Polizei vor Ort beschlagnahmt. Grundlage dafür ist § 98 Abs. 1 S. 1 StPO. Staatsanwaltschaft und Polizei dürfen zwar nicht die Fahrerlaubnis vorläufig entziehen, die Beschlagnahme des Führerscheins ist dagegen bei Gefahr im Verzug zulässig. § 98 Abs. 2 S. 1 StPO bestimmt jedoch, dass binnen drei Tagen eine richterliche Bestätigung zu beantragen ist, sofern der Beschuldigte der Beschlagnahme widersprochen hat[31]. Auch insoweit kommt das Zusammenspiel mit § 111a StPO zum Tragen: Nach § 111a Abs. 3 S. 1 StPO entscheidet der Richter über die vorläufige Entziehung der Fahrerlaubnis, welche zugleich als Bestätigung der Beschlagnahme des Führerscheins wirkt.

> **Hinweis:** Hat der Beschuldigte der Sicherstellung des Führerscheins nicht widersprochen, ist die Beantragung einer vorläufigen Entziehung der Fahrerlaubnis nach § 111a StPO nicht erforderlich.

42 Voraussetzung für die vorläufige Entziehung der Fahrerlaubnis sind nach § 111a Abs. 1 StPO dringende Gründe für die Annahme, dass die Fahrerlaubnis entzogen werden wird. Das erfordert zum einen dringenden Tatverdacht[32], zum anderen die Prognose, dass dem Beschuldigten bei einer Verurteilung auch die Fahrerlaubnis entzogen werden wird. Hinsichtlich dieser zweiten Voraussetzung ist auf § 69 StGB abzustellen. Die Entziehung der Fahrerlaubnis setzt danach eine Verurteilung wegen

30 Allerdings stellt § 21 Abs. 2 Nr. 2 StVG auch das Führen eines Kraftfahrzeugs unter Strafe, wenn der Führerschein sichergestellt oder beschlagnahmt wurde.

31 Die zweite Alternative des § 98 Abs. 2 S. 1 StPO – Abwesenheit des Betroffenen oder eines erwachsenen Angehörigen – ist in der Praxis von nur untergeordneter Bedeutung.

32 Die Voraussetzungen für den dringenden Tatverdacht sind dieselben wie bei § 112 Abs. 1 StPO; siehe Rn. 47 ff.

einer rechtswidrigen Tat, die im Zusammenhang mit dem Führen eines Kraftfahrzeuges oder unter Verletzung der Pflichten eines Kraftfahrzeugführers begangen wurde, voraus. Darüber hinaus muss sich aus der Tat die Ungeeignetheit zum Führen von Kraftfahrzeugen ergeben. Dabei ist eine Würdigung der Täterpersönlichkeit vorzunehmen. Ungeeignetheit liegt vor, wenn aufgrund der körperlichen, geistigen oder charakterlichen Voraussetzungen eine Teilnahme des Täters am Kraftfahrzeugverkehr zu einer nicht hinnehmbaren Gefährdung der Verkehrssicherheit führen würde[33]. Nähere Feststellungen zur Persönlichkeit des Täters brauchen aber nicht getroffen zu werden, wenn es sich bei der rechtswidrigen Tat um eines der in § 69 Abs. 2 StGB genannten Vergehen handelt. Die Begehung eines dieser Delikte indiziert die Ungeeignetheit des Täters zum Führen von Kraftfahrzeugen[34].

Beispiel: Nachdem Michael Müller auf einer Geburtstagsfeier in erheblichen Mengen Schnaps konsumiert hat, befährt er am 10. August 2009 gegen 22 Uhr mit seinem Pkw Ford Fiesta, amtliches Kennzeichen OH-X 22, die Bundesstraße 76 in Eutin. Auf dem Beifahrersitz befindet sich Stefan Meier, welcher ebenfalls Gast der Party war und die Alkoholisierung von Michael Müller mitbekommen hat, aber dennoch wegen der günstigen Mitfahrgelegenheit eingestiegen ist. Müller fährt unsicher und kommt mit dem Fahrzeug in einer langgezogenen Linkskurve von der Fahrbahn ab. Der Pkw prallt gegen ein Verkehrsschild, wodurch die Motorhaube des Pkw verbeult und das Schild umknickt. Nach dem Aufprall klagt der Beifahrer Meier über Nackenschmerzen. Bei der Unfallaufnahme um 22.15 Uhr stellt die Polizei bei Michael Müller einen Atemalkoholwert von 0,92 ‰ fest. Als diese deswegen seinen Führerschein sicherstellen will, protestiert Michael Müller dagegen. Er sei noch fahrtüchtig und wolle nun mit seinem Pkw, welcher schließlich noch fahrbereit sei, nach Hause fahren. Daraufhin beschlagnahmt die Polizei den Führerschein von Michael Müller und legt diesen mit dem Ermittlungsvorgang gleich am nächsten Morgen dem zuständigen Staatsanwalt zur Entscheidung vor. Wie entscheidet dieser?

Die Voraussetzungen für eine vorläufige Entziehung der Fahrerlaubnis sind gegeben. Michael Müller ist einer Gefährdung des Straßenverkehrs gemäß § 315c Abs. 1 Nr. 1a, Abs. 3 Nr. 1 StGB dringend verdächtig. Bei einer BAK von 0,92 ‰ und dem Auftreten eines erheblichen Fahrfehlers ist von einer relativen Fahruntüchtigkeit auszugehen. Durch den Unfall kam es auch zu einer konkreten Gefährdung von Leib oder Leben seines Beifahrers Stefan Meier. Eine mögliche Einwilligung des Meier in die Gefährdung, indem er bewusst zum Beschuldigten Müller ins Fahrzeug stieg, ist unerheblich, da Rechtsgut auch die Sicherheit des Straßenverkehrs ist[35]. Eine Gefährdung fremder Sachen von bedeutendem Wert dürfte dagegen auszuschließen sein, da hinsichtlich des gefährdeten Verkehrsschildes die maßgebliche Wertgrenze von nicht unter 750,– €[36] kaum erreicht werden dürfte. Vorsatz hinsichtlich der Fahruntüchtigkeit und Fahrlässigkeit hinsichtlich der konkreten Gefährdung können unproblematisch bejaht werden. Mit der Verwirklichung des § 315c Abs. 1 Nr. 1a, Abs. 3 Nr. 1 StGB

33 *Fischer*, § 69 Rn. 14.

34 In diesem Zusammenhang ist auf den Wandel der Rechtsprechung bei Taten der allgemeinen Kriminalität unter Verwendung eines Kraftfahrzeugs hinzuweisen. Die Problematik kann am Beispiel der „Drogenkurierfahrten" veranschaulicht werden: Ist derjenige, der mit Betäubungsmitteln Handel treibt und dabei seinen Pkw als Transportmittel einsetzt, ungeeignet zum Führen von Kraftfahrzeugen? Die Rechtsprechung hat dies früher ohne weiteres bejaht. Nunmehr ist nach der Entscheidung des Großen Senats für Strafsachen vom 27. April 2005 (*BGH* NStZ 2005, 503) eine restriktive Auslegung des § 69 StGB geboten. Aus der Anlasstat müssen sich tragfähige Rückschlüsse darauf ergeben, dass der Täter bereit ist, die Sicherheit des Straßenverkehrs seinen kriminellen Interessen unterzuordnen (vgl. zum Ganzen *Fischer*, § 69 Rn. 40–45 mwN).

35 So die überwiegende Ansicht in Rechtsprechung und Literatur, vgl. im Einzelnen *Fischer*, § 315c Rn. 17 mwN.

36 Vgl. *BGH* StV 2011, 619; *Fischer*, § 315 Rn. 16a mwN.; *Jahn*, JuS 2011, 660.

liegt auch ein Regelbeispiel des § 69 Abs. 2 StGB vor, so dass im Sinne des § 111a Abs. 1 StPO prognostiziert werden kann, dem Beschuldigten Müller werde die Fahrerlaubnis entzogen. Der Staatsanwalt wird daher die Akte an den Ermittlungsrichter mit dem Antrag übersenden, die Fahrerlaubnis des Beschuldigten Müller nach § 111a StPO vorläufig zu entziehen. Nach § 111a Abs. 3 S. 1 StPO wirkt die vorläufige Entziehung der Fahrerlaubnis zugleich als Bestätigung der Beschlagnahme des Führerscheins. Eines gesonderten Antrags auf Bestätigung der Führerscheinbeschlagnahme bedarf es nicht.

43 Die Verfügung des Staatsanwalts könnte wie folgt gestaltet werden:

773 Js 2000/09 **E i l t !**

Vfg.

1. BZR erfordern.
2. VZR erfordern.
3. Frist: 2 Wochen.
4. U.m.A.
   dem Amtsgericht
   - Ermittlungsrichter/in -
   in Lübeck

   mit dem Antrag übersandt,
   dem Beschuldigten Michael Müller gemäß § 111a Abs. 1, 3 StPO vorläufig die Fahrerlaubnis zu entziehen.

   Es sind dringende Gründe für die Annahme vorhanden, dass die Fahrerlaubnis gemäß § 69 StGB entzogen werden wird. Der Beschuldigte ist einer vorsätzlichen Gefährdung des Straßenverkehrs gemäß § 315c Abs. 1 Nr. 1a, Abs. 3 Nr. 1 StGB dringend verdächtig. Nach dem bisherigen Ermittlungsergebnis befuhr der Beschuldigte trotz vorangegangenen, erheblichen Alkoholkonsums am 10. August 2009 gegen 22 Uhr mit dem Pkw Ford Fiesta, amtliches Kennzeichen OH-X 22, die B 76 in Eutin. In einer langgezogenen Linkskurve verlor der Beschuldigte alkoholbedingt die Kontrolle über sein Fahrzeug, welches von der Fahrbahn abkam und gegen ein Verkehrsschild stieß. Durch den Aufprall wurde der Beifahrer, der Zeuge Meier, leicht verletzt. Ein gegen 22.15 Uhr durchgeführter Atemalkoholtest ergab beim Beschuldigten einen Wert von 0,92 ‰.

Lübeck, 11. August 2009
Staatsanwaltschaft
bei dem Landgericht

Wagner

(Wagner)
Staatsanwalt

3. Untersuchungshaft

Die Untersuchungshaft[37] dient der Sicherung der ordnungsgemäßen Durchführung des Strafverfahrens[38]. Sie stellt einen **schwerwiegenden Eingriff** in das durch Art. 2 Abs. 2 und 104 GG verfassungsrechtlich geschützte Freiheitsrecht des Beschuldigten dar und darf daher nur unter engen Voraussetzungen durch einen Richter angeordnet werden. 44

a) Sachliche Voraussetzungen für die Anordnung von Untersuchungshaft

Nach § 112 Abs. 1 StPO setzt der Erlass eines Haftbefehls den **dringenden Tatverdacht** einer Straftat und einen **Haftgrund** voraus. Außerdem darf die Untersuchungshaft zur Bedeutung der Sache und der zu erwartenden Strafe oder Maßregel der Besserung und Sicherung **nicht außer Verhältnis** stehen. Der Erlass eines Haftbefehls ist in jedem Verfahrensstadium zulässig. 45

Das nachfolgende Schaubild bietet einen Überblick über die Voraussetzungen der Anordnung von Untersuchungshaft[39]. 46

I. Dringender Tatverdacht

II. Haftgrund
- Flucht (§ 112 Abs. 2 Nr. 1 StPO)
- Fluchtgefahr (§ 112 Abs. 2 Nr. 2 StPO)
- Verdunkelungsgefahr (§ 112 Abs. 2 Nr. 3 StPO)
- besonders schwerwiegende Delikte (§ 112 Abs. 3 StPO)
- Wiederholungsgefahr (§ 112a Abs. 1 StPO)

III. Verhältnismäßigkeit

aa) Dringender Tatverdacht

Ein **dringender Tatverdacht** liegt vor, wenn nach dem Stand der Ermittlungen die hohe Wahrscheinlichkeit besteht, dass der Beschuldigte eine verfolgbare Straftat begangen hat. 47

Der **dringende Tatverdacht** ist von dem **Anfangsverdacht** und dem **hinreichenden Tatverdacht** zu unterscheiden. Im Hinblick auf die Schwere des Grundrechtseingriffs sind unterschiedliche Anforderungen an den Verdachtsgrad zu stellen. 48

Für die Einleitung eines Ermittlungsverfahrens und die Anordnung bestimmter Zwangsmaßnahmen[40] ist das Vorliegen eines Anfangsverdachts erforderlich, aber

---

37 Eine Übersicht zur Rechtsprechung in Untersuchungshaftsachen gibt *Schultheis,* NStZ 2011, 621, 682.

38 BVerfGE 32, 87, 93.

39 Eine Sonderregelung enthält § 127b StPO (sog. Hauptverhandlungshaft). Danach darf ein Haftbefehl auch dann ergehen, wenn eine unverzügliche Entscheidung in einem beschleunigten Verfahren (§§ 417 ff. StPO) wahrscheinlich ist und auf Grund bestimmter Tatsachen zu befürchten ist, dass der Beschuldigte der Hauptverhandlung fernbleiben wird.

40 Beispielshaft genannt seien die körperliche Untersuchung des Beschuldigten nach § 81a StPO, aber auch die Durchsuchung nach § 102 StPO.

auch ausreichend. Dieser setzt nach § 152 Abs. 2 StPO voraus, dass zureichende tatsächliche Anhaltspunkte für eine verfolgbare Straftat vorliegen. Demgegenüber muss für einen hinreichenden Tatverdacht die spätere Verurteilung des Beschuldigten wahrscheinlich sein. Dieser Verdachtsgrad ist Voraussetzung für eine Anklageerhebung (§ 170 Abs. 1 StPO) und Eröffnung des Hauptverfahrens (§ 203 StPO). Der dringende Tatverdacht erfordert weitergehend die hohe Wahrscheinlichkeit einer späteren Verurteilung.

Hinweis: Die Unterscheidung zwischen dringendem und hinreichendem Tatverdacht ist anhand der dargestellten Definitionen abstrakt nur schwierig zu treffen. Das Maß der Wahrscheinlichkeit für eine spätere Verurteilung lässt sich nur anhand des konkreten Einzelfalls bestimmen. Zu beachten ist, dass der jeweilige Verdachtsgrad stets zum Zeitpunkt der zu treffenden Entscheidung zu beurteilen ist. Obwohl der dringende Tatverdacht im Grundsatz stärker ist als der hinreichende[41], ist in einem frühen Stadium des Ermittlungsverfahrens häufig zwar ein dringender, aber noch kein hinreichender Tatverdacht gegeben. Dieser scheinbare Widerspruch ist dadurch zu erklären, dass die Frage nach dem Vorliegen eines hinreichenden Tatverdachts erst den Abschluss der Ermittlungen und die Eröffnung des Hauptverfahrens betrifft. Diese Fragen können und müssen aber in diesem frühen Verfahrensstadium noch nicht beurteilt werden, weil zumeist noch weitere Ermittlungen durchgeführt werden müssen. Dagegen liegt nach dem Abschluss der Ermittlungen und der Annahme eines hinreichenden Tatverdachts regelmäßig auch ein dringender Tatverdacht vor.

49 Sind dringende Gründe für die Annahme vorhanden, dass jemand eine rechtswidrige Tat im Zustand der Schuldunfähigkeit oder verminderten Schuldfähigkeit (§§ 20, 21 StGB) begangen hat, kommt an Stelle eines Haftbefehls die **einstweilige Unterbringung nach § 126a StPO** in Betracht. Dann muss als weitere Voraussetzung die Anordnung der Unterbringung in einem psychiatrischen Krankenhaus oder einer Entziehungsanstalt zu erwarten sein.

bb) Haftgrund

50 Die in der Strafprozessordnung genannten Haftgründe sind **abschließend**. Sie müssen sich aufgrund bestimmter Tatsachen ergeben; bloße Vermutungen reichen nicht aus. Andere Gesichtspunkte dürfen für die Anordnung von Untersuchungshaft nicht herangezogen werden.

(1) Flucht (§ 112 Abs. 2 Nr. 1 StPO)

51 Der Haftgrund der Flucht liegt vor, wenn der Beschuldigte flüchtig ist oder sich verborgen hält. Entscheidend ist, dass er sich dem Verfahren dauernd oder auf längere Zeit entzieht und er für die Strafverfolgungsbehörden nicht greifbar ist.

(2) Fluchtgefahr (§ 112 Abs. 2 Nr. 2 StPO)

52 Der in der Praxis **bedeutsamste Haftgrund** ist die Fluchtgefahr. Sie ist gegeben, wenn bei Würdigung der Umstände des Einzelfalls die Gefahr besteht, dass sich der Be-

41 Vgl. hierzu *Beulke*, Rn. 114.

schuldigte dem Strafverfahren entziehen wird. Für die Anordnung der Untersuchungshaft muss es nach einer zu treffenden Gesamtabwägung wahrscheinlicher erscheinen, dass sich der Beschuldigte dem Strafverfahren entziehen, als dass er sich diesem zur Verfügung halten wird[42].

Bei der vorzunehmenden Gesamtschau sind die nachfolgenden Kriterien von besonderer Bedeutung: **53**

- Höhe der zu erwartenden Strafe
- Vorstrafen; insbesondere wenn der Widerruf einer Strafaussetzung zur Bewährung droht
- Vorleben, Verhalten im Ermittlungsverfahren (insbesondere Aussageverhalten)
- soziale Bindungen (familiäre Bindungen, Arbeitsplatz, fester Wohnsitz)
- wirtschaftliche Situation
- Alter, Gesundheitszustand
- Auslandskontakte

Die vorgenannten Gesichtspunkte sind danach zu bewerten, ob sie für oder gegen eine Fluchtgefahr sprechen. Bei dieser Beurteilung ist besondere Sorgfalt erforderlich, da die einzelnen Kriterien je nach Fall sowohl für als auch gegen das Vorliegen einer Fluchtgefahr herangezogen werden können.

> **Beispiel:** Ist ein Beschuldigter finanziell gut situiert, kann dies darauf hindeuten, dass er gesellschaftlich integriert ist und eine Flucht eher unwahrscheinlich erscheint. Andererseits können erhebliche finanzielle Mittel auch eine Flucht ins Ausland erleichtern.

In der Regel ist der Fluchtanreiz um so größer, je höher die zu erwartende Freiheitsstrafe ist. Es ist jedoch zu beachten, dass die Anordnung von Untersuchungshaft nicht ausschließlich auf die Straferwartung gestützt werden darf[43]. Vielmehr müssen für die Annahme der Fluchtgefahr weitere Tatsachen hinzukommen. Allerdings sind die daran zu stellenden Anforderungen – insbesondere bei hohen Straferwartungen, etwa bei Freiheitsstrafen von fünf Jahren oder mehr – nicht zu überspannen. Bei Ausländern begründet die Absicht, ins Heimatland zurückzukehren, für sich betrachtet keine Fluchtgefahr. Anderes gilt, wenn ein Ausländer, der sich ohne Fluchtwillen in sein Heimatland zurückbegeben hat, erklärt, er werde sich dem Verfahren nicht stellen[44]. **54**

(3) Verdunkelungsgefahr (§ 112 Abs. 2 Nr. 3 StPO)

Der Haftgrund der Verdunkelungsgefahr liegt vor, wenn das Verhalten des Beschuldigten den dringenden Verdacht begründet, dass er in unlauterer Weise auf die Ermittlungen einwirken oder andere zu einem solchen Verhalten veranlassen werde. Als Verdunkelungshandlungen nennt das Gesetz zum einen das Vernichten, Verändern, Beiseiteschaffen, Unterdrücken oder Fälschen von Beweismitteln; zum anderen ein unlauteres Einwirken auf Mitbeschuldigte, Zeugen oder Sachverständige. Dies sind beispielsweise Drohungen oder Bestechungen, um ein bestimmtes Aussagever- **55**

42 Vgl. *Meyer-Goßner*, § 112 Rn. 17.
43 Vgl. etwa *OLG Köln* StV 2006, 313.
44 Vgl. *Meyer-Goßner*, § 112 Rn. 17a mwN.

halten zu erreichen. Durch die Einwirkung muss die Gefahr drohen, dass die Ermittlung der Wahrheit erschwert werde.

56 Das Verhalten des Beschuldigten muss zudem prozessordnungswidrig und anstößig sein[45]. Daher darf aus seinem Schweigen oder Bestreiten der Tat nicht auf das Vorliegen einer Verdunkelungsgefahr geschlossen werden. Allerdings steht ein umfassendes Geständnis des Beschuldigten einer Verdunkelungsgefahr regelmäßig entgegen.

(4) Besonders schwerwiegende Delikte (§ 112 Abs. 3 StPO)

57 Nach dem Wortlaut des § 112 Abs. 3 StPO darf die Untersuchungshaft in den dort abschließend genannten Fällen besonders schwerer Kriminalität (z.B. schwere Körperverletzung, Totschlag, Mord) auch dann angeordnet werden, wenn ein Haftgrund nach § 112 Abs. 2 StPO nicht vorliegt. Diese Vorschrift trägt dem Schutzbedürfnis der Bevölkerung Rechnung. Nach der Rechtsprechung des Bundesverfassungsgerichts ist diese Regelung jedoch **verfassungskonform** dahingehend **auszulegen**, dass nach den konkreten Umständen des Einzelfalls eine Flucht- oder Verdunkelungsgefahr nicht auszuschließen ist[46]. Damit sind an das Vorliegen einer Flucht- oder Verdunkelungsgefahr erheblich geringere Anforderungen zu stellen als in den Fällen der §§ 112 Abs. 2 Nr. 2 bis 3 StPO.

(5) Wiederholungsgefahr (§ 112a StPO)

58 Der Haftgrund der Wiederholungsgefahr dient – anders als die übrigen Haftgründe – nicht der Sicherung des Strafverfahrens. Er wurde zur Verhinderung schwerer Serienstraftaten in die Strafprozessordnung eingeführt[47].

59 Voraussetzung für das Vorliegen einer Wiederholungsgefahr ist, dass der Beschuldigte einer der in § 112a Abs. 1 Nr. 1 oder Nr. 2 StPO abschließend aufgeführten Anlasstaten dringend verdächtig ist.

Weiter müssen bestimmte Tatsachen die Gefahr begründen, dass er vor einer rechtskräftigen Aburteilung weitere erheblichen Straftaten gleicher Art begehen oder die Straftat fortsetzen wird.

Ferner muss die Haft zur Abwendung der drohenden Gefahr erforderlich und in den Fällen des § 112a Abs. 1 Nr. 2 StPO eine Freiheitsstrafe von mehr als einem Jahr zu erwarten sein.

60 Anders als in den Fällen des § 112a Abs. 1 Nr. 1 StPO muss der Beschuldigte bei den in § 112a Abs. 1 Nr. 2 StPO aufgezählten Delikten bereits wiederholt eine entsprechend schwerwiegende Straftat begangen haben. Er muss mindestens zweimal durch rechtlich selbstständige Handlungen eines der dort genannten Delikte verwirklicht haben[48]. Dabei sind gemäß § 112a Abs. 1 S. 2 StPO auch solche Taten einzubeziehen,

45 Vgl. *Meyer-Goßner*, § 112 Rn. 29.

46 BVerfGE 19, 342, 350. Erst durch die von dem Bundesverfassungsgericht vorgenommene verfassungskonforme Auslegung der Vorschrift wird erreicht, dass dieser Haftgrund der Sicherung des Strafverfahrens dient und nicht einzig auf das Schutzbedürfnis der Bevölkerung abstellt.

47 Vgl. hierzu *Roxin/Schünemann*, § 30 Rn. 11 f.

48 Vgl. *Haller/Conzen*, Rn. 1098 mwN.

die Gegenstand anderer – insbesondere auch rechtskräftig abgeschlossener – Verfahren sind oder waren.

Der Haftgrund der Wiederholungsgefahr ist nach § 112a Abs. 2 StPO gegenüber den Haftgründen des § 112 StPO **subsidiär**. Ein Haftbefehl darf daher nur dann auf § 112a StPO gestützt werden, wenn die Voraussetzungen des § 112 StPO nicht vorliegen oder wenn die Voraussetzungen des § 112 StPO zwar vorliegen, aber der Vollzug des Haftbefehls gem. § 116 StPO ausgesetzt werden müsste. **61**

cc) Verhältnismäßigkeit

Die Untersuchungshaft darf nicht angeordnet werden, wenn sie zu der Bedeutung der Sache und der zu erwartenden Strafe oder Maßregel der Besserung und Sicherung außer Verhältnis steht. Dieser Grundsatz der Verhältnismäßigkeit ist in § 112 Abs. 1 S. 2 StPO ausdrücklich normiert, ist aber generell bei der Anordnung von Untersuchungshaft zu beachten. Dabei muss die Verhältnismäßigkeit der Anordnung nicht positiv festgestellt werden. Vielmehr stellt die Unverhältnismäßigkeit einen Haftausschließungsgrund dar[49]. Bei der Verhältnismäßigkeitsprüfung sind die Schwere des Eingriffs und die damit verbundenen Folgen für den Beschuldigten gegen die Bedeutung der Straftat und die zu erwartende Rechtsfolge abzuwägen. Eine besondere Ausprägung des Grundsatzes der Verhältnismäßigkeit stellen die Regelungen der §§ 113 und 116 StPO sowie des § 72 JGG dar. Nach § 113 StPO ist bei Straftaten mit geringer Strafandrohung die Anordnung von Untersuchungshaft nur eingeschränkt möglich. Die Vorschrift des § 116 StPO ermöglicht als milderes Mittel die Aussetzung des Vollzugs eines Haftbefehls gegen Auflagen. Im Jugendstrafverfahren ist die Anordnung von Untersuchungshaft schließlich nur unter den engeren Voraussetzungen des § 72 JGG zulässig. **62**

b) Formelle Voraussetzungen für die Anordnung von Untersuchungshaft

Die Untersuchungshaft muss gem. § 114 Abs. 1 StPO durch einen **schriftlichen Haftbefehl** des Richters angeordnet werden. Zuständig hierfür ist im Ermittlungsverfahren nach § 125 Abs. 1 StPO der Richter bei dem Amtsgericht, in dessen Bezirk ein Gerichtsstand begründet ist oder der Beschuldigte sich aufhält. Hält die Staatsanwaltschaft neben dem Erlass eines Haftbefehls noch andere richterliche Untersuchungshandlungen für erforderlich, kann sie den Antrag auch bei dem Amtsgericht stellen, in dessen Bezirk sie ihren Sitz hat (§ 162 Abs. 1 S. 2 StPO). Bei dem Amtsgericht ist dies in Strafsachen gegen Erwachsene der Ermittlungsrichter (§ 162 StPO), in Verfahren gegen Jugendliche und Heranwachsende der Jugendrichter (§§ 34 Abs. 1, 107 JGG). **63**

Nach § 125 Abs. 1 StPO wird der Haftbefehl im Ermittlungsverfahren grundsätzlich ausschließlich auf Antrag der Staatsanwaltschaft erlassen. Nur bei Gefahr im Verzug und Nichterreichbarkeit eines Staatsanwalts darf der Haftbefehl von Amts wegen er- **64**

49 Vgl. *Meyer-Goßner*, § 112 Rn. 8; *Beulke*, Rn. 216.

lassen werden. Diese Regelung trägt dem Umstand Rechnung, dass die Verfahrensherrschaft im Ermittlungsverfahren bei der Staatsanwaltschaft liegt[50].

65 Nach Erhebung der öffentlichen Klage geht die Zuständigkeit für den Erlass eines Haftbefehls auf das mit der Sache befasste Gericht über (§ 125 Abs. 2 StPO).

c) Hinweise für das Verfahren bei der Staatsanwaltschaft in Haftsachen

66 Wegen der Schwere des Grundrechtseingriffs sind Haftsachen **beschleunigt** zu bearbeiten[51]. Diesem Gebot trägt die Strafprozessordnung durch verschiedene Regelungen Rechnung. Von besonderer Bedeutung ist die Vorschrift des § 121 StPO[52]. Solange noch kein Urteil ergangen ist, darf der Vollzug der Untersuchungshaft über 6 Monate hinaus nur dann aufrechterhalten werden, wenn die besondere Schwierigkeit, der besondere Umfang der Ermittlungen oder ein anderer wichtiger Grund dies rechtfertigen. In diesem Fall erfolgt eine besondere Haftprüfung durch das zuständige Oberlandesgericht (§ 122 StPO). Die Frist für den Haftprüfungstermin beginnt nicht schon mit der vorläufigen Festnahme nach § 127 StPO zu laufen, sondern grundsätzlich erst mit Erlass des Haftbefehls. Der Festnahmetag ist jedoch für den Fristbeginn maßgebend, sofern ein Haftbefehl bereits vorher erlassen wurde. Die Frist berechnet sich mangels Sonderregelung nach § 43 StPO[53]. Sie endet damit mit Ablauf des Tages des sechsten Monats, der durch seine Zahl dem Tag entspricht, an dem die Untersuchungshaft begonnen hat. Beginnt also die Untersuchungshaft am 12.1.2010, muss der Haftprüfungstermin spätestens am 12.7.2010 stattfinden. Fällt das Ende der Frist auf einen Samstag, Sonntag oder einen allgemeinen Feiertag, endet die Frist mit Ablauf des nächsten Werktags (§ 43 Abs. 2 StPO).

67 Dem Beschleunigungsgebot wird durch verschiedene Bestimmungen in der Praxis entsprochen. Neben einer beschleunigten Sachbearbeitung ist sicherzustellen, dass keine Verzögerungen im Geschäftsgang auftreten. Dies wird dadurch erreicht, dass der Staatsanwalt sämtliche Verfügungen mit dem deutlich sichtbaren Vermerk „Haft!" versieht[54]. Die Akten werden durch Aufkleber als Haftsache besonders gekennzeichnet und mit auffällig farbigen Aktenhüllen versehen. Der Aktentransport wird dadurch beschleunigt, dass die Haftsachen von „Hand zu Hand" transportiert und sofort vorgelegt werden. Die Aktenübersendung erfolgt regelmäßig per Boten. Zur Vermeidung von Verzögerungen werden ferner Aktendoppel, sog. Haftsonderbände, angelegt[55]. Dies ermöglicht die weitere Aktenbearbeitung, während der Haft-

---

50 Die das Ermittlungsverfahren bestimmende Rolle der Staatsanwaltschaft kommt auch in der Vorschrift des § 120 Abs. 3 StPO zum Ausdruck. Danach muss ein Haftbefehl aufgehoben werden, wenn der Staatsanwalt dies im Ermittlungsverfahren beantragt. Eine Prüfung durch das Gericht ist nicht zulässig.

51 Der Anspruch auf Verfahrensbeschleunigung wird aus Art. 2 Abs. 2 S. 2 GG sowie aus Art. 5 Abs. 3 EMRK hergeleitet.

52 Die sog. 3-Monats-Haftprüfung nach § 117 Abs. 5 StPO a.F. ist durch das Gesetz zur Änderung des Untersuchungshaftrechts seit dem 1. Januar 2010 weggefallen.

53 *Karlsruher Kommentar-Schultheis*, § 121 Rn. 6 mwN.; a.A. (ohne Begründung) *Meyer-Goßner*, § 121 Rn. 4 sowie *Charchulla/Ernst* in den Vorauflagen.

54 Vgl. Nr. 52 RiStBV.

55 Vgl. Nr. 54 Abs. 3; 12 RiStBV.

sonderband beispielsweise zur Akteneinsicht an den Verteidiger oder andere Verfahrensbeteiligte versandt ist.

Hinweis: Das Beschleunigungsgebot gilt auch für den Fall, dass ein Haftbefehl außer Vollzug gesetzt wurde oder wenn ein Haftbefehl erlassen wurde, dieser aber derzeit nicht vollstreckt wird, da sich der Beschuldigte bereits in anderer Sache in Haft befindet (sog. Überhaft).

Die staatsanwaltschaftliche Verfügung zur Erlangung eines Haftbefehls könnte wie folgt aussehen: 68

```
711 Js 235/10                                      Eilt![56]

                          Vfg.

1. Aktendoppel anlegen.

2. Frist: 2 Wochen.

3. U.m.A. - per Boten -
   dem Amtsgericht
   - Ermittlungsrichter/in -
   in Lübeck

   mit dem Antrag[57] übersandt,

   gemäß §§ 112 Abs. 2 Nr. 1, 114 StPO die Untersuchungs-
   haft gegen den
   Arbeiter Winfried Kramer,
   geb. am 07. 12. 1962 in Hamburg,
   ohne festen Wohnsitz,

   anzuordnen.

   Der Beschuldigte ist dringend verdächtig,

   am 06.01.2010
   in Lübeck

   einen Menschen unter Anwendung von Drohungen mit ge-
   genwärtiger Gefahr für Leib und Leben zu einer Hand-
   lung genötigt und dadurch dem Vermögen des Genötig-
   ten Nachteil zugefügt zu haben, um sich zu Unrecht zu
   bereichern und bei der Tat ein gefährliches Werkzeug
   verwendet zu haben.
```

56 Die Verfügung ist hier nicht mit „Haft!" zu kennzeichnen, da die Untersuchungshaft erst beantragt wird und es sich in diesem Stadium (noch) nicht um eine Haftsache handelt.

57 Teilweise wird in der Praxis der Antrag gestellt, den Haftbefehl nach einem von dem Staatsanwalt formulierten Entwurf zu erlassen. Allerdings werden im Hinblick auf die von dem Richter vorzunehmende Einzelfallprüfung Bedenken erhoben, wenn dem Ermittlungsrichter von der Staatsanwaltschaft vorformulierte Haftbefehle zur bloßen Unterschrift vorgelegt werden (vgl. *Roxin/Schünemann*, § 30 Rn. 18).

Am 06.01.2010 verschaffte sich der Beschuldigte gegen 04.30 Uhr Zutritt zur Wohnung des Zeugen Albert Lauritzen in der Mollestraße 23 in Lübeck und forderte von diesem die Herausgabe von Bargeld. Um seiner Forderung Nachdruck zu verleihen, hielt er dem Zeugen ein Küchenmesser an den Hals. Dieser übergab dem Beschuldigten daraufhin aus Furcht einen Betrag von 300 €.

Verbrechen, strafbar gemäß §§ 250 Abs. 2 Nr. 1, 253, 255 StGB.

Der dringende Tatverdacht ergibt sich aus der Aussage des Zeugen Lauritzen, der den Beschuldigten anhand einer Wahllichtbildvorlage als Täter identifiziert hat. Darüber hinaus wurde am Tatort ein von dem Beschuldigten benutztes Taschentuch sichergestellt, an dem dessen DNS-Profil festgestellt wurde.

Es besteht der Haftgrund der Flucht. Nachdem der Beschuldigte von dem gegen ihn geführten Ermittlungsverfahren Kenntnis erlangt hat, hat er seinen Wohnsitz aufgegeben. Nach Angaben seines Nachbarn, dem Zeugen Müller, ist die Wohnung seit dem Tattag nicht mehr bewohnt. Der Beschuldigte ist für die Strafverfolgungsbehörden derzeit unerreichbar.

Die Anordnung von Untersuchungshaft ist vor dem Hintergrund der zu erwartenden Freiheitsstrafe von mindestens 5 Jahren nicht unverhältnismäßig. Weniger einschneidende Maßnahmen versprechen keinen Erfolg.

Lübeck, den 11.01.2010
Staatsanwaltschaft
bei dem Landgericht

Wagner

(Wagner)
Staatsanwalt

4. Sicherheitsleistung

69 Besteht gegen einen Beschuldigten ein dringender Straftatverdacht und hat dieser keinen festen Wohnsitz, so ist zunächst zu überlegen, ob die Voraussetzungen für den Erlass eines Haftbefehls vorliegen. Allerdings ist insoweit zu beachten, dass ein fehlender Wohnsitz in der Bundesrepublik Deutschland für sich genommen noch nicht den Haftgrund der Fluchtgefahr gemäß § 112 Abs. 2 Nr. 2 StPO begründet. Zudem ist auch immer der in § 112 Abs. 1 S. 2 StPO normierte Verhältnismäßigkeitsgrundsatz zu beachten. So wird bereits deswegen in vielen Fällen der einfachen Kriminalität der Erlass eines Haftbefehls nicht in Betracht kommen.

Der Staat hat jedoch auch in diesen Fällen der leichteren Kriminalität ein berechtigtes Interesse daran, die Durchführung eines Strafverfahrens sicherzustellen. Ermöglicht wird dies durch die Vorschrift des § 132 StPO. Diese setzt voraus, dass der Beschuldigte einer Straftat dringend verdächtig ist, dass er über keinen festen Wohnsitz oder Aufenthalt im Geltungsbereich dieses Gesetzes verfügt und die Voraussetzungen eines Haftbefehls nicht vorliegen. In diesem Fall kann der Richter, bei Gefahr im Verzug auch der Staatsanwalt und seine Ermittlungsbeamten, anordnen, dass der Beschuldigte eine angemessene Sicherheit für die zu erwartende Geldstrafe und die Kosten des Verfahrens leistet und zugleich eine im Bezirk des zuständigen Gerichts wohnende Person zum Empfang von Zustellungen bevollmächtigt. **70**

Die Sicherheitsleistung gewährleistet die Durchführung des Strafverfahrens insofern, dass dieses unabhängig von der Frage, ob der Beschuldigte später für die Strafverfolgungsbehörden überhaupt noch zu erreichen ist, abgeschlossen werden kann. Wird etwa nach Abschluss der Ermittlungen ein Strafbefehl erlassen oder erfolgt eine Verfahrenseinstellung nach § 153a StPO gegen Zahlungsauflage, so kann die verhängte Geldstrafe oder Geldauflage sowie die Kosten des Verfahrens durch Verrechnung mit der Sicherheitsleistung auch tatsächlich eingetrieben werden. Da dem Beschuldigten ein Strafbefehl zunächst zugestellt werden muss, damit er nach Ablauf der Einspruchsfrist rechtskräftig und vollstreckbar wird, ist die Benennung eines Zustellungsbevollmächtigten notwendig. Die Zustellung des Strafbefehls oder anderer behördlicher Schreiben wird formal durch Zustellung an diesen bewirkt. In der Regel existieren Listen von Zustellungsbevollmächtigten, aus denen dem Beschuldigten ein Vorschlag gemacht wird. **71**

In der Praxis stellt sich die Frage, wie hoch die Sicherheitsleistung zu bemessen und wer als Zustellungsbevollmächtigter zu benennen ist. Grundsätzlich liegt dies im Ermessen des Richters bzw. Staatsanwalts, der die Anordnung trifft. Nach Nr. 60 Abs. 1 S. 1 RiStBV sollen aber bei der Bemessung der Sicherheitsleistung die bei einschlägigen Straftaten erfahrungsgemäß festgesetzten Beträge für Geldstrafen und Kosten zugrunde gelegt werden. Hinsichtlich des Zustellungsbevollmächtigten bestimmt Nr. 60 Abs. 1 S. 2 RiStBV, dass zunächst dem Beschuldigten die Möglichkeit zu geben ist, einen Zustellungsbevollmächtigten im Gerichtsbezirk zu benennen. Der Beschuldigte hat auch das Recht, die Bestellung eines Zustellungsbevollmächtigten abzulehnen. **72**

Gesetzlich nicht geregelt, aber in der Praxis unerlässlich ist es, neben Festlegung der Sicherheitsleistung und Bestimmung eines Zustellungsbevollmächtigten den Beschuldigten zu befragen, ob er einer späteren Verfahrenseinstellung nach § 153a StPO gegen eine Geldauflage in Höhe der Sicherheitsleistung zustimmt. Wird eine solche Zustimmung nicht eingeholt, ist die Möglichkeit einer späteren Verfahrensbeendigung nach § 153a StPO praktisch ausgeschlossenen. Gemäß § 153a Abs. 1 S. 1 StPO wird die Zustimmung des Beschuldigten für eine Verfahrenseinstellung gegen Auflage vorausgesetzt. Eine solche kann aber erfahrungsgemäß später durch Anschreiben an den Beschuldigten, die dem Zustellungsbevollmächtigten zugehen, selten eingeholt werden. Häufig wird auf derartige Schreiben nicht reagiert und ein Schweigen darf nicht ohne weiteres als Zustimmung gewertet werden. **73**

74 Ist der Beschuldigte nicht dazu bereit, eine Sicherheit zu leisten, bietet § 132 Abs. 3 StPO die Möglichkeit, in entsprechender Anwendung der §§ 94, 98 StPO Beförderungsmittel und andere Sachen, die der Beschuldigte mit sich führt und die ihm gehören, zu beschlagnahmen. Die beschlagnahmten Gegenstände treten an die Stelle der Sicherheitsleistung und dürfen daher unter Beachtung des Verhältnismäßigkeitsgrundsatzes den Wert der angeordneten Sicherheit nicht wesentlich überschreiten[58]. Zulässig ist es auch, den Beschuldigten und gegebenenfalls sein Fahrzeug gezielt nach Beschlagnahmegegenständen zu durchsuchen. In der Praxis spielt die Vorschrift des § 132 Abs. 3 StPO allerdings eine eher untergeordnete Rolle, da der Beschuldigte zumeist die Sicherheit leistet, wenn er Kenntnis über die Beschlagnahmemöglichkeit erlangt.

Beispiel: Der schwedische Staatsangehörige Jonas Sundström gerät in Puttgarden mit seinem Pkw in eine Polizeikontrolle. Bei der Überprüfung wird festgestellt, dass Jonas Sundström etwa eine Stunde zuvor mit dem Pkw einen Unfall mit geringem Personen- und Sachschaden verursacht hatte und anschließend von der Unfallstelle geflüchtet war. Auf Vorhalt und nach ordnungsgemäßer Belehrung räumt Jonas Sundström die Unfallflucht ein. Gleichzeitig bittet er, ihn nicht länger festzuhalten, da er sich auf der Rückreise nach Schweden befinde. Der Sachbearbeiter bei der Polizei ruft beim zuständigen Staatsanwalt an und fragt, was zu unternehmen sei.

Der Beschuldigte Sundström ist aufgrund seines Geständnisses eines unerlaubten Entfernens vom Unfallort gemäß § 142 StGB dringend verdächtig. Allerdings wurde kein wesentlicher Schaden verursacht. Der Beschuldigte hat wegen dieser Tat allenfalls eine Verurteilung zu einer geringen Geldstrafe zu erwarten. Unter Umständen kommt sogar eine Verfahrenseinstellung nach § 153a StPO gegen Zahlung einer Geldbuße in Betracht. Unabhängig vom Vorliegen einer Fluchtgefahr würde der Erlass eines Haftbefehls außer Verhältnis zur Bedeutung der Sache und zur erwartenden Strafe stehen.

Die Voraussetzungen des § 132 Abs. 1 StPO liegen vor. Der Staatsanwalt prüft, ob eine gerichtliche Anordnung unverzüglich eingeholt werden kann. Ist dies nicht der Fall, kann er wegen Gefahr im Verzug selbst die Anordnung treffen. In der Praxis wird Gefahr im Verzug in derartigen Fällen häufig angenommen. Nachdem die Polizei die Identität des Beschuldigten und den Sachverhalt weitestgehend aufgeklärt hat, besteht keine Befugnis, den Beschuldigten noch länger festzuhalten. Die Anordnung einer Sicherheitsleistung hat daher unmittelbar zu erfolgen. Der Staatsanwalt bestimmt sodann die Höhe der Sicherheitsleistung, indem er abschätzt, wie hoch die Geldstrafe sein wird, die der Beschuldigte Sundström für die Tat des unerlaubten Entfernens vom Unfallort bei nur geringem Schaden zu erwarten hat. Insoweit ist es hilfreich, die finanziellen Verhältnisse des Beschuldigten Sundström zu kennen. Ist eine derartige Kenntnis nicht zu erlangen, ist das Einkommen moderat zu schätzen. Zuletzt wirkt der Staatsanwalt darauf hin, dass der Beschuldigte Sundström einen Zustellungsbevollmächtigten benennt und eine Erklärung abgibt, ob er einer etwaigen Verfahrenseinstellung nach § 153a StPO zustimmt.

5. Fahndung/Abwesenheit des Beschuldigten

75 In der Praxis des Ermittlungsverfahrens kommt es nicht selten vor, dass der Beschuldigte für die Strafverfolgungsbehörden zeitweise nicht erreichbar ist. Der Staatsanwalt prüft in diesen Fällen, ob eine Fahndung einzuleiten ist. Die einzelnen Fahndungsmöglichkeiten und deren Voraussetzungen sind in §§ 131 bis 131c StPO geregelt. Ergänzend sind Nummern 39 bis 43 RiStBV heranzuziehen. Bei der Fahndung

58 *Meyer-Goßner*, § 132 Rn. 14.

ist zwischen den Fahndungszielen Festnahme, Aufenthaltsermittlung, Verbrechensaufklärung und Identitätsfeststellung zu unterscheiden. Unter Beachtung des Grundsatzes der Verhältnismäßigkeit werden den einzelnen Fahndungszielen abgestufte Fahndungsvoraussetzungen zugeordnet. So darf etwa eine Ausschreibung zur Festnahme (§ 131 Abs. 1 StPO) oder zur Aufenthaltsermittlung (§§ 131a Abs. 1, 131c Abs. 1 S. 2 StPO) neben dem Richter auch durch den Staatsanwalt – bei Gefahr im Verzug zudem durch die Ermittlungspersonen der Staatsanwaltschaft – angeordnet werden. Dagegen liegt die Anordnungskompetenz für eine Öffentlichkeitsfahndung (§§ 131a Abs. 3, 131c Abs. 1 StPO) allein beim Richter und lediglich bei Gefahr im Verzug auch bei der Staatsanwaltschaft und deren Ermittlungspersonen. Darüber hinaus ist die Öffentlichkeitsfahndung an engere tatbestandliche Voraussetzungen gebunden.

Bedeutsam für die praktische Tätigkeit sind vor allem die Ausschreibung zur Fest- **76**
nahme bei Vorliegen eines Haftbefehls sowie die Ausschreibung zur Aufenthaltsermittlung. Letztere setzt lediglich voraus, dass der Aufenthaltsort des Beschuldigten oder eines Zeugen unbekannt ist. Allerdings ist auch insoweit der Verhältnismäßigkeitsgrundsatz zu beachten und zu prüfen, ob nicht mildere Maßnahmen – etwa eine Anfrage beim Einwohnermeldeamt – ausreichen.

Beispiel: Die Staatsanwaltschaft Lübeck führt ein Ermittlungsverfahren gegen Felix Hempel wegen Diebstahls. Aus der Ermittlungsakte ergibt sich, dass dieser am 6. März 2009 aus einem Baumarkt Werkzeuge in einem Wert von 350 € entwendet hat. Die Polizei lud den nicht vorbestraften Beschuldigten zur verantwortlichen Vernehmung am 16. März 2009 vor. Der Beschuldigte erschien zu diesem Termin nicht. Die Ladung kam mit dem Vermerk „Empfänger unbekannt verzogen" zurück. Weitere Ermittlungen zum Aufenthaltsort des Beschuldigten blieben erfolglos.

Die Voraussetzungen für einen Haftbefehl und eine anschließende Festnahmeausschreibung liegen nicht vor. Der Beschuldigte ist zwar eines Diebstahls dringend verdächtig. Eine Anordnung der Untersuchungshaft würde jedoch zu der Bedeutung der Sache und der zu erwartenden Strafe außer Verhältnis stehen (§ 112 Abs. 1 S. 2 StPO). Da ein Aufenthaltsort des Beschuldigten nicht zu ermitteln ist, veranlasst der Staatsanwalt daher gemäß § 131a Abs. 1 StPO die Ausschreibung zur Aufenthaltsermittlung. Daneben ist gemäß Nr. 41 Abs. 4 RiStBV ein Suchvermerk im Bundeszentralregister niederzulegen.

Neben der Fahndungseinleitung hat der Staatsanwalt die Vorschrift des **§ 154f StPO** **77**
zu beachten. Danach kann ein Verfahren bei unbekanntem Aufenthalt des Beschuldigten oder bei einem in seiner Person liegenden Hindernis vorläufig eingestellt werden, wenn der Sachverhalt so weit wie möglich aufgeklärt und die Beweise so weit wie nötig gesichert sind. Diese durch das 2. Opferrechtsreformgesetz[59] neu eingeführte Vorschrift schließt die Lücke zu § 205 StPO, der unmittelbar nur in der Hauptverhandlung gilt. Dadurch ist die analoge Anwendung des § 205 StPO (i.V.m. Nr. 104 RiStBV) im Ermittlungsverfahren hinfällig.

59 Vgl. BGBl. 2009 I, 2280.

78 Im Beispielsfall könnte die Verfügung des Staatsanwalts wie folgt gestaltet werden:

```
710 Js 20010/09
                         Vfg.
1. Vorläufige Einstellung des Verfahrens gemäß § 154f StPO.
2. Einstellungsbescheid an Anzeigenden Müller
   (Bl. 10 d.A.).
3. BZR für den Beschuldigten Hempel (Bl. 13 d.A.)
   erfordern.
4. Suchvermerk für Beschuldigten Hempel (Bl. 13 d.A.)
   legen.
5. Beschuldigten Hempel (Bl. 13 d.A.) zur Aufenthaltser-
   mittlung ausschreiben.
6. Durchschlag des Ausschreibungsvordrucks an die Krimi-
   nalpolizei Lübeck, Fahndungsabteilung.
7. Frist: 6 Monate.

Lübeck, 01.12.2009
Paraphe
```

6. Vernehmung von Beschuldigten und Zeugen

79 Die Vernehmung von Beschuldigten oder Zeugen wird im Ermittlungsverfahren in der Regel durch Polizeibeamte durchgeführt. Die Vernehmung durch den Staatsanwalt oder den Ermittlungsrichter spielt in der Praxis nur in bedeutenden Fällen eine Rolle. Letztere gewinnt dadurch an Gewicht, dass die Strafprozessordnung der Polizei keine Zwangsmittel zur Durchsetzung einer Beschuldigten- oder Zeugenvernehmung zubilligt. Die Polizei kann weder das Erscheinen des Beschuldigten noch eines Zeugen zur Vernehmung durchsetzen. Auch ist es ihr nicht möglich, die Aussage eines zur Vernehmung erschienenen Zeugen zu erzwingen. Dagegen kann der Staatsanwalt die Ladung eines Zeugen (§§ 161a, 51, 70 StPO) oder des Beschuldigten (§§ 163a Abs. 3, 133 ff. StPO) auch zwangsweise durch Vorführung oder – bei Zeugen – durch Festsetzung eines Ordnungsgeldes durchsetzen. Zudem kann er auch die Aussage eines Zeugen erzwingen, es sei denn, diesem steht ein Zeugnis- oder Auskunftsverweigerungsrecht zu.

Hinweis: Der Beschuldigte ist zu einer Aussage nicht verpflichtet (§ 136 StPO). Sollte dieser nach einer Vorladung der Staatsanwaltschaft zum Ausdruck bringen, er werde sich zum Tatvorwurf nicht einlassen, wäre eine Vorführung des Beschuldigten in der Regel unverhältnismäßig.

80 Der Ermittlungsrichter hat bei der Vernehmung von Beschuldigten und Zeugen weitergehende Befugnisse als der Staatsanwalt. Neben dem Recht der Vorführung und

der Festsetzung eines Ordnungsgeldes (bei Zeugen), darf er auch Ordnungshaft anordnen. Zudem kommt der Aussage vor dem Ermittlungsrichter ein erhöhter Beweiswert in einem späteren Hauptverfahren zu. Das liegt zum einen daran, dass der Ermittlungsrichter Zeugen vereidigen kann und diese sich bei einer Falschaussage auch nach §§ 153 ff. StGB strafbar machen können. Zum anderen wird gemäß §§ 251 bis 254 StPO der richterlichen Vernehmung eine höhere Verwertbarkeit in einer späteren Hauptverhandlung beigemessen. Der Staatsanwalt hat daher im Ermittlungsverfahren sorgfältig zu prüfen, ob eine richterliche Vernehmung des Beschuldigten oder eines Zeugen geboten erscheint.

Beispiel: Lena Meißner hatte einer Freundin, der Zeugin Schulze, anvertraut, dass sie bereits seit längerer Zeit von ihrem Ehemann geschlagen und misshandelt werde. Zu einer Strafanzeige habe sie sich aber noch nicht durchringen können. Daraufhin erstattet die Zeugin Schulze Strafanzeige bei der Polizei. Die Polizei fragt beim zuständigen Staatsanwalt an, wie vorzugehen ist.

Die Vernehmung der Geschädigten Lena Meißner ist hier erforderlich, um den auf der Strafanzeige der Zeugin Schulze gründenden Anfangsverdacht gegen ihren Ehemann zu erhärten und Straftaten zu konkretisieren. Zu bedenken ist insbesondere, dass der Geschädigten Meißner ein Zeugnisverweigerungsrecht gemäß § 52 Abs. 1 Nr. 2 StPO zusteht. Die praktische Erfahrung zeigt, dass die Aussagebereitschaft von Zeugen, die Geschädigte von Straftaten ihres Ehepartners sind, starken Schwankungen unterworfen ist. So kommt es häufig vor, dass sich ein Zeuge, der zunächst aufgrund des noch unmittelbaren Eindrucks der Straftat gegen den Ehepartner ausgesagt hat, später auf sein Zeugnisverweigerungsrecht beruft. Der Staatsanwalt wird daher eine richterliche Vernehmung des Geschädigten in Erwägung ziehen. Sagt dieser nach Belehrung über sein Zeugnisverweigerungsrecht beim Ermittlungsrichter aus, kann dieser in einer späteren Hauptverhandlung über die Aussage des Zeugen vernommen werden, wenn der Zeuge sich erst in der Hauptverhandlung auf sein Zeugnisverweigerungsrecht beruft[60].

Dem Beschuldigten und seinem Verteidiger stehen bei Vernehmungen bestimmte **81**
Anwesenheitsrechte zu. Der Verteidiger des Beschuldigten hat das Recht, bei der Vernehmung des Beschuldigten durch den Staatsanwalt (§ 163a Abs. 3 S. 2, § 168c Abs. 1 StPO) oder durch den Richter (§ 168c Abs. 1 StPO) anwesend zu sein. Ein Anwesenheitsrecht des Verteidigers bei der Vernehmung Mitbeschuldigter besteht nicht[61]. Ein Anwesenheitsrecht des Verteidigers bei der Vernehmung des Beschuldigten durch die Polizei ist dagegen in der Strafprozessordnung nicht enthalten. Dieses ist allerdings auch nicht erforderlich, da der Beschuldigte zum Erscheinen bei der Polizei nicht verpflichtet ist. Insofern kann er die Anwesenheit seines Verteidigers ohne weiteres mit der Erklärung durchsetzen, sich ansonsten nicht einzulassen.

Anwesenheitsrechte bei der Vernehmung von Zeugen bestehen für den Beschuldig- **82**
ten oder seinen Verteidiger nur im Rahmen des § 168c StPO, der ausschließlich die richterliche Vernehmung betrifft. Vernimmt die Polizei oder die Staatsanwaltschaft einen Zeugen, hat der Beschuldigte oder sein Verteidiger kein Anwesenheitsrecht. Die unterschiedliche Regelung beruht auf dem bereits erwähnten höheren Beweiswert einer richterlichen Vernehmung.

60 Vgl. zu diesem äußerst klausurrelevanten Problem *Meyer-Goßner*, § 252 Rn. 12 ff.
61 Vgl. BGHSt 42, 391; *Meyer-Goßner*, § 168c Rn. 1 mwN.

83 Vor jeder Vernehmung eines Beschuldigten oder Zeugen sind die in der Strafprozessordnung enthaltenen Belehrungspflichten genau zu beachten. Verstöße hiergegen können später in einer Hauptverhandlung zu Beweisverwertungsverboten führen[62]. Im Übrigen enthalten Nr. 44–45, 64–68 RiStBV nähere Einzelheiten über die Gestaltung von Beschuldigten- und Zeugenvernehmung.

84 Im Beispielsfall könnte die Verfügung des Staatsanwalts wie folgt gestaltet werden:

710 Js 34567/09

Vfg.

1. Frist: 1 Monat.
2. U.m.A.

   Amtsgericht
   - Ermittlungsrichter/in -
   Lübeck

   mit dem Antrag übersandt,
   die Zeugin Lena Meißner richterlich zu vernehmen.

   Gegen ihren Ehemann, den Beschuldigten Kurt Meißner, besteht ein Anfangsverdacht wegen Körperverletzung zum Nachteil der Zeugin Lena Meißner. Der Verdacht stützt sich auf die Angaben der Zeugin Schulze, die diese in ihrer Strafanzeige getätigt hat. Eine richterliche Vernehmung der Zeugin Meißner, der ein Zeugnisverweigerungsrecht gemäß § 52 Abs. 1 Nr. 2 StPO zusteht, ist im Hinblick auf eine spätere Verwertbarkeit ihrer Aussage in einer Hauptverhandlung geboten.

Lübeck, 10.06.2009
Staatsanwaltschaft
bei dem Landgericht

Wagner

(Wagner)
Staatsanwalt

7. Akteneinsicht

85 Bereits im Ermittlungsverfahren hat der Staatsanwalt häufig über Akteneinsichtsgesuche von unterschiedlichen Verfahrensbeteiligten zu entscheiden. In der Regel wird Akteneinsicht durch den Beschuldigten begehrt. Teilweise verlangt aber auch der Verletzte einer Straftat Einsicht in die Akte, um etwa einen zivilrechtlichen Prozess vorzubereiten. Sowohl Beschuldigter als auch Verletzter einer Straftat dürfen jedoch

62 Vgl. ausführlich hierzu Rn. 503 ff.

nicht selbst Akteneinsicht nehmen, sondern müssen hierfür grundsätzlich einen Rechtsanwalt beauftragen. Lediglich Auskünfte und Abschriften aus den Akten können dem Beschuldigten oder Verletzten unmittelbar erteilt werden. Das Recht des Verteidigers auf Akteneinsicht ist in § 147 StPO geregelt. Das Akteneinsichtsrecht durch einen Rechtsanwalt des Verletzten ergibt sich aus § 406e StPO.

Dem Verteidiger steht eine unbeschränkte Akteneinsicht erst zu, wenn die Staatsanwaltschaft den Abschluss der Ermittlungen in den Akten vermerkt hat (§ 169a StPO). Dies ergibt ein Umkehrschluss aus § 147 Abs. 2 StPO. Unbeschränkte Akteneinsicht bedeutet, dass dem Verteidiger alle Akten und deren Bestandteile zugänglich zu machen sind, die auch dem Gericht vorzulegen wären. In die Handakte der Staatsanwaltschaft hat der Verteidiger kein Einsichtsrecht. Amtlich verwahrte Beweisstücke unterfallen auch dem Akteneinsichtsrecht des Verteidigers. Insofern erfolgt jedoch keine Übersendung derselben in die Kanzlei des Verteidigers. Dieser kann die Beweisstücke nur an ihrem Verwahrungsort besichtigen[63]. **86**

Vor Abschluss der Ermittlungen kann die Staatsanwaltschaft das Akteneinsichtsrecht des Verteidigers nach § 147 Abs. 2 StPO ganz versagen oder es jedenfalls beschränken. Voraussetzung für eine solche Beschränkung ist, dass bei Gewährung von Akteneinsicht der Untersuchungszweck gefährdet würde. **87**

Beispiel: Gegen Stefan Müller ist Strafanzeige wegen Diebstahls erstattet worden. Staatsanwaltschaft und Polizei bereiten eine Wohnungsdurchsuchung vor. Stefan Müller hat über Dritte erfahren, dass Strafanzeige gegen ihn erstattet worden ist und hat einen Verteidiger eingeschaltet. Dieser beantragt Akteneinsicht bei der Staatsanwaltschaft.

Die Staatsanwaltschaft kann dem Verteidiger in diesem Fall die Akteneinsicht nach § 147 Abs. 2 StPO verwehren. Die Ermittlungen sind noch nicht abgeschlossen. Zudem wäre der Untersuchungszweck gefährdet, wenn der Verteidiger Akteneinsicht und auf diesem Weg Kenntnis von der bevorstehenden Wohnungsdurchsuchung bei seinem Mandanten erhielte.

Befindet sich der Beschuldigte in Untersuchungshaft, ist die Beschränkung des Akteneinsichtsrechts nur unter besonders strengen Voraussetzungen möglich. Nach der Rechtsprechung des Europäischen Gerichtshofs für Menschenrechte müssen dem Verteidiger zumindest diejenigen Informationen in geeigneter Weise zugänglich gemacht werden, die für die Beurteilung der Rechtmäßigkeit der Freiheitsentziehung wesentlich sind. Ansonsten kann ein Verstoß gegen Art. 5 Abs. 4 EMRK vorliegen[64]. Der Gesetzgeber hat dieser Rechtsprechung nunmehr in § 147 Abs. 2 S. 2 StPO Rechnung getragen, so dass dem Verteidiger von inhaftierten Beschuldigten in der Regel Akteneinsicht zu gewähren ist. **88**

Der Verletzte kann gemäß § 406e Abs. 1 StPO über einen Rechtsanwalt ein Akteneinsichtsrecht ausüben, soweit er ein berechtigtes Interesse darlegt. Dies können etwa wirtschaftliche Interessen sein, z.B. um zu überprüfen, ob und in welchem Umfang der Verletzte Schadensersatzansprüche besitzt. Ein berechtigtes Interesse liegt aber auch vor, wenn der Verletzte prüfen möchte, ob eine Beschwerde gegen einen Einstellungsbescheid der Staatsanwaltschaft erfolgversprechend ist. **89**

---

63 *Meyer-Goßner*, § 147 Rn. 19.
64 *Meyer-Goßner*, § 147 Rn. 25a mwN.

90 Nach § 406e Abs. 2 StPO kann die Akteneinsicht jedoch abgelehnt werden, wenn überwiegende schutzwürdige Interessen des Beschuldigten oder einer anderen Person entgegenstehen. Darüber hinaus kann sie versagt werden, wenn der Untersuchungszweck gefährdet erscheint oder durch die Akteneinsicht das Verfahren erheblich verzögert würde. Die Verfahrensverzögerung als Versagungsgrund scheidet nach § 406e Abs. 2 S. 3 StPO jedoch aus, wenn die Staatsanwaltschaft in den in § 395 StPO genannten Fällen den Abschluss der Ermittlungen in den Akten vermerkt hat.

91 Über die Gewährung von Akteneinsicht entscheidet im Ermittlungsverfahren die Staatsanwaltschaft, im Zwischen- und Hauptverfahren der Vorsitzende des mit der Sache befassten Gerichts.

92 Die Verfügung des Staatsanwalts beinhaltet keine Probleme. Akteneinsicht wird in der Regel für drei volle Tage gewährt. Der Staatsanwalt sollte zudem eine kurze Frist zur Wiedervorlage der Handakte verfügen, um den zeitnahen Eingang der Akte nach Einsicht durch den Verteidiger oder Rechtsanwalt überprüfen zu können.

8. Pflichtverteidigerbestellung im Vorverfahren

93 Die Bestellung eines **notwendigen Verteidigers** (Pflichtverteidiger) im Ermittlungsverfahren ist nach der Neuregelung durch das Gesetz zur Änderung des Untersuchungshaftrechts[65] seit dem 1. Januar 2010 zwingend erforderlich, wenn gegen den Beschuldigten **Untersuchungshaft** oder einstweilige Unterbringung **vollstreckt** wird (§§ 140 Abs. 1 Nr. 4, 141 Abs. 3 S. 4 StPO). Ansonsten stellt die Staatsanwaltschaft im Ermittlungsverfahren gemäß § 141 Abs. 3 S. 2 StPO bei dem für die Eröffnung des Hauptverfahrens zuständigen Gericht einen Antrag auf Pflichtverteidigerbeiordnung, wenn nach ihrer Auffassung die Mitwirkung eines Verteidigers in dem gerichtlichen Verfahren nach § 140 Abs. 1 oder 2 StPO notwendig sein wird. Allerdings zwingt nach der Rechtsprechung des Bundesgerichtshofs allein der Umstand, dass die Verteidigung im späteren gerichtlichen Verfahren notwendig sein wird, nicht zur Beiordnung eines Verteidigers im Vorverfahren[66]. Entscheidend ist, ob die Mitwirkung eines Verteidigers zur Wahrung der Rechte des Beschuldigten schon im Ermittlungsverfahren erforderlich erscheint. Dies ist etwa der Fall, wenn ein zentraler Belastungszeuge durch den Ermittlungsrichter vernommen werden soll und der Beschuldigte von einer Teilnahme nach § 168c Abs. 3 StPO ausgeschlossen ist[67]. Insoweit muss der Verteidiger die Beschuldigtenrechte wahrnehmen, weil ihm auch beim Ausschluss des Beschuldigten von der Vernehmung nach § 168c Abs. 2 StPO ein Anwesenheitsrecht zusteht. Unterbleibt die Bestellung eines Pflichtverteidigers in diesem Fall, kann hieraus ein Verwertungsverbot der Zeugenaussage in der Hauptverhandlung resultieren.

94 Dem Staatsanwalt steht – mit Ausnahme der Fälle nach § 140 Abs. 1 Nr. 4 StPO – ein Beurteilungsspielraum zu, ob er die Beiordnung eines Verteidigers schon im Ermitt-

65 BGBl. I 2009, 2274.
66 BGHSt 29, 1, 5; 47, 233.
67 BGHSt 46, 93.

lungsverfahren beantragt. Seine Entscheidung ist nicht anfechtbar[68]. Nach § 141 Abs. 4 1. Hs. StPO entscheidet der Vorsitzende des für die Eröffnung des Hauptverfahrens zuständigen Gerichts über die Beiordnung. Wird gegen den Beschuldigten Untersuchungshaft vollzogen, obliegt diese Entscheidung dem Haftrichter (§ 141 Abs. 4, 2. Hs. StPO). Eine ablehnende Entscheidung kann der Beschuldigte mit der Beschwerde nach § 304 Abs. 1 StPO anfechten.

Soll dem Beschuldigten im Ermittlungsverfahren ein Pflichtverteidiger beigeordnet **95**
werden, könnte die Verfügung wie folgt lauten:

710 Js 23460/09

Vfg.

1. Vermerk:

   Der Beschuldigte ist einer sexuellen Nötigung zum Nachteil der Geschädigten Müller verdächtig. Diese soll von dem Ermittlungsrichter zeugenschaftlich vernommen werden. Es ist beabsichtigt, den Beschuldigten nach § 168c Abs. 3 StPO von der Anwesenheit bei der Vernehmung auszuschließen.

   Im Hinblick darauf erscheint die Beiordnung eines Pflichtverteidigers bereits im Ermittlungsverfahren geboten.

2. Frist: 2 Wochen.

3. U.m.A.

   dem Amtsgericht
   - Frau/Herrn Vorsitzende(n) des Schöffengerichts -
   in Lübeck

   unter Hinweis auf den Vermerk zu Ziff. 1 dieser Verfügung mit dem Antrag übersandt, dem Beschuldigten nach §§ 141 Abs. 3 und 4, 140 Abs. 1 Nr. 2 StPO einen notwendigen Verteidiger beizuordnen.

Lübeck, 20.08.2009
Staatsanwaltschaft
bei dem Landgericht

Wagner

(Wagner)
Staatsanwalt

68 *Meyer-Goßner*, § 141 Rn. 5 mwN.

9. Verfahrensabtrennung

96 Richtet sich das Ermittlungsverfahren gegen mehrere Beschuldigte, kann eine Verfahrensabtrennung in Betracht kommen. Soll das Verfahren gegen einen Beschuldigten abgetrennt werden, muss dies durch den zuständigen Staatsanwalt verfügt werden. Daraufhin wird die Ermittlungsakte (oder wesentliche Teile davon) kopiert. Zusammen mit einer beglaubigten Abschrift der Abtrennungsverfügung und den angefertigten Kopien wird eine neue Akte mit neuem Aktenzeichen angelegt. Aus dieser Akte werden die Ermittlungen gegen den Beschuldigten geführt, dessen Verfahren abgetrennt wurde.

97 Die Verfahrensabtrennung kann aus Zuständigkeitserwägungen oder aus prozessökonomischen Gründen erforderlich sein.

Im erstgenannten Fall kann eine Verfahrensabtrennung geboten sein, wenn für einen von mehreren Beschuldigten entweder die Zuständigkeit einer anderen Abteilung derselben Staatsanwaltschaft oder die einer anderen Behörde gegeben ist. Wird beispielsweise in einem Ermittlungsverfahren gegen einen Jugendlichen und einen Erwachsenen ermittelt, erfolgt regelmäßig eine Verfahrensabtrennung. Maßgeblich hierfür ist, dass für die Beschuldigten grundsätzlich unterschiedliche gerichtliche Zuständigkeiten bestehen und dementsprechend auch innerhalb der Staatsanwaltschaft für Verfahren gegen Jugendliche und Erwachsene verschiedene Abteilungen zuständig sind.

Eine Verfahrensabtrennung aus prozessökonomischen Gründen kann beispielsweise notwendig sein, wenn das Ermittlungsverfahren gegen einen Beschuldigten abschlussreif ist, gegen den anderen jedoch noch weitere Ermittlungen zu führen sind. Einerseits muss die Akte mit Anklageerhebung hinsichtlich des einen Beschuldigten dem Gericht übersandt werden, andererseits wird die Akte hinsichtlich des anderen Beschuldigten für die weiteren Ermittlungen benötigt. Ergibt sich eine derartige Konstellation in Haftsachen, ist die Verfahrensabtrennung schon vor dem Hintergrund des besonderen Beschleunigungsgebots erforderlich.

98 Ebenfalls ist eine Verfahrensabtrennung in Betracht zu ziehen, wenn gegen einen Beschuldigten Anklage erhoben und hinsichtlich des anderen eine Verfahrenseinstellung erfolgen soll, wobei die Akte hinsichtlich der Verfahrenseinstellung noch benötigt wird. Dies ist etwa bei einer vorläufigen Verfahrenseinstellung nach § 154f StPO der Fall, wenn die Akte noch für Fahndungsmaßnahmen gebraucht wird. Auch wenn nach einer Verfahrenseinstellung eine Beschwerde des Anzeigeerstatters zu erwarten ist, bietet es sich an, eine weitere Akte anzulegen. Auf diese Weise wird sichergestellt, dass die Staatsanwaltschaft im Falle einer Beschwerde die (neu angelegte) Akte sogleich dem Generalstaatsanwalt zur Entscheidung übersenden kann, während sich die (ursprüngliche) Akte bei Gericht befindet.

99 Erstattet ein Beschuldigter in einem Ermittlungsverfahren seinerseits Strafanzeige gegen den Anzeigeerstatter (sog. Gegenanzeige), ist in der Regel ebenfalls eine Verfahrensabtrennung geboten. Es ist nicht zweckmäßig, Anzeige und Gegenanzeige in demselben Ermittlungsverfahren zu bearbeiten.

Bei einer Verfahrensabtrennung könnte wie folgt verfügt werden: **100**

```
711 Js 14523/09

                    Vfg.

1. Vermerk:
   Das Verfahren gegen den Beschuldigten Meyer ist ab-
   schlussreif. Gegen diesen soll Anklage erhoben wer-
   den. Der weitere Beschuldigte Schmidt ist derzeit un-
   bekannten Aufenthalts. Gegen diesen ist das Verfahren
   vorläufig nach § 154 f. StPO einzustellen und der Be-
   schuldigte zur Fahndung auszuschreiben. Daher soll das
   Verfahren gegen den Beschuldigten Schmidt abgetrennt
   werden.

2. Herrn AL 8[69].

3. Akte vollständig ablichten.

4. Mit beglaubigter Abschrift dieser Vfg., den gemäß Zif-
   fer 3 dieser Verfügung gefertigten Kopien und dem Bun-
   deszentralregisterauszug für den Beschuldigten Schmidt
   beginnt ein neues Ermittlungsverfahren
   gegen Kurt Schmidt (Bl. 23 d.A.)

   wegen des Vorwurfs des räuberischen Diebstahls, § 252
   StGB.

   Es ist in Abt. 711 einzutragen und vorzulegen.

5. Das Aktenzeichen des neuen Verfahrens ist hier zu ver-
   merken:

6. Weitere Vfg. gesondert[70].

Lübeck, 12.11.2009

Paraphe
```

69 Die Verfahrensabtrennung hat unter Beteiligung des Abteilungsleiters zu erfolgen. Soll das abzutrennende Verfahren lediglich innerhalb derselben Abteilung eingetragen werden – so wie im Beispiel –, ist lediglich der Leiter dieser Abteilung zu beteiligen. Ist das abzutrennende Verfahren dagegen in eine andere Abteilung einzutragen, muss auch deren Abteilungsleiter die Abtrennung billigen.

70 Statt für die weiteren Verfügungspunkte eine gesonderte Verfügung zu fertigen, können diese auch im Anschluss an die Abtrennung unter Ziffern 6 ff. erfolgen.

V. Abschlussverfügungen

101 Am Schluss des Ermittlungsverfahrens entscheidet der Staatsanwalt darüber, ob das Verfahren eingestellt werden soll oder ob Anklage zu erheben ist. Nach § 170 Abs. 1 StPO ist grundsätzlich die öffentliche Klage zu erheben, sofern die Ermittlungen hierzu genügenden Anlass bieten **(Legalitätsprinzip)**. Dies ist beim Vorliegen eines hinreichenden Tatverdachts der Fall. Anderenfalls ist das Ermittlungsverfahren nach § 170 Abs. 2 StPO zwingend einzustellen. Unter bestimmten Voraussetzungen kommt eine Verfahrenseinstellung – in Durchbrechung des Legalitätsprinzips – trotz eines bestehenden hinreichenden Tatverdachts in Betracht **(Opportunitätsprinzip)**. Dies ist insbesondere im Bereich der kleineren und mittleren Kriminalität der Fall.

1. Verfahrensgegenstand

102 Bevor der Staatsanwalt die Entscheidung über den Abschluss des Verfahrens treffen kann, muss er den Gegenstand des Verfahrens bestimmen. Für eine Anklageerhebung ist dies erforderlich, da sich die Untersuchung und Entscheidung des Gerichts nach §§ 155 Abs. 1, 264 Abs. 1 StPO nur auf die in der Klage bezeichnete Tat(en) und beschuldigte(n) Person(en) erstreckt[71]. Im Fall einer Einstellung des Verfahrens richten sich Art und Umfang der Einstellung nach dem Verfahrensgegenstand.

103 Der in §§ 155 Abs. 1, 264 Abs. 1 StPO verwendete Begriff der Tat wird als **prozessualer Tatbegriff** bezeichnet. Darunter versteht man den durch die Anklage dem Gericht unterbreiteten geschichtlichen Vorgang, soweit er nach der Lebensauffassung eine Einheit bildet[72]. Der prozessuale Tatbegriff ist nicht mit der dem materiellen Recht zugrunde liegenden Bestimmung der Tat nach §§ 52, 53 StGB identisch. Im Falle tateinheitlich verwirklichter Delikte nach § 52 StGB liegt in aller Regel auch eine prozessuale Tat vor[73]. Bei Vorliegen von Tatmehrheit nach § 53 StGB liegen zwar auch zumeist mehrere prozessuale Taten vor, allerdings ist dies nicht immer der Fall. Bei realkonkurrierenden Delikten kann nach der höchstrichterlichen Rechtsprechung nur eine prozessuale Tat angenommen werden, wenn ein persönlicher, zeitlicher, örtlicher und situativer Zusammenhang zwischen den einzelnen Delikten besteht. Der Bundesgerichtshof geht von einer prozessualen Tat aus, „wenn mehrere Vorgänge derart eng miteinander verknüpft sind, dass ihre getrennte Würdigung in verschiedenen Verfahren als unnatürliche Aufspaltung eines einheitlichen Lebensvorganges erscheinen würde"[74]. Dies wird in folgendem, einer Entscheidung des Bundesgerichtshofs nachgebildeten Fall deutlich, der häufig Gegenstand von Examensklausuren ist[75]:

> Der nach Alkoholgenuss fahruntüchtige Angeklagte verschuldete bei Dunkelheit mit seinem Pkw einen Zusammenstoß mit einem anderen Pkw. Beide Fahrzeuge wurden nicht unerheblich beschädigt. Um sich den Feststellungen seiner Person und der Art seiner Beteiligung an dem Unfall zu entziehen, hielt er nicht an, sondern fuhr mit erhöhter Geschwindigkeit davon. Der Angeklagte hat sich durch dieses Verhalten einer fahrlässigen Straßenverkehrs-

---

71 Das Gericht ist an die rechtliche Beurteilung der Tat jedoch nicht gebunden, § 264 Abs. 2 StPO.
72 *Roxin/Schünemann*, § 20 Rn. 5 f. mwN.
73 Zu den (nicht besonders examensrelevanten) Ausnahmen vgl. *Roxin/Schünemann*, § 20 Rn. 8 ff.
74 BGHSt 41, 385, 388.
75 Vgl. BGHSt 23, 141.

gefährdung (§ 315c Abs. 1 Nr. 1a, Abs. 3 Nr. 1 StGB) in **Tatmehrheit** mit einem tateinheitlich begangenen unerlaubten Entfernen vom Unfallort (§ 142 Abs. 1 StGB) sowie einer vorsätzlichen Trunkenheit im Verkehr (§ 316 Abs. 1 StGB) schuldig gemacht. Trotz der Annahme von Tatmehrheit nimmt der Bundesgerichtshof **prozessual nur eine Tat** an und stellt dazu fest: „Trotz dieser – sachlichrechtlichen – Selbstständigkeit ist der aus fahrlässiger Verkehrsgefährdung und Unfallflucht bestehende geschichtliche Vorgang verfahrensrechtlich als eine Tat zu werten (§ 264 StPO)“[76]. Etwas anderes würde gelten, wenn es durch den Unfall zu einer deutlichen Zäsur gekommen wäre. Dann wären zwei prozessuale Taten anzunehmen.

In der Abschlussverfügung ist zunächst danach zu differenzieren, ob eine oder mehrere prozessuale Taten vorliegen. Hinsichtlich jeder prozessualen Tat ist zu entscheiden, ob insoweit Anklage erhoben werden oder ob eine Einstellung erfolgen soll. Bei mehreren prozessualen Taten ist es daher möglich, dass hinsichtlich einer Tat Anklage und hinsichtlich einer weiteren Tat eine Einstellung erfolgt. Letztere bezeichnet man als **Teileinstellung**. **104**

Liegt nur eine prozessuale Tat vor, erfolgt nur eine Entscheidung: entweder Anklageerhebung oder Verfahrenseinstellung. Besteht die prozessuale Tat nur aus einem Delikt, ist dies offenkundig und unproblematisch. **105**

Besteht eine prozessuale Tat hingegen aus mehreren Delikten – in der Regel bei mehreren tateinheitlich verwirklichten Straftatbeständen, im Ausnahmefall aber auch bei tatmehrheitlich begangen Straftaten[77] –, können sich in der Abschlussverfügung Besonderheiten ergeben. Dies ist etwa dann der Fall, wenn hinsichtlich eines Delikts hinreichender Tatverdacht besteht, hinsichtlich eines weiteren nicht. **106**

Beispiel: Aus der Ermittlungsakte ergibt sich gegen den Beschuldigten Müller der hinreichende Tatverdacht eines Betruges. Der weitere Vorwurf einer Urkundenfälschung lässt sich hingegen nicht nachweisen.

1. Variante: Der Betrug wurde am 7.8.2009 begangen. Die Urkundenfälschung soll eine Woche später erfolgt sein.

Betrug und Urkundenfälschung bilden in diesem Fall zwei prozessuale Taten. Hinsichtlich des Betruges ist Anklage zu erheben. Hinsichtlich der nicht nachweisbaren Urkundenfälschung hat eine Teileinstellung zu erfolgen.

2. Variante: Betrug und Urkundenfälschung sollen am selben Tag tateinheitlich begangen worden sein. Es lässt sich jedoch nicht nachweisen, ob die in betrügerischer Absicht vorgelegte Urkunde unecht war.

Hier bilden Betrug und vermeintliche Urkundenfälschung eine prozessuale Tat. Wieder ist hinsichtlich des Betruges Anklage zu erheben. Hinsichtlich des Vorwurfs der Urkundenfälschung ist eine Teileinstellung nicht statthaft. Mit der Anklageerhebung ist nämlich über die prozessuale Tat abschließend entschieden. In der Abschlussverfügung ist dann lediglich in einem Vermerk darzulegen, dass hinsichtlich des Vorwurfs der Urkundenfälschung kein hinreichender Tatverdacht besteht.

Die Frage, ob eine oder mehrere prozessuale Taten vorliegen, ist auch bei der Entscheidung über eine (Teil-)Einstellung nach § 154 StPO oder eine Beschränkung der Strafverfolgung nach § 154a StPO von besonderer Bedeutung[78]. **107**

---

76 BGHSt 23, 141, 144.
77 So wie im obigen Beispielsfall, Rn. 103.
78 Siehe unten Rn. 146.

2. Einstellung des Verfahrens

a) Einstellung nach § 170 Abs. 2 StPO mangels hinreichenden Tatverdachts

108 Bieten die Ermittlungen keinen genügenden Anlass zur Erhebung der öffentlichen Klage, ist das Ermittlungsverfahren nach § 170 Abs. 2 StPO zwingend einzustellen. Dies kann entweder aus tatsächlichen oder rechtlichen Gründen der Fall sein. Eine **Verfahrenseinstellung aus tatsächlichen Gründen** hat dann zu erfolgen, wenn die vorhandenen Beweismittel nicht geeignet sind, dem Beschuldigten die Begehung einer Straftat mit der für eine Anklageerhebung erforderlichen Sicherheit nachzuweisen oder wenn kein Täter ermittelt werden konnte. Die **Verfahrenseinstellung aus rechtlichen Gründen** kann aus materiell-rechtlichen oder prozessualen Erwägungen erfolgen. Materiell-rechtliche Gründe können beispielsweise vorliegen, wenn die dem Beschuldigten vorgeworfene Handlung keinen Straftatbestand erfüllt, er gerechtfertigt oder entschuldigt handelte. Eine Verfahrenseinstellung aus prozessualen Gründen kommt bei dem Vorliegen eines Verfahrenshindernisses in Betracht. Dies sind etwa das Fehlen eines erforderlichen Strafantrags, Strafverfolgungsverjährung, anderweitige Rechtshängigkeit oder ein Strafklageverbrauch. Ein Verfahrenshindernis liegt ferner vor, wenn das öffentliche Interesse[79] bei Privatklagedelikten verneint wird. Die **Privatklagedelikte** sind in § 374 Abs. 1 StPO abschließend genannt. In **Durchbrechung des Offizialprinzips** kann der Anzeigende diese Delikte im Wege der Privatklage selbst verfolgen.

aa) Allgemeines

109 Die Einstellung des Ermittlungsverfahrens ist ausdrücklich und unter Bezeichnung der betreffenden Norm zu verfügen.

> **Hinweis:** Ein häufiger Fehler von Referendaren ist es, die Gründe für eine Einstellung des Verfahrens zwar in einem Vermerk darzulegen, die Einstellung selbst jedoch nicht mehr zu verfügen.

110 Bei einer Verfahrenseinstellung muss darüber entschieden werden, ob ein **Einstellungsbescheid** zu erteilen ist. Dies ist nach § 171 S. 1 StPO grundsätzlich der Fall, wenn ein Anzeigeerstatter vorhanden ist. Werden die Ermittlungen von Amts wegen geführt oder hat der Anzeigeerstatter auf die Erteilung eines Bescheides verzichtet, ist dieser entbehrlich.

111 Ist der Anzeigende zugleich **Verletzter** und steht ihm die Möglichkeit des Klageerzwingungsverfahrens nach § 172 StPO zu, ist der Bescheid mit einer **Rechtsbelehrung** zu versehen (§ 171 S. 2 StPO). Diese kann wie folgt gefasst werden:

---

79 Vgl. § 376 StPO sowie Nr. 86, 172, 229-235 RiStBV.

> „Gegen diesen Bescheid steht Ihnen nach § 172 Abs. 1 StPO die Beschwerde zu. Die Beschwerde muss binnen zwei Wochen nach Zugang dieses Bescheides entweder bei der hiesigen Staatsanwaltschaft oder dem Generalstaatsanwalt in ... eingehen."[80]

Ist die Durchführung des Klageerzwingungsverfahrens nach § 172 Abs. 2 S. 3 StPO unzulässig, ist keine Rechtsbelehrung zu erteilen. Dies ist etwa der Fall, wenn es sich bei der Tat ausschließlich um ein Privatklagedelikt handelt. Treffen in einer prozessualen Tat Privatklagedelikt und Offizialdelikt zusammen, ist dem Verletzten eine Rechtsbelehrung zu erteilen. Hat das Ermittlungsverfahren sowohl ein Privatklage- als auch ein Offizialdelikt als selbstständige prozessuale Taten zum Gegenstand, ist die Rechtsbelehrung auf das Offizialdelikt zu beschränken. Der Rechtsbelehrung könnte folgender Satz hinzugefügt werden: **112**

> „Die vorstehende Rechtsbelehrung bezieht sich nur auf die Einstellung des Verfahrens wegen des Vorwurfs ..."

Ausnahmsweise ist die Erteilung einer Rechtsbelehrung auch bei Offizialdelikten entbehrlich, wenn der Anzeigende bei einem Verfahren gegen unbekannt einen bestimmten Beschuldigten nicht benannt oder in anderer Weise nicht bezeichnet hat und der Staatsanwaltschaft ein Täter nicht bekannt ist. **113**

Der Einstellungsbescheid soll dem Anzeigenden die tragenden Gründe der Einstellung verdeutlichen und eine geeignete Grundlage für die Nachprüfung im Falle einer Beschwerde bieten. Der Einstellungsbescheid ist so zu formulieren[81], dass er **114**

- verständlich und eindeutig ist,
- keine unnötigen Angriffspunkte bietet,
- jede den Anzeigenden verletzende Schärfe vermeidet,
- auf die dem Anzeigenden wesentlichen Gesichtspunkte eingeht,
- sich mit den vom Anzeigenden vorgebrachten Beweismitteln auseinandersetzt und ggf. erwähnt, weshalb von einem bestimmten Beweismittel kein Gebrauch gemacht wurde,
- den Hinweis enthält, dass in entsprechenden Fällen durch die Einstellung des Verfahrens etwaige zivilrechtliche Ansprüche nicht berührt werden.

In den norddeutschen Bundesländern wird der Einstellungsbescheid in Form eines Schreibens an den Anzeigenden gerichtet. Feste Aufbauregeln existieren nicht. Allerdings ist es üblich, nach dem Betreff und der Anrede zunächst mitzuteilen, dass das Verfahren eingestellt wurde. Danach folgt eine knappe Darstellung des von dem Anzeigenden mitgeteilten Sachverhalts, soweit dies erforderlich erscheint. Daran schließt eine zusammenfassende Wiedergabe der Einlassung des Beschuldigten und ggf. eine Würdigung der Beweismittel an. Nach der Begründung der Einstellung folgt ggf. eine Rechtsbelehrung. Der Bescheid endet mit Unterschrift und Dienstbezeichnung. **115**

In den süddeutschen Bundesländern ist der Einstellungsbescheid an die Form eines Beschlusses angelehnt[82]. **116**

80 Der Referendar muss die Rechtsbelehrung regelmäßig nicht ausformulieren. Sowohl in der Stationsausbildung als auch in der Klausurbearbeitung genügt der Hinweis auf diese.
81 Vgl. hierzu auch Nr. 89 RiStBV.
82 Vgl. hierzu das im Anhang unter Rn. 641 dargestellte Muster.

117 Steht dem Anzeigeerstatter keine Beschwerdemöglichkeit nach § 172 StPO zu, ist der Beschuldigte von der Verfahrenseinstellung grundsätzlich unmittelbar zu benachrichtigen. Besteht eine Beschwerdemöglichkeit, ist abzuwarten, ob der Anzeigeerstatter hiervon Gebrauch macht. Aus diesem Grund ist eine Frist von einem Monat zu verfügen[83]. Die **Einstellungsnachricht** ist nach Fristablauf zu erteilen, wenn der Anzeigeerstatter keine Beschwerde einlegt.

Hinweis: Unabhängig von der Beschwerdemöglichkeit des § 172 StPO kann der Anzeigende jederzeit eine (sachliche) Dienstaufsichtsbeschwerde erheben. Auch in diesen Fällen überprüft der Generalstaatsanwalt, ob die Einstellung des Verfahrens sachgerecht ist. Deshalb wird in der Praxis häufig auch eine Frist von 1 Monat verfügt, wenn dem Anzeigenden keine Beschwerdemöglichkeit nach § 172 StPO zusteht.

118 Die Einstellungsnachricht ist allerdings nur in den Fällen des § 170 Abs. 2 S. 2 StPO zu erteilen, d.h. wenn der Beschuldigte verantwortlich vernommen wurde (auch bei Aussageverweigerung), ein Haftbefehl gegen ihn erlassen war, er ausdrücklich um einen Bescheid gebeten hat oder wenn ein besonderes Interesse an der Bekanntgabe der Einstellung ersichtlich ist. Einer Begründung der Einstellung gegenüber dem Beschuldigten bedarf es grundsätzlich nicht, es sei denn, er hat dies ausdrücklich beantragt (Nr. 88 RiStBV).

119 Einen Sonderfall stellen Strafanzeigen durch Behörden dar. In diesen Fällen soll der Staatsanwalt nach Nr. 90 RiStBV der Behörde vor einer Verfahrenseinstellung die für die Einstellung sprechenden Gründe mitteilen und ihr Gelegenheit zur Äußerung geben. Sofern die Behörde Bedenken gegen eine Verfahrenseinstellung vorbringt, ist der Staatsanwalt nicht gehindert, das Verfahren gleichwohl einzustellen. In der Einstellungsverfügung muss er jedoch auf diese Bedenken eingehen.

120 Anhand der nachfolgenden Beispiele soll veranschaulicht werden, wie im Falle von Verfahrenseinstellungen nach § 170 Abs. 2 StPO die Verfügung zu gestalten ist.

bb) Täter nicht ermittelt (einfache Unbekanntsache)

121

```
711 UJs 23458/09
                         Vfg.
1. Vermerk:
   Ein Täter konnte nicht ermittelt werden. Weitere Er-
   mittlungsansätze sind nicht vorhanden.
2. Einstellung gem. § 170 Abs. 2 StPO.
```

83 Die Frist zur Einlegung der Beschwerde beträgt nach § 172 Abs. 1 S. 1 StPO zwei Wochen. Bei der Bestimmung der Wiedervorlagefrist sind Verzögerungen durch den Geschäftsablauf sowie Postlaufzeiten zu berücksichtigen, weshalb die Frist regelmäßig auf einen Monat bestimmt wird.

3. Einstellungsbescheid an Anzeigenden Müller (Bl. 2 d.A.):

   Ihre Strafanzeige vom 02.09.2009

   Sehr geehrter Herr Müller,

   ich habe das Verfahren nach § 170 Abs. 2 StPO eingestellt, da es nicht gelungen ist, den Täter zu ermitteln.

   Sollten Ihnen in der Folgezeit neue Umstände bekannt werden, die zur Ermittlung eines Täters führen könnten, so bitte ich Sie, diese alsbald zu dem oben angegebenen Aktenzeichen mitzuteilen, da ich jederzeit innerhalb der Strafverfolgungsverjährungsfrist in der Lage bin, die Ermittlungen wieder aufzunehmen.

4. Weglegen.

Lübeck, 09.10.2009

Paraphe

cc) Kein hinreichender Tatverdacht aus tatsächlichen Gründen

710 Js 3456/09 122

Vfg.

1. Einstellung gem. § 170 Abs. 2 StPO aus den Gründen des Bescheids zu Ziff. 2 dieser Verfügung.

2. Einstellungsbescheid mit Rechtsbelehrung an Anzeigenden Meier (Bl. 3 d.A.):

   Ermittlungsverfahren

   gegen Martin Schneider
   wegen Diebstahls

   Ihre Strafanzeige vom 08.09.2009

   Sehr geehrter Herr Meier,

   das unter dem o.g. Aktenzeichen geführte Ermittlungsverfahren habe ich gem. § 170 Abs. 2 StPO eingestellt, da dem Beschuldigten die ihm vorgeworfene Tat nicht mit der für eine Anklageerhebung erforderlichen Sicherheit nachgewiesen werden kann.

   Der Beschuldigte hat in seiner verantwortlichen Vernehmung bestritten, Ihren Rucksack aus dem Büro mitgenommen zu haben. Er hat angegeben, zum Tatzeitpunkt bei einem Bekannten gewesen zu sein. Diese Einlassung wurde von dem Zeugen Dachs bestätigt. Unmittelbare Tatzeugen sind nicht vorhanden. Bei dieser Beweislage ist eine Überführung des Beschuldigten nicht möglich.

Zivilrechtliche Ansprüche werden durch diese Entscheidung nicht berührt.

Rechtsbelehrung

Mit freundlichen Grüßen

(Wagner)
Staatsanwalt

3. Frist: 1 Monat (Beschwerde, sonst Einstellungsnachricht an Beschuldigten Bl. 48 d.A., wgl.)[84].

Lübeck, 12.10.2009

Paraphe

dd) Einstellung und Verweisung auf den Privatklageweg

123 711 Js 33458/09

Vfg.

1. <u>Vermerk:</u>

   Gegen den Beschuldigten Schmitt besteht der hinreichende Tatverdacht einer Beleidigung. Die Beleidigung war nicht besonders schwerwiegend. Außerdem erfolgte sie anlässlich einer Streitigkeit unter Nachbarn. Ein öffentliches Strafverfolgungsinteresse liegt nicht vor. Dem Anzeigenden ist die Beschreitung des Privatklagewegs zumutbar.

2. Einstellung des Verfahrens gem. § 170 Abs. 2 StPO in Verbindung mit § 376 StPO.

3. Einstellungsbescheid an Anzeigenden Maier (Bl. 2 d.A.):

   Ihr Strafantrag vom 12.11.2009

   Sehr geehrter Herr Maier,

   die von Ihnen angezeigte Straftat wird gem. § 374 Abs. 1 StPO grundsätzlich vom Verletzten im Wege der Privatklage verfolgt. Die Staatsanwaltschaft erhebt die öffentliche Klage nur, wenn dies im öffentlichen Interesse liegt. Das ist regelmäßig dann der Fall,

84 Dieser sog. „Klammervermerk" stellt eine Gedächtnisstütze für den Dezernenten dar, der die Akte nach einem Monat wieder erhält und dann entsprechend verfügen kann, ohne die Akte erneut zu lesen.

wenn durch die Tat der Rechtsfrieden über den Lebenskreis des Verletzten gestört und die Strafverfolgung ein gegenwärtiges Anliegen der Allgemeinheit ist.

Diese Voraussetzungen liegen hier nicht vor. Die Beleidigung war nicht besonders schwerwiegend. Außerdem erfolgte sie anlässlich einer Streitigkeit unter Nachbarn. Zudem ist der Beschuldigte bislang strafrechtlich nicht in Erscheinung getreten.

Ich habe daher von der Erhebung der öffentlichen Klage abgesehen und stelle anheim, ggf. gegen den Beschuldigten auf dem dafür vorgesehenen Weg der Privatklage vorzugehen.

Etwaige zivilrechtliche Ansprüche werden durch diese Entscheidung nicht berührt.

Der Erhebung einer Privatklage muss in aller Regel eine Sühneverhandlung vorausgehen. Nähere Auskünfte hierüber erteilt der Schiedsmann, in dessen Bezirk Sie wohnen.

Mit freundlichen Grüßen

(Wagner)
Staatsanwalt

4. Frist: 1 Monat.

Lübeck, 22.12.2009

Paraphe

ee) Einstellung der Straftat und Abgabe an die Ordnungsbehörde

733 Js 23443/09 124

Vfg.

1. Vermerk:

Der Beschuldigte Tratschke ist keiner Trunkenheit im Verkehr nach § 316 StGB hinreichend verdächtig. Zwar ist davon auszugehen, dass er zum Tatzeitpunkt eine Blutalkoholkonzentration von 0,6 ‰ aufwies; allerdings ist mangels eines Fahrfehlers eine relative Fahruntüchtigkeit nicht nachzuweisen. Das Verhalten stellt jedoch eine Ordnungswidrigkeit nach § 24a StVG dar. Das Ermittlungsverfahren soll daher gem. § 170 Abs. 2 StPO eingestellt und zur Verfolgung der Ordnungswidrigkeit gem. § 43 Abs. 1 OWiG an die zuständige Ordnungsbehörde abgegeben werden.

2. Einstellung gemäß § 170 Abs. 2 StPO.
3. Kein Bescheid, da von Amts wegen.
4. Einstellungsnachricht an Beschuldigten Tratschke (Bl. 7 d.A.):

   Ermittlungsverfahren gegen Sie
   wegen Trunkenheit im Verkehr

   Sehr geehrter Herr Tratschke,

   das oben angegebene Ermittlungsverfahren habe ich hinsichtlich des Vorwurfs einer Straftat der Trunkenheit im Verkehr nach § 170 Abs. 2 StPO eingestellt. Soweit eine Ordnungswidrigkeit nach § 24a StVG in Betracht kommt, habe ich das Verfahren an die zuständige Verwaltungsbehörde abgegeben.

   Mit freundlichen Grüßen

5. Austragen.
6. U.m.A.
   dem Landrat
   des Kreises Ostholstein
   \- Straßenverkehrsbehörde -
   Eutin

   gemäß § 43 OWiG zwecks Verfolgung einer Ordnungswidrigkeit nach § 24a StVG übersandt.

Lübeck, 25.08.2009
Staatsanwaltschaft
bei dem Landgericht

Wagner
(Wagner)
Staatsanwalt

b) Einstellung aus Opportunitätsgründen

125 Nach dem Opportunitätsprinzip ist die Staatsanwaltschaft ermächtigt, ein Ermittlungsverfahren auch bei Bestehen eines hinreichenden Tatverdachts einzustellen. Diese Durchbrechung des Legalitätsprinzips dient im Wesentlichen der Bewältigung der kleineren und mittleren Kriminalität.

126 Dem Anzeigenden steht anders als im Falle einer Verfahrenseinstellung nach § 170 Abs. 2 StPO bei Verfahrenseinstellungen nach dem Opportunitätsprinzip kein Klageerzwingungsverfahren zu, vgl. § 172 Abs. 2 S. 3 StPO. Gleichwohl ist der Anzeigende auch in diesen Fällen zu bescheiden, wobei keine Rechtsbelehrung zu erteilen ist[85].

aa) Einstellung nach § 153 Abs. 1 StPO

Die Staatsanwaltschaft kann ein Verfahren wegen **Geringfügigkeit** nach § 153 Abs. 1 **127**
StPO unter folgenden Voraussetzungen einstellen:

(1) Vergehen

Bei der Tat muss es sich um ein Vergehen handeln. Bei Verbrechen (§ 12 Abs. 1 **128**
StGB) kommt eine Verfahrenseinstellung nach § 153 Abs. 1 StPO demnach nicht in Betracht.

(2) Geringe Schuld

Weitere Voraussetzung ist, dass die Schuld des Täters als gering anzusehen **wäre**. Aus **129**
dieser Formulierung folgt, dass der Tatvorwurf – anders als im Fall einer Anklageerhebung oder Verfahrenseinstellung nach § 153a StPO – nicht mit hinreichender Sicherheit feststehen muss. Zeichnet sich eine Verfahrenseinstellung nach § 153 Abs. 1 StPO ab, muss das Ermittlungsverfahren nicht „ausermittelt" werden. Der Beschuldigte hat in diesem Fall keinen Anspruch auf die Durchführung weiterer Ermittlungen mit dem Ziel einer Verfahrenseinstellung nach § 170 Abs. 2 StPO.

(3) Kein öffentliches Strafverfolgungsinteresse

Schließlich darf kein öffentliches Interesse an der Strafverfolgung bestehen. Aus **130**
Nr. 86 Abs. 2 RiStBV ergeben sich Anhaltspunkte, wann ein solches anzunehmen ist. Zwar bezieht sich Nr. 86 Abs. 2 RiStBV auf § 376 StPO, welcher ebenfalls den Begriff des öffentlichen Interesses enthält. Es ist jedoch allgemein anerkannt, dass diese Begriffe sich decken[86]. In Nr. 86 Abs. 2 RiStBV heißt es:

> „Ein öffentliches Interesse wird in der Regel vorliegen, wenn der Rechtsfrieden über den Lebenskreis des Verletzten hinaus gestört und die Strafverfolgung ein gegenwärtiges Anliegen der Allgemeinheit ist, z.B. wegen des Ausmaßes der Rechtsverletzung, wegen der Rohheit oder Gefährlichkeit der Tat, der niedrigen Beweggründe des Täters oder der Stellung des Verletzten im öffentlichen Leben. Ist der Rechtsfrieden über den Lebenskreis des Verletzten hinaus nicht gestört worden, so kann ein öffentliches Interesse auch dann vorliegen, wenn dem Verletzten wegen seiner persönlichen Beziehung zum Täter nicht zugemutet werden kann, die Privatklage zu erheben, und die Strafverfolgung ein gegenwärtiges Anliegen der Allgemeinheit ist."

Letztlich obliegt es dem **Beurteilungsspielraum** des jeweiligen Staatsanwalts, wann **131**
ein öffentliches Interesse zu verneinen und von geringer Schuld auszugehen ist. Zur Vereinheitlichung der Rechtsanwendung bestehen in den Bundesländern Vorgaben des Justizministeriums oder der Generalstaatsanwälte, in welchen Fällen § 153 Abs. 1 StPO anzuwenden ist[87]. Nach den Richtlinien des Generalstaatsanwalts in Schleswig-

85 Vgl. Nr. 89 ff. RiStBV.
86 Vgl. *Meyer-Goßner*, § 376 Rn. 1.
87 Vgl. zur Praxis der einzelnen Bundesländer DRiZ 1999, 212 ff.

Holstein ist bei der Behandlung der Kleinkriminalität auf dem Gebiet der Eigentums- und Vermögensdelikte von Erwachsenen von folgenden **Grundsätzen** auszugehen[88]:

Bei der Prüfung des § 153 Abs. 1 StPO kann das öffentliche Interesse an der Verfolgung verneint und eine nur geringe Schuld angenommen werden, insbesondere wenn

a) davon ausgegangen werden kann, dass der Beschuldigte Ersttäter ist, d.h., wenn davon ausgegangen werden kann, dass der Beschuldigte in einem Zeitraum von mindestens 3 Jahren (vgl. den Grundgedanken in § 59 Abs. 2 StGB) bis höchstens 5 Jahren vor der Tat nicht wegen einer einschlägigen, also kriminologisch vergleichbaren, Tat verurteilt oder durch eine Einstellung nach §§ 153, 153a StPO gewarnt worden ist,

b) kein Schaden eingetreten oder der Schaden wieder gut gemacht ist, evtl. eine Ersatzleistung, z.B. eine Fangprämie erbracht wurde, und

c) die Höhe des Schadens oder der Wert der Sache nicht mehr als etwa 50 € beträgt. Dieser Schaden ist als geringer Schaden im Sinne des § 153 Abs. 1 S. 2 StPO anzusehen.

Die Prüfung der Umstände des Einzelfalls kann ergeben, dass eine Schuld gleichwohl nicht als gering angesehen werden kann.

(4) Zustimmung des Gerichts

132 Nach § 153 Abs. 1 S. 1 StPO ist für die Verfahrenseinstellung grundsätzlich die Zustimmung des für die Eröffnung des Hauptverfahrens zuständigen Gerichts erforderlich. Die Übersendungsverfügung ist daher nicht an den Ermittlungsrichter zu richten, wie dies im Ermittlungsverfahren häufig der Fall ist, sondern beispielsweise an den Strafrichter.

133 Der Zustimmung des Gerichts bedarf es gemäß § 153 Abs. 1 S. 2 StPO jedoch nicht bei Vergehen, die nicht mit einer im Mindestmaß erhöhten Strafe[89] bedroht sind und bei denen die durch die Tat verursachten Folgen gering sind.

Beispiel: Am 5. September 2009 entwendet Antonia Beyer in der Lübecker Drogerie Mai eine Haarspange im Wert von 5,99 €. Bis dahin war die Beschuldigte strafrechtlich nicht in Erscheinung getreten. Bei ihrer verantwortlichen Vernehmung gibt sie die Tat sofort zu und zeigt sich einsichtig. Der Inhaber der Drogerie stellt am gleichen Tag Strafantrag.

Die Beschuldigte Beyer ist eines Diebstahls hinreichend verdächtig. Dennoch ist hier eine Verfahrenseinstellung angezeigt, da die Voraussetzungen des § 153 Abs. 1 StPO gegeben sind. Die Beschuldigte ist bislang strafrechtlich nicht in Erscheinung getreten und hat sich auch nach der Tat einsichtig gezeigt, so dass ihre Schuld als gering anzusehen wäre. Der Schaden von 5,99 € ist auch als gering einzustufen. Ein öffentliches Interesse an der Strafverfolgung ist nicht ersichtlich. Bei § 242 StGB handelt es sich zudem um ein Vergehen, welches nicht mit einer im Mindestmaß erhöhten Strafe bedroht ist. Da auch die Folgen der Tat als gering zu bezeichnen sind, bedarf es gem. § 153 Abs. 1 S. 2 StPO nicht der Zustimmung des Gerichts für die Einstellung.

---

88 Vgl. Auftrag des Generalstaatsanwaltes des Landes Schleswig-Holstein vom 24.01.1990 Az.: 410-673.

89 Beispiele für eine im Mindestmaß erhöhte Strafe sind etwa §§ 153 Abs. 1, 224 Abs. 1, 258a Abs. 1 StGB. Die zu verhängenden Strafen übersteigen das gesetzliche Mindestmaß von einem Monat Freiheitsstrafe.

Hinweis: Hätte der Inhaber der Drogerie keinen Strafantrag gestellt, wäre das Ermittlungsverfahren nach § 170 Abs. 2 StPO einzustellen. Es handelt sich um einen Diebstahl geringwertiger Sachen. Dieser wird gemäß § 248a StGB nur auf Antrag verfolgt, es sei denn, die Staatsanwaltschaft hält wegen des besonderen öffentlichen Interesses an der Strafverfolgung ein Einschreiten von Amts wegen für geboten. Ein öffentliches Interesse – und damit auch ein besonderes öffentliches Interesse – an der Strafverfolgung wurde verneint. Bei Fehlen eines Strafantrages würde daher ein Verfahrenshindernis vorliegen mit der Folge einer Verfahrenseinstellung nach § 170 Abs. 2 StPO.

Die Verfügung könnte wie folgt aussehen: **134**

711 Js 32456/09

Vfg.

1. Einstellung gem. § 153 Abs. 1 StPO aus den Gründen des Bescheids zu Ziff. 2 dieser Verfügung.
2. Einstellungsbescheid ohne Rechtsbelehrung an den Anzeigenden Mai (Bl. 3 d.A.):

   Ermittlungsverfahren
   gegen Antonia Beyer
   wegen Diebstahls

   Ihr Strafantrag vom 05.09.2009

   Sehr geehrter Herr Mai,

   das unter dem o.g. Aktenzeichen geführte Ermittlungsverfahren habe ich gem. § 153 Abs. 1 StPO eingestellt. Die Schuld der Beschuldigten Beyer wäre als gering anzusehen, und es besteht kein öffentliches Interesse an einer Strafverfolgung. Dabei habe ich berücksichtigt, dass die Beschuldigte strafrechtlich bislang nicht in Erscheinung getreten ist. Sie hat sich geständig eingelassen und ihr Fehlverhalten eingesehen. Außerdem ist der durch die Tat verursachte Schaden gering.

   Zivilrechtliche Ansprüche werden durch diese Entscheidung nicht berührt.

   Mit freundlichen Grüßen

   (Wagner)
   Staatsanwalt

3. Einstellungsnachricht an Beschuldigte Beyer

   (Bl. 5 d.A.):

   Ermittlungsverfahren
   gegen Sie
   wegen Diebstahls

   Ihre verantwortliche Vernehmung vom 05.09.2009

```
   Sehr geehrte Frau Beyer,

   das unter dem o.g. Aktenzeichen gegen Sie geführte
   Ermittlungsverfahren habe ich gem. § 153 Abs. 1 StPO
   wegen geringer Schuld eingestellt. Ich gehe davon aus,
   dass es sich bei der Tat um ein einmaliges Fehlverhal-
   ten gehandelt hat. Sollten Sie zukünftig strafrecht-
   lich nochmals in Erscheinung treten, müssen Sie mit
   der Erhebung der öffentlichen Klage und einer Bestra-
   fung rechnen.

   Mit freundlichen Grüßen

   (Wagner)
   Staatsanwalt

4. Weglegen.

Lübeck, 22.09.2009

Paraphe
```

bb) Einstellung nach § 153a Abs. 1 StPO

135 Ist der Beschuldigte einer Straftat hinreichend verdächtig und besteht an der Strafverfolgung grundsätzlich ein öffentliches Interesse, kann die Staatsanwaltschaft das Ermittlungsverfahren ebenfalls nach dem Opportunitätsgrundsatz einstellen. Dabei wird die Verfahrenseinstellung nach § 153a StPO jedoch an die Erfüllung bestimmter Auflagen oder Weisungen geknüpft. Im Einzelnen müssen folgende Voraussetzungen erfüllt sein:

(1) Vergehen

136 Ebenso wie bei der Verfahrenseinstellung nach § 153 Abs. 1 StPO muss es sich bei der Tat um ein Vergehen handeln.

(2) Keine entgegenstehende Schwere der Schuld

137 Anders als bei der Verfahrenseinstellung nach § 153 StPO muss im Rahmen des § 153a StPO die Schuld des Täters positiv festgestellt werden. Das bedeutet, dass ein hinreichender Tatverdacht festzustellen ist. Die Schwere der Schuld darf der Einstellung jedoch nicht entgegenstehen. Damit ist eine Verfahrenseinstellung nach dem Opportunitätsprinzip auch bei nicht mehr geringfügigen Delikten und einem mittleren Verschuldensgrad möglich[90].

90 Zu typischen Anwendungsfällen vgl. *Meyer-Goßner*, § 153a Rn. 8.

(3) Beseitigung des öffentlichen Strafverfolgungsinteresses durch Auflagen oder Weisungen

Im Gegensatz zu § 153 StPO besteht bei § 153a StPO grundsätzlich ein öffentliches Interesse an der Strafverfolgung. Dieses kann jedoch durch geeignete Auflagen oder Weisungen beseitigt werden. § 153a Abs. 1 S. 2 Nr. 1–6 StPO enthält eine nicht abschließende Aufzählung möglicher Auflagen und Weisungen. Zur Erfüllung der Auflagen und Weisungen setzt die Staatsanwaltschaft dem Beschuldigten eine Frist, die grundsätzlich 6 Monate nicht übersteigen darf. Bei der Weisung, Unterhaltspflichten in einer bestimmten Höhe nachzukommen, darf die Frist höchstens ein Jahr betragen (§ 153a Abs. 1 S. 3 StPO). **138**

(4) Zustimmung des Gerichts

Ebenso wie bei § 153 StPO ist für diese Verfahrenseinstellung grundsätzlich die Zustimmung des für die Eröffnung des Hauptverfahrens zuständigen Gerichts erforderlich. § 153a Abs. 1 S. 7 StPO verweist auf § 153 Abs. 1 S. 2 StPO, so dass es auch hier der Zustimmung des Gerichts nicht bei Vergehen bedarf, die nicht mit einer im Mindestmaß erhöhten Strafe bedroht und bei denen die durch die Tat verursachten Folgen gering sind. **139**

(5) Zustimmung des Beschuldigten

Anders als bei der Verfahrenseinstellung nach § 153 StPO bedarf es bei der Verfahrenseinstellung nach § 153a StPO auch der Zustimmung des Beschuldigten, da gegen ihn eine Sanktion[91] erfolgt. **140**

Liegt die Zustimmung des Beschuldigten vor, kommt es zunächst zu einer vorläufigen Einstellung des Verfahrens. Erst nach Erfüllung der gegen ihn verhängten Auflagen und Weisungen wird das Verfahren endgültig eingestellt. Nach § 153a Abs. 1 S. 5 StPO kann die Tat danach nicht mehr als Vergehen verfolgt werden. **141**

> **Hinweis:** Es tritt lediglich ein eingeschränkter Strafklageverbrauch ein. Sollte sich herausstellen, dass es sich bei der Tat um ein Verbrechen handelt, steht die Verfahrenseinstellung nach § 153a StPO der weiteren Strafverfolgung hinsichtlich des Verbrechens nicht entgegen.

Aus dem Zustimmungserfordernis zu § 153a StPO und der zunächst erforderlichen vorläufigen Einstellung folgt, dass zur Verfahrensbeendigung in der Praxis regelmäßig drei Verfügungen erforderlich sind. Zunächst ist die Zustimmung des Beschuldigten zu der beabsichtigten Verfahrensweise einzuholen. Erst nach Zustimmung ist eine vorläufige Einstellung möglich. Die endgültige Verfahrenseinstellung darf erst nach Erfüllung der Auflagen und Weisungen erfolgen. **142**

Beispiel: Obwohl Felix Stöber finanziell dazu nicht in der Lage ist, genehmigt er sich am 12.12.2008 in dem Eutiner Sternerestaurant „Seeblick" ein mehrgängiges Menü mit erlese-

91 Die Sanktion hat keinen Strafcharakter und ist nicht mit einer Eintragung im Bundeszentralregister verbunden.

nen Weinen. Als ihm die Rechnung in Höhe von 240 € präsentiert wird, verlässt er das Restaurant in einem unbeobachteten Moment.

143 Die Verfügung könnte wie folgt aussehen:

```
773 Js 43656/08

                        Vfg.

1. Vermerk:
   Der Beschuldigte ist strafrechtlich bislang nicht in
   Erscheinung getreten. Das an der Strafverfolgung be-
   stehende öffentliche Interesse kann durch eine Scha-
   denswiedergutmachung beseitigt werden.

2. Zu schreiben an Beschuldigten Felix Stöber
   (Bl. 3 d.A.):

   Ermittlungsverfahren
   gegen   Sie
   wegen   Betruges

   Sehr geehrter Herr Stöber,

   ich beabsichtige, in dem gegen Sie wegen des Vorwurfs
   des Betruges zum Nachteil des Restaurants „Seeblick"
   geführten Ermittlungsverfahrens gem. § 153a Abs. 1 StPO
   vorläufig von der Erhebung der öffentlichen Klage ab-
   zusehen und Ihnen aufzuerlegen, den Betrag in Höhe von
   240 € zur Wiedergutmachung des Schadens zu bezahlen.
   Dazu ist Ihre Zustimmung erforderlich. Wenn Sie mit der
   beabsichtigten Verfahrensweise und der Auflage einver-
   standen sind, bitte ich um Ihre schriftliche Mittei-
   lung unter Angabe des oben angegebenen Aktenzeichens
   innerhalb von 2 Wochen nach Zugang dieses Schreibens.
   Sie werden dann einen weiteren Bescheid mit einer Zah-
   lungsaufforderung erhalten. Nach fristgemäßer Erfül-
   lung der Auflage kann die Tat nicht mehr als Vergehen
   verfolgt werden.

   Sollte ich von Ihnen innerhalb der angegebenen Frist
   keine Nachricht erhalten, müssen Sie mit der Erhebung
   der öffentlichen Klage rechnen.

   Mit freundlichen Grüßen
   (Wagner)
   Staatsanwalt

3. Frist: 1 Monat.

Lübeck, 30.12.2008
Paraphe
```

Nachdem sich der Beschuldigte mit der beabsichtigten Verfahrensweise einverstanden erklärt hat, jedoch unter Vorlage von Einkommensnachweisen um Ratenzahlung bittet, ist weiter zu verfügen: **144**

773 Js 43656/08

Vfg.

1. Vorläufige Verfahrenseinstellung nach § 153a Abs. 1 S. 2 Nr. 1 StPO gegen Zahlung von 240 € an das Restaurant „Seeblick" in 6 monatlichen Raten von 40 €.
2. Einstellungsbescheid an Restaurant „Seeblick" (Bl. 2 d.A.):

   Ermittlungsverfahren
   gegen Felix Stöber
   wegen Betruges

   Ihre Strafanzeige vom 12.12.2008

   Sehr geehrte Damen und Herren,

   ich habe gemäß § 153a Abs. 1 StPO vorläufig von der Erhebung der öffentlichen Klage abgesehen und dem Beschuldigten auferlegt, den Betrag in Höhe von 240 € zur Wiedergutmachung des Schadens an Sie zu bezahlen. Ich habe dem Beschuldigten gestattet, diesen Betrag in sechs monatlichen Raten von je 40 € zu bezahlen.

   Erfüllt der Beschuldigte diese Auflage nicht, so wird das Verfahren gegen ihn durch Erhebung der öffentlichen Klage fortgesetzt.

   Kommt der Beschuldigte der ihm auferlegten Pflicht nach, werde ich das Verfahren einstellen.

   Ihre etwaigen zivilrechtlichen Ansprüche werden durch diesen Bescheid nicht berührt.

   Mit freundlichen Grüßen

   (Wagner)
   Staatsanwalt

3. Zu schreiben an Beschuldigten Felix Stöber (Bl. 3 d.A.):

   Ermittlungsverfahren
   gegen Sie
   wegen Betruges

   Sehr geehrter Herr Stöber,

   ich sehe gem. § 153a Abs. 1 StPO vorläufig von der Erhebung der öffentlichen Klage ab.

Ihnen wird auferlegt, innerhalb von sechs Monaten einen Betrag in Höhe von 240 € in monatlichen Teilbeträgen von je 40 € an das Restaurant Seeblick in Eutin (es folgt die Kontoverbindung) zu bezahlen. Die Zahlung ist unaufgefordert bis zum 5. eines jeden Monats durch Übersendung der Quittung oder des Einzahlungsbelegs unter Angabe des oben angegebenen Aktenzeichens nachzuweisen.

Erfüllen Sie die Ihnen auferlegte Verpflichtung, so kann die Tat nicht mehr als Vergehen verfolgt werden.

Kommen Sie der Ihnen auferlegten Verpflichtung nicht nach, so werde ich das Verfahren durch Erhebung der öffentlichen Klage fortsetzen. Die von Ihnen in diesem Fall zur Erfüllung erbrachten Leistungen werden dann nicht angerechnet.

Mit freundlichen Grüßen

(Wagner)
Staatsanwalt

4. Frist: 1 Monat (monatliche Zahlungsüberwachung).

Lübeck, 29.01.2009

Paraphe

145 Nach sechs Monaten hat der Beschuldigte durch Vorlage von Überweisungsbelegen die vollständige Zahlung nachgewiesen, was das Restaurant Seeblick bestätigt hat. Es ist dann abschließend wie folgt zu verfügen:

773 Js 43656/08

Vfg.

1. Einstellung des Verfahrens gem. § 153a Abs. 1 S. 2 Nr. 1 StPO.
2. Einstellungsbescheid an Restaurant „Seeblick" (Bl. 2 d.A.):

Ermittlungsverfahren
gegen Felix Stöber
wegen Betruges

Ihre Strafanzeige vom 12.12.2008

Sehr geehrte Damen und Herren,

ich habe das Verfahren gemäß § 153a Abs. 1 StPO eingestellt, nachdem der Beschuldigte die ihm auferlegte Verpflichtung zur Schadenswiedergutmachung erfüllt hat.

```
   Die Tat kann hiernach gem. § 153a Abs. 1 S. 5 StPO
   nicht mehr als Vergehen verfolgt werden.
   Ihre etwaigen zivilrechtlichen Ansprüche werden durch
   diesen Bescheid nicht berührt.

   Mit freundlichen Grüßen

   (Wagner)
   Staatsanwalt

3. Einstellungsnachricht an Beschuldigten Felix Stöber
   (Bl. 3 d.A.):
   Ermittlungsverfahren
   gegen   Sie
   wegen   Betruges

   Sehr geehrter Herr Stöber,

   nachdem Sie die Auflage erfüllt haben, habe ich das
   Verfahren gegen Sie nach § 153a Abs. 1 StPO endgültig
   eingestellt.

   Mit freundlichen Grüßen

   (Wagner)
   Staatsanwalt

4. Weglegen.

Lübeck, 30.07.2009

Paraphe
```

cc) Absehen von der Strafverfolgung nach § 154 Abs. 1 StPO und § 154a Abs. 1 StPO

Die Staatsanwaltschaft kann von der Verfolgung einer Tat oder eines abtrennbaren Teils der Tat oder bei einzelnen von mehreren durch dieselbe Tat begangenen Gesetzesverletzungen absehen, wenn die in diesem Verfahren zu erwartende Strafe oder Maßregel der Besserung und Sicherung neben der in dem anderen Verfahren bereits verhängten oder zu erwartenden Strafe nicht beträchtlich ins Gewicht fällt. Die Vorschriften der §§ 154, 154a StPO dienen der Vereinfachung und Beschleunigung des Verfahrens. Von einer Einstellung spricht man nur bei einem Absehen von der Strafverfolgung nach § 154 StPO, da in diesem Fall eine selbstständige prozessuale Tat vorliegt, über die entschieden wird. Beim Absehen von der Strafverfolgung nach § 154a StPO werden lediglich abtrennbare Teile einer ansonsten verfolgten Tat von der Verfolgung ausgenommen. Nach Nr. 101 Abs. 1 und 101a Abs. 1 RiStBV[92] soll der **146**

92 Die Beschränkung der Strafverfolgung nach § 154a StPO wird in Nr. 101a der Richtlinien zum Straf- und Bußgeldverfahren fälschlich als Einstellung bezeichnet.

Staatsanwalt in weitem Umfang und in einem möglichst frühen Verfahrensstadium von der Möglichkeit der §§ 154, 154a StPO Gebrauch machen.

(1) Einstellung nach § 154 Abs. 1 StPO

147 Die Verfahrenseinstellung nach § 154 Abs. 1 StPO kann entweder im Hinblick auf eine wegen einer anderen Tat rechtskräftig verhängten Strafe oder Maßregel der Besserung und Sicherung erfolgen oder im Hinblick auf eine wegen einer anderen Tat zu erwartende Strafe oder Maßregel. Im letzten Fall spricht man von einer *vorläufigen* Einstellung, da der Verfahrensausgang hinsichtlich der schwerwiegenderen Tat noch abgewartet werden muss. Erfolgt wegen der vermeintlich schwerwiegenderen Tat keine Verurteilung oder wird nur eine geringfügige Strafe verhängt, ist das vorläufig eingestellte Verfahren fortzuführen. Kommt es dagegen zu der erwarteten Verurteilung, ist lediglich aktenkundig zu machen, dass es bei der Verfahrenseinstellung bleibt[93]. In jedem Fall ist der Anzeigende zu bescheiden[94]. Der Bescheid ist nicht mit einer Rechtsbelehrung zu versehen, da das Klageerzwingungsverfahren bei der Einstellung nach § 154 Abs. 1 StPO nicht zulässig ist (vgl. § 172 Abs. 2 S. 3 StPO).

148 Der Beschuldigte erhält eine Einstellungsnachricht unter denselben Voraussetzungen wie im Falle des § 170 Abs. 2 S. 2 StPO.

Beispiel: Anton Allenbach erstattet am 10.06.2009 Strafanzeige gegen seinen Nachbarn Peter Müller wegen Nötigung. Die Ermittlungen ergeben insoweit einen hinreichenden Tatverdacht. Der Staatsanwalt hält die Nötigung nicht für besonders schwerwiegend.

1. Variante: Peter Müller wurde am 13.07.2009 wegen Raubes durch das Amtsgericht Lübeck zu einer Freiheitsstrafe von 2 Jahren verurteilt.

2. Variante: Gegen Peter Müller ist in einem anderen Verfahren wegen Raubes am 22.6.2009 Anklage erhoben worden.

149 In beiden Fällen kann das Verfahren nach § 154 Abs. 1 Nr. 1 StPO eingestellt werden, da die Nötigung nicht besonders schwerwiegend war und deswegen nur eine geringfügige Geldstrafe zu erwarten wäre. Diese fällt neben einer verhängten (Variante 1) oder zu erwartenden (Variante 2) erheblichen Freiheitsstrafe nicht beträchtlich ins Gewicht.

150 Die Verfügung könnte wie folgt aussehen:

---

93 Dies wird häufig als *endgültige* Verfahrenseinstellung bezeichnet (vgl. etwa *Wolters/Gubitz*, Rn. 141). Terminologisch ist dies ungenau, da mit einer Verfahrenseinstellung grundsätzlich (abgesehen von der Regelung des § 153a Abs. 1 S. 5 StPO) kein Strafklageverbrauch eintritt und das Verfahren – trotz der „endgültigen" Einstellung – jederzeit wieder aufgenommen werden könnte. Insoweit sind jedoch die Regelungen in § 154 Abs. 4 und 5 StPO zu beachten.

94 Vgl. Nr. 101 Abs. 2 i.V.m. Nr. 89 RiStBV.

1. Variante

711 Js 23456/09

Vfg.

1. <u>Vermerk:</u>
   Der Beschuldigte Peter Müller wurde am 13.07.2009 von dem Amtsgericht Lübeck wegen Raubes zu einer Freiheitsstrafe von 2 Jahren verurteilt (711 Js 3456/09 = 64 Ls 345/09). Daneben fällt die wegen der Nötigung zu erwartende Strafe nicht beträchtlich ins Gewicht. Das Ermittlungsverfahren soll daher gem. § 154 Abs. 1 Nr. 1 StPO eingestellt werden.
2. Einstellung des Verfahrens gem. § 154 Abs. 1 Nr. 1 StPO aus den Gründen des Vermerks zu Ziff. 1 dieser Verfügung.
3. Einstellungsbescheid - ohne Rechtsbelehrung - an Anzeigenden Anton Allenbach (Bl. 3 d.A.):

   Ermittlungsverfahren
   gegen Peter Müller
   wegen Nötigung

   Ihre Strafanzeige vom 10.06.2009

   Sehr geehrter Herr Allenbach,

   das aufgrund Ihrer im Betreff bezeichneten Strafanzeige gegen den Beschuldigten Peter Müller geführte Ermittlungsverfahren habe ich nach § 154 Abs. 1 Nr. 1 StPO eingestellt. Nach dieser Vorschrift kann die Staatsanwaltschaft von der Verfolgung einer Tat absehen, wenn die Strafe, zu der die Verfolgung führen kann, neben einer Strafe, die gegen den Beschuldigten wegen einer anderen Tat rechtskräftig verhängt worden ist, nicht beträchtlich ins Gewicht fällt. Diese Voraussetzungen liegen vor. Der Beschuldigte wurde am 13.07.2009 von dem Amtsgericht Lübeck in einem anderen Verfahren zu einer erheblichen Strafe verurteilt.

   Zivilrechtliche Ansprüche werden durch diese Entscheidung nicht berührt.

   Mit freundlichen Grüßen

   (Wagner)
   Staatsanwalt
4. Einstellungsnachricht an Beschuldigten Peter Müller (Bl. 8 d.A.):

Ermittlungsverfahren
gegen Sie
wegen Nötigung

Sehr geehrter Herr Müller,

Das gegen Sie wegen Nötigung eingeleitete Ermittlungsverfahren habe ich im Hinblick auf die gegen Sie am 13.07.2009 durch das Amtsgericht Lübeck verhängte Freiheitsstrafe nach § 154 Abs. 1 Nr. 1 StPO eingestellt.

Mit freundlichen Grüßen

(Wagner)
Staatsanwalt

5. Weglegen.

Lübeck, 22.07.2009

Paraphe

151 **2. Variante**

711 Js 23457/09

Vfg.

1. Vermerk:

   Gegen den Beschuldigte Peter Müller ist bei der Staatsanwaltschaft Lübeck ein Ermittlungsverfahren wegen Raubes anhängig (711 Js 3455/09). In jenem Verfahren wurde am 22.06.2009 Anklage zum Amtsgericht Lübeck erhoben. Der Beschuldigte hat mit einer erheblichen Freiheitsstrafe zu rechnen. Daneben fällt die wegen der Nötigung zu erwartende Strafe nicht beträchtlich ins Gewicht. Das Ermittlungsverfahren soll daher gem. § 154 Abs. 1 Nr. 1 StPO vorläufig eingestellt werden.

2. Vorläufige Einstellung des Verfahrens gem. § 154 Abs. 1 Nr. 1 StPO aus den Gründen des Vermerks zu Ziff. 1 dieser Verfügung.

3. Einstellungsbescheid - ohne Rechtsbelehrung - an Anzeigenden Anton Allenbach (Bl. 3 d.A.):

   Ermittlungsverfahren
   gegen Peter Müller
   wegen Nötigung

   Ihre Strafanzeige vom 10.06.2009

Sehr geehrter Herr Allenbach,

das aufgrund Ihrer im Betreff bezeichneten Strafanzeige gegen den Beschuldigten Peter Müller geführte Ermittlungsverfahren habe ich nach § 154 Abs. 1 Nr. 1 StPO eingestellt. Nach dieser Vorschrift kann die Staatsanwaltschaft von der Verfolgung einer Tat absehen, wenn die Strafe, zu der die Verfolgung führen kann, neben einer Strafe, die der Beschuldigte wegen einer anderen Tat zu erwarten hat, nicht beträchtlich ins Gewicht fällt. Diese Voraussetzungen liegen vor. Gegen den Beschuldigten wird derzeit ein weiteres Strafverfahren geführt, in dem er mit einer erheblichen Bestrafung zu rechnen hat.

Zivilrechtliche Ansprüche werden durch diese Entscheidung nicht berührt.

Mit freundlichen Grüßen

(Wagner)
Staatsanwalt

4. Frist: 3 Monate (Ausgang des Verfahrens 711 Js 3455/09?).

Lübeck, 22.07.2009

Paraphe

Nachdem das Amtsgericht Lübeck den Beschuldigten Müller im Verfahren 711 Js 3455/09 am 14.9.2009 zu einer Freiheitsstrafe von 2 Jahren verurteilt hat, ist bei Wiedervorlage der Akte nach Fristablauf wie folgt zu verfügen: 152

711 Js 23457/09

Vfg.

1. <u>Vermerk:</u>
   Der Beschuldigte Peter Müller wurde am 14.09.2009 von dem Amtsgericht Lübeck wegen Raubes zu einer Freiheitsstrafe von 2 Jahren verurteilt (711 Js 3455/09 = 64 Ls 344/09). Es verbleibt daher bei der Verfahrenseinstellung nach § 154 Abs. 1 Nr. 1 StPO.
2. Einstellungsnachricht an Beschuldigten Peter Müller (Bl. 8 d.A.);

   Ermittlungsverfahren
   gegen Sie
   wegen Nötigung

```
    Sehr geehrter Herr Müller,

    das gegen Sie wegen Nötigung geführte Ermittlungsver-
    fahren habe ich im Hinblick auf die Verurteilung gegen
    Sie durch das Amtsgericht Lübeck vom 14.09.2009 nach
    § 154 Abs. 1 Nr. 1 StPO eingestellt.

    Mit freundlichen Grüßen

    (Wagner)
    Staatsanwalt

3. Weglegen.

Lübeck, 23.10.2009

Paraphe
```

(2) Beschränkung der Strafverfolgung nach § 154a Abs. 1 StPO

153 Bei der Beschränkung der Strafverfolgung nach § 154a StPO werden lediglich abtrennbare Teile einer Tat oder einzelne von mehreren Gesetzesverletzungen, die durch dieselbe Tat begangen worden sind, von der Verfolgung ausgenommen. Die Tat selbst wird verfolgt. Deshalb wäre es verfehlt, hier von einer Verfahrenseinstellung zu sprechen. Anders als bei einer Verfahrenseinstellung nach § 154 StPO ist der Anzeigende bei einer Beschränkung der Strafverfolgung nach § 154a StPO nicht zu bescheiden, da die prozessuale Tat verfolgt wird.

154 Die Voraussetzungen, unter denen eine Beschränkung der Strafverfolgung vorgenommen werden darf, entsprechen denen des § 154 Abs. 1 StPO. Auch hier darf die zu erwartende Strafe oder Maßregel der Besserung oder Sicherung gegenüber den übrigen Teilen der Tat oder den übrigen Gesetzesverletzungen nicht beträchtlich ins Gewicht fallen.

155 Den Hauptanwendungsfall des § 154a StPO bilden prozessuale Taten, bei denen mehrere Gesetzesverletzungen nach § 52 StGB idealkonkurrierend vorliegen.

Beispiel: Anton Meyer verwirklicht durch dieselbe Handlung den Straftatbestand der vorsätzlichen Gefährdung des Straßenverkehrs sowie den des unbefugten Gebrauchs eines Fahrzeugs (§§ 248b, 315c Abs. 1 Nr. 1a, Abs. 3 Nr. 1, 52 StGB). In diesem Fall ist es möglich, die Strafverfolgung nach § 154a StPO auf die Gefährdung des Straßenverkehrs zu beschränken.

156 **Hinweis:** Scheiden einzelne Straftatbestände schon im Wege der materiell-rechtlichen Konkurrenzenlehre aus, ist für eine Beschränkung der Strafverfolgung nach § 154a StPO kein Raum.

Beispiel: Fritz Müller begeht einen Einbruchsdiebstahl, indem er eine Fensterscheibe einschlägt und in das Gebäude einsteigt. Die Sachbeschädigung und der Hausfriedensbruch werden nach h.M. von dem Diebstahl im besonders schweren Fall (§§ 242 Abs. 1, 243 Abs. 1 S. 2 Nr. 1 StGB) konsumiert[95]. Eine Beschränkung der Strafverfolgung nach § 154a StPO ist nicht möglich, da nur eine Gesetzesverletzung vorliegt.

95 Vgl. dazu *Fischer*, § 243 Rn. 30.

Die Anwendung des § 154a StPO ist vor allem sinnvoll, um die Anklage nicht mit Nebensächlichkeiten zu überfrachten. **157**

Die Beschränkung ist nach § 154a Abs. 1 S. 3 StPO aktenkundig zu machen. Dies erfolgt in Form eines Vermerks in der Abschlussverfügung. In der Anklageschrift ist auf die Beschränkung hinzuweisen[96]. **158**

dd) Weitere Einstellungsvorschriften im Überblick

Im Folgenden sollen einige in der Praxis häufiger zur Anwendung kommende Einstellungsnormen kurz dargestellt werden. **159**

(1) § 153b StPO

§ 153b StPO ermöglicht eine Verfahrenseinstellung in Fällen, in denen das Gericht nach materiell-rechtlichen Vorschriften von einer Strafe absehen kann. Materiellrechtlich ist dies in § 60 StGB geregelt. Das Strafgesetzbuch kennt aber weitere Bestimmungen, die ein Absehen von Strafe ermöglichen und damit den Anwendungsbereich des § 153b StPO eröffnen. In jedem Fall bedarf es bei einer Verfahrenseinstellung nach § 153b StPO der Zustimmung des für die Hauptverhandlung zuständigen Gerichts. **160**

Beispiel: Nachdem Lisa Schmidt beim Ausparken ihres Pkws gegen ein anderes parkendes Fahrzeug gestoßen und dabei einen Schaden in Höhe von 100 € verursacht hat, fährt sie davon, ohne sich um weiteres zu kümmern. Am Morgen des folgenden Tages bekommt sie Gewissensbisse und meldet den Unfall bei der Polizei.

Hier besteht nach § 142 Abs. 4 StGB die Möglichkeit von einer Strafe abzusehen. Der Staatsanwalt kann daher mit Zustimmung des Gerichts das Ermittlungsverfahren nach § 153b StPO einstellen.

(2) § 154d StPO

Hängt die Erhebung der öffentlichen Klage wegen eines Vergehens von der Beurteilung einer nach bürgerlichem Recht oder Verwaltungsrecht[97] zu beurteilenden Frage ab, kann die Staatsanwaltschaft zur Klärung dieser Frage eine Frist bestimmen. Innerhalb dieser Frist muss der Anzeigende den Zivil- oder Verwaltungsrechtsweg beschreiten. Kommt er dem nicht nach, kann die Staatsanwaltschaft das Verfahren einstellen. Der Zustimmung des Gerichts bedarf es in diesen Fällen nicht. Zweck dieser Vorschrift ist, dass die Staatsanwaltschaft durch Strafanzeigen nicht gezwungen werden soll, über komplizierte Vorgänge, die in erster Linie zivil- oder verwaltungsrechtliche Bedeutung haben, schwierige Beweiserhebungen durchzuführen, wenn es dem Anzeigenden darauf ankommt, das Strafverfahren als Druckmittel auf einen Gegner zu nutzen oder es der Vorbereitung eines anderen Verfahrens dient[98]. **161**

---

96 Vgl. Nr. 101a Abs. 3 RiStBV und Rn. 189.

97 Entsprechende Anwendung findet § 154d StPO bei arbeits- und sozialrechtlichen Vorfragen (vgl. *Meyer- Goßner*, § 154d Rn. 3.

98 Vgl. *Meyer-Goßner*, § 154d Rn. 1.

(3) § 154e StPO

162 Nach § 154e StPO kann ein wegen falscher Verdächtigung oder Beleidigungsdelikten (§§ 185 bis 188 StGB) geführtes Verfahren eingestellt werden, solange wegen der angezeigten oder behaupteten Handlung ein Straf- oder Disziplinarverfahren anhängig ist. Dies betrifft in der Praxis nicht selten Fälle, in denen ein Beschuldigter mit einer Gegenanzeige reagiert. Aus Effektivitätsgründen und zur Vermeidung sich widersprechender Entscheidungen ist es ratsam, den Ausgang des Ursprungsverfahrens abzuwarten.

(4) § 154f StPO

162a Nach § 154f StPO kann die Staatsanwaltschaft bei unbekanntem Aufenthalt des Beschuldigten oder bei einem in seiner Person liegenden Hindernis das Verfahren vorläufig einstellen, wenn der Sachverhalt so weit wie möglich aufgeklärt und die Beweise so weit wie nötig gesichert sind.[99]

(5) § 45 JGG

163 § 45 JGG bildet vor dem Hintergrund des im Jugendstrafrecht vorherrschenden Erziehungsgedankens eine besondere Einstellungsnorm bei Verfahren gegen Jugendliche und Heranwachsende, auf die Jugendstrafrecht Anwendung findet[100].

164 Die Staatsanwaltschaft kann nach **§ 45 Abs. 1 JGG** von der Verfolgung einer Straftat absehen, wenn die Voraussetzungen des § 153 StPO vorliegen. Dazu ist die Zustimmung des Gerichts nicht erforderlich. Anders als die Verfahrenseinstellung nach § 153 StPO ist die Einstellung nach § 45 Abs. 1 JGG mit einer Eintragung in das Erziehungsregister verbunden[101].

165 Nach **§ 45 Abs. 2 JGG** ist eine Einstellung des Verfahrens darüber hinaus in den Fällen möglich, in denen eine erzieherische Maßnahme bereits durchgeführt oder eingeleitet ist und eine Beteiligung des Richters nach § 45 Abs. 3 JGG oder Anklageerhebung für nicht erforderlich gehalten wird. Anders als in den Fällen der §§ 153, 153a StPO ist nach § 45 Abs. 2 JGG eine Einstellung auch bei Verbrechen grundsätzlich möglich.

166 Schließlich ist nach **§ 45 Abs. 3 JGG** eine Verfahrenseinstellung möglich, wenn der Beschuldigte geständig ist, er nach Anregung durch den Staatsanwalt von dem Jugendrichter ermahnt worden ist, er gegebenenfalls ihm erteilte Auflagen erfüllt hat und eine Anklageerhebung nicht geboten ist. Die Einstellung erfolgt auch hier unabhängig davon, ob es sich um ein Vergehen oder Verbrechen handelt.

---

99 Vgl. auch Rn. 77 f. (mit Musterverfügung).

100 Vgl. hierzu §§ 105, 109 JGG.

101 Zum Streitstand, ob § 153 StPO neben § 45 Abs. 1 JGG anwendbar ist, vgl. *Eisenberg*, § 45 Rn. 9 ff. Auch die Einstellungen nach § 45 Abs. 2 und Abs. 3 JGG haben eine Eintragung in das Erziehungsregister zur Folge.

Beispiel für die Verfügung einer Einstellung nach § 45 Abs. 1 JGG: **167**

```
733 Js 13458/09

                        Vfg.

1. Einstellung des Verfahrens gem. § 45 Abs. 1 JGG.

2. Einstellungsbescheid an Anzeigenden Müller
   (Bl. 3 d.A.):

   Ermittlungsverfahren
   gegen   Felix Pitt
   wegen   Verdachts des Diebstahls

   Sehr geehrter Herr Müller,

   nach dem Ergebnis der Ermittlungen ist der Beschuldig-
   te eines Diebstahls hinreichend verdächtig.

   Ich habe den Beschuldigten ausdrücklich auf sein Fehl-
   verhalten hingewiesen und gem. § 45 Abs. 1 JGG von ei-
   ner weiteren Verfolgung abgesehen. Sei Fehlverhalten
   erfordert über die von der Entdeckung der Tat und dem
   Ermittlungsverfahren ausgehende Wirkung hinaus keine
   erzieherischen Maßnahmen.

   Mit freundlichen Grüßen

   (Wagner)
   Staatsanwalt

3. Einstellungsnachricht an Beschuldigten Felix Pitt,
   z.Hd. des gesetzlichen Vertreters Martin Pitt
   (Bl. 8 d.A.):

   Ermittlungsverfahren
   gegen   Sie
   wegen   Diebstahls

   Sehr geehrter Herr Pitt,

   in dem vorbezeichneten Ermittlungsverfahren habe ich
   gem. § 45 Abs. 1 JGG von der Verfolgung der Tat abge-
   sehen.

   Ich gehe davon aus, dass die Entdeckung der Tat und
   die Einleitung des Ermittlungsverfahrens mit allen da-
   mit verbundenen Umständen ausreichend auf Sie gewirkt
   haben und deshalb zusätzliche Maßnahmen noch nicht er-
   forderlich sind.

   Sollten Sie erneut mit einer Straftat auffällig wer-
   den, müssen Sie mit weitergehenden Maßnahmen, ggf.
   Sanktionen durch das Jugendgericht rechnen.
```

```
    Das Absehen von der Verfolgung ist gem. § 60 Abs. 1
    Nr. 7 Bundeszentralregistergesetz mit einer Eintragung
    in das Erziehungsregister, welches nicht mit dem Füh-
    rungszeugnis zu verwechseln ist, verbunden. Auskünf-
    te daraus erhalten Gerichte, Staatsanwaltschaften und
    vereinzelt andere Behörden.

    Mit freundlichen Grüßen

    (Wagner)
    Staatsanwalt

4.  Mitteilung von der Einstellung an das Erziehungsregis-
    ter beim Bundeszentralregister.

5.  Mitteilung der Verfahrenseinstellung an das Jugendamt
    des Kreises Ostholstein in Eutin.

6.  Weglegen.

Lübeck, 23.12.2009

Paraphe
```

3. Abschlussverfügungen bei Anklageerhebung

168 Kommt der Staatsanwalt zu dem Ergebnis, dass (zumindest teilweise) Anklage zu erheben ist, ist neben der Anklageschrift zunächst die Abschlussverfügung zu fertigen. Wie bei allen anderen Verfügungen auch ist oben links das Aktenzeichen zu vermerken. Die Behörde sowie der Ort und das Datum der Entscheidung sind entweder im Kopf oder am Ende der Verfügung anzugeben. Besonderheiten ergeben sich bei Haftsachen und besonders eilbedürftigen Verfahren, etwa bei Führerscheinsachen. Hier ist oben rechts in der Verfügung mit dem Hinweis „Haft!“, „eilt!“ oder „sofort!“ auf die erforderliche beschleunigte Bearbeitung aufmerksam zu machen.

169 Als erster Verfügungspunkt der Abschlussverfügung bei der Anklageerhebung wird vermerkt, dass die Ermittlungen abgeschlossen sind. Diese Verpflichtung ergibt sich aus § 169a StPO und ist für die Akteneinsicht des Verteidigers (§ 147 Abs. 2, Abs. 5 S. 2 und Abs. 6 StPO) und die Bestellung eines Pflichtverteidigers (§ 141 Abs. 3 S. 3 StPO) von Bedeutung.

170 Soweit erforderlich, folgt als nächster Verfügungspunkt ein Vermerk. Hier können Gründe für eine Teileinstellung oder Beschränkung der Strafverfolgung dargelegt werden. Besteht dafür Anlass, ist dazu Stellung zu nehmen, weshalb innerhalb einer prozessualen Tat ein bestimmter Straftatbestand nicht verwirklicht ist. Selten werden umfangreiche rechtliche Ausführungen erforderlich sein.

171 Kommt es zu einer Teileinstellung des Verfahrens, ist diese im Anschluss an den Vermerk zu verfügen. Wie bei anderen Einstellungen auch müssen ggf. Einstellungsbescheid und -nachricht erteilt werden.

Sodann ist zu verfügen, dass die Anklageschrift in Reinschrift zu fertigen ist. Die Anklageschrift ist entweder nach einem anliegenden Entwurf oder – regelmäßig – nach einem Diktat zu fertigen. Mit diesem Verfügungspunkt wird in der Regel die Anweisung verbunden, Ablichtungen der Anklageschrift zu fertigen. In der Praxis genügt die Anweisung: **172**

> „Anklageschrift nach anliegendem Entwurf in Reinschrift mit den erforderlichen Ablichtungen fertigen".

Die Zahl der erforderlichen Ablichtungen ist der die Verfügung ausführenden Geschäftsstelle regelmäßig bekannt. Die Ablichtungen werden für das Gericht, den Angeschuldigten, ggf. auch seinen Verteidiger und andere Verfahrensbeteiligte (Nebenklägervertreter, Sachverständige, Dolmetscher usw.) sowie für die Handakte benötigt. **173**

Weiterhin sind in der Verfügung bestimmte Benachrichtigungspflichten zu beachten. **174**
Insbesondere aus der Anordnung über Mitteilungen in Strafsachen (MiStra)[102] ergibt sich, wer über die Anklageerhebung zu unterrichten ist. Die wichtigsten **Mitteilungspflichten** sind in der folgenden Übersicht dargestellt:

Nr. 13 MiStra	**Bewährungsfälle** Steht der Angeschuldigte unter einer laufenden Bewährung, muss das für die Bewährungsaufsicht zuständige Gericht sowie die zuständige Staatsanwaltschaft von der neuen Anklage Kenntnis erhalten.
Nr. 15 MiStra	**Strafsachen gegen Beamte** Die Mitteilung ist an den Dienstvorgesetzten zu richten und als „vertrauliche Personalsache" zu kennzeichnen.
Nr. 19 MiStra	**Strafsachen gegen Soldaten** Die Mitteilung ist an den Befehlshaber des Wehrbereichs zu richten und ebenfalls als „vertrauliche Personalsache" zu kennzeichnen.
Nr. 23 MiStra	**Strafsachen gegen Rechtsanwälte und Notare** Die Mitteilung ist an die Rechtsanwalts- oder Notarkammer sowie weitere Stellen zu richten (vgl. hierzu Nr. 23 Abs. 4 MiStra).
Nr. 32 MiStra	**Strafsachen gegen Jugendliche und Heranwachsende** Die Mitteilung ist an die Jugendgerichtshilfe zu richten. Diese wird in der Regel mit einem Berichtsauftrag verbunden (vgl. § 38 JGG).
Nr. 42 MiStra	**Strafsachen gegen Ausländer** Die Mitteilung ist an die örtliche zuständige Ausländerbehörde zu richten.
Nr. 43 MiStra/ § 114d Abs. 2 S. 2 StPO	**Strafsachen gegen (Untersuchungs-) Gefangene und Untergebrachte** Die Mitteilung ist an den Leiter der Justizvollzugsanstalt oder der Einrichtung, in der der Angeschuldigte untergebracht ist, zu richten.
Nr. 45 MiStra	**Mitteilungen in Fahrerlaubnissachen** Die Mitteilung wird in aller Regel durch das Gericht veranlasst.
§§ 114d Abs. 2 S. 2, 126 StPO	In **Haftsachen** ist die Anklageerhebung dem Amtsgericht mitzuteilen, das bis zum Zeitpunkt der Anklageerhebung die Haftkontrolle ausgeübt hat. Häufig ist dies das Gericht, das den Haftbefehl erlassen hat.

102 Abgedruckt bei *Meyer-Goßner*, Anhang 13.

175 Zwingend erforderlich ist es, eine Ablichtung der Anklageschrift zur Handakte zu nehmen. Damit der Sitzungsvertreter, der häufig nicht der Anklageverfasser ist, über die wesentlichen Inhalte des Verfahrens informiert ist, ist es ferner ratsam, weitere Ablichtungen aus der Akte zu fertigen und zur Handakte zu nehmen. Das betrifft insbesondere den Auszug aus dem Bundeszentralregister sowie bei nicht geständigen Angeschuldigten wichtige Zeugenaussagen. Ergeben sich aus der Abschlussverfügung wichtige Informationen, etwa bei Teileinstellungen oder Beschränkungen der Strafverfolgung, ist auch eine Ablichtung der Abschlussverfügung zu fertigen und zur Handakte zu nehmen.

176 Schließlich ist eine Frist zu verfügen, die im Falle einer Anklage regelmäßig bei drei Monaten liegt. In Haftsachen sollte diese Frist kürzer bemessen werden. Dies ist erforderlich, um zu kontrollieren, ob die Hauptverhandlung in angemessener Zeit anberaumt wird. Gegebenenfalls ist darauf hinzuwirken.

177 Als letztes ist die Übersendung der Akte an das für die Eröffnung des Hauptverfahrens zuständige Gericht zu verfügen.

Teilweise wird in der Praxis lediglich verfügt:

„Anklageschrift mit Akten absenden".

Es empfiehlt sich allerdings folgende Verfügung:

„U.m.A.
Amtsgericht
– Strafrichter/in –
in Lübeck
unter Bezugnahme auf den Antrag/die Anträge der anliegenden Anklageschrift übersandt".

Dies bietet sich an, da auf diese Weise in der Übersendungsverfügung auf weitere Aspekte des Verfahrens, etwa eine Pflichtverteidigerbeiordnung oder die Zulassung der Nebenklage, eingegangen werden kann.

In der Übersendungsverfügung sind die zu übersendenden Aktenteile samt der Asservate genau zu bezeichnen.

178 Abschließend soll eine Abschlussverfügung als Muster dargestellt werden.

```
710 Js 234/10
                                        H a f t !
                     Vfg.
1. Die Ermittlungen sind abgeschlossen[103].
2. Vermerk:
   Der Beschuldigte ist einer räuberischen Erpressung zum
   Nachteil des Felix Schulze hinreichend verdächtig. So-
```

103 Teilweise wird dieser Verfügungspunkt ausdrücklich als Vermerk gekennzeichnet (vgl. *Wolters/Gubitz*, Rn. 148). In der Praxis werden außerdem unterschiedliche Formulierungen benutzt, um den Abschluss der Ermittlungen zu dokumentieren; etwa: „Die Ermittlungen werden geschlossen".

weit ihm durch dieselbe Handlung eine Sachbeschädigung vorgeworfen wird, soll die Strafverfolgung nach § 154a Abs. 1 StPO beschränkt werden. Die für diese Tat zu erwartende Strafe fällt neben der für die räuberische Erpressung zu erwartenden Strafe nicht beträchtlich ins Gewicht.

Soweit dem Beschuldigten darüber hinaus ein Betrug zum Nachteil des Versandhauses Müller vorgeworfen wird, soll eine Teileinstellung nach § 170 Abs. 2 StPO erfolgen. Dem Beschuldigten ist ein Betrugsvorsatz nicht mit der für eine Anklageerhebung erforderlichen Sicherheit nachzuweisen. Es lässt sich nicht feststellen, dass er zum Tatzeitpunkt zahlungsunfähig oder zahlungsunwillig war.

3. Teileinstellung des Verfahrens gem. § 170 Abs. 2 StPO, soweit dem Beschuldigten ein Betrug vorgeworfen wird.
4. Kein Einstellungsbescheid, da der Anzeigeerstatter ausdrücklich darauf verzichtet hat (vgl. Bl. 5 d. A)[104].
5. Einstellungsnachricht an Beschuldigten Meier, zur Zeit JVA Lübeck:

   Ermittlungsverfahren
   gegen Sie
   wegen räuberischer Erpressung u.a.

   Ihre verantwortliche Vernehmung vom 14.12.2009

   Sehr geehrter Herr Meier,

   das gegen Sie wegen des Vorwurfs des Betruges zum Nachteil des Versandhauses Müller geführte Ermittlungsverfahren habe ich heute gem. § 170 Abs. 2 StPO eingestellt. Im Übrigen habe ich gegen Sie Anklage wegen des Vorwurfs der räuberischen Erpressung zum Nachteil des Felix Schulze erhoben[105].
6. Anklageschrift nach Diktat mit erforderlichen Ablichtungen in Reinschrift fertigen.
7. Ablichtungen der Anklageschrift
   a) zur Handakte,
   b) zum Haftsonderband,
   c) an das Amtsgericht Lübeck zu 100 Gs 12/10 (§ 114d Abs. 2 S. 2 i.V.m. § 126 Abs. 1 StPO).
8. Mitteilung der Anklageschrift gemäß § 114d Abs. 2 S. 2 StPO an die JVA Lübeck zur Gefangenenbuchnr. 14/10.

104 Diese „Negativverfügung" wird in der Praxis zumeist weggelassen, vgl. Rn. 22.

105 In der Praxis teilt die Staatsanwaltschaft dem Beschuldigten die Anklageerhebung häufig nicht mit. Dies ist auch nicht zwingend notwendig, da der Vorsitzende des Gerichts dem Angeschuldigten nach § 201 StPO die Anklageschrift mitzuteilen hat.

9. Mitteilung nach Nr. 13 MiStra an das Amtsgericht Hamburg zu 116 Ds 233/09.

10. Haftsonderband vervollständigen[106].

11. Ablichtung dieser Vfg. und des BZR zur Handakte nehmen.

12. Frist: 1 Monat.

13. U.m.A. und Asservat Nr. 12/10 - per Boten -

dem Amtsgericht
- Schöffengericht -
in Lübeck

unter Bezugnahme auf die Anträge der anliegenden Anklageschrift übersandt. Gegen den Antrag des Geschädigten Schulze auf Zulassung der Nebenklage bestehen keine Bedenken.

Lübeck, 04.02.2010
Staatsanwaltschaft
bei dem Landgericht

Wagner

(Wagner)
Staatsanwalt

VI. Anklageschrift

179 Gemäß § 170 Abs. 1 StPO erhebt der Staatsanwalt Anklage, wenn die Ermittlungen zu einem hinreichenden Tatverdacht geführt haben. Die Erhebung der öffentlichen Klage ist gemäß § 151 StPO Prozessvoraussetzung für eine gerichtliche Untersuchung (Akkusationsprinzip). Der Inhalt der Anklageschrift ist in § 200 StPO geregelt und wird in den Nr. 110 bis 114 RiStBV näher erläutert. Zwei wesentliche Funktionen der Anklage sind zu beachten: Sie soll den Angeschuldigten über den gegen ihn erhobenen Vorwurf unterrichten (**Informationsfunktion** der Anklage), und sie bezeichnet den konkreten Lebenssachverhalt, welcher auf ein strafbares Verhalten hin zu untersuchen ist (**Umgrenzungsfunktion** der Anklage).

180 Der **inhaltliche Aufbau** einer Anklageschrift lässt sich in folgende Punkte gliedern[107]:

106 Sofern kein Aktendoppel vorhanden ist, sollten die wichtigsten Aktenbestandteile – etwa die Einlassung des Beschuldigten und Zeugenaussagen sowie der Bundeszentralregisterauszug – in Kopie zur Handakte genommen werden.

107 Während der Inhalt der Anklageschrift durch die Strafprozessordnung genau festgelegt ist, variiert der Aufbau einer Anklageschrift in den einzelnen Bundesländern. Im Folgenden wird der überwiegend verwendete Aufbau zugrunde gelegt. Zu den Abweichungen insbesondere in Bayern und Baden-Württemberg vgl. die im Anhang abgedruckten Muster.

- Kopf der Anklageschrift
- Anklagesatz
  - Personalien
  - Zeit und Ort der Tatbegehung
  - Gesetzliche Merkmale der Straftat
  - Konkretisierung
  - Angewendete Vorschriften
- Beweismittel
- Wesentliches Ergebnis der Ermittlungen
- Anträge

1. Kopf der Anklageschrift

Im Kopf der Anklageschrift findet sich oben links die Bezeichnung der Staatsanwaltschaft, welche die Anklage erhebt, mit dem dazugehörigen staatsanwaltschaftlichen Aktenzeichen. Oben rechts ist Ort und Datum der Anklageerhebung anzugeben. **181**

Darunter ist das Gericht zu bezeichnen, an welches die Anklageschrift übersandt wird, wobei gewöhnlich auch der Spruchkörper (z.B. der Strafrichter, das Schöffengericht, die Strafkammer, der Jugendrichter, das Jugendschöffengericht oder die Jugendkammer) angegeben wird. Nach der Anschrift ist die Anklageschrift zentriert als solche zu kennzeichnen.

Befindet sich der Angeschuldigte in Untersuchungshaft, findet sich zwischen Anschrift des Gerichts und Überschrift der Hinweis „Haft!" sowie die Angabe des Haftprüfungstermins[108]. Handelt es sich um eine Jugendschutzsache, findet sich dort der Vermerk „Jugendschutzsache". Wurde der Führerschein des Beschuldigten beschlagnahmt oder ihm die Fahrerlaubnis vorläufig entzogen, ist der Vermerk „Führerscheinsache!" anzubringen. **182**

Beispiel: **183**

```
Staatsanwaltschaft                              Lübeck, 09.03.2010
bei dem Landgericht
711 Js 1140/10

Amtsgericht
- Schöffengericht[109] -
Lübeck
                                                   Haft!
                                                   HPT: 16.07.2010

                          Anklageschrift
```

108 Zur Fristberechnung vgl. Rn. 66.

109 Möglich ist es auch, die Anklageschrift direkt an die oder den Vorsitzende(n) zu richten, also:
Amtsgericht
– Frau Vorsitzende des Schöffengerichts –
Lübeck.

2. Personalien

184 In der Anklageschrift sind die Personalien des Angeschuldigten vollständig anzugeben, um diesen individualisieren zu können. Gemäß Nr. 110 Abs. 2a RiStBV sind dabei anzugeben: der Familienname und die Vornamen (Rufname unterstrichen), Geburtsname, Beruf, Anschrift, Familienstand, Geburtstag und Geburtsort (Kreis, Bezirk) sowie die Staatsangehörigkeit. Bei Verfahren gegen Jugendliche sind zudem Namen und Anschriften der gesetzlichen Vertreter zu benennen, sofern der Angeschuldigte zum Zeitpunkt der Anklageerhebung noch minderjährig ist. Hat der Angeschuldigte einen Verteidiger, so ist auch dieser anzugeben.

185 Ist der Angeschuldigte inhaftiert, ist dies unter den Personalien zu kennzeichnen. Dabei sind der Tag der Festnahme und der Tag des Erlasses des Haftbefehls anzugeben. Ferner ist das Gericht, welches den Haftbefehl erlassen hat, das gerichtliche Aktenzeichen sowie die Justizvollzugsanstalt, in welcher der Angeschuldigte inhaftiert ist, zu benennen.

186 Bei **mehreren Angeschuldigten** sind diese mit **römischen Ziffern** zu nummerieren. Hinsichtlich der Reihenfolge, in welcher die Angeschuldigten anzuführen sind, empfiehlt sich eine Ordnung nach Alter, wobei der älteste Angeschuldigte zunächst anzuführen ist. Bei Verfahren gegen mehrere Jugendliche oder Heranwachsende ist eine solche Reihenfolge schon deshalb geboten, weil der Wohnort des ältesten Jugendlichen oder Heranwachsenden grundsätzlich zuständigkeitsbegründend ist (§ 42 JGG). Sind ein Jugendlicher/Heranwachsender und ein Erwachsener angeklagt, sind zuerst die Personalien des Jugendlichen/Heranwachsenden anzugeben, da sich nach ihm die Zuständigkeit des Gerichts richtet.

187 **Beispiel:**

I. Der Auszubildende Martin Viktor Paulsen, geboren am 19.08.1993 in Köln, wohnhaft Willy-Brandt-Allee 255a, 23558 Lübeck, deutscher Staatsangehöriger, ledig,

Verteidiger: Rechtsanwalt Michels, Stockelsdorfer Str. 2, 23556 Lübeck,

II. der Schüler Michael Fritz, geboren am 20.05.1996 in Lüneburg, wohnhaft Jungfernstieg 3, 23701 Eutin, deutscher Staatsangehöriger, ledig,

gesetzliche Vertreter: Hilde und Kurt Fritz, wohnhaft ebenda,

III. der Kraftfahrer Luis Sanchez, geboren am 11.07.1979 in Barcelona, wohnhaft Travemünder Allee 119, 23556 Lübeck, spanischer Staatsangehöriger, verheiratet, - in dieser Sache vorläufig festgenommen am 17.04.2009 und seit dem 18.04.2009 aufgrund des Haftbefehls des

```
Amtsgerichts Lübeck (3 Gs 76/09) vom 18.04.2009 in
Untersuchungshaft in der JVA Lübeck -
Verteidiger: Rechtsanwalt Walter, Ringstraße 17,
22011 Hamburg.
```

3. Zeit und Ort der Tatbegehung

Nach den Personalien sind die Tat, die dem Angeschuldigten zur Last gelegt wird, sowie Zeit und Ort ihrer Begehung und die gesetzlichen Merkmale der Straftat zu bezeichnen. Eine Überleitung erfolgt durch die Formulierung: **188**

„wird angeklagt".

Wurde die Strafverfolgung nach § 154a StPO beschränkt, muss die Anklageschrift einen Hinweis darauf enthalten (Nr. 110 Abs. 2e RiStBV). Dieser Hinweis lässt sich bereits in den Überleitungssatz einbauen: **189**

„wird – unter Beschränkung der Strafverfolgung nach § 154a StPO – angeklagt".

Weitere Ausführungen sind insoweit nicht erforderlich, da sich diese bereits in der Abschlussverfügung finden. Eine andere Möglichkeit besteht darin, den Hinweis auf die Strafverfolgung nach § 154a StPO erst im Anschluss an die angewendeten Vorschriften einzufügen.

Nach dem Überleitungssatz sind Tatzeit und Tatort möglichst genau zu bezeichnen, etwa: **190**

„am 7.7.2009
in Bad Schwartau".

Handelt es sich um mehrere Tatorte und Tatzeiten, müssen an dieser Stelle nicht sämtliche genannt werden, da dies jedenfalls noch bei der Konkretisierung genau erfolgt. Es reicht die vereinfachende Formulierung: **191**

„in der Zeit vom 12.4. bis 27.7.2009
in Lübeck und anderenorts".

Teilweise lässt sich ein genauer Tattag nicht ermitteln. Dann muss versucht werden, einen möglichst genauen, eng umrissenen Zeitraum zu ermitteln, in welchem die Tat begangen wurde. Folgendermaßen könnte formuliert werden: **192**

„zwischen dem 1.4. und dem 7.5.2009
in Ahrensburg".

4. Gesetzliche Merkmale der Straftat

Nach den Angaben zu Tatzeit und Tatort folgt die Beschreibung der gesetzlichen Merkmale der Straftat. **193**

Handelt es sich bei dem Angeschuldigten um einen Jugendlichen oder Heranwachsenden, ist darauf allerdings noch vor den gesetzlichen Merkmalen hinzuweisen:

„wird angeklagt,
am 4.4.2009
in Schwarzenbek
als Jugendlicher mit Verantwortungsreife/als Heranwachsender".

194 Die gesetzlichen Merkmale der Straftat sind anzugeben, um dem Angeschuldigten aufzuzeigen, dass sich die Schilderung der im konkreten Lebenssachverhalt vorgeworfenen Tat mit den tatbezogenen gesetzlichen Strafbarkeitsvoraussetzungen deckt[110]. Die gesetzlichen Merkmale sind strikt nach ihrem Wortlaut wiederzugeben und dürfen nicht umschrieben werden. Kann eine Tat sowohl vorsätzlich als auch fahrlässig begangen werden, ist die Schuldform anzugeben[111].

Beispiel: „vorsätzlich eine andere Person körperlich misshandelt und an der Gesundheit geschädigt zu haben".

195 Weist ein Tatbestand mehrere Tatmodalitäten auf, so sind nur die anzugeben, die auf den konkreten Sachverhalt zutreffen.

Beispiel: Begeht der Täter einen Raub durch Gewaltanwendung, um die Sache sich selbst zuzueignen, ist auch nur dies anzugeben, also
„mit Gewalt gegen eine Person eine fremde bewegliche Sache einem anderen in der Absicht weggenommen zu haben, die Sache sich rechtswidrig zuzueignen."

196 Vorschriften des Allgemeinen Teils sind bei den gesetzlichen Merkmalen der Straftat ebenfalls aufzunehmen, wobei dies gegebenenfalls auch in vereinfachter Form geschehen kann (Nr. 110 Abs. 2c RiStBV). Beim Versuch muss daher nicht formuliert werden:

„nach seiner Vorstellung von der Tat unmittelbar dazu angesetzt zu haben,...".

Beispiele:

a) Versuch
„versucht zu haben, eine andere Person körperlich zu misshandeln"

b) Mittäterschaft
„gemeinschaftlich eine fremde bewegliche Sache einem anderen in der Absicht weggenommen zu haben, die Sache sich rechtswidrig zuzueignen"

c) Verminderte Schuldfähigkeit
„im Zustand verminderter Schuldfähigkeit eine fremde Sache beschädigt zu haben"[112]

d) Anstiftung
„einen anderen bestimmt zu haben, vor Gericht als Zeuge uneidlich falsch ausgesagt zu haben"[113]

e) Unterlassen
„durch Unterlassen einen Menschen getötet zu haben"[114].

---

110 *Meyer-Goßner*, § 200 Rn. 11.

111 Im Hinblick auf § 15 StGB erscheint es vertretbar, die Schuldform nur im Falle einer fahrlässigen Tatbegehung ausdrücklich anzugeben, da die vorsätzliche Verwirklichung des Tatbestands der Regelfall ist.

112 Der Begriff „rechtswidrig" bei § 303 StGB ist nur allgemeines Verbrechensmerkmal und kein Tatbestandsmerkmal, und ist daher bei den gesetzlichen Merkmalen der Straftat nicht mit anzugeben.

113 Bei den Fällen der Anstiftung oder Beihilfe sind die gesetzlichen Merkmale der Straftat bereits für die Tat des Haupttäters angegeben worden, sofern dieser mitangeklagt ist. Dann müssen diese nicht beim Teilnehmer wiederholt werden, so dass dann für die Tat des Teilnehmers folgende Formulierung hinreichend ist: *„einen anderen zu dessen vorsätzlich begangenen rechtswidrigen Tat, einer falschen uneidlichen Aussage, bestimmt zu haben."*

114 Nach anderer Ansicht soll eine Tatbestandsverwirklichung durch Unterlassen bei den gesetzlichen Merkmalen nicht aufgenommen werden, vgl. *Wolters/Gubitz*, Rn. 178. Ein zwingender Grund dafür ist allerdings nicht ersichtlich.

Gemäß Nr. 110 Abs. 2c RiStBV ist bei der Verletzung mehrerer Strafvorschriften auch anzugeben, ob Tateinheit oder Tatmehrheit vorliegt. **197**

Tateinheit wird verdeutlicht durch die Formulierung „durch dieselbe Handlung" oder einfach „tateinheitlich". Die folgenden **tateinheitlich** verwirklichten Straftatbestände werden mit **kleinen Buchstaben** (a, b, c, usw.) gekennzeichnet. **198**

Tatmehrheitlich begangene Straftaten werden mit der Eingangsformulierung „durch ... selbstständige Handlungen" überschrieben und mit **arabischen Ziffern** (1., 2., 3. usw.) nummeriert. **199**

Auf diese Einteilung ist genau zu achten, da hierdurch bei umfangreichen Tatkomplexen die Übersichtlichkeit und Unterscheidung zwischen Tatmehrheit und Tateinheit gewahrt bleibt. **200**

Beispiel:

„wird angeklagt,
am 15.10.2009
in Hamburg
durch zwei selbstständige Handlungen

1. vorsätzlich eine andere Person körperlich misshandelt zu haben,
2. tateinheitlich
   a) einem Amtsträger, der zur Vollstreckung von Gesetzen berufen ist, bei der Vornahme einer solchen Diensthandlung durch Drohung mit Gewalt Widerstand geleistet zu haben,
   b) einen anderen beleidigt zu haben."

Mehrere Angeschuldigte werden durch **römische Ziffern** (I., II., III. usw.) voneinander getrennt. **201**

Bei einer **Wahlfeststellung** sind beide Straftatbestände anzugeben, die mit der Formulierung „entweder ...oder" zu verbinden sind. **202**

Beispiel: „entweder eine fremde bewegliche Sache einem anderen in der Absicht weggenommen zu haben, die Sache sich rechtswidrig zuzueignen oder eine Sache, die ein anderer gestohlen hat, angekauft zu haben, um sich zu bereichern".

Qualifizierungen und auch Regelbeispiele sind ebenfalls bei den gesetzlichen Merkmalen der Straftat anzugeben. Diese werden in der Regel nach der Darstellung des Grundtatbestandes durch einen Nebensatz eingeführt, können aber auch – solange die Übersichtlichkeit gewahrt bleibt – in den Grundtatbestand aufgenommen werden. **203**

Beispiel: „eine fremde bewegliche Sache einem anderen in der Absicht weggenommen zu haben, die Sache sich rechtswidrig zuzueignen, wobei es sich um eine Sache handelte, die durch ein verschlossenes Behältnis gegen Wegnahme besonders gesichert war" oder

„eine fremde bewegliche Sache, die durch ein verschlossenes Behältnis gegen Wegnahme besonders gesichert war, einem anderen in der Absicht weggenommen zu haben, die Sache sich rechtswidrig zuzueignen".

Besondere Schwierigkeiten ergeben sich, wenn in der Anklage mehreren Angeschuldigten eine Vielzahl von Straftaten vorgeworfen wird. Einerseits sind die gesetzlichen Merkmale für jeden Angeschuldigten und jede Tat vollständig anzugeben. Anderer- **204** seits ist durch Vermeidung von Wiederholungen und einer geeigneten Zusammenfassung auf Übersichtlichkeit zu achten. Dies soll anhand einiger Beispiele verdeutlicht werden.

Beispiele:

a) Dem Angeschuldigten wird eine Körperverletzung, eine gefährliche Körperverletzung mittels einer Waffe und eine versuchte Körperverletzung (tatmehrheitlich) vorgeworfen.

„durch drei selbstständige Handlungen

vorsätzlich eine andere Person körperlich misshandelt und an der Gesundheit geschädigt zu haben, wobei die Körperverletzung bei der Tat zu 2 mittels einer Waffe begangen wurde und es bei der Tat zu 3 beim Versuch blieb."

b) Die Angeschuldigten Müller und Maier haben gemeinschaftlich einen Betrug begangen. Der Angeschuldigte Müller hat tateinheitlich dazu noch den Tatbestand der Urkundenfälschung verwirklicht. Maier hat dagegen durch eine zweite Tat noch einen Diebstahl begangen.

„I. Die Angeschuldigten Müller und Maier
gemeinschaftlich in der Absicht, sich einen rechtswidrigen Vermögensvorteil zu verschaffen, das Vermögen eines anderen dadurch beschädigt zu haben, dass sie durch Vorspiegelung falscher Tatsachen einen Irrtum erregten,

II. der Angeschuldigte Müller
durch dieselbe Handlung
zur Täuschung im Rechtsverkehr eine unechte Urkunde gebraucht zu haben und

III. der Angeschuldigte Maier
durch eine weitere selbstständige Handlung
eine fremde bewegliche Sache einem anderen in der Absicht weggenommen zu haben, die Sache sich rechtswidrig zuzueignen."[115]

c) Den Angeschuldigten Müller und Meier sollen folgende Taten vorgeworfen werden:
Tat 1: Diebstahl durch Müller und Meier
Tat 2: Diebstahl durch Müller
Tat 3: Körperverletzung durch Müller
Tat 4: Urkundenfälschung durch Meier
Tat 5: Diebstahl durch Müller und Meier
Tat 6: Sachbeschädigung durch Müller

In derart umfangreichen Fällen bieten sich häufig verschiedene Gestaltungsmöglichkeiten an. Dabei ist besonders auf die Übersichtlichkeit und Zuordnung der einzelnen Taten zu achten. Im Beispielsfall könnte wie folgt formuliert werden:

„I. Der Angeschuldigte Müller
durch 5 selbstständige Handlungen (Taten 1–3, 5–6),

II der Angeschuldigte Meier
durch 3 selbstständige Handlungen (Taten 1, 4–5)

1., 2., 5. eine fremde bewegliche Sache einem anderen in der Absicht weggenommen zu haben, sich diese rechtswidrig zuzueignen, wobei die Taten 1 und 5 gemeinschaftlich begangen wurden,
3. vorsätzlich eine andere Person körperlich misshandelt zu haben,
4. zur Täuschung im Rechtsverkehr eine unechte Urkunde gebraucht zu haben,
6. eine fremde Sache beschädigt zu haben."

115 Die hier verwendete Gliederung hat den Nachteil, dass die römischen Ziffern nicht denen der Personalien entsprechen. Bei mehreren Angeschuldigten mit zum Teil gemeinschaftlich begangenen Taten bietet sich daher eine Gliederung wie im Beispielsfall c) an.

5. Konkretisierung

Im Anschluss an die gesetzlichen Merkmale der Straftat ist in der Konkretisierung die Tat als unverwechselbarer Lebenssachverhalt zu schildern. Dabei ist darauf zu achten, dass das konkrete Geschehen so umfassend geschildert wird, dass eine **Subsumtion unter jedes Merkmal des gesetzlichen Straftatbestandes** möglich ist. Hierzu gehören auch Ausführungen zur **inneren Tatseite**. Dies wird von Referendaren in Klausuren häufig vernachlässigt. Hat der Angeschuldigte mehrere Straftaten an verschiedenen Tatorten und an unterschiedlichen Tagen begangen, müssen die jeweilige Tatzeit und der einzelne Tatort zwingend angegeben werden. Andererseits ist die Konkretisierung nicht zu überfrachten. Unmittelbar vor oder nach der Tat liegende Ereignisse sind nicht wiederzugeben, es sei denn, sie sind für das Verständnis der Schilderung zwingend erforderlich. Allerdings werden in der Praxis häufig Umstände, die für die Strafzumessung von Bedeutung sein können, bereits in der Konkretisierung geschildert. Hiervon sollte jedoch äußerst zurückhaltend Gebrauch gemacht werden. **205**

Beispiel: Bei Körperverletzungsdelikten werden zumeist die Verletzungsfolgen in die Konkretisierung aufgenommen. Dies stellt einen Grenzfall dar. Der Eintritt einer Verletzung ist bereits als Tatbestandsmerkmal relevant („eine andere Person an der Gesundheit geschädigt zu haben"). Art und Umfang der Verletzung und die Auswirkungen für das Opfer in der Folgezeit stellen aber vor allem einen entscheidenden Strafzumessungsfaktor dar.

Ausführungen zur Beweisführung gehören nicht in die Konkretisierung, sondern sind im Wesentlichen Ergebnis der Ermittlungen darzustellen. **206**

Das Tatgeschehen wird im **Imperfekt** geschildert. Das Passiv ist nicht zu verwenden. Die gesetzlichen Tatbestandsmerkmale sind in der Konkretisierung zu umschreiben. Formulierungen des Gesetzes dürfen in der Konkretisierung nicht auftauchen[116]. **207**

Beispiel: Es darf etwa bei einem Diebstahl nicht formuliert werden: „Der Angeschuldigte nahm im Kaufhaus die Schachtel Zigaretten weg, um sich diese zuzueignen", sondern: „Der Angeschuldigte ergriff im Kaufhaus eine Schachtel Zigaretten und verstaute diese unter seiner Jacke, um diese später zu verbrauchen."

Die Beschreibung hat auch möglichst präzise zu erfolgen. Im zuvor angeführten Beispiel ist daher die Art und Weise des Gewahrsamsbruchs genau zu beschreiben und nicht etwa schlicht mit der Formulierung „entwendete im Kaufhaus eine Schachtel Zigaretten". **208**

Aus Gründen der Übersichtlichkeit ist der Angeschuldigte in der Konkretisierung als solcher – und nicht mit seinem Namen – zu bezeichnen. Bei mehreren Angeschuldigten ist der jeweilige Name jedoch dem Wort „Angeschuldigter" anzufügen. Zeugen können dagegen nur mit Namen benannt werden. **209**

Sind mehrere Taten in der Konkretisierung zu schildern, sollten diese nach Möglichkeit ebenfalls mit arabischen Ziffern gegliedert werden. Wichtig ist dabei, dass die **210**

116 Dies ist allerdings nicht zu dogmatisch zu handhaben. Teilweise gibt es im Gesetzestext Formulierungen, die sich nicht umschreiben lassen, etwa die Begriffe „Zurückbehaltungsrecht" in § 289 StGB oder „als Zeuge" in § 153 StGB. Diese Formulierungen dürfen in der Konkretisierung verwendet werden.

Gliederung mit der bereits bei den gesetzlichen Merkmalen der Straftat vorgenommenen korrespondiert. Wird dem Angeschuldigten bei den gesetzlichen Merkmalen der Straftat unter 1. ein Diebstahl und unter 2. eine Körperverletzung vorgeworfen, dann ist im Rahmen der Konkretisierung unter 1. das Geschehen zu schildern, welches den Vorwurf des Diebstahls trägt und unter 2. der Lebenssachverhalt, welcher den Vorwurf der Körperverletzung begründet.

211 Auch in der Konkretisierung sind nach Möglichkeit Wiederholungen zu vermeiden. So kann etwa bei Serienstraftaten vereinfacht werden, indem die sich jeweils wiederholende Handlungsweise „vor die Klammer" gezogen wird, etwa:

> „Mit der zuvor an sich gebrachten EC-Karte der Zeugin Müller begab sich der Angeschuldigte in der Folgezeit zu Geldautomaten der Sparkasse und hob Geldbeträge von dem Konto der Zeugin Müller ab, indem er jeweils die ihm bekannte PIN eingab. Jeweils mittels dieses Vorgehens hob der Angeschuldigte folgende Beträge von dem Konto der Zeugin ab:
> Am 10.4.2009 in Ahrensburg 100 €,
> am 11. 4.2009 in Schwarzenbek 200 €,
> am 12.4.2009 in Trittau 200 € und
> am 13.4.2009 in Bargteheide 100 €."

212 Abschließend soll eine Konkretisierung für den Vorwurf einer vorsätzlichen Trunkenheit im Verkehr veranschaulicht werden.

> **Beispiel:** „Der Angeschuldigte befuhr am 17. 9. 2009 gegen 22.30 Uhr mit seinem Pkw Ford, amtliches Kennzeichen OH-XX-234, die Segeberger Straße in Ahrensbök, obwohl er zuvor so viel Alkohol konsumiert hatte, dass eine ihm am Tattag um 23.20 Uhr entnommene Blutprobe im Mittel 1,32 ‰ Alkohol enthielt. Der Angeschuldigte hielt seine alkoholbedingte Fahruntüchtigkeit für möglich, nahm diese jedoch billigend in Kauf[117]."

6. Angewendete Vorschriften

213 Nach der Konkretisierung sind die angewendeten Vorschriften anzugeben. Eingeleitet wird dies mit der Formulierung:

> „Vergehen (oder/und Verbrechen), strafbar nach §§…"[118].

Die Paragrafen sind exakt nach Absatz, Satz, Nummer und Buchstabe zu benennen, und zwar zunächst in aufsteigender Folge die des Besonderen Teils, danach – ebenfalls aufsteigend – die des Allgemeinen Teils des Strafgesetzbuches. Anschließend sind gegebenenfalls Paragrafen aus Nebengesetzen anzuführen. Handelt es sich um Antragsdelikte, sind die Vorschriften über den Strafantrag (z.B. § 230 Abs. 1 StGB) ebenfalls in die angewendeten Vorschriften aufzunehmen.

214 Bei Jugendlichen sind nach den Normen des StGB die §§ 1 und 3 JGG anzugeben, bei Heranwachsenden die §§ 1 und 105 JGG.

---

117 In diesem Fall ist es unbedingt erforderlich, sowohl die genaue Uhrzeit der Fahrt als auch die der Blutprobenentnahme zu benennen, da nur so (durch Angaben für eine Rückrechnung) deutlich wird, dass der Angeschuldigte zur Tatzeit die 1,1‰-Grenze überschritten hatte und somit absolut fahruntüchtig war.

118 Teilweise wird auch die Formulierung „Anzuwendende Vorschriften: §§ …" verwendet.

Hinweis: Wegen der Einheitsstrafe nach § 31 JGG sind bei Jugendlichen die §§ 52, 53 StGB nicht in die angewendeten Vorschriften aufzunehmen. Anders verhält sich dies bei Heranwachsenden, da gegen diese auch eine Verurteilung nach allgemeinem Strafrecht in Betracht kommt.

Ist die Anordnung von Maßregeln (etwa die Entziehung der Fahrerlaubnis nach § 69 **215** StGB) zu erwarten, so sind die einschlägigen Paragrafen ebenfalls anzugeben. Diese können mit in die Reihe der Vorschriften des Allgemeinen Teils aufgenommen werden. Da die Vorschriften über Maßregeln oder andere Nebenfolgen jedoch nicht strafbarkeitsbegründend sind, ist folgende Formulierung konsequenter:

„Vergehen, strafbar nach § 316 Abs. 1 StGB, zu maßregeln nach §§ 69 Abs. 1 S. 1, Abs. 2, 69a Abs. 1 StGB".

Unter den angewendeten Vorschriften und noch vor Auflistung der Beweismittel **216** können gegebenenfalls noch weitere Angaben erfolgen. Hier kann der Hinweis auf eine Beschränkung der Strafverfolgung nach § 154a StPO angebracht werden. Aufzunehmen ist auch, ob ein erforderlicher Strafantrag gestellt oder das besondere öffentliche Interesse an der Strafverfolgung bejaht wird. Kommt eine Einziehung in Betracht, ist ebenfalls an dieser Stelle darauf hinzuweisen.

Ist ein Führerschein sichergestellt und die Fahrerlaubnis vorläufig entzogen worden, **217** sollte dies angegeben werden, um bei der später stattfindenden Hauptverhandlung gleich die genaue Sperrfrist nach § 69a Abs. 1, Abs. 4 StGB berechnen zu können.

Beispiel: Der Führerschein des Angeschuldigten wurde am 11.11.2009 sichergestellt. Durch Beschluss des Amtsgerichts Reinbek (3 Gs 324/09) vom 13.11.2009 wurde dem Angeschuldigten die Fahrerlaubnis vorläufig entzogen."

Gewöhnlich findet sich hier auch die den § 69 StGB stützende Formulierung:

„Der Angeschuldigte hat sich durch sein Verhalten als ungeeignet zum Führen von Kraftfahrzeugen erwiesen"[119].

Schließlich kann an dieser Stelle auch der Hinweis erfolgen, dass dem Angeschuldig- **218** ten, der sich im Ermittlungsverfahren zur Sache nicht eingelassen hat, rechtliches Gehör gewährt wurde. Zwingend ist dieser Hinweis aber nicht.

Beispiel: Der Angeschuldigte Franzen hat einen versuchten Raub begangen. Der zur Tatzeit 19-jährige Müller hat eine Beihilfe dazu begangen. Durch eine weitere Tat hat Müller mit seinem Pkw eine Gefährdung des Straßenverkehrs verwirklicht, wobei er nicht im Besitz einer Fahrerlaubnis war. Da er wegen vorsätzlichen Fahrens ohne Fahrerlaubnis bereits vor einem halben Jahr rechtskräftig verurteilt worden ist, wurde sein Pkw sichergestellt.

---

119 In der Praxis wird diese Formulierung auch häufig bei den gesetzlichen Merkmalen der Straftat verwendet, also etwa *„vorsätzlich im Verkehr ein Fahrzeug geführt zu haben, obwohl er infolge des Genusses alkoholischer Getränke nicht in der Lage war, das Fahrzeug sicher zu führen und sich dadurch als ungeeignet zum Führen von Kraftfahrzeugen erwiesen zu haben."* Dies ist insofern etwas ungenau, da es sich bei den Merkmalen des § 69 StGB nicht um gesetzliche Merkmale einer Straftat handelt. Als Fehler in der Anklageschrift ist dies jedoch nicht zu bewerten.

„Verbrechen, für den Angeschuldigten Franzen strafbar nach §§ 249 Abs. 1, 22 StGB, Verbrechen und Vergehen, für den Angeschuldigten Müller strafbar nach §§ 249 Abs. 1, 315c Abs. 1 Nr. 1a, Abs. 3 Nr. 1, 22, 27 Abs. 1, 52, 53 StGB, 21 Abs. 1 Nr. 1, Abs. 3 Nr. 3 StVG, 1, 105 JGG, zu maßregeln nach § 69a StGB.

Der beim Angeschuldigten Müller sichergestellte Pkw Ford Fiesta, FIN 12X C23000012W, amtliches Kennzeichen HL – XY 219, unterliegt gemäß § 21 Abs. 3 Nr. 3 StVG der Einziehung."

7. Angabe der Beweismittel

219 In der Anklageschrift sind gemäß § 200 Abs. 1 S. 2 StPO auch die Beweismittel anzugeben. Nach Nr. 111 Abs. 1 RiStBV sollen nur die Beweismittel aufgeführt werden, die für die Aufklärung des Sachverhalts und für die Beurteilung der Persönlichkeit des Angeschuldigten wesentlich sind. Haben im Ermittlungsverfahren mehrere Zeugen übereinstimmend über denselben Vorgang ausgesagt, so ist es nicht notwendig, jeden zu benennen (Nr. 111 Abs. 2 RiStBV)[120]. Liegt ein Geständnis des Angeschuldigten vor, das zur vollständigen Beurteilung der Tat, auch der Strafbemessung, voraussichtlich ausreicht, so kann auf die Benennung von Zeugen verzichtet werden (Nr. 111 Abs. 4 RiStBV). Dies wird allerdings lediglich in sehr einfach gelagerten Fällen in Betracht kommen. Zumeist wird jedenfalls die Aussage des Opfers einer Straftat erforderlich sein, um sich ein Bild über die Folgen der Tat für den Geschädigten machen zu können.

220 Die Beweismittel sollten in folgender Reihenfolge aufgeführt werden, wobei wiederum mit römischen Ziffern zu gliedern ist:

I. Einlassung des Angeschuldigten
II. Zeugen
III. Sachverständige
IV. Urkunden
V. Augenscheinsobjekte

221 Auf eine Einlassung des Angeschuldigten ist nur hinzuweisen, wenn dieser sich im Ermittlungsverfahren auch geäußert hat. Ansonsten wird unter I. sogleich auf die Zeugen eingegangen. Eine Einlassung des Angeschuldigten im Ermittlungsverfahren hat selbst keine Beweiskraft; lediglich die Aussage der vernehmenden Person als Zeuge oder die Verlesung des Vernehmungsprotokolls als Urkunde können unter Umständen Beweiswert haben. Dennoch ist es gerechtfertigt, die Angaben des Angeschuldigten in den Beweismittelkatalog aufzunehmen, da in der Regel zu erwarten ist, dass dieser seine Angaben in der Hauptverhandlung wiederholt und sie dort als Beweismittel zur Verfügung stehen. Anzugeben sind auch die Blattzahlen der Ermittlungsakte, auf denen sich die verantwortliche Vernehmung des Angeschuldigten befinden.

120 Dennoch werden in der Praxis häufig alle Zeugen benannt, um dem Gericht bereits in der Anklageschrift eine vollständige Übersicht der vorhandenen Zeugen zu verschaffen. Letztlich trifft das Gericht die Entscheidung, welche Zeugen geladen werden.

Bei einem Geständnis des Angeschuldigten im Ermittlungsverfahren ist zu formulieren: 222

„I. Geständige Einlassung des Angeschuldigten (Bl. 12–15 d.A.)“ oder,
„I. Geständnis des Angeschuldigten (Bl. 12–15 d.A.).“

Ist der Angeschuldigte dagegen nicht im vollen Umfang geständig, heißt es: 223

„I. Teilgeständige Einlassung des Angeschuldigten (Bl. 12–15 d.A.)“.

Bestreitet der Angeschuldigte den Tatvorwurf, lässt sich folgendermaßen formulieren: 224

„I. Angaben des Angeschuldigten (Bl. 12–15 d.A.)“.

Bei mehreren Angeschuldigten, die sich unterschiedlich eingelassen haben, ist dies klarzustellen: 225

„I. Einlassungen der Angeschuldigten
1. Angaben des Angeschuldigten Müller (Bl. 12–15 d.A.)
2. Geständige Einlassung des Angeschuldigten Maier (Bl. 18 –22 d.A.)“.

Unter II. und III. sind nachfolgend Zeugen und Sachverständige zu benennen. Hierbei müssen nicht die gesamten Personalien aufgeführt werden. Es reicht, den Vor- und Nachnamen des Zeugen sowie seinen aktuellen Wohn- oder Aufenthaltsort anzugeben (§ 200 Abs. 1 S. 3 StPO). Dadurch wird vermieden, dass der Angeschuldigte bereits aus der ihm zuzustellenden Anklageschrift die genaue Adresse eines – ihn möglicherweise belastenden – Zeugen erfährt. Bei Polizeibeamten oder anderen Personen, die aufgrund Wahrnehmungen in amtlicher Eigenschaft als Zeugen in Betracht kommen, ist grundsätzlich nur die Dienststelle anzugeben, über die sie geladen werden können. Bei Minderjährigen sollten auch die gesetzlichen Vertreter angegeben werden, da die Ladung über diese zu erfolgen hat. 226

Bei der Benennung von Sachverständigen ist entsprechend zu verfahren. Zu beachten ist aber, dass die Ladung eines Sachverständigen entbehrlich ist, soweit es zulässig ist, gemäß § 256 Abs. 1 StPO ein schriftliches Gutachten in der Hauptverhandlung zu verlesen. 227

Beispiel: 228

```
 II. Zeugen
     1. Günther Wegner, Lübeck (Bl. 23 d.A.)
     2. Moritz Klein, Bad Oldesloe, gesetzliche Vertreter:
        Anne und Friedrich Klein, ebenda (Bl. 25 d.A.)
     3. POK Schmidt, zu laden über 2. Polizeirevier Lübeck
        (Bl. 3 d.A.)

III. Sachverständiger

Dr. Fritz Berger, zu laden über das Institut für Rechts-
medizin des Universitätsklinikums Schleswig-Holstein,
Campus Lübeck (Bl. 51 d.A.).
```

229 Schließlich sind Urkunden und Augenscheinsobjekte aufzulisten. Hierbei sind ausschließlich solche Schriftstücke anzugeben, die auch als Urkunde in der Hauptverhandlung verlesen werden können. Als Gegenstände des Augenscheins kommen nur solche Objekte in Betracht, die nicht durch Zeugen-, Sachverständigen- oder Urkundenbeweis in die Hauptverhandlung eingeführt werden können[121]. Werden Akten aus anderen Verfahren beigezogen, sind auch diese in den Beweismittelkatalog aufzunehmen. Da sich diese allerdings keinem der Beweismittel korrekt zuordnen lassen, sollten diese gesondert als Beiakten aufgelistet werden.

230 **Beispiel:**

```
IV. Urkunden
    1. Protokoll der Staatlichen Blutalkoholuntersuchungs-
       stelle am Institut für Rechtsmedizin des Univer-
       sitätsklinikums Schleswig-Holstein, Campus Lübeck,
       vom 22.09.2009 (Bl. 21 d.A.)
    2. Richterliches Vernehmungsprotokoll des Amtsgerichts
       Lübeck (3 Gs 98/09) vom 12.10.2009 (Bl. 34-39 d.A.)
    3. Urteil des Amtsgerichts Lübeck (81 Ds 27/08) vom
       12.07.2008 (Bl. 48-56 d.A.)
 V. Augenscheinsobjekte
    1. Lichtbilder über die Verletzungen des Geschädigten
       Schulz (Bl. 23-26 d.A.)
    2. Ein Butterflymesser, bei der Staatsanwaltschaft Lü-
       beck asserviert unter Nr. 485/09

VI. Beiakte
    545 Js 1799/09 StA Kiel
```

8. Wesentliches Ergebnis der Ermittlungen

231 Nach § 200 Abs. 2 S. 1 StPO muss in der Anklageschrift auch das wesentliche Ergebnis der Ermittlungen dargestellt werden. Davon kann abgesehen werden, wenn Anklage beim Strafrichter (§ 200 Abs. 2 S. 2 StPO) oder Jugendrichter erhoben wird[122].

> **Hinweis:** In Examensklausuren findet sich in aller Regel der Bearbeitervermerk, dass die Darstellung des wesentlichen Ergebnis der Ermittlungen erlassen wird. Der Referendar sollte sich dennoch mit diesem Teil der Anklageschrift vertraut machen, da er in seiner Stationsausbildung grundsätzlich auch Schöffengerichtsanklagen zu fertigen haben wird.

232 In diesem Teil der Anklageschrift werden zum einen das wesentliche Ermittlungsergebnis, d.h. die Tatsachen und die Beweisgrundlage, aus denen sich der hinreichende

121 Vgl. zu Einzelheiten *Meyer-Goßner*, § 86 Rn. 1 ff.
122 Nach Nr. 112 Abs. 1 RiStBV ist das wesentliche Ergebnis der Ermittlungen allerdings auch bei Anklagen zum Strafrichter darzustellen, wenn die Sach- oder Rechtslage Schwierigkeiten bietet.

Tatverdacht ergibt, zum anderen alle (persönlichkeitsbezogenen) Umstände, die für die Rechtsfolge von Bedeutung sein können, dargestellt.

Davon ausgehend ist der Abschnitt „Wesentliches Ergebnis der Ermittlungen" folgendermaßen zu gliedern:

I. Zur Person
II. Zur Sache.

Bei den Angaben zur Person sind neben den persönlichen insbesondere die wirtschaftlichen Verhältnisse des Angeschuldigten anzugeben. Von zentraler Bedeutung sind darüber hinaus etwaige Vorstrafen. Angaben zur Person, die bereits im Anklagesatz aufgenommen wurden, müssen dagegen nicht erneut dargestellt werden. Die Schilderung zur Person erfolgt im Imperfekt, sofern über bereits abgeschlossene Vorgänge berichtet wird. Andauernde Geschehnisse werden im Präsens mitgeteilt. 233

Beispiel: „Der zur Tatzeit 25 Jahre alte Angeschuldigte erwarb im Jahr 2001 den Hauptschulabschluss und absolvierte anschließend eine Lehre als Tischler, die er nach knapp zwei Jahren abbrach. In der Folgezeit war er in verschiedenen kurzzeitigen Arbeitsverhältnissen beschäftigt. Seit 2005 ist er arbeitslos und bezieht derzeit Sozialleistungen in Höhe von insgesamt 562 €. Strafrechtlich ist der Angeschuldigte bereits in Erscheinung getreten. Im Bundeszentralregister ist er zweimal vermerkt:

Am 15.8.2006 verurteilte ihn das Amtsgericht Reinbek (Az.: 3 Ds 167/06) wegen vorsätzlichen Fahrens ohne Fahrerlaubnis zu einer Geldstrafe von 20 Tagessätzen zu 20 €, und am 19.2.2008 verurteilte ihn das Amtsgericht Ahrensburg (Az.: 3 Ls 21/07) wegen Diebstahls mit Waffen zu einer Freiheitsstrafe von 6 Monaten, deren Vollstreckung für drei Jahre zur Bewährung ausgesetzt wurde."

Bei den folgenden Angaben zur Sache ist zunächst die Tat zu schildern. Da dies bereits bei der Konkretisierung erfolgt ist, ist es in der Praxis üblich, darauf Bezug zu nehmen. Allerdings werden im wesentlichen Ergebnis der Ermittlungen auch die Vorgeschichte der Tat und die Umstände, die sich nach der Tat ereignet haben, geschildert, sofern dies für das Gesamtbild des Tatgeschehens oder die Persönlichkeit des Täters bedeutsam ist. Anschließend ist die Beweisgrundlage darzulegen, auf die der festgestellte Sachverhalt gestützt wird. Hierbei ist von der Einlassung des Angeschuldigten auszugehen. Ist dieser geständig, reicht eine knappe Feststellung, etwa: 234

„Der Angeschuldigte hat in seiner verantwortlichen Vernehmung die ihm vorgeworfene Tat eingeräumt. Gestützt wird dies durch die Aussagen der Zeugen Putzer und Schäfer."

Bestreitet der Angeschuldigte dagegen die Tat oder macht er dazu keine Angaben, muss eine Auseinandersetzung mit den benannten Beweismitteln erfolgen. Die Angaben des Angeschuldigten und die Aussagen der Zeugen sind kurz zu skizzieren, wobei der **Konjunktiv** zu verwenden ist. Anschließend folgt eine Abwägung und Bewertung der Beweismittel, die letztlich zum festgestellten Sachverhalt führen. 235

Beispiel: „Der Angeschuldigte bestreitet, am Abend des 11.8.2009 den Zeugen Michaelsen auf dem Open-Air-Festival in Lübeck niedergeschlagen und diesem anschließend das Mobiltelefon der Marke Nokia 3210 entrissen zu haben. Der Angeschuldigte gibt an, an diesem Tag gar nicht in Lübeck gewesen zu sein. Stattdessen habe er den ganzen Tag bei einem Freund in Hamburg, dem Zeugen Hinrichs, verbracht.

Diese Einlassung des Angeschuldigten wird durch die angeführten Beweismittel widerlegt. Sowohl der Geschädigte Michaelsen, der die Tat wie in der Konkretisierung beschrieben geschildert hat, als auch dessen Begleiterin, die Zeugin Dietrichs, haben den Angeschuldigten unabhängig voneinander im Rahmen einer bei der Kriminalpolizei Lübeck am 21.8.2009 durchgeführten sequentiellen Wahllichtbildvorlage eindeutig als Täter identifiziert. Der Zeuge Hinrichs hat des Weiteren ausgesagt, zwar habe ihn der Angeschuldigte am 11.8.2009 in Hamburg besucht. Allerdings sei er schon wieder am Nachmittag mit der Bahn zurück nach Lübeck gefahren. Der Zeuge selbst habe ihn noch mit dem Pkw zum Hauptbahnhof gefahren, damit der Angeschuldigte rechtzeitig den Zug erreiche.

Die Aussagen der Zeugen sind glaubhaft und widerspruchsfrei, so dass der Angeschuldigte in der Hauptverhandlung der Tat überführt werden wird."

236 Eine rechtliche Würdigung erfolgt im wesentlichen Ergebnis der Ermittlungen nur ausnahmsweise, etwa bei abgelegenen, sich nicht ohne weiteres aufdrängenden Rechtsfragen.

Bei umfangreichen Anklagen ist es üblich, die Fundstellen der mitgeteilten Tatsachen mit Blattangaben am linken Seitenrand zu kennzeichnen.

9. Anträge

237 Gemäß Nr. 110 Abs. 3 RiStBV hat die Anklageschrift schließlich den Antrag auf Eröffnung des Hauptverfahrens und die Angabe des Gerichts und Spruchkörpers, vor dem die Hauptverhandlung stattfinden soll, zu enthalten.

238 Als weitere Anträge kommen der Erlass eines Haftbefehls, die Bestellung eines Pflichtverteidigers, die Verbindung von Verfahren oder die vorläufige Entziehung der Fahrerlaubnis in Betracht.

239 Befindet sich der Angeschuldigte in Untersuchungshaft, muss auch ein bestimmter Antrag zur Frage der Fortdauer der Haft gestellt werden (Nr. 110 Abs. 4 S. 2 RiStBV).

240 **Beispiel:**

```
Es wird beantragt,
a) das Hauptverfahren zu eröffnen[123],
b) die Fortdauer der Untersuchungshaft anzuordnen,
c) dem Angeschuldigten einen Pflichtverteidiger beizuord-
   nen und
d) dieses Verfahren zwecks gemeinsamer Verhandlung mit
   dem dort bereits anhängigen Verfahren 81 Ds 23/09 zu
   verbinden.
```

241 Die Anklageschrift endet mit der Unterschrift und der Dienstbezeichnung des Staatsanwalts.

123 Vgl. § 199 Abs. 2 S. 1 StPO. Die in der Praxis bisweilen anzutreffende Formulierung, „die Anklage zur Hauptverhandlung zuzulassen und das Hauptverfahren vor dem Amtsgericht – Strafrichter/in – in Lübeck zu eröffnen", ist überflüssig.

Abschließend soll der Aufbau einer vollständigen Anklageschrift anhand eines Musters veranschaulicht werden[124]. **242**

```
Staatsanwaltschaft                              Lübeck, 13.04.2009
bei dem Landgericht

711 Js 4243/09

Amtsgericht
- Schöffengericht -                                 H a f t !
Lübeck                                              HPT: 11.07.2009
```

A n k l a g e s c h r i f t

I. Der Schlosser Mario Gerbert,
geboren am 12.04.1971 in Köln,
ohne festen Wohnsitz, zuletzt wohnhaft Kirchplatz 12, 21481 Lauenburg,
deutscher Staatsangehöriger, ledig,

- in dieser Sache festgenommen am 10.01.2009 und seit dem 11.01.2009 in Untersuchungshaft in der JVA Lübeck aufgrund des Haftbefehls des Amtsgerichts Lübeck vom 11.01.2009 (3 Gs 112/09) -

Verteidiger: Rechtsanwalt Herrmann, Glockengießerwall 21, 22054 Hamburg,

II. der Kfz-Mechaniker Michael Kunz,
geboren am 23.09.1979 in Eutin,
wohnhaft Ringstraße 23, 21493 Schwarzenbek,
deutscher Staatsangehöriger, geschieden,

werden angeklagt,

am 07. und 08. Januar 2009
in Lübeck und Schwarzenbek

I. der Angeschuldigte Gerbert

durch zwei selbstständige Handlungen (Taten 1 und 2)

fremde bewegliche Sachen einem anderen in der Absicht weggenommen zu haben, sich diese rechtswidrig zuzueignen und bei der Tat zu 2 zur Ausführung der Tat in einen Geschäftsraum eingebrochen zu sein,

124 Die in den süddeutschen Bundesländern gebräuchliche Anklageschrift ist im Anhang unter Rn. 642 f. abgedruckt.

II. der Angeschuldigte Kunz

durch dieselbe Handlung (Tat 3)

a) absichtlich ganz zu vereiteln versucht zu haben, dass ein anderer dem Strafgesetz gemäß wegen einer rechtswidrigen Tat bestraft wird und

b) vorsätzlich ein Kraftfahrzeug geführt zu haben, obwohl er die dazu erforderliche Fahrerlaubnis nicht hat.

1.
Der Angeschuldigte Gerbert begab sich am 7. Januar 2009 gegen 22 Uhr unbemerkt auf das frei zugängliche Grundstück des Zeugen Michael Frisch im Hudekamp 50 in Lübeck. Dort stieg er in den unverschlossen abgestellten VW-Bus, amtliches Kennzeichen HL-XY 221, des Zeugen Frisch. Der Angeschuldigte schloss das Fahrzeug kurz und fuhr mit diesem davon. Den VW-Bus, welcher einen Zeitwert von etwa 20.000 € besaß, wollte er in der Folgezeit selbst verwenden.

2.
Am folgenden Tag gegen 22.30 Uhr fuhr der Angeschuldigte Gerbert mit dem zuvor entwendeten VW-Bus in die Innenstadt von Lübeck. In der Hüxstraße lenkte er das Fahrzeug rückwärts gegen die Schaufensterscheibe des Juweliergeschäfts Schulze, so dass diese teilweise zerbrach. Der Angeschuldigte stieg aus dem Fahrzeug, griff durch das Loch in der Fensterscheibe und nahm aus der Auslage drei Armbanduhren der Marke „Lange und Söhne" in einem Gesamtwert von 26.900 €, vier Armbanduhren der Marke „Breitling" in einem Gesamtwert von 22.000 €, zwei Armbanduhren der Marke „IWC" in einem Gesamtwert von 14.400 € sowie drei goldene Ketten der Marke „Cartier" in einem Gesamtwert von 23.600 € an sich. Anschließend setzte er sich wieder in den VW-Bus und fuhr davon.

3.
Der Angeschuldigte Gerbert fuhr nach dem Einbruch auf direktem Weg nach Schwarzenbek zur Wohnung des mit ihm befreundeten Angeschuldigten Kunz in der Ringstraße 23. Er erzählte dem Angeschuldigten Kunz von dem zuvor verübten Einbruch. Der Angeschuldigte Gerbert befürchtete eine bevorstehende Verfolgung durch die Polizei und gab dem Angeschuldigten Kunz zu verstehen, dass er sich möglichst schnell mit seiner Beute absetzen wolle. Er bat den Angeschuldigten Kunz deshalb, den entwendeten VW-Bus zu entsorgen, um dadurch Spuren zu beseitigen und eine Verfol-

gung zu erschweren. Der Angeschuldigte Kunz willigte nach kurzem Überlegen ein, um dem Angeschuldigten Gerbert die Flucht zu erleichtern. Nachdem sich der Angeschuldigte Gerbert entfernt hatte, fuhr der Angeschuldigte Kunz den VW-Bus in den nahe gelegenen Sachsenwald und versenkte das Fahrzeug in einem kleinen See. Der Angeschuldigte war nicht im Besitz einer Fahrerlaubnis. Dies war ihm auch bewusst. Der Angeschuldigte Gerbert konnte dennoch zwei Tage später durch die Polizei gefunden und festgenommen werden.

Vergehen,

für den Angeschuldigten Gerbert strafbar nach §§ 242 Abs. 1, 243 Abs. 1 S. 2 Nr. 1, 53 StGB,

für den Angeschuldigten Kunz strafbar nach §§ 258 Abs. 1 und 4, 22, 52 StGB, 21 Abs. 1 Nr. 1 StVG, zu maßregeln nach § 69a StGB.

Der Angeschuldigte Kunz hat sich durch sein Verhalten als ungeeignet zum Führen von Kraftfahrzeugen erwiesen.

Beweismittel:

I. Geständige Einlassung des Angeschuldigten Kunz (Bl. 34-41 d.A.)

II. Zeugen:
1. Michael Frisch, Lübeck (Bl. 4 d.A.)
2. Joachim Schulze, Lübeck (Bl. 21 d.A.)
3. KK Müller, zu laden über Kriminalpolizeistelle Lübeck (Bl. 49 d.A.)

III. Urkunden:
1. Niederschrift über die beim Angeschuldigten Gerbert am 10.01.2009 durch die Kriminalpolizeistelle Lübeck sichergestellten Gegenstände (Bl. 52 d.A.)
2. Daktyloskopisches Gutachten des LKA Kiel vom 05.04.2009 (Bl. 66-69 d.A.)

IV. Augenscheinsobjekte:
1. Lichtbilder vom Tatort Juweliergeschäft Schulze (Bl. 24-25 d.A.)
2. Lichtbilder von dem im Sachsenwald aufgefundenen VW-Bus (Bl. 47-48 d.A.)

Wesentliches Ergebnis der Ermittlungen

I. Zur Person

1. Der Angeschuldigte Gerbert hat den Beruf des Schlossers erlernt, in welchem er bis 2003 beruflich tätig war. Seit 2004 ist er arbeitslos und bezieht derzeit Sozialleistungen in Höhe von 345 €. Im November 2006 wurde ihm seine Wohnung gekündigt. Seitdem ist der Angeschuldigte ohne festen Wohnsitz. Strafrechtlich ist der Angeschuldigte bereits in Erscheinung getreten. Im Bundeszentralregister ist er dreimal vermerkt:

Am 15.08.2002 verurteilte ihn das Amtsgericht Schwarzenbek wegen Diebstahls zu einer Geldstrafe von 20 Tagessätzen zu 20 €,

am 17.10.2003 verurteilte ihn das Amtsgericht Schwarzenbek wegen vorsätzlicher Körperverletzung zu einer Geldstrafe von 50 Tagessätzen zu 20 €,

und am 19.02.2005 verurteilte ihn das Amtsgericht Ahrensburg wegen Diebstahls mit Waffen, Wohnungseinbruchsdiebstahls und Diebstahls in einem besonders schweren Fall zu einer Gesamtfreiheitsstrafe von 1 Jahr und 9 Monaten, deren Vollstreckung für drei Jahre zur Bewährung ausgesetzt wurde.

2. Der Angeschuldigte Kunz erlernte den Beruf des Kfz-Mechanikers, in welchem er auch heute noch tätig ist. Er ist geschieden und hat einen fünfjährigen Sohn, der bei seiner Mutter lebt und für den der Angeschuldigte unterhaltspflichtig ist. Der Angeschuldigte verfügt über ein monatliches Nettoeinkommen von 1.562 €. Strafrechtlich ist er bisher einmal in Erscheinung getreten:

Am 18.08.2008 verurteilte ihn das Amtsgericht Schwarzenbek wegen vorsätzlicher Trunkenheit im Verkehr zu einer Geldstrafe von 30 Tagessätzen zu 40 €. Ihm wurde die Fahrerlaubnis entzogen und eine Sperrfrist bis zum 11.06.2009 bestimmt.

II. Zur Sache

Der Angeschuldigte Gerbert entwickelte den Plan zu einem Einbruch in das Juweliergeschäft Schulze bereits einige Tage vor der Tatbegehung. Zu dieser Zeit war er ohne festen Wohnsitz und lebte in angespannten finanziellen Verhältnissen. Diese Situation wollte er ändern und ein neues Leben, möglicherweise auch im Ausland, beginnen. Durch den Einbruch wollte er sich eine gute Ausgangsposition für das erhoffte neue Leben sichern. Der Angeschuldigte Gerbert war durch Zeitungsberichte über

Einbrüche in Juweliergeschäfte mit Hilfe von Fahrzeugen aufmerksam geworden und entschloss sich dazu, ebenfalls auf diese Weise einen Einbruch zu begehen. Das Juweliergeschäft Schulze erschien ihm für eine solche Tatbegehung wegen der günstigen Lage besonders geeignet. Zudem war ihm bekannt, dass der mit ihm flüchtig befreundete Michael Frisch einen VW-Bus besaß, den er meistens unverschlossen auf seinem Grundstück im Hudekamp in Lübeck abstellte. Diesen Umstand wollte er nunmehr für seinen Tatplan ausnutzen.

Der Angeschuldigte Gerbert fuhr am Abend des 07.01.2009 mit dem Zug von Lauenburg nach Lübeck. Dort begab er sich zu Fuß in den Hudekamp und beging in der Konkretisierung zu Ziffer 1 beschriebene Tat.

Am Abend des 08.01.2009 fuhr er mit dem VW-Bus nach Lübeck in die Hüxstraße. Dort kam es zum Einbruch in das Juweliergeschäft Schulze wie in der Konkretisierung zu Ziffer 2 beschrieben. Der Angeschuldigte Gerbert entwendete nicht alle in der Auslage befindlichen Schmuckstücke, da beim Zerbrechen der Schaufensterscheibe die Alarmanlage aktiviert wurde und er nur von einem kurzem Zeitraum für das Wegschaffen der Beute ausging.

Bei der anschließenden Flucht wurde dem Angeschuldigten Gerbert bewusst, dass ein Ergreifen seiner Person nur eine Frage der Zeit wäre, solange er sich noch im Besitz des gestohlenen Fahrzeuges befinde. Er entschloss sich daher spontan zu einem Freund in Schwarzenbek, dem Angeschuldigten Kunz, zu fahren und diesen um die Entsorgung des Fahrzeugs zu bitten. Im Folgenden kam es zur in der Konkretisierung unter Ziffer 3 beschriebenen Tat.

Der Angeschuldigte Gerbert hat sich bisher zur Sache nicht eingelassen. Der in der Konkretisierung geschilderte Sachverhalt und die weiteren Begleitumstände stehen jedoch insbesondere aufgrund der geständigen Einlassung des Angeschuldigten Kunz fest. Dieser hat in seiner Vernehmung nicht nur seine Tat eingeräumt, sondern auch geschildert, was ihm der Angeschuldigte Gerbert am Abend des 08.01.2009 über dessen Taten und Motive erzählt hatte.

Gestützt wird dies durch weitere sachliche Beweismittel. Zum einen wurden im Inneren des im Sachsenwald aufgefunden VW-Busses des Zeugen Frisch daktyloskopische Spuren des Angeschuldigten Gerbert gesichert. Zum anderen konnten bei der Festnahme des Angeschuldigten Gerbert am 10.01.2009 Teile der Beute bei diesem gefunden werden.

Rechtlich sind die Taten hinsichtlich des Angeschuldigten Gerbert als zwei Fälle des Diebstahls in einem besonders schweren Fall einzuordnen. Zwar verwirklicht der Diebstahl des unverschlossen abgestellten VW-Busses kein Regelbeispiel des § 243 Abs. 1 S. 1 StGB. Insoweit ist jedoch aufgrund des Wertes des Stehlgutes von etwa 20.000 € von einem unbenannten besonders schweren Fall auszugehen.

Der Angeschuldigte Kunz ist durch sein Handeln einer versuchten Strafvereitelung in Tateinheit mit vorsätzlichem Fahrens ohne Fahrerlaubnis hinreichend verdächtig. Gleichzeitig hat er sich durch die Tat als charakterlich ungeeignet zum Führen von Kraftfahrzeugen erwiesen.

Es wird beantragt,

a) das Hauptverfahren zu eröffnen und

b) Haftfortdauer hinsichtlich des Angeschuldigten Gerbert anzuordnen.

Wagner

(Wagner)

Staatsanwalt

VII. Strafbefehl mit Abschlussverfügung

243 Neben der Erhebung einer Anklage kommt im Bereich der leichteren und mittleren Kriminalität in einfach gelagerten Fällen auch der Antrag auf Erlass eines Strafbefehls in Betracht. §§ 407 ff. StPO regeln die Voraussetzungen und das weitere Verfahren bei Strafbefehlen. Ergänzt wird dies durch die Hinweise in Nummern 175 bis 179 RiStBV. Der Erlass eines Strafbefehls dient der Verfahrensvereinfachung. Sofern der Angeschuldigte keinen Einspruch gegen den Strafbefehl einlegt, wird keine Hauptverhandlung durchgeführt. Die Schuld des Täters muss nicht zur Überzeugung des Richters feststehen, es reicht hinreichender Tatverdacht[125].

244 Zulässig ist der Erlass eines Strafbefehls nur in Verfahren vor dem **Amtsgericht** bei **Vergehen**. Gegen Jugendliche darf kein Strafbefehl erlassen werden (§ 79 Abs. 1 JGG). Nach § 407 Abs. 2 StPO dürfen nur bestimmte Rechtsfolgen durch Strafbefehl festgesetzt werden, wobei in der Praxis vor allem die Geldstrafe und die Entziehung der Fahrerlaubnis von großer Bedeutung sind. Eine Freiheitsstrafe bis zu einem Jahr kann ebenfalls durch einen Strafbefehl festgesetzt werden, sofern deren Vollstreckung zur Bewährung ausgesetzt wird und der Angeschuldigte einen Verteidiger hat.

245 Der Strafbefehl wird auf Antrag der Staatsanwaltschaft durch das Gericht erlassen. Der Richter kann den Erlass des Strafbefehls zum einen ablehnen, wenn er keinen

125 *Meyer-Goßner*, vor § 407 Rn. 1.

hinreichenden Tatverdacht sieht. Dies ist gleichbedeutend mit dem Beschluss, durch den die Eröffnung des Hauptverfahrens abgelehnt wird (§ 408 Abs. 2 StPO). Zum anderen kann er den Erlass des Strafbefehls aber auch ablehnen, wenn er Bedenken hat, ohne Hauptverhandlung zu entscheiden, oder er von der rechtlichen Bewertung der Staatsanwaltschaft oder der beantragten Rechtsfolge abweichen will, ohne dass diesbezüglich eine Einigung mit der Staatsanwaltschaft erzielt werden kann (§ 408 Abs. 3 StPO). In diesen Fällen beraumt er eine Hauptverhandlung an. Der Strafbefehlsantrag der Staatsanwaltschaft ersetzt in der Hauptverhandlung die Anklageschrift.

Der Staatsanwalt hat den Antrag auf Erlass eines Strafbefehls stets in Erwägung zu **246**
ziehen. Nach Nr. 175 Abs. 3 RiStBV soll er von einem solchen Antrag nur absehen, wenn die vollständige Aufklärung aller für die Rechtsfolgenbestimmung wesentlichen Umstände oder Gründe der Spezial- oder Generalprävention die Durchführung einer Hauptverhandlung geboten erscheinen lassen. Dagegen ist auf einen Strafbefehlsantrag nicht schon deswegen zu verzichten, weil ein Einspruch des Angeschuldigten zu erwarten ist. Nach Nr. 176 Abs. 1 RiStBV soll der Staatsanwalt in der Regel den Strafbefehlsantrag so stellen, dass er einen Strafbefehlsentwurf einreicht und beantragt, einen Strafbefehl dieses Inhalts zu erlassen. Der Inhalt eines Strafbefehls ist in § 409 StPO geregelt und ist im Wesentlichen dem einer Anklageschrift vergleichbar. Abweichungen ergeben sich allein aus den Besonderheiten des Strafbefehls. So wird der Strafbefehl im Briefkopf nicht mit Staatsanwaltschaft überschrieben, da er durch das Amtsgericht erlassen wird. Insofern findet sich dort auch das gerichtliche Aktenzeichen. Bei dem durch die Staatsanwaltschaft gefertigten Strafbefehlsentwurf kann ein gerichtliches Aktenzeichen noch nicht angegeben werden, da dieses erst mit anschließendem Eingang der Akte bei Gericht vergeben wird[126]. Das gleiche gilt für das Datum des Erlasses. Des Weiteren wird der Angeschuldigte im Strafbefehl persönlich angesprochen. Schließlich sind die zu verhängenden Rechtsfolgen festzusetzen. Sofern im Fall mehrerer selbstständiger Taten eine Gesamtstrafe verhängt werden soll, sind auch die Einzelstrafen anzugeben. Der Strafbefehl enthält zudem eine Rechtsbelehrung und Kostenberechnung. Diese muss in dem durch die Staatsanwaltschaft eingereichten Entwurf nicht enthalten sein. Sie wird später hinzugefügt.

Die Abschlussverfügung bei der Beantragung eines Strafbefehls unterscheidet sich **247**
nur geringfügig von der Abschlussverfügung bei Anklageerhebung. An den folgenden Mustern sollen die Abschlussverfügung und der Entwurf des Strafbefehls dargestellt werden.

126 Im Strafbefehlsentwurf können insofern nur unabweichliche Bestandteile des gerichtlichen Aktenzeichens aufgenommen werden, mithin die Jahreszahl (es sei denn, der Antrag wird kurz vor dem Jahreswechsel gestellt) sowie die für das Strafbefehlsverfahren vorgesehene gerichtliche Registrierung: ...Cs.../09.

Abschlussverfügung:

```
711 Js 23453/09

                              Vfg.

1. Die Ermittlungen werden geschlossen.
2. Entwurf des Strafbefehls mit den erforderlichen Ab-
   lichtungen in Reinschrift fertigen.
3. Ablichtung des Strafbefehlsentwurfs zur Handakte neh-
   men.
4. Ablichtung des BZR zur Handakte nehmen.
5. Mitteilung nach Nr. 42 MiStra an die Ausländerbehörde
   der Hansestadt Lübeck.
6. Frist: 3 Monate.
7. U.m.A.
   dem Amtsgericht
   - Strafrichter/in -
   in Lübeck
mit dem Antrag übersandt, einen Strafbefehl entsprechend
des anliegenden Entwurfes zu erlassen. Sollten Bedenken
gegen den Erlass des Strafbefehls bestehen oder sollte
der Angeschuldigte rechtzeitig Einspruch gegen den Straf-
befehl einlegen, bitte ich um Anberaumung einer Hauptver-
handlung.

Lübeck, 23.09.2009
Staatsanwaltschaft
bei dem Landgericht

Wagner
(Wagner)
Staatsanwalt
```

248 Entwurf des Strafbefehls:

```
Amtsgericht Lübeck
. . . Cs. . . /09

                    S t r a f b e f e h l

Herrn Mustafa Yilmaz,
Bäcker, geboren am 07.08.1957 in Ankara/Türkei,
wohnhaft Tilsiterstr. 5, 23566 Lübeck,
türkischer Staatsangehöriger, verheiratet,
```

Verteidiger: Rechtsanwalt Groß, Eichkoppel 5, 23566 Lübeck,

Die Staatsanwaltschaft klagt Sie an,

am 05.08.2008
in Lübeck

durch dieselbe Handlung

a) einen Menschen mit Gewalt zu einer Handlung genötigt zu haben und
b) vorsätzlich eine andere Person körperlich misshandelt zu haben.

Sie befuhren am Tattag mit Ihrem Pkw Golf III, amtliches Kennzeichen HL-XP 500, die Einbahnstraße Diedrichsdorfer Weg. Hinter Ihnen fuhr der Zeuge Friedrichs in seinem Pkw Renault Clio, amtliches Kennzeichen HL-ZU 23, mit welchem Sie bereits zuvor eine durch Gestikulationen geführte Auseinandersetzung über dessen Fahrweise hatten. Kurz vor dem Ende des Diedrichsdorfer Weges leiteten Sie eine Vollbremsung ein und brachten Ihr Fahrzeug zum Stehen. Dadurch hinderten Sie auch den Zeugen Friedrichs an einer Weiterfahrt, so dass auch dieser seinen Pkw anhalten musste. Sie stiegen aus Ihrem Fahrzeug aus und begaben sich zur Fahrertür des Pkw des Zeugen Friedrichs und öffneten diese. Nach einem kurzen Wortwechsel schlugen Sie dem Zeugen Friedrichs mit der flachen Hand in das Gesicht.

Vergehen, strafbar nach §§ 223 Abs. 1, 230 Abs. 1, 240 Abs. 1, 44, 52 StGB.

Strafantrag wurde form- und fristgerecht gestellt (Bl. 5 d.A.).

Beweismittel:

I. Ihre geständige Einlassung (Bl. 7-9 d.A.)
II. Zeuge:
Henning Friedrichs, Lübeck (Bl. 11 d.A.)

Auf Antrag der Staatsanwaltschaft wird gegen Sie eine Geldstrafe von 40 Tagessätzen zu je 40 €, zusammen 1600 €, verhängt. Für den Fall, dass die Geldstrafe nicht eingetrieben werden kann, tritt an die Stelle eines Tagessatzes ein Tag Ersatzfreiheitsstrafe.

Ihnen wird für die Dauer eines Monats verboten, im Straßenverkehr Kraftfahrzeuge jeder Art zu führen (§ 44 StGB).

Sie haben die Kosten des Verfahrens zu tragen (§ 465 StPO).

VIII. Sitzungsvertretung

249 Während der Ausbildung in der Strafstation hat der Referendar regelmäßig die Aufgaben eines Sitzungsvertreters der Staatsanwaltschaft vor dem Straf- und Jugendrichter wahrzunehmen.

Hinweis: Vor der ersten eigenen Sitzung sollte sich der Referendar mit dem Ablauf einer Hauptverhandlung vertraut machen. Nach Möglichkeit sollte er seinen Ausbilder in eine Sitzung begleiten, die Anklageschrift verlesen und in geeigneten Fällen schon plädieren. Zudem besteht die Möglichkeit, als Zuhörer den Ablauf einer Hauptverhandlung zu verfolgen.

250 Nachdem der Referendar die Handakten erhalten und sich zunächst selbstständig auf die Sitzung vorbereitet hat, bespricht er diese mit seinem Ausbilder. Dabei ist die Sach- und Rechtslage in Form eines Kurzvortrags darzustellen und ein Entscheidungsvorschlag zu unterbreiten. Zu beachten ist, dass sich dieser Vorschlag ausschließlich an dem oftmals in Handakten knappen Akteninhalt orientiert. Grundlage der Urteilsfindung ist allerdings ausschließlich die Hauptverhandlung, in der sich der Sachverhalt abweichend vom Akteninhalt darstellen kann. Aufgabe des Referendars ist es, auf die Entwicklungen in der Hauptverhandlung flexibel und angemessen zu reagieren. Dazu ist eine genaue Kenntnis von dem Ablauf der Hauptverhandlung erforderlich.

Hinweis: Der Referendar sollte sich vergewissern, dass er die Handakten sämtlicher anstehender Termine vorliegen hat. Es kann vorkommen, dass am Terminstag kurzfristig Sitzungen hinzugekommen oder Termine geändert wurden. Es ist daher ratsam, einen Tag vor der Sitzung bei der betreffenden Geschäftsstelle des Amtsgerichts nachzufragen. Hier können – mit der zuvor einzuholenden Zustimmung des zuständigen Richters – auch die vollständigen Akten eingesehen werden. Vor der Hauptverhandlung ist es ein Gebot der Höflichkeit, sich bei dem Richter vorzustellen. Pünktliches Erscheinen ist eine Selbstverständlichkeit. Gegenüber anderen Prozessbeteiligten ist alles zu vermeiden, was den Schein einer unzulässigen Einflussnahme auf das Gericht erwecken könnte[127].

251 Der **Gang der Hauptverhandlung** ergibt sich im Wesentlichen aus §§ 243, 244, 258 und 260 StPO[128]. Zur Veranschaulichung dient das nachfolgende Schaubild.

---

127 Vgl. hierzu auch Nr. 123 RiStBV.

128 Aus Nr. 123 ff. RiStBV ergeben sich weitere Hinweise für die Sitzungsvertretung.

Beginn der Hauptverhandlung	Die Hauptverhandlung beginnt mit dem Aufruf der Sache. Anschließend stellt der Vorsitzende die Anwesenheit der Verfahrensbeteiligten fest (Präsenzfeststellung). Danach belehrt er in der Regel die anwesenden Zeugen, die sodann den Sitzungssaal verlassen.
Vernehmung des Angeklagten über seine persönlichen Verhältnisse	Sie dient der Identitätsfeststellung und Klärung von Prozessvoraussetzungen, dabei insbesondere der Verhandlungsfähigkeit des Angeklagten. Die weitere Ermittlung der persönlichen Verhältnisse des Angeklagten (Vorleben, wirtschaftliche Verhältnisse usw.) gehört zur Vernehmung zur Sache.
Verlesung des Anklagesatzes durch den Sitzungsvertreter der Staatsanwaltschaft	Durch die Verlesung des Anklagesatzes werden die Verfahrensbeteiligten über den Gegenstand der Verhandlung unterrichtet.
Vernehmung des Angeklagten zur Sache	Nach dem Hinweis auf die Aussagefreiheit wird der Angeklagte zur Sache vernommen.
Beweisaufnahme	Durch die Beweisaufnahme wird mit den gesetzlich zugelassenen Beweismitteln von Amts wegen oder auf Antrag eines Prozessbeteiligten der Sachverhalt aufgeklärt.
Schlussvorträge	Nach dem Schluss der Beweisaufnahme folgt zunächst das Plädoyer des Sitzungsvertreters, in welchem er das Verhandlungsergebnis in tatsächlicher und rechtlicher Hinsicht zusammenfassend würdigt und einen konkreten Antrag stellt. Anschließend folgen die Ausführungen des Verteidigers. Dem Angeklagten gebührt das letzte Wort.
Urteil	Die Hauptverhandlung schließt mit der auf die Beratung folgenden Verkündung des Urteils. Die Sitzung endet mit der Rechtsmittelbelehrung.

Obwohl die Leitung der Hauptverhandlung dem Vorsitzenden des Gerichts obliegt **252**
(§ 238 Abs. 1 StPO), ist der Staatsanwalt gehalten, aktiv an der Hauptverhandlung mitzuwirken. Entsprechend Nr. 127 Abs. 3 RiStBV muss er darauf achten, dass die gesetzlichen Möglichkeiten zur Beschleunigung und Vereinfachung der Hauptverhandlung genutzt werden. Dies kann etwa ein Verzicht auf die Vernehmung eines nicht mehr benötigten Zeugen sein oder Verfahrenseinstellungen nach dem Opportunitätsprinzip[129] betreffen.

Hinweis: Der Referendar darf nicht ohne vorherige Zustimmung eines Staatsanwalts – in aller Regel seines Ausbilders – einer Verfahrenseinstellung zustimmen.

Darüber hinaus soll der Staatsanwalt auch auf einen geordneten Ablauf der Hauptverhandlung hinwirken[130].

129 Die unter Rn. 125 ff. dargestellten Verfahrenseinstellungen können auch noch in der Hauptverhandlung erfolgen.

130 Einzelheiten sind in Nr. 128 RiStBV geregelt.

In jedem Stadium des Verfahrens können sich Besonderheiten ergeben, die im Folgenden dargestellt werden.

1. Nichterscheinen des Angeklagten

253 Häufig kommt es vor, dass der Angeklagte nicht zur Hauptverhandlung erscheint. Gegen einen ausgebliebenen Angeklagten findet eine Hauptverhandlung grundsätzlich nicht statt (§ 230 Abs. 1 StPO)[131].

254 Ist die ordnungsgemäße Ladung des Angeklagten festgestellt und ist er unentschuldigt nicht erschienen, hat der Sitzungsvertreter verschiedene Reaktionsmöglichkeiten zu bedenken. Zunächst ist die Beantragung von Zwangsmitteln nach § 230 Abs. 2 StPO – **Vorführung** oder **Haftbefehl** – zu erwägen. Nach dem Grundsatz der Verhältnismäßigkeit muss vor Erlass eines Haftbefehls die Möglichkeit eines Vorführungsbefehls als mildere Maßnahme geprüft werden[132]. Der Vorführungsbefehl kann unverzüglich vollstreckt werden, um ein Erscheinen des Angeklagten noch in derselben Sitzung zu erzwingen. Einer Aussetzung der Hauptverhandlung bedarf es in diesem Fall nicht. Häufig wird eine Vorführung noch am selben Tag allerdings wegen der Terminplanung des Gerichts oder mangels Erreichbarkeit des Angeklagten nicht in Betracht kommen. Das Gericht kann das Verfahren aussetzen und einen neuen Hauptverhandlungstermin bestimmen, zu dem der Angeklagte vorgeführt werden soll.

255 **Der Haftbefehl nach § 230 Abs. 2 StPO ist streng von dem des § 112 StPO zu unterscheiden.** Er dient lediglich der Sicherung der Durchführung des Hauptverfahrens. Ein dringender Tatverdacht und Haftgründe nach §§ 112, 112a StPO werden nicht vorausgesetzt. Es genügt die Feststellung, dass der Angeklagte unentschuldigt nicht erschienen ist. Der Erlass des Haftbefehls darf jedoch nicht unverhältnismäßig sein.

256 Eine weitere Möglichkeit bei Ausbleiben des Angeklagten bietet § 408a StPO. Danach kann die Staatsanwaltschaft gegen den unentschuldigt nicht erschienenen Angeklagten einen **Strafbefehl** beantragen[133]. Dazu müssen die Voraussetzungen des § 407 Abs. 1 S. 1 und 2 StPO vorliegen. Gegen Jugendliche ist der Erlass eines Strafbefehls nicht zulässig (§ 79 Abs. 1 JGG); gegen Heranwachsende nur bei der Anwendung von allgemeinem Strafrecht (§§ 109 Abs. 2, 105, 79 Abs. 1 JGG).

257 Hat der Angeklagte gegen einen Strafbefehl Einspruch eingelegt und erscheint unentschuldigt nicht zur Hauptverhandlung, ist der Einspruch gem. § 412 S. 1 StPO i.V.m. § 329 Abs. 1 S. 1 StPO zu verwerfen.

2. Verlesung des Anklagesatzes

258 Nach den Feststellungen zur Person verliest der Sitzungsvertreter den Anklagesatz: Dem Beruf und Namen des Angeklagten folgen Zeit und Ort der Tatbegehung, die gesetzlichen Merkmale der Straftat, die Konkretisierung sowie die angewendeten

---

131 Zu Ausnahmen vgl. § 231a ff. StPO.

132 Vgl. BVerfGE 32, 87, 93.

133 In einigen Bundesländern muss der Referendar vor der Antragsstellung die Zustimmung seines Ausbilders einholen. Dies sollte bei der Vorbesprechung mit dem Ausbilder geklärt werden.

Vorschriften. Beim Verlesen des Anklagesatzes sollte das Wort „Angeschuldigter" durch „Angeklagter" ersetzt werden[134]. Der Anklagesatz ist so zu verlesen wie die Anklage im Eröffnungsbeschluss durch das Gericht zugelassen wurde (§ 243 Abs. 3 StPO).

Hat der Angeschuldigte gegen einen Strafbefehl Einspruch eingelegt, ersetzt der Strafbefehl die Anklageschrift. Der Sitzungsvertreter verliest als Anklagesatz die sich aus dem Strafbefehl ergebene Beschuldigung. Dabei ist die beantragte Rechtsfolge wegzulassen. Nach hier vertretener Auffassung ist es nicht notwendig, den Strafbefehl in einen Anklagesatz umzuformulieren. Die Verlesung kann beispielsweise wie folgt erfolgen: **259**

> „Die Staatsanwaltschaft Lübeck klagt Sie an,
> am 10.08.2009
> in Lübeck
>
> einen anderen beleidigt zu haben.
>
> Sie bezeichneten den Zeugen POM Müller am 10.08.2009 gegen 20.00 Uhr während einer Personalienfeststellung auf der Lohmühle in Lübeck als „dumme Drecksau". Damit wollten Sie Ihre Missachtung gegenüber dem Zeugen zum Ausdruck bringen.
>
> Vergehen, strafbar nach §§ 185, 194 StGB."

Nimmt der Angeklagte den Einspruch gegen den Strafbefehl in der Hauptverhandlung zurück, muss der Sitzungsvertreter entscheiden, ob er dieser Rücknahme zustimmt[135]. Dagegen dürften in den meisten Fällen keine Bedenken bestehen. **260**

3. Vernehmung des Angeklagten zur Sache

Nach der Verlesung des Angklagesatzes wird der Angeklagte zur Sache vernommen. Dabei ist er zuvor auf sein **Schweigerecht** hinzuweisen (§ 243 Abs. 4 S. 1 StPO). Gegenstand der Vernehmung ist der dem Angeklagten in der Anklageschrift vorgeworfene Sachverhalt. Zur Sachvernehmung gehören darüber hinaus die für die Rechtsfolgenfrage erheblichen Umstände[136]. An dieser Stelle sind die persönlichen Verhältnisse des Angeklagten, insbesondere sein Vorleben und seine wirtschaftliche Situation zu erörtern. **261**

4. Beweisaufnahme

Die Beweisaufnahme ist das **Kernstück der Hauptverhandlung**. Zentrales Anliegen ist die Ermittlung des wahren Sachverhalts. Die Beweisaufnahme erfolgt durch den Vorsitzenden (§ 238 Abs. 1 StPO). Das Gericht ist von Amts wegen verpflichtet, die Beweisaufnahme auf alle Tatsachen und Beweismittel zu erstrecken, die für die Entscheidung von Bedeutung sind **(Amtsaufklärungspflicht).** Folgende Beweismittel kommen nach der Strafprozessordnung in Betracht: **262**

---

134 Nach § 157 StPO wird der Angeschuldigte nach Eröffnung des Hauptverfahrens als „Angeklagter" bezeichnet. Zur Terminologie vgl. auch *Rautenberg*, NStZ 1985, 256.

135 Auch dies sollte ggf. vorher mit dem Ausbilder besprochen werden.

136 *Meyer-Goßner*, § 243 Rn. 29.

- Zeugen, §§ 48–71 StPO
- Sachverständige, §§ 72–85 StPO
- Augenschein, §§ 86–93 StPO
- Urkunden, §§ 249–256 StPO

263 Eine bestimmte Reihenfolge der vorzunehmenden Beweiserhebungen ist nicht vorgeschrieben; sie ergibt sich nach Zweckmäßigkeitsgesichtspunkten.

264 Die Beweisaufnahme wird nicht durch die Amtsaufklärungspflicht des Gerichts begrenzt. Auch die übrigen Verfahrensbeteiligten können aktiv daran mitwirken. Neben dem Frage- und Erklärungsrecht können sie **Beweisanträge** stellen und das Gericht dazu bringen, Beweis zu erheben. Das Beweisantragsrecht wird ausschließlich durch die Regelungen der §§ 244 Abs. 3–5, 245 Abs. 2 StPO begrenzt[137]. Nach Nr. 127 Abs. 1 RiStBV ist der Staatsanwalt verpflichtet, durch geeignete Anträge, Fragen oder Anregungen dafür zu sorgen, dass nicht nur die Tat in ihren Einzelheiten, sondern sämtliche für die Straf- und Schuldfrage bedeutsamen Umstände erörtert werden. Er hat darauf zu achten, dass ungeeignete oder nicht zur Sache gehörende Fragen zurückgewiesen werden (Nr. 127 Abs. 2 RiStBV).

Hinweis: Der Referendar vertritt die Staatsanwaltschaft in der Öffentlichkeit. Dieser Stellung muss er sich bewusst sein. Es ist seine Aufgabe, Fragen an Zeugen und Sachverständige zu stellen, insbesondere, wenn ihm etwas unklar ist. Der Referendar sollte einen unbeholfenen Eindruck vermeiden. Sofern er zu einer unvorhergesehenen Stellungnahme aufgefordert wird und ihm nichts dazu einfällt, kann er sich notfalls mit den Floskeln „Ich stelle die Entscheidung anheim“ oder „Eine Stellungnahme soll nicht abgegeben werden“ behelfen.

5. Schlussvortrag

265 Nach dem Schluss der Beweisaufnahme folgen die **Plädoyers**, und zwar zuerst das der Staatsanwaltschaft, ggf. der Nebenklage und anschließend das des Verteidigers oder Angeklagten.

266 Der Staatsanwalt erörtert in seinem Schlussvortrag das Gesamtergebnis der Hauptverhandlung und würdigt es tatsächlich und rechtlich[138]. Hält er die Schuld des Angeklagten für erwiesen, erörtert er die für den Straf- und Schuldspruch relevanten Aspekte.

137 Zu Einzelheiten vgl. Rn. 429 ff.
138 Nr. 138 Abs. 1 RiStBV.

Das Plädoyer sollte wie folgt aufgebaut werden: **267**

a) Anrede
b) Darstellung des Sachverhalts
c) Beweiswürdigung
d) Rechtliche Würdigung
e) Strafzumessung
f) Antrag

a) Anrede

Nachdem sich der Sitzungsvertreter zum Plädoyer erhoben hat, beginnt er dieses mit der Anrede. Üblich ist etwa die Formulierung „Hohes Gericht!" oder „Frau/Herr Vorsitzende(r), meine Damen und Herren!". Oftmals werden im Anschluss an das Gericht auch die Verteidiger angesprochen („Hohes Gericht, Frau/Herr Verteidiger(in)!"). **268**

b) Darstellung des Sachverhalts

Der Sachverhalt wird durch die zugelassene Anklageschrift begrenzt. Der Sitzungsvertreter darf deshalb seinem Schlussvortrag nur das historische Ereignis im Sinne des § 264 StPO zugrunde legen. Er schildert den aus seiner Sicht erwiesenen Sachverhalt. **269**

Hinweis: Die Gewichtung des Plädoyers hängt von dem jeweiligen Fall ab. Hat sich der Sachverhalt wie in der Anklageschrift bestätigt und ist der Angeklagte geständig, kann folgende Formulierung genügen: „Nach dem Ergebnis der Beweisaufnahme hat sich der Sachverhalt wie in der Anklageschrift dargestellt ereignet." **270**

c) Beweiswürdigung

In der Beweiswürdigung stellt der Sitzungsvertreter dar, weshalb er den von ihm festgestellten Sachverhalt für erwiesen hält. Dabei geht er zunächst von der Einlassung des Angeklagten aus. Gesteht der Angeklagte die Tat, sind in der Regel keine umfangreichen Ausführungen erforderlich. Häufig genügt die kurze Feststellung, dass das Geständnis glaubhaft ist. Bestreitet der Angeklagte die Tat, ist darzulegen, weshalb seine Einlassung widerlegt ist. Dabei sind die erhobenen Beweise be- und entlastend zu würdigen und ihr Beweiswert zu erörtern. In der Regel wird die Aussage eines unbeteiligten Zeugen stärker zu gewichten sein als etwa die eines am Ausgang des Verfahrens interessierten Zeugen. **271**

Hinweis: Der Referendar muss die von der Staatsanwaltschaft geforderte **Objektivität** beachten. Bestehen Zweifel, ob die Tat bewiesen ist, muss Freispruch beantragt werden. Dazu ist eine Zustimmung des Ausbilders regelmäßig nicht erforderlich. Ist der Referendar andererseits von der Schuld des Angeklagten überzeugt, darf er keine Bedenken haben, eine Verurteilung zu beantragen. **272**

d) Rechtliche Würdigung

273 Zu Beginn der rechtlichen Würdigung sollte der Sitzungsvertreter angeben, nach welchen Vorschriften sich der Angeklagte strafbar gemacht hat. Dabei kann zunächst ein Hinweis auf Verfahrensvoraussetzungen oder -hindernisse (Strafantrag, Verjährung u.a.) angebracht sein. Danach folgen Ausführungen zum objektiven und subjektiven Tatbestand, zu Rechtswidrigkeit und Schuld und ggf. zu den Konkurrenzen.

274 **Hinweis:** Auch hier ist auf die richtige Gewichtung zu achten. Bei rechtlich einfach gelagerten Fällen verbieten sich weitschweifende Ausführungen. So kann die schlichte Mitteilung genügen, dass sich der Angeklagte eines Diebstahls nach § 242 Abs. 1 StGB schuldig gemacht hat.

275 Im Rahmen der rechtlichen Ausführungen ist bei Jugendlichen (14–18 Jahre) und Heranwachsenden (18–21 Jahre) auf die Anwendung von Jugendstrafrecht einzugehen.

276 Bei Jugendlichen muss die strafrechtliche Verantwortlichkeit nach § 3 JGG geprüft werden. Bei Heranwachsenden ist zu erörtern, ob Jugendstrafrecht oder allgemeines Strafrecht zur Anwendung kommt. Nach § 105 Abs. 1 JGG kommt Jugendstrafrecht zur Anwendung, wenn entweder die Gesamtwürdigung der Persönlichkeit des Täters bei Berücksichtigung auch der Umweltbedingungen ergibt, dass er zur Zeit der Tat nach seiner sittlichen und geistigen Entwicklung noch einem Jugendlichen gleich stand oder es sich nach der Art, den Umständen oder den Beweggründen der Tat um eine Jugendverfehlung handelt.

277 **Hinweis:** In Verfahren gegen Jugendliche und Heranwachsende ist die Jugendgerichtshilfe beteiligt (§§ 38, 107 JGG). In der Beweisaufnahme äußert sich deren Vertreter zur Persönlichkeit, Entwicklung und äußeren Einflüssen auf den Angeklagten. Ferner erfolgt in aller Regel ein Vorschlag zu den Maßnahmen, die zu ergreifen sind. Dem Referendar bietet dies häufig einen guten Anhaltspunkt für seinen Antrag.

e) Strafzumessung

278 Die Strafzumessung ist im Plädoyer von zentraler Bedeutung. Hierzu sind in aller Regel umfangreichere Ausführungen zu machen. Dabei ist zu unterscheiden, ob allgemeines Strafrecht oder Jugendstrafrecht zur Anwendung kommt.

aa) Allgemeines Strafrecht

279 Zunächst ist der sich aus dem Gesetz ergebene Strafrahmen zu bestimmen. Dabei ist auf minder schwere Fälle (z.B. § 224 Abs. 1 letzter Halbsatz StGB oder § 249 Abs. 2 StGB) ebenso zu achten wie auf besonders schwere Fälle (z.B. §§ 240 Abs. 4, 243 Abs. 1, 263 Abs. 3, 267 Abs. 3 StGB). Darüber hinaus ist zu prüfen, ob eine besondere gesetzliche Strafmilderung nach § 49 StGB in Betracht kommt. Dies ist etwa bei der verminderten Schuldfähigkeit nach § 21 StGB und beim Versuch (§ 23 Abs. 2 StGB)

fakultativ oder bei der Beihilfe (§ 27 Abs. 2 S. 2 StGB) obligatorisch der Fall. Die Strafrahmenverschiebung bestimmt sich nach § 49 Abs. 1 Nr. 1–3 StGB. Treffen mehrere besondere Strafmilderungsgründe zusammen, ist eine mehrfache Herabsetzung des Strafrahmens zulässig[139].

Die nachfolgende Tabelle bietet eine Übersicht über die Verschiebung der Strafrahmen bei einer einfachen und doppelten Milderung: **280**

Mindestmaß	**einfache Milderung**	**doppelte Milderung**	**Höchstmaß**	**einfache Milderung**	**doppelte Milderung**
< 1 Jahr	1 Monat	1 Monat	360 Tagessätze	270 Tagessätze	202 Tagessätze
1 Jahr	3 Monate	1 Monat	1 Jahr	9 Monate	6 Monate 3 Wochen
2 oder 3 Jahre	6 Monate	1 Monat	2 Jahre	1 Jahr 6 Monate	1 Jahr 1 Monat
5 oder 10 Jahre	2 Jahre	6 Monate	3 Jahre	2 Jahre 3 Monate	1 Jahr 8 Monate
Lebenslang	3 Jahre	6 Monate	5 Jahre	3 Jahre 9 Monate	2 Jahre 9 Monate
			10 Jahre	7 Jahre 6 Monate	5 Jahre 7 Monate
			15 Jahre	11 Jahre 3 Monate	8 Jahre 5 Monate
			Lebenslang	15 Jahre	11 Jahre 3 Monate

Beispiele: Der Angeklagte Müller macht sich wegen Beihilfe zum Raub strafbar (§§ 249 Abs. 1, 27 Abs. 1 StGB). Hier beträgt der Regelstrafrahmen des Raubes 1 bis 15 Jahre Freiheitsstrafe (§§ 249 Abs. 1, 38 Abs. 2 StGB). Das Mindestmaß der gegen den Angeklagten Müller zu verhängenden Freiheitsstrafe ermäßigt sich daher von 1 Jahr auf 3 Monate (§ 49 Abs. 1 Nr. 3 StGB); das Höchstmaß auf drei Viertel von 15 Jahren, also auf 11 Jahre und 3 Monate (§ 49 Abs. 1 Nr. 2 StGB).

Der Angeklagte Schulze ist schuldig wegen Beihilfe zur gefährlichen Körperverletzung (§§ 224 Abs. 1 Nr. 2, 27 Abs. 1 StGB) und der Angeklagte Kunz wegen Beihilfe zum Diebstahl im besonders schweren Fall (§§ 243 Abs. 1, 27 Abs. 1 StGB). Bei den Angeklagten Schulze und Kunz verschiebt sich der Strafrahmen auf 1 Monat bis zu 7 Jahren und 6 Monaten Freiheitsstrafe[140].

Der Angeklagte Meier ist der Beihilfe zum versuchten Mord schuldig (§§ 211, 22, 27 StGB). Bei Annahme einer doppelten Strafmilderung verschiebt sich der Strafrahmen auf 6 Monate bis zu 11 Jahre und 3 Monate.

Nach der Bestimmung des Strafrahmens ist die eigentliche Strafzumessung vorzunehmen. Die **Grundsätze der Strafzumessung** ergeben sich aus § 46 StGB. **281**

139 Vgl. BGHSt 26, 54.
140 In beiden Fällen ermäßigt sich die Strafe auf das gesetzliche Mindestmaß (§ 49 Abs. 1 Nr. 3, letzte Variante i.V.m. § 38 Abs. 2 StGB).

§ 46 StGB	
Absatz 1	Die Schuld des Täters ist Grundlage für die Zumessung der Strafe. Die Wirkungen, die von der Strafe für das künftige Leben des Täters in der Gesellschaft zu erwarten sind, sind zu berücksichtigen.
Absatz 2	Bei der Zumessung wägt das Gericht die Umstände, die für und gegen den Täter sprechen, gegeneinander ab. Dabei kommen namentlich in Betracht: – die Beweggründe und die Ziele des Täters, – die Gesinnung, die aus der Tat spricht, und der bei der Tat aufgewendete Wille, – das Maß der Pflichtwidrigkeit, – die Art der Ausführung und die verschuldeten Auswirkungen der Tat, – das Vorleben des Täters, seine persönlichen und wirtschaftlichen Verhältnisse – sein Verhalten nach der Tat, besonders sein Bemühen, den Schaden wieder gutzumachen, sowie das Bemühen des Täters, einen Ausgleich mit dem Verletzten zu erreichen.
Absatz 3	Umstände, die schon Merkmale des gesetzlichen Tatbestandes sind, dürfen nicht berücksichtigt werden.

282 Grundlage der Strafzumessung sind in erster Linie die Schwere der Tat und ihre Bedeutung für die verletzte Rechtsordnung sowie der Grad der persönlichen Schuld des Täters[141]. Dabei sind die für und gegen den Angeklagten sprechenden Aspekte darzustellen und gegeneinander abzuwägen.

283 **Hinweis:** Die in § 46 Abs. 2 StGB genannten Strafzumessungskriterien können als „Checkliste“ für das Plädoyer dienen[142]. Sie sollten nicht schematisch abgehandelt werden. Es ist nur auf die im konkreten Fall bedeutsamen Umstände einzugehen. Von besonderer Bedeutung sind häufig das Vorleben des Angeklagten und sein Verhalten nach der Tat, etwa das Bemühen um Schadenswiedergutmachung[143] und ein Geständnis.

283a Die in § 46 Abs. 2 StGB genannten Strafzumessungskriterien sind nicht abschließend. Als weitere Umstände kommen etwa die persönlichen Verhältnisse des Opfers, ein Mitverschulden des Opfers, die Auswirkungen für den Angeklagten durch eine Berichterstattung in der Presse, eine Strafverfolgung im Ausland oder eine besondere Aufklärungsbereitschaft des Angeklagten in Betracht.

Hinweis: Besonders examensrelevant ist die Berücksichtigung einer rechtsstaatswidrigen Verfahrensverzögerung bei der Strafzumessung. Diese stellt im Fall eines Verstoßes gegen Art. 6 Abs. 1 S. 1 MRK einen selbstständigen Strafmilderungsgrund dar. Voraussetzung dafür ist eine erhebliche Verfahrensverzögerung, die ihre Ursache im Bereich der Strafverfolgungsbehörden hat. Bei einer derartig rechtsstaatswidrigen Verfahrensverzögerung genügt

141 Vgl. BGHSt 20, 264, 266.

142 Die Rechtsprechung und Literatur zur Strafzumessung ist äußerst umfangreich und soll hier nicht dargestellt werden. Es wird jedoch angeregt, sich mit der einschlägigen Kommentierung zu § 46 StGB zu befassen. Außerdem bieten die regelmäßig in der NStZ erscheinenden Rechtsprechungsübersichten wertvolle Hinweise.

143 Vgl. hierzu auch § 46a StGB.

es nicht, diese allgemein strafmildernd zu berücksichtigen. Vielmehr ist die an sich schuldangemessene Strafe festzustellen und ein genau zu beziffernder Teil hiervon als vollstreckt zu erklären (sog. **Vollstreckungslösung**)[144].

Aus dem in § 46 Abs. 3 StGB normierten **Verbot der Doppelverwertung** folgt, dass die schon bei der Bestimmung des gesetzlichen Strafrahmens maßgeblich verwerteten Tatbestandsmerkmale und regelmäßigen Tatfolgen nicht nochmals bei der Strafzumessung berücksichtigt werden dürfen[145]. So ist es unzulässig, dem Angeklagten vorzuwerfen, er habe sich „ohne Not" zur Beteiligung an der Tat bereit gefunden, weil man damit zu seinen Lasten bewertet, dass er die Tat überhaupt begangen hat[146]. Ebenso wenig darf dem Anstifter strafschärfend zur Last gelegt werden, dass er der „eigentliche Initiator" der Tat war[147]. Bei einem Diebstahl darf dem Angeklagten nicht die Missachtung fremden Eigentums gesondert vorgeworfen werden[148]. **284**

Nachdem der Sitzungsvertreter die relevanten Strafzumessungstatsachen gegeneinander abgewogen hat, bestimmt er auf dieser Grundlage das zu beantragende Strafmaß. **285**

Hinweis: Der Sitzungsvertreter hat stets das nach seiner Meinung angemessene Strafmaß zu beantragen. Es ist nicht deshalb eine höhere Strafe zu beantragen, damit das Gericht die vom Sitzungsvertreter eigentlich für richtig gehaltene geringere Strafe auch tatsächlich ausurteilt. Einen Erfahrungssatz, dass die Gerichte stets unter dem Antrag der Staatsanwaltschaft bleiben, gibt es nicht. Dies wäre auch nicht mit ihrer Stellung vereinbar.

Zunächst muss in aller Regel geklärt werden, ob gegen den Angeklagten eine Geld- oder Freiheitsstrafe verhängt werden soll, sofern das Gesetz beide Möglichkeiten vorsieht. Wird dagegen lediglich Freiheitsstrafe angedroht, kann unter den Voraussetzungen des § 47 Abs. 2 StGB ausnahmsweise dennoch eine Geldstrafe verhängt werden[149]. **286**

(1) Geldstrafe

Die Geldstrafe wird in **Tagessätzen** verhängt. Die Zahl der Tagessätze beträgt mindestens fünf und, wenn das Gesetz nichts anderes bestimmt[150], höchstens dreihundertsechzig Tagessätze (§ 40 Abs. 1 StGB). Die Höhe des Tagessatzes liegt zwischen mindestens einem und höchstens dreißigtausend Euro (§ 40 Abs. 2 S. 3 StGB). Sie orientiert sich an den persönlichen und wirtschaftlichen Verhältnissen des Täters (§ 40 Abs. 2 S. 1 StGB). Auf diese Weise soll sichergestellt werden, dass den Wohlha- **287**

144 Vgl. Rn. 365b.
145 Vgl. hierzu auch *Fischer*, § 46 Rn. 76 ff. mwN.
146 Vgl. *Detter*, NStZ 2008, 266 mwN.
147 *BGH* StV 2002, 190.
148 *BGH* 4 StR 406/98.
149 Dies kommt nur bei Freiheitsstrafen von unter sechs Monaten in Betracht. Dadurch sollen die als spezialpräventiv regelmäßig verfehlt angesehenen kurzen Freiheitsstrafen zurückgedrängt werden (vgl. BGHSt 22, 192, 199).
150 Bei der Gesamtstrafenbildung dürfen nach § 54 Abs. 2 StGB maximal 720 Tagessätze verhängt werden.

benden und den Minderbemittelten für die gleiche Tat ein in gleicher Weise spürbarer Verlust trifft[151]. Bei der Berechnung der Tagessatzhöhe ist das Nettoeinkommen des Täters an einem Tag zu Grunde zu legen. Dies soll an folgendem Schema verdeutlicht werden:

288 1. Nettomonatseinkommen[152] geteilt durch 30
Bei Angeklagten ohne eigenes Einkommen richtet sich die Tagessatzhöhe nach dem Unterhaltsanspruch gegenüber dem Unterhaltsverpflichteten, ca. 30 % von dessen Einkommen.

2. Abzug von Unterhaltspflichten
ca. 30 % für einen nicht verdienenden Ehepartner[153]
ca. 10 % für jedes unterhaltsberechtigte Kind
Nicht abgezogen werden Miete, Kredite, Versicherungsprämien u.ä.[154]. *Derartige Verpflichtungen sind allerdings bei der Bewilligung einer Ratenzahlung zu berücksichtigen.*

289 **Beispiel:** Der Angeklagte Kuhn ist angestellter Architekt und bezieht ein monatliches Nettoeinkommen in Höhe von 2.800 €. Er ist verheiratet und hat zwei Kinder im Alter von drei und sechs Jahren. Seine Ehefrau ist nicht berufstätig. Für Miete, Versicherungen und einen Ratenkreditvertrag für sein neues Motorrad muss er monatlich 1.300 € aufbringen.

Von dem Nettoeinkommen von 2.800 € sind 30 % Ehegattenunterhalt (840 €) abzuziehen, ferner insgesamt 20 % für die Kinder (560 €). Die übrigen Belastungen finden keine Berücksichtigung. Danach ergibt sich ein anzurechnendes Einkommen in Höhe von 1.400 €. Dividiert durch 30 errechnet sich eine Tagessatzhöhe von 46,67 €, die auf den glatten Betrag von 45 € abzurunden ist. Wegen der weiteren Verbindlichkeiten dürfte dem Angeklagten im Falle einer erheblichen Verurteilung eine Ratenzahlung gemäß § 42 StGB zu bewilligen sein.

289a Als mildere Sanktion kommt in Ausnahmefällen auch eine **Verwarnung mit Strafvorbehalt** nach § 59 StGB in Betracht. Danach kann das Gericht sich darauf beschränken, die Schuld des Täters festzustellen, ihn zu verwarnen, eine Strafe von bis zu 180 Tagessätzen zu bestimmen und die Verurteilung zu dieser Strafe vorzubehalten. Die Verurteilung zu der Strafe erfolgt nur dann, wenn sich der Täter in der von dem Gericht nach § 59a StGB festzusetzenden Bewährungszeit nicht bewährt. Anderenfalls stellt das Gericht nach Ablauf der Bewährungszeit fest, dass es bei der Verwarnung sein Bewenden hat, § 59b Abs. 2 StGB.

(2) Freiheitsstrafe

290 Die Bemessung der Freiheitsstrafe richtet sich nach § 39 StGB. Freiheitsstrafe unter einem Jahr wird nach vollen Wochen und Monaten, Freiheitsstrafe von längerer Dauer nach vollen Monaten und Jahren bemessen. Im Falle einer Freiheitsstrafe von un-

151 Vgl. BGHSt 28, 360, 363.
152 Unter das strafrechtlich zu berücksichtigende Nettomonatseinkommen fallen nicht nur Einkünfte aus selbstständiger und nichtselbstständiger Arbeit, sondern etwa auch Naturalbezüge, Arbeitslosen- und Kindergeld. Gegebenenfalls kann das Nettomonatseinkommen nach § 40 Abs. 3 StGB auch geschätzt werden.
153 So etwa in Schleswig-Holstein. In anderen Bundesländern sind Abzüge von nur ca. 20 % üblich.
154 Zu Ausnahmen vgl. *Fischer*, § 40 Rn. 13 ff.

ter sechs Monaten (sog. kurze Freiheitsstrafe) ist § 47 Abs. 1 StGB zu beachten. Danach dürfen kurze Freiheitsstrafen nur in Ausnahmefällen verhängt werden. Sie müssen zur Einwirkung auf den Täter **(Spezialprävention)** oder zur Verteidigung der Rechtsordnung **(Generalprävention)** unerlässlich sein.

Droht das Gesetz ausschließlich Freiheitsstrafe an und kommt die Verhängung von einer solchen von 6 Monaten oder darüber nicht in Betracht, muss das Gericht nach § 47 Abs. 2 S. 1 StGB grundsätzlich eine Geldstrafe verhängen. Eine Freiheitsstrafe darf nur verhängt werden, wenn dies nach § 47 Abs. 1 StGB **unerlässlich** ist. **291**

Wird die Verhängung einer Freiheitsstrafe als angemessen erachtet, ist zu prüfen, ob eine Strafaussetzung zur Bewährung in Betracht kommt. Dabei ist nach § 56 StGB wie folgt zu unterscheiden: **292**

§ 56 StGB	
Freiheitsstrafe unter 6 Monaten	Zwingende Strafaussetzung bei günstiger Sozialprognose.
Freiheitsstrafe von 6 Monaten bis 1 Jahr	Strafaussetzung bei günstiger Sozialprognose, es sei denn, die Verteidigung der Rechtsordnung gebietet die Vollstreckung der Strafe.
Freiheitsstrafe über 1 Jahr bis 2 Jahren	Strafaussetzung bei günstiger Sozialprognose **und** Vorliegen **besonderer Umstände**, es sei denn, die Verteidigung der Rechtsordnung gebietet die Vollstreckung der Strafe.
Freiheitsstrafe über 2 Jahren	Keine Strafaussetzung möglich.

Für die Bejahung einer günstigen Sozialprognose muss die Wahrscheinlichkeit künftig straffreien Verhaltens größer sein als diejenige neuer Straftaten[155]. Dabei ist eine Gesamtwürdigung der nach § 56 Abs. 1 S. 2 StGB zu berücksichtigenden Umstände vorzunehmen. In der Praxis sind folgende Gesichtspunkte häufig von Bedeutung: **293**

- Vorleben, insbesondere (einschlägige und nicht lange zurückliegende) Vorstrafen
- Tatbegehung während einer laufenden Bewährung
- Bei der Tat aufgewendete kriminelle Energie
- Erstmalige Verbüßung von Untersuchungshaft
- Durchführung einer Therapie bei Drogenabhängigen
- Nachtatverhalten, z.B. Reue, Schadenswiedergutmachung
- Lebensverhältnisse, wie Familie und Arbeitsplatz.

Gelangt der Sitzungsvertreter aufgrund der vorgenommenen Gesamtwürdigung zu einer günstigen Sozialprognose, ist die Strafaussetzung zur Bewährung bei einer Verurteilung zu einer Freiheitsstrafe von weniger als sechs Monaten zwingend[156]. **294**

Soll eine Freiheitsstrafe von sechs Monaten bis zu einem Jahr verhängt werden, muss der Sitzungsvertreter neben der günstigen Sozialprognose prüfen, ob die Verteidigung der Rechtsordnung die Vollstreckung der Strafe gebietet. Dies kommt etwa bei **295**

155 Vgl. *Fischer*, § 56 Rn. 4a mwN.
156 Zu Ausnahmen im Wehrstrafrecht vgl. *Fischer*, § 56 Rn. 12.

besonders schweren Tatfolgen[157], einem hartnäckigen rechtsmissachtenden Verhalten und verbrecherischer Intensität[158] oder der Gefahr von Nachahmungseffekten[159] in Betracht.

Hinweis: Ausführungen zum Vorliegen einer günstigen Sozialprognose sind auch dann erforderlich, wenn der Sitzungsvertreter eine Strafvollstreckung zur Verteidigung der Rechtsordnung für erforderlich hält. Eine Versagung der Strafaussetzung zur Bewährung allein im Hinblick auf generalpräventive Erwägungen ohne Erörterung der Sozialprognose ist regelmäßig rechtsfehlerhaft[160].

296 Bei Freiheitsstrafen von mehr als einem Jahr bis zu zwei Jahren kommt eine Strafaussetzung nur ausnahmsweise in Betracht. Neben der günstigen Sozialprognose müssen nach einer Gesamtwürdigung von Tat und Persönlichkeit des Angeklagten **besondere Umstände** vorliegen, die eine Strafaussetzung rechtfertigen. Dabei sind die bei der Bewertung der günstigen Sozialprognose berücksichtigten Umstände vor dem Hintergrund des erheblichen Schuld- und Unrechtsgehalts, der in der Strafhöhe zum Ausdruck kommt, erneut zu gewichten. Die besonderen Umstände müssen umso gewichtiger sein, je näher die Freiheitsstrafe an der Grenze von zwei Jahren liegt[161]. Eine Strafaussetzung ist jedoch auch hier ausgeschlossen, wenn die Verteidigung der Rechtsordnung die Vollstreckung der Strafe gebietet.

297 Beantragt der Sitzungsvertreter eine Strafaussetzung zur Bewährung, muss er erörtern, ob und welche Auflagen und Weisungen (§§ 56b und 56c StGB) dem Angeklagten erteilt werden sollen[162]. Ferner hat er zur Dauer der Bewährungszeit (§§ 56a StGB) Stellung zu nehmen.

(3) Gesamtstrafe

298 Hat der Angeklagte mehrere Straftaten begangen, die gleichzeitig abgeurteilt werden, und dadurch mehrere Freiheitsstrafen oder mehrere Geldstrafen verwirkt, muss auf eine Gesamtstrafe erkannt werden (§ 53 Abs. 1 StGB). Diese wird nach § 54 StGB gebildet.

299 Für jede selbstständige Tat muss zunächst eine Einzelstrafe gebildet werden. Dann ist die sog. **Einsatzstrafe** zu bestimmen. Das ist die höchste Einzelstrafe. Diese ist zu erhöhen, wobei die Summe aller Einzelstrafen nicht erreicht werden darf. Die zu verhängende Gesamtfreiheitsstrafe darf 15 Jahre nicht übersteigen, die Gesamtgeldstrafe nicht 720 Tagessätze. Treffen Geld- und Freiheitsstrafe zusammen, ist auf eine Gesamtfreiheitsstrafe zu erkennen. Dabei entspricht ein Tagessatz einem Tag Freiheitsstrafe. Ausnahmsweise kann das Gericht nach § 53 Abs. 2 S. 2 StGB auch auf eine gesonderte Geldstrafe erkennen[163].

157 BGHSt 24, 64 ff.
158 *BGH* NStZ 1985, 165.
159 *OLG Schleswig* SchlHA 1979, 202.
160 *OLG Köln* NZV 1993, 357.
161 *BGH* NStZ 1987, 21.
162 Vgl. Nr. 138 Abs. 5 RiStBV.
163 Vgl. hierzu *Fischer*, § 53 Rn. 6.

Beispiele:

a) Bei Einzelstrafen von 60 und 30 Tagessätzen beträgt die zu verhängende Untergrenze 61 Tagessätze, die Obergrenze 89 Tagessätze.

b) Bei Einzelstrafen von 4 und 7 Monaten Freiheitsstrafe beträgt die Untergrenze 7 Monate und eine Woche Freiheitsstrafe, die Obergrenze 10 Monate und 3 Wochen Freiheitsstrafe[164].

c) Bei Einzelstrafen von 2 und zweimal 10 Monaten Freiheitsstrafe beträgt die Untergrenze 10 Monate und eine Woche Freiheitsstrafe, die Obergrenze 1 Jahr 9 Monate Freiheitsstrafe[165].

d) Bei Einzelstrafen von 4 Monaten Freiheitsstrafe und einer Geldstrafe von 60 Tagessätzen[166] beträgt die Untergrenze 4 Monate und eine Woche Freiheitsstrafe, die Obergrenze 5 Monate und 3 Wochen Freiheitsstrafe.

e) Bei Einzelstrafen von 60, 90, 120, 180, 300 und 320 Tagessätzen beträgt die zu verhängende Untergrenze 321 Tagessätze, die Obergrenze 720 Tagessätze[167].

In der Praxis wird in einfach gelagerten Fällen häufig die Einsatzstrafe um den Mittelwert der übrigen Strafen erhöht.

Im Fall a) ergäbe sich danach eine Gesamtgeldstrafe von 75 Tagessätzen, im Fall b) eine Gesamtfreiheitsstrafe von 9 Monaten, im Fall c) eine solche von 1 Jahr und 4 Monaten und im Fall d) von 5 Monaten. Im Fall e) würde sich rechnerisch eine Gesamtgeldstrafe von 695 Tagessätzen ergeben.

Bei der Bildung der Gesamtstrafe darf jedoch **nicht schematisch und rein rechnerisch** vorgegangen werden[168]. So wäre das Ergebnis im Fall e) insofern zweifelhaft, da es nur knapp unter der Höchststrafe liegt. **300**

Bei der Bemessung der Gesamtstrafe geht es um die Erhöhung der höchsten verwirkten Einzelstrafe. Diese kann niedriger ausfallen, wenn zwischen den einzelnen Taten ein enger zeitlicher, sachlicher und situativer Zusammenhang besteht[169]. Dagegen kommt eine deutlichere Erhöhung bei zeitlich weit auseinander liegenden Taten gegen verschiedene Rechtsgüter in Betracht[170]. **301**

Eine Gesamtstrafe ist auch dann zu bilden, wenn mehrere gesamtstrafenfähige Taten nicht in einer gemeinsamen Verhandlung abgeurteilt werden können. Die Bildung der **nachträglichen Gesamtstrafe** ist in § 55 StGB geregelt. Durch diese Vorschrift soll der Angeklagte so gestellt werden, als ob die ihm vorgeworfenen Taten schon bei der ersten Verhandlung berücksichtigt worden wären. **302**

Beispiel: Der Angeklagte Schmidt begeht am 1.1.2008 einen Diebstahl und am 10.1.2009 eine Untreue. Wegen des Diebstahls wird er in der am 1.2.2009 durchgeführten Hauptver-

---

164 Nach § 39 StGB wird Freiheitsstrafe unter einem Jahr nach vollen Wochen und Monaten, Freiheitsstrafe von längerer Dauer nach vollen Monaten und Jahren bemessen.

165 Wegen § 39 StGB beträgt die Obergrenze nicht 1 Jahr 9 Monate und 3 Wochen Freiheitsstrafe.

166 Das entspricht gem. § 54 Abs. 3 StGB einer Freiheitsstrafe von zwei Monaten.

167 Die Obergrenze beträgt hier nicht etwa 1069 Tagessätze, sondern ist nach § 54 Abs. 2 StGB auf 720 begrenzt.

168 Vgl. *Fischer*, § 54 Rn. 10 mwN.

169 Vgl. nur *BGH* NJW 1995, 1038. Entscheidend ist dies insbesondere bei Serienstraftaten, die nach den Grundsätzen der früheren Rechtsprechung als fortgesetzte Handlungen bewertet worden waren. Der Wegfall dieser Rechtsfigur soll hier nicht zu höheren Strafen führen.

170 *Fischer*, § 54 Rn. 10.

handlung zu einer Geldstrafe von 90 Tagessätzen verurteilt. Am 3.6.2009 findet die Hauptverhandlung wegen der Untreue statt.

Hinweis: Kommt eine nachträgliche Gesamtstrafenbildung in Betracht, bietet sich zur Veranschaulichung die Erstellung einer „Zeitschiene" an.

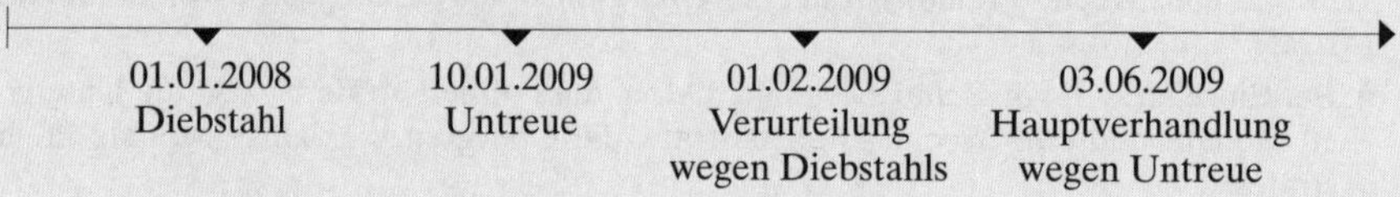

Wäre der Angeklagte in der Hauptverhandlung vom 1.2.2009 wegen beider Taten verurteilt worden, hätte nach § 53 StGB eine Gesamtstrafe gebildet werden müssen. Dieser Vorteil darf ihm nicht deswegen verwehrt werden, weil die Hauptverhandlung wegen der Untreue erst später stattfand. Nach § 55 StGB ist auch in der Hauptverhandlung vom 3. 6. 2009 eine Gesamtstrafe zu bilden, wenn die Verurteilung wegen Diebstahls rechtskräftig ist und die Geldstrafe noch nicht vollstreckt, verjährt oder erlassen ist.

Hätte der Angeklagte Schmidt die Geldstrafe abweichend von dem Grundfall zum Zeitpunkt der Hauptverhandlung am 3.6.2009 bereits vollständig bezahlt, d.h., wäre die Strafe schon vollstreckt, ist eine nachträgliche Gesamtstrafenbildung nicht mehr möglich. Dies kann zu unbilligen Ergebnissen führen. Hätte der Angeklagte Schmidt seine Geldstrafe bis zum 3.6.2009 noch nicht bezahlt, würde eine Gesamtstrafe gebildet. Im Ergebnis würde sich eine zügige Begleichung der Geldstrafe nachteilig auswirken. Um dies zu vermeiden, muss ein Härteausgleich vorgenommen werden. Dabei ist entweder eine „fiktive Gesamtstrafe" zu bilden, die dann um die vollstreckte Strafe gemindert wird, oder der Nachteil muss unmittelbar bei der Festsetzung der neuen Strafe berücksichtigt werden[171].

Wäre der Angeklagte Schmidt in der Hauptverhandlung vom 1.2.2009 abweichend von dem Grundfall wegen zwei Fällen des Diebstahls zu einer Gesamtstrafe verurteilt worden, wäre diese bei einer nachträglichen Gesamtstrafenbildung am 3.6.2009 in die Einzelstrafen aufzulösen und aus allen Einzelstrafen eine neue Gesamtstrafe zu bilden.

303 Besondere Schwierigkeiten ergeben sich, wenn zwei oder mehrere Taten abzuurteilen sind, zwischen denen eine noch nicht erledigte Verurteilung liegt. Diese entfaltet eine sog. **Zäsurwirkung**.

Beispiel: In der Hauptverhandlung am 3.6.2009 ist der Angeklagte Schmidt wegen Diebstahls vom 1.1.2008 und wegen Körperverletzung am 5.4.2009 zu verurteilen. Am 2.2.2009 wurde er bereits wegen einer Untreue vom 10. 1. 2009 verurteilt. Dieses Urteil ist noch nicht vollstreckt.

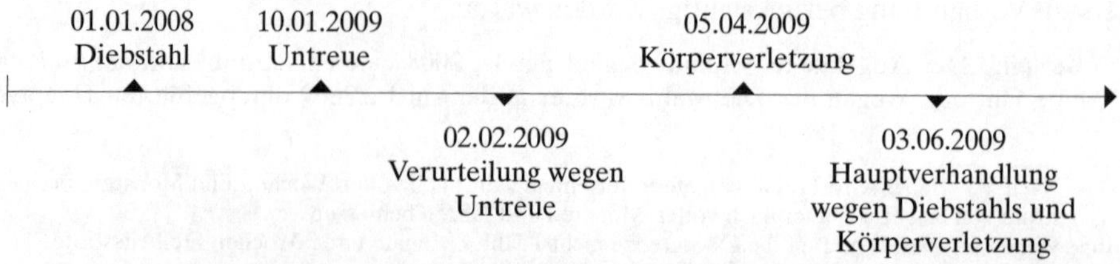

In diesem Fall entfaltet das Urteil vom 2.2.2009 Zäsurwirkung. Wie auf der Zeitschiene zu erkennen, hätte am 2.2.2009 eine Verurteilung wegen Diebstahls und Untreue erfolgen können. Dagegen hätte die erst nach der Hauptverhandlung vom 2.2.2009 begangene Körper-

171 Vgl. BGHSt 33, 131, 132.

verletzung in die Gesamtstrafenbildung nicht einbezogen werden können. In der Hauptverhandlung am 3.6.2009 sind daher zwei Strafen auszuurteilen, und zwar eine Gesamtstrafe wegen Diebstahls und Untreue sowie eine gesonderte Strafe wegen Körperverletzung[172].

(4) Weitere Entscheidungen

Bei entsprechendem Anlass hat der Sitzungsvertreter zu erörtern, ob ein **Haftbefehl** **304**
aufrechtzuerhalten oder zu beantragen ist, ob auf **Maßregeln der Besserung und Sicherung** zu erkennen ist und ob **Nebenstrafen** oder **Nebenfolgen** in Betracht zu ziehen sind.

Nach § 268b StPO hat das Gericht bei Urteilserlass zugleich von Amts wegen über die Fortdauer der Untersuchungshaft zu entscheiden. Der Sitzungsvertreter hat daher die Voraussetzungen für einen Haftbefehl zu prüfen und ggf. zu erörtern[173].

Die Maßregeln der Besserung und Sicherung sind in § 61 StGB abschließend ge- **305**
nannt. Für den Referendar sind in der Hauptverhandlung die **Entziehung der Fahrerlaubnis** und die **Verhängung einer Sperrfrist** für die Erteilung einer Fahrerlaubnis nach §§ 69, 69a StGB von besonderer Bedeutung. Bejaht der Sitzungsvertreter die Voraussetzungen des § 69 StGB[174], hat er zur Entziehung der Fahrerlaubnis und Verhängung einer Sperrfrist für die Erteilung einer neuen Fahrerlaubnis Stellung zu nehmen. Hat der Angeklagte keine Fahrerlaubnis, kommt eine isolierte Sperre in Betracht. Grundsätzlich liegt die Dauer der zu erteilenden Sperrfrist zwischen 6 Monaten und 5 Jahren (§ 69a Abs. 1 S. 1 StGB). Wurde gegen den Täter in den letzten 3 Jahren vor der Tat bereits einmal eine Sperre angeordnet, beträgt das Mindestmaß der Sperre 1 Jahr. War dem Täter die Fahrerlaubnis nach § 111a StPO vorläufig entzogen oder war der Führerschein verwahrt, sichergestellt oder beschlagnahmt, so verkürzt sich das Mindestmaß der Sperre um die Zeit, in der die vorläufige Entziehung der Fahrerlaubnis wirksam oder er nicht im Besitz des Führerscheins war (§ 69a Abs. 4 und 6 StGB). Allerdings darf die Sperrfrist 3 Monate nicht unterschreiten (§ 69a Abs. 4 S. 2 StGB). Nach Ablauf der Sperrfrist muss der Verurteilte zur Wiedererlangung des Führerscheins bei der zuständigen Verkehrsbehörde eine neue Fahrerlaubnis beantragen.

Aus **anwaltlicher Sicht** ist auf die Vorschrift des § 69a Abs. 7 StGB hinzuweisen. Da- **306**
nach kann das Gericht die Sperre vorzeitig aufheben, wenn sich Grund zu der Annahme ergibt, dass der Täter zum Führen von Kraftfahrzeugen nicht mehr ungeeignet ist. Dabei können die Teilnahme an sog. Nachschulungskursen oder Aufbauseminaren für alkoholauffällige Täter sowie andere verkehrspsychologische Maßnahmen berücksichtigt werden.

> **Hinweis:** Dem Angeklagten wird die Fahrerlaubnis **entzogen**; der Führerschein wird **eingezogen**.

---

172 Zu weiteren Einzelheiten vgl. *Fischer*, § 55 Rn. 9 ff. sowie *Arnoldi/Rutkowski*, NStZ 2011, 493, 494.
173 Zu den Einzelheiten vgl. Rn. 44 ff.
174 Vgl. hierzu Rn. 39 ff.

307 Wird jemand als (noch) nicht ungeeignet zum Führen von Kraftfahrzeugen angesehen, kommt nach § 44 StGB die Verhängung eines **Fahrverbotes** als Nebenstrafe in Betracht[175]. Das zwischen einem und drei Monaten liegende Fahrverbot hat für den Angeklagten den Vorteil, dass er nach Ablauf der Frist den Führerschein zurückerhält und am Straßenverkehr wieder ohne weiteres teilnehmen darf.

308 Bei den auszusprechenden Nebenfolgen sind insbesondere die Vorschriften über den **Verfall** (§§ 73 ff. StGB) und die **Einziehung** (§§ 74 ff. StGB) zu beachten. Der Verfall dient der Abschöpfung von Vermögensvorteilen, die der Täter durch die Tat erlangt hat. Bei der Einziehung werden Gegenstände, die durch die Straftat hervorgebracht oder zu ihrer Begehung oder Vorbereitung gebraucht worden oder bestimmt gewesen sind, eingezogen (§ 74 Abs. 1 StGB).

Hinweis: Eine Einziehung erübrigt sich, wenn der Angeklagte auf die Rückgabe der entsprechenden Gegenstände verzichtet. Der Sitzungsvertreter sollte daher in der Hauptverhandlung auf einen Verzicht hinwirken, der zu protokollieren ist. Aus der Handakte ist in aller Regel ersichtlich, dass und welche Gegenstände asserviert sind.

bb) Jugendstrafrecht

309 Bei der Anwendung von Jugendstrafrecht steht der **Erziehungsgedanke** im Vordergrund. Daher ergeben sich erhebliche Abweichungen zum allgemeinen Strafrecht. Im Gegensatz zum Erwachsenenstrafrecht ist keine Strafrahmenbestimmung zu treffen, da im Jugendstrafrecht die Strafrahmen des Besonderen Teils des StGB nicht gelten.

310 Im Jugendstrafrecht wird nur eine **einheitliche Rechtsfolge** verhängt (§ 31 Abs. 1 S. 1 JGG). Anders als im allgemeinen Strafrecht werden daher im Falle mehrerer Straftaten keine Gesamtstrafen gebildet.

311 Zudem unterscheiden sich die zu verhängenden Rechtsfolgen vom allgemeinen Strafrecht. Anstelle von Freiheits- oder Geldstrafe sind in § 5 JGG besondere Folgen der Jugendstraftat bestimmt. Dies sind Erziehungsmaßregeln, Zuchtmittel oder Jugendstrafe.

312 **Erziehungsmaßregeln** sind nach § 9 JGG einerseits die Erteilung von Weisungen, andererseits die Anordnung, Hilfe zur Erziehung im Sinne des § 12 JGG in Anspruch zu nehmen. In § 10 JGG sind erzieherisch geeignete Weisungen genannt. Dies sind beispielsweise die Erbringung von Arbeitsleistungen, die Teilnahme an sozialen Trainingskursen oder die Durchführung eines Täter-Opfer-Ausgleichs.

313 Neben oder anstelle von Erziehungsmaßregeln kann der Jugendrichter auch **Zuchtmittel** verhängen. Dies sind nach § 13 Abs. 2 JGG die Verwarnung, die Erteilung von Auflagen oder der Jugendarrest. Durch die Verwarnung soll dem Jugendlichen das Unrecht der Tat eindringlich vorgehalten werden (§ 14 JGG). Die zu verhängenden

175 Wegen der spezialpräventiven Ausrichtung scheidet die Verhängung eines Fahrverbotes jedoch regelmäßig aus, wenn zwischen Tat und Ahndung etwa zwei Jahre vergangen sind und dies nicht von dem Angeklagten zu vertreten ist.

Auflagen sind in § 15 Abs. 1 JGG abschließend genannt. Dies sind eine Schadenswiedergutmachung, die persönliche Entschuldigung beim Verletzten, die Erbringung von Arbeitsleistungen und die Zahlung eines Geldbetrages zu Gunsten einer gemeinnützigen Einrichtung. Bei der Verhängung von Jugendarrest wird nach § 16 Abs. 1 JGG zwischen Freizeit-, Kurz- und Dauerarrest unterschieden. Unter einem Freizeitarrest versteht man den kurzzeitigen Freiheitsentzug an einem oder zwei Wochenenden. Der Kurzarrest beträgt maximal vier Tage und ist nicht zwingend am Wochenende zu verbüßen. Der Dauerarrest liegt zwischen einer und vier Wochen Freiheitsentzug.

Die **Jugendstrafe** darf zum einen bei **schädlichen Neigungen** des Jugendlichen oder Heranwachsenden, die in der Tat hervorgetreten sind, verhängt werden. Zum anderen ist sie anzuordnen, wenn wegen der Schwere der Schuld Jugendstrafe erforderlich ist (§ 17 Abs. 2 JGG). Die **Schwere der Schuld** ist nicht mit der Schwere der Tat gleichzusetzen. In erster Linie kommt es auf die subjektiven und persönlichkeitsbegründeten Beziehungen des Täters zu seiner Tat an[176]. In der Praxis hat jedoch die Schwere des Unrechts und des Schadens eine erhebliche Bedeutung bei der Bestimmung der Schwere der Schuld[177]. Bei besonders schweren Taten ist daher in der Regel auch von der Schwere der Schuld auszugehen, so dass die Strafrahmen des allgemeinen Strafrechts auch im Jugendstrafrecht eine gewisse Bedeutung haben. **314**

Hinweis: Der Referendar wird nicht zu Verhandlungen des Jugendschöffengerichts, sondern ausschließlich zu Sitzungen des Jugendrichters eingeteilt. Die Beantragung einer Jugendstrafe von bis zu einem Jahr beim Jugendrichter ist nach § 39 Abs. 2 JGG zwar grundsätzlich möglich, kommt in der Praxis aber eher selten vor. Gleichwohl sollte sich der Referendar mit den Grundsätzen der Jugendstrafe vertraut machen.

Die Dauer der Jugendstrafe beträgt **mindestens 6 Monate**. Bei Jugendlichen liegt das Höchstmaß grundsätzlich bei 5 Jahren (§ 18 Abs. 1 S. 1 JGG). Nach § 18 Abs. 1 S. 2 JGG beträgt ihr Höchstmaß 10 Jahre, wenn es sich bei der Tat um ein Verbrechen handelt, für welches nach dem allgemeinen Strafrecht eine Höchststrafe von mehr als 10 Jahren Freiheitsstrafe angedroht ist. Bei Heranwachsenden liegt das Höchstmaß gemäß § 105 Abs. 3 JGG bei 10 Jahren Jugendstrafe[178]. Anders als im Erwachsenenstrafrecht gelten die Strafrahmen des allgemeinen Strafrechts nicht (§ 18 Abs. 1 S. 3 JGG). **315**

Die Aussetzung einer Jugendstrafe zur Bewährung bestimmt sich nicht nach den §§ 56 ff. StGB, sondern ist in §§ 21 ff. JGG festgelegt. Die dabei zu den Regeln des allgemeinen Strafrechts bestehenden Abweichungen ergeben sich aus dem das Jugendrecht bestimmenden Erziehungsgedanken. Im Ergebnis sind die Abweichungen nicht besonders gravierend. **316**

---

176 *Eisenberg*, § 17 Rn. 29 mwN.

177 *Eisenberg*, § 17 Rn. 32 mwN.

178 Nach dem – bei Redaktionsschluss noch nicht in Kraft getretenen – Gesetz zur Erweiterung der jugendgerichtlichen Handlungsmöglichkeiten (BT-Drs. 17/9389) soll das Höchstmaß der Strafe bei Heranwachsenden 15 Jahre betragen, wenn es sich bei der Tat um Mord handelt und das Höchstmaß von 10 Jahren Jugendstrafe wegen der besonderen Schwere der Schuld nicht ausreicht, § 105 Abs. 3 S. 2 JGG.

317 Nach § 57 JGG besteht die Möglichkeit, die Entscheidung über die Aussetzung einer Jugendstrafe zur Bewährung zurückzustellen. In diesem Fall werden dem Jugendlichen bis zu einer endgültigen Entscheidung über die Strafaussetzung zur Bewährung regelmäßig Auflagen oder Weisungen erteilt (sog. **Vorbewährung**).

318 Eine weitere Besonderheit des Jugendstrafrechts besteht darin, die Entscheidung über die Verhängung einer Jugendstrafe auszusetzen. Dies kommt nach § 27 JGG dann in Betracht, wenn in der Hauptverhandlung nicht sicher geklärt werden kann, ob schädliche Neigungen in einem solchen Umfang vorliegen, dass die Verhängung einer Jugendstrafe erforderlich ist. Es erfolgt dann lediglich ein Schuldspruch, und es wird eine Bewährungszeit zwischen ein und zwei Jahren festgelegt. Nach positivem Ablauf der Bewährungszeit wird der Schuldspruch getilgt. Anderenfalls kommt es zu einer Nachverhandlung.

f) Antrag

319 Am Schluss des Plädoyers ist von dem Sitzungsvertreter ein konkreter Antrag zu stellen. Im Gegensatz zum Verteidiger darf er die Entscheidung nicht – auch nicht in Teilen – in das Ermessen des Gerichts stellen. Bei Jugendlichen und Heranwachsenden ist auch auf die Kostenentscheidung einzugehen, da nach § 74 JGG – anders als im Erwachsenenstrafrecht – von der Auferlegung von Kosten abgesehen werden kann.

Beispiel: Ich beantrage, den Angeklagten wegen des Diebstahls mit Waffen zu einer Freiheitsstrafe von 1 Jahr und 3 Monaten und wegen der Körperverletzung zu einer Geldstrafe von 60 Tagessätzen zu je 20 € zu verurteilen. Die Einzelstrafen sind auf eine Gesamtfreiheitsstrafe von 1 Jahr und 4 Monaten zurückzuführen. Die Freiheitsstrafe ist für die Dauer von 3 Jahren zur Bewährung auszusetzten. Der Angeklagte soll der Aufsicht eines Bewährungshelfers unterstellt werden. Ihm soll zudem auferlegt werden, 150 Stunden gemeinnützige Arbeit zu verrichten. Das bei der Tat verwendete Messer ist einzuziehen. Der Haftbefehl des Amtsgerichts Lübeck vom 12.12.2009 ist aufzuheben.

6. Urteil

320 Die Hauptverhandlung schließt mit der auf die Beratung folgenden Verkündung des Urteils und endet mit der Rechtsmittelbelehrung. Der Referendar muss den Inhalt des Urteils vollständig aufnehmen. Hierüber hat er einen Vermerk in der Handakte zu fertigen[179]. Üblicherweise befindet sich hierfür in dem Deckel der Handakte ein entsprechender Vordruck. In diesen Vermerk hat er auch seinen Antrag aufzunehmen. Erfolgt eine antragsgemäße Verurteilung, hat der Referendar in aller Regel die tragenden Gründe des Urteils nicht zu vermerken. Bei nicht antragsgemäßen Entscheidungen muss der Referendar die Gründe dafür in einem kurzen Vermerk darlegen. Dies ist erforderlich, damit der zuständige Dezernent über die mögliche Einlegung eines Rechtsmittels entscheiden kann.

321 Beantragt der Referendar einen Freispruch, sind die Gründe dafür in einem gesonderten Vermerk darzulegen.

179 Daneben sind in der Handakte sämtliche für das Verfahren wesentlichen Entscheidungen, etwa Einstellungen, Aussetzungen oder Aufhebungen von Haftbefehlen zu vermerken. Der Vermerk muss dokumentenecht (blau oder schwarz) angebracht werden, nicht mit Bleistift.

Beispiel für einen **Handaktenvermerk:**

Sitzung des Strafrichters beim Amtsgericht Lübeck am 13.02.2010, Saal 160

Antrag	*Entscheidung*
Geldstrafe von 30 Tagessätzen zu je 40 €, Entziehung der Fahrerlaubnis, Einziehung des Führerscheins, Sperrfrist von noch 6 Monaten	*n.A.*[180]*, allerdings Sperrfrist von noch 8 Monaten.*

Die dazugehörige Verfügung könnte lauten:

Vfg.

1. *Herrn Ausbilder Dr. Stark.*
2. *Herrn AL 8.*
3. *Frau Dezernentin.*

Lübeck, den 13.02.2010
(leserliche) Unterschrift, Referendar

180 Die Abkürzung bedeutet „nach Antrag".

B. Die Ausbildung beim Strafrichter

322 In einigen Bundesländern ist der Referendar in der strafrechtlichen Pflichtstation nicht ausschließlich der Staatsanwaltschaft zugewiesen, sondern auch dem Strafrichter. Das ist nicht unproblematisch, da der Referendar in der begleitenden Arbeitsgemeinschaft die staatsanwaltschaftliche Perspektive kennenlernt, sich aber gleichzeitig bei seinem Ausbilder selbstständig in die richterliche Tätigkeit einarbeiten muss. Diese unterscheidet sich grundlegend von dem Aufgabenbereich des Staatsanwalts. Während bei der Staatsanwaltschaft das Ermittlungsverfahren und dessen Abschluss im Vordergrund steht, konzentriert sich die richterliche Tätigkeit vorwiegend auf die Vorbereitung und Durchführung der Hauptverhandlung sowie das Verfassen des Urteils.

Hinweis: In der überwiegenden Anzahl der Examensklausuren muss der Referendar über den Abschluss eines Ermittlungsverfahrens entscheiden und eine Anklageschrift fertigen. Dagegen spielt die Urteilsklausur im Examen nur eine untergeordnete Rolle. Die Ausbildung beim Strafrichter hat zur Folge, dass sich der Referendar nicht im Verfassen von Anklageschriften üben kann. Er sollte daher unbedingt seinen Ausbilder darum bitten, ihm Akten zur Bearbeitung zu geben, aus denen die Abschlussverfügung und Anklageschrift der Staatsanwaltschaft entheftet werden, damit der Referendar diese anfertigen und später mit den Originalen vergleichen kann.

Im Folgenden soll ein Überblick über die Stellung und Tätigkeit des Strafrichters gegeben werden. Darüber hinaus wird gezeigt, wie ein Urteil zu gestalten ist.

I. Stellung des Strafrichters

323 Die richterliche Gewalt wird durch unabhängige, nur dem Gesetz unterworfene Gerichte ausgeübt (§ 1 GVG). Die Richter sind in Ausübung ihrer Rechtsprechungsfunktion nach Art. 97 Abs. 1 GG sachlich und persönlich **unabhängig**.

II. Aufgaben des Strafrichters

323a Die Tätigkeit des Strafrichters konzentriert sich auf das Ermittlungsverfahren, das Zwischenverfahren sowie die Vorbereitung und Durchführung der Hauptverhandlung.

1. Ermittlungsverfahren

Im Ermittlungsverfahren wird der Strafrichter regelmäßig nur dann tätig, wenn er nach dem Geschäftsverteilungsplan des Gerichts entweder ganz oder teilweise die Aufgaben des Ermittlungsrichters wahrzunehmen hat. In diesen Fällen hat er über Anträge der Staatsanwaltschaft zu entscheiden. Dabei geht es vor allem um Zwangsmaßnahmen wie Haftbefehle, Durchsuchungs- und Beschlagnahmebeschlüsse oder die vorläufige Entziehung der Fahrerlaubnis. Auf die rechtlichen Voraussetzungen für derartige Zwangsmaßnahmen wurde bereits oben eingegangen[1]. Vor einer Entscheidung muss der Ermittlungsrichter prüfen, ob der Betroffene zuvor anzuhören ist. Dies ist bei Durchsuchungsanordnungen und Haftbefehlen nach § 33 Abs. 4 StPO grundsätzlich nicht der Fall, da die vorherige Anhörung in der Regel den Zweck der Anordnung gefährden würde. Die Entscheidung erfolgt durch Beschluss. **324**

Ein **Beschluss** kann wie folgt aussehen: **325**

```
Amtsgericht Lübeck                          Lübeck, 12.02.2009
3 Gs 43/09
711 Js 1945/09

                    B e s c h l u s s

In dem Ermittlungsverfahren
gegen  Michaela Krupp, geb. Mühlhagen,
       geb. am 07.07.1969 in Dortmund,
       wohnhaft: Königsstraße 4, 23560 Lübeck
wegen  Wohnungseinbruchsdiebstahls
wird gem. §§ 102, 105 StPO die Durchsuchung der Wohnung
der Beschuldigten in der Königsstraße 4 in Lübeck sowie
ihres Pkw Ford Fiesta mit dem amtlichen Kennzeichen HL-MK
1, angeordnet. Die Durchsuchung dient der Auffindung eines
Laptops der Marke Samsung, Modell XL 3, Fabrikationsnum-
mer 1434343 sowie eines goldenen Armbandes mit der Gravur
„Frank".

                         Gründe:

Die Beschuldigte ist verdächtig, sich am 2. 2. 2009 zwi-
schen 1.00 und 6.00 Uhr durch Aufhebeln der Terrassentür
Zutritt zu der Wohnung des Geschädigten Frank Mitterer
in der Breiten Straße 6 in Lübeck verschafft und aus dem
Arbeitszimmer einen Laptop der Marke Samsung, Modell XL
3, Fabrikationsnummer 1434343 sowie ein goldenes Armband
mit der Gravur „Frank" an sich genommen zu haben. Die
Beschuldigte wollte diese Gegenstände zunächst für sich
behalten und später weiter verkaufen.
```

1 Vgl. Rn. 26 ff.

Vergehen, strafbar nach § 244 Abs. 1 Nr. 3 StGB.

Der gegen die Beschuldigte bestehende Tatverdacht ergibt sich aus der Aussage des Zeugen Murx. Dieser hat angegeben, den oben näher beschriebene Laptop sowie das Armband in der Wohnung der Beschuldigten gesehen zu haben. Diese habe ihm die Gegenstände zum Kauf angeboten.

Die Durchsuchung ist zur Auffindung der oben näher bezeichneten Beweismittel erforderlich. Aufgrund der bisherigen Ermittlungen ist zu erwarten, dass sie in der Wohnung der Beschuldigten oder in ihrem Pkw gefunden werden. Weniger einschneidende Maßnahmen kommen nicht in Betracht.

Holzhammer
(Dr. Holzhammer)
Richter am Amtsgericht

326 Im Übrigen wird der Strafrichter auch als der für die Eröffnung des Hauptverfahrens zuständige Richter bei zustimmungsbedürftigen Verfahrenseinstellungen nach §§ 153 Abs. 1 S. 1, 153a Abs. 1 S. 1, 153b Abs. 1 StPO oder im Fall der Beiordnung eines Pflichtverteidigers bereits im Ermittlungsverfahren tätig.

2. Zwischenverfahren

327 Im Zwischenverfahren entscheidet das Gericht über die **Eröffnung des Hauptverfahrens**. Dazu prüft es, ob die Prozessvoraussetzungen vorliegen und ob ein hinreichender Tatverdacht besteht. Dabei kann das Gericht entweder von Amts wegen oder auf Antrag des Angeschuldigten zur weiteren Aufklärung der Sache nach § 202 StPO einzelne Beweiserhebungen anordnen.

328 Das Zwischenverfahren beginnt mit dem Eingang der Akten nach Erhebung der öffentlichen Klage durch die Staatsanwaltschaft. Damit wird das Verfahren **rechtshängig**, wodurch die Staatsanwaltschaft grundsätzlich die Dispositionsbefugnis über das Verfahren verliert. Im Umkehrschluss zu § 156 StPO kann die Staatsanwaltschaft die Anklage allerdings noch bis zur Eröffnung des Hauptverfahrens zurücknehmen. Mit der Rechtshängigkeit entsteht auch ein Verfahrenshindernis für die Verfolgung derselben Tat in einem anderen Verfahren.

329 Mit der Erhebung der öffentlichen Klage wird der Beschuldigte nach § 157 StPO terminologisch zum Angeschuldigten.

Hinweis: Der Referendar sollte die durch das Gesetz vorgegebenen Terminologien hinsichtlich des Beschuldigten beachten. Fehler in diesem Bereich sind besonders schwerwiegend. Das nachfolgende Schaubild verdeutlicht daher noch einmal die von § 157 StPO vorgeschriebene Begrifflichkeit.

Bezeichnung	**Verfahrensstadium**
Beschuldigter	bis zur Erhebung der öffentlichen Klage
Angeschuldigter	nach Erhebung der öffentlichen Klage
Angeklagter	nach Eröffnung des Hauptverfahrens

Nach Eingang der Akten bei Gericht erhält die Akte zunächst ein gerichtliches Aktenzeichen. Dies ist im Falle einer Anklageerhebung beim Strafrichter ein Ds-Aktenzeichen[2]. **330**

Das Gericht stellt die Anklageschrift sodann dem Angeschuldigten bzw. seinen gesetzlichen Vertretern und – sofern vorhanden – seinem Verteidiger zu. Gleichzeitig wird der Angeschuldigte aufgefordert, innerhalb einer bestimmten Frist zu erklären, ob er die Vornahme einzelner Beweiserhebungen beantragt oder Einwendungen gegen die Eröffnung des Hauptverfahrens vorzubringen hat. **331**

Über die Beweisanträge und Einwendungen entscheidet das Gericht durch unanfechtbaren Beschluss (§ 201 Abs. 2 StPO). Die Entscheidung ergeht nach pflichtgemäßem Ermessen. Dabei ist das Gericht nicht an die strengen Ablehnungsgründe des § 244 StPO gebunden. **332**

Das Gericht übersendet die Anklageschrift zudem dem Nebenkläger und dem Nebenklagebefugten, der dies beantragt hat (§ 201 Abs. 1 S. 2 StPO). **332a**

Die Zustellung der Anklageschrift an den Angeschuldigten kann wie folgt verfügt werden: **333**

```
63 Ds 823/09

                    Vfg.

1. Anklageschrift dem Angeschuldigten mit folgendem An-
   schreiben förmlich zustellen:

   In dem Strafverfahren

   gegen   Sie
   wegen   des Vorwurfs des Betrugs

   wird Ihnen anliegend die Anklageschrift der Staats-
   anwaltschaft Lübeck vom 13.02.2009 zugestellt. Vor
   der Entscheidung über die Eröffnung des Hauptverfah-
   rens können Sie die Vornahme einzelner Beweiserhebun-
   gen beantragen oder Einwendungen gegen die Eröffnung
   des Hauptverfahrens vorbringen. Hierzu wird Ihnen eine
   Frist von 10 Tagen nach Zustellung der Anklageschrift
```

2 Siehe hierzu Rn. 17, Fn. 11.

```
    gesetzt. Die Anträge und Einwendungen müssen schrift-
    lich oder zu Protokoll der Geschäftsstelle des Ge-
    richts erklärt werden.
2. Frist: 2 Wochen.

Lübeck, 16.02.2009

Paraphe
```

334 Nach Ablauf der Frist entscheidet der Richter, ob eine Beweiserhebung im Zwischenverfahren erforderlich ist. Diese findet in der Praxis eher selten statt. In der Regel entscheidet der Richter anhand des Akteninhalts, ob er einen hinreichenden Tatverdacht für gegeben erachtet und das Hauptverfahren eröffnet. Zugleich prüft das Gericht insbesondere, ob es sachlich und örtlich zuständig ist. Beim Strafrichter kann es vorkommen, dass er die Zuständigkeit eines Gerichts höherer Ordnung für begründet hält. In diesem Fall legt er die Akten über die Staatsanwaltschaft dem Gericht höherer Ordnung, etwa dem Schöffen- oder Landgericht, zur Übernahme vor (§ 209 Abs. 2 StPO)[3].

335 Sieht der Strafrichter seine Zuständigkeit als gegeben und nimmt er einen hinreichenden Tatverdacht an, lässt er die Anklage – ggf. mit Änderungen – durch Eröffnungsbeschluss (§ 207 StPO) zur Hauptverhandlung zu[4]. Zugleich bezeichnet er das Gericht, vor dem die Hauptverhandlung stattfinden soll. Befindet sich der Angeschuldigte in Untersuchungshaft oder ist er einstweilig untergebracht, muss das Gericht zugleich von Amts wegen über die Fortdauer dieser Maßnahmen entscheiden (§ 207 Abs. 4 StPO).

336 Der Eröffnungsbeschluss ist dem Angeklagten spätestens mit der Ladung zur Hauptverhandlung zuzustellen (§ 215 StPO).

337 Dem Angeklagten steht gegen den Eröffnungsbeschluss kein Rechtsmittel zu (§ 210 Abs. 1 StPO). Dagegen steht der Staatsanwaltschaft nach § 210 Abs. 2 StPO die sofortige Beschwerde zu, wenn das Gericht das Hauptverfahren abweichend von der Anklageschrift eröffnet oder die Eröffnung ganz ablehnt.

3 Umgekehrt kann ein Gericht, das die Zuständigkeit eines Gerichts niedriger Ordnung für gegeben ansieht, nach § 209 Abs. 1 StPO das Hauptverfahren unmittelbar vor diesem Gericht eröffnen. In der Ausbildung beim Strafrichter kann sich diese Frage dem Referendar nur dann stellen, wenn der Strafrichter zugleich Vorsitzender eines Schöffengerichts ist und die Anklage dort erhoben wurde.

4 Zu Einzelheiten hinsichtlich des Eröffnungsbeschlusses vgl. *Beulke*, Rn. 357 ff.

Ein **Eröffnungsbeschluss** kann wie folgt aussehen: 338

Amtsgericht Lübeck Lübeck, 12.04.2009
68 Ds 943/09
711 Js 2545/09

Beschluss

In der Strafsache

gegen Michael Hansen,
geb. am 07.09.1959 in Lüneburg,
wohnhaft: Königsstraße 11, 23560 Lübeck

Verteidiger: Rechtsanwalt Dr. Hartwig, Hüxstraße 4, 23558 Lübeck

wegen Betrugs

wird die Anklage der Staatsanwaltschaft Lübeck vom 10.03.2009 - Aktenzeichen 711 Js 2545/09 - zur Hauptverhandlung zugelassen und das Hauptverfahren vor der Strafrichterin des Amtsgerichts Lübeck eröffnet.

Der Haftbefehl des Amtsgerichts Lübeck vom 09.01.2009 (3 Gs 89/09) bleibt aus den fortdauernden Gründen seines Erlasses aufrecht erhalten.

Huppe

(Huppe)
Richterin am Amtsgericht

Neben der Entscheidung über die Eröffnung des Hauptverfahrens kann im Zwi- 339
schenverfahren auch eine vorläufige Verfahrenseinstellung in Betracht kommen. Diese ist nach § 205 StPO möglich, wenn der Hauptverhandlung für längere Zeit die Abwesenheit des Angeschuldigten oder ein anderes in seiner Person liegendes Hindernis entgegensteht. Darüber hinaus besteht auch im Zwischenverfahren die Möglichkeit einer Einstellung des Verfahrens aus Opportunitätsgründen (§§ 153 ff. StPO). Hierzu bedarf es der Zustimmung oder eines Antrags der Staatsanwaltschaft. In den Fällen der §§ 153 Abs. 2, 153a Abs. 2, 153b Abs. 2 StPO muss außerdem der Angeschuldigte zustimmen.

3. Vorbereitung der Hauptverhandlung

§§ 213–225a StPO regeln die Vorbereitung der Hauptverhandlung durch den Richter. 340
Ergänzende Hinweise finden sich in Nr. 116–122 RiStBV. Hauptaufgabe ist die Terminsbestimmung (§ 213 StPO), die Vornahme von Ladungen (§§ 214, 216 ff. StPO) sowie das Herbeischaffen von Beweismitteln (§§ 214 Abs. 4 S. 2, 221 StPO).

341 Bei erstinstanzlichen Verfahren vor dem Land- oder Oberlandesgericht ist dem Angeklagten, der Staatsanwaltschaft sowie ggf. dem Nebenkläger nach § 222a StPO die Besetzung des Gerichts mitzuteilen[5].

342 In seltenen Fällen können auch Teile der Beweisaufnahme vor Beginn der Hauptverhandlung vorgenommen werden. Dies kommt etwa bei kommissarischen Vernehmungen nach § 223 StPO in Betracht.

4. Hauptverhandlung

343 Die Hauptverhandlung bildet das Kernstück des Strafprozesses. Ihr Ablauf ist in den §§ 226–275 StPO geregelt; weitere Hinweise ergeben sich aus Nr. 123–145 RiStBV. Abgesehen von der möglichen Wahrnehmung von Protokollaufgaben hat der Referendar während seiner Ausbildung beim Strafrichter keine Gelegenheit, in der Hauptverhandlung selbstständig tätig zu werden. Während er bei der Ausbildung bei der Staatsanwaltschaft als Sitzungsvertreter in der Hauptverhandlung auftreten kann, darf er keine strafrichterlichen Aufgaben wahrnehmen (§ 10 GVG).

344 Der **Gang der Hauptverhandlung** wurde bereits im Kapitel Ausbildung bei der Staatsanwaltschaft dargestellt[6]. Das nachfolgende Schaubild soll noch einmal einen kurzen Überblick bieten.

- Aufruf der Sache
- Präsenzfeststellung
- Belehrung der Zeugen und Sachverständigen
- Vernehmung des Angeklagten zu seinen persönlichen Verhältnissen
- Verlesung des Anklagesatzes
- Belehrung des Angeklagten über seine Aussagefreiheit
- Vernehmung des Angeklagten zur Sache
- Beweisaufnahme
- Plädoyers
- Letztes Wort des Angeklagten
- Beratung und Abstimmung
- Urteil und Rechtsmittelbelehrung

III. Das Urteil

345 Sofern das Hauptverfahren nicht durch einen Einstellungsbeschluss beendet wird, ist es durch Urteil abzuschließen. Hierbei ist zwischen dem – selten vorkommenden – Einstellungsurteil und dem **Sachurteil** zu unterscheiden. Eine Einstellung des Verfah-

5 Die Mitteilung an den Angeklagten erfolgt über seinen Verteidiger, § 222a Abs. 1 S. 2 StPO.
6 Siehe Rn. 249 ff.

rens – etwa nach §§ 153 Abs. 2 oder 154 Abs. 2 StPO – ist durch Beschluss vorzunehmen. Eine Einstellung des Verfahrens durch (Prozess)Urteil ist jedoch angezeigt, wenn sich in der Hauptverhandlung ein Verfahrenshindernis – etwa Verjährung oder ein fehlender Strafantrag – herausstellt. Dagegen ergeht ein Sachurteil, wenn darüber zu befinden ist, ob der in der Anklageschrift gegen den Angeklagten erhobene Schuldvorwurf berechtigt ist. Beim Sachurteil ist daher über Verurteilung oder Freispruch zu entscheiden.

Das Urteil untergliedert sich in fünf Teile, denen sich ggf. urteilsbegleitende Beschlüsse anschließen: **346**

1. Rubrum
2. Tenor
3. Liste der angewendeten Vorschriften
4. Gründe
5. Unterschrift(en) der Berufsrichter
6. Urteilsbegleitende Beschlüsse

1. Rubrum

§ 275 Abs. 3 StPO regelt im Wesentlichen, was in den Urteilskopf (Rubrum) aufzunehmen ist. Dies sind die Bezeichnung des Tages der Sitzung sowie die Namen der Richter, der Schöffen, des Beamten der Staatsanwaltschaft, des Verteidigers und des Urkundsbeamten der Geschäftsstelle, die an der Sitzung teilgenommen haben. Dagegen enthält das Gesetz keine Vorschrift über die Gestaltung des Rubrums. Diese hat sich in der Praxis folgendermaßen herausgebildet: **347**

In der obersten Zeile ist links das Aktenzeichen aufzunehmen. Darunter folgt zentriert die Bezeichnung des Gerichts sowie die aus § 268 Abs. 1 StPO zu entnehmende Formulierung *„Urteil"* und *„Im Namen des Volkes"*. **348**

Anschließend ist das Urteil mit der Formulierung *„In der Strafsache gegen"* einzuleiten.

Es folgen die Personalien des Angeklagten oder der Angeklagten. Hierbei ergeben sich keine Besonderheiten zur Gestaltung der Personalien in der Anklageschrift. Mehrere Angeklagte werden üblicher Weise mit arabischen Ziffern bezeichnet.

Nach den Personalien wird die Straftat, die Gegenstand des Verfahrens ist, angegeben. Bei mehreren Straftaten wird die schwerwiegendste hervorgehoben, etwa mit der Formulierung *„wegen räuberischen Diebstahls u.a."*

Weiter sind Spruchkörper und Tag der mündlichen Verhandlung zu bezeichnen. Bei mehreren Verhandlungstagen sollten sämtliche Sitzungstage angegeben werden[7].

7 Nach *Vollmer/Heidrich*, Rn. 407, soll es ausreichen, wenn nur der zeitliche Rahmen der Verhandlung angegeben wird, wobei der Tag der Urteilsverkündung hervorzuheben ist.

Ebenfalls sind die mitwirkenden Personen vollständig aufzuführen: Richter, Schöffen, Verteidiger, Beamte der Staatsanwaltschaft und Urkundsbeamte der Geschäftsstelle. Bei dem Urkundsbeamten reicht es aus, nur denjenigen zu nennen, der bei der Urteilsverkündung anwesend war. War ein Nebenkläger mit Rechtsanwalt am Verfahren beteiligt, sind auch diese in das Rubrum aufzunehmen.

Das Rubrum schließt mit der Formulierung *„für Recht erkannt:“*, welche zum Tenor überleitet.

349 **Beispiel für ein Rubrum:**

```
31 Ds 711 Js 13456/09 (31/09)

                    Amtsgericht Lübeck
                          URTEIL
                    Im Namen des Volkes

In der Strafsache

gegen

1. den Maurer Martin Willmers, geboren am 12.03.1968 in
   Hamburg, wohnhaft Lübecker Chaussee 23, 23623 Ahrens-
   bök, deutscher Staatsangehöriger, ledig,

   - in dieser Sache seit dem 27.04.2009 in Untersu-
   chungshaft in der JVA Lübeck -

2. den Krankenpfleger Günther Schmidt, geboren am 21.04.1971
   in Wilster, wohnhaft Postredder 9, 23556 Lübeck, deut-
   scher Staatsangehöriger, verheiratet,

   wegen Bandendiebstahls u.a.

hat das Amtsgericht Lübeck - Schöffengericht - in der
Sitzung vom 22. Mai 2009 unter Teilnahme von

Richter am Amtsgericht Wuttke
als Vorsitzender,

Altenpflegerin Else Brandt,
Landwirt Hartmut Müller
als Schöffen,

Staatsanwalt Strietzel
als Beamter der Staatsanwaltschaft,

Rechtsanwalt Timpke
als Verteidiger des Angeklagten zu 1.,

Justizangestellte Ebert
als Urkundsbeamtin der Geschäftsstelle

für Recht erkannt:
```

2. Tenor

Die Fassung des Urteilstenors ist in § 260 Abs. 4 StPO geregelt. Allerdings enthält diese Vorschrift nur Mindestanforderungen. Im Übrigen steht die Gestaltung des Tenors im Ermessen des Gerichts. Für den Angeklagten ist der Tenor von zentraler Bedeutung. Bei der Verkündung des Urteils gilt ihm seine Aufmerksamkeit. Bereits deswegen sollte der Tenor klar verständlich, knapp und übersichtlich formuliert werden. **350**

Bei Strafurteilen ist zwischen Einstellungs- und Sachurteil zu unterscheiden. Der Tenor beim Einstellungsurteil lautet schlicht: **351**

„Das Verfahren wird eingestellt."

Beim Sachurteil ist danach zu differenzieren, ob der Angeklagte verurteilt oder freigesprochen wird. Beim Freispruch bereitet die Tenorierung ebenfalls keine Schwierigkeiten und lautet: **352**

„Der Angeklagte wird freigesprochen".

Im Fall einer Verurteilung muss der Tenor einen Schuld- und Rechtsfolgenausspruch enthalten. **353**

Im **Schuldspruch** ist die rechtliche Bezeichnung der Tat anzugeben, deren der Angeklagte schuldig gesprochen wird (§ 260 Abs. 4 S. 1 StPO). Hat ein Straftatbestand eine gesetzliche Überschrift, so soll diese zur rechtlichen Bezeichnung der Tat verwendet werden (§ 260 Abs. 4 S. 2 StPO). Ist eine solche nicht vorhanden (etwa im Nebenstrafrecht), ist der Gesetzestext möglichst präzise zu umschreiben. **354**

Beispiel: Bei einer Verurteilung nach § 29a Abs. 1 Nr. 2, 1. Alt. BtMG lautet der Schuldspruch:

„Der Angeklagte wird wegen unerlaubten Handeltreibens mit Betäubungsmitteln in nicht geringer Menge verurteilt."

In den Schuldspruch mit aufzunehmen sind: **355**

- Versuch
- Teilnahmeformen (Anstiftung, Beihilfe)
- Qualifikationen und Privilegierungen
- Schuldform (jedoch nur, wenn ein Delikt auch einen Fahrlässigkeitstatbestand kennt, etwa §§ 223/229 oder §§ 316 Abs. 1/316 Abs. 2 StGB)
- Konkurrenzverhältnisse.

In den Schuldspruch **nicht aufzunehmen** sind dagegen: **356**

- Täterschaftsformen (Mittäterschaft, mittelbare Täterschaft)
- verminderte Schuldfähigkeit
- Deliktskategorie (Vergehen oder Verbrechen)
- Strafzumessungsvorschriften (besonders oder minder schwere Fälle)

Beispiele:

a) Schuldspruch gem. §§ 315c Abs. 1 Nr. 1a, Abs. 3 Nr. 2, 243 Abs. 1 Nr. 1, 53 StGB: Der Angeklagte wird wegen fahrlässiger Gefährdung des Straßenverkehrs und Diebstahls verurteilt.

b) Schuldspruch gem. §§ 223 Abs. 1, 249, 22, 52 StGB:
Der Angeklagte wird wegen versuchten Raubs in Tateinheit mit vorsätzlicher Körperverletzung verurteilt.

c) Schuldspruch gem. §§ 244 Abs. 1 Nr. 3, 53 StGB (3 Taten):
Der Angeklagte wird wegen Wohnungseinbruchsdiebstahls in drei Fällen verurteilt.

357 Im **Rechtsfolgenausspruch** sind neben der Hauptstrafe (Geld- oder Freiheitsstrafe) auch Nebenstrafen (Fahrverbot gem. § 44 StGB), Maßregeln (etwa Entziehung der Fahrerlaubnis gem. § 69 StGB) und Nebenfolgen (etwa Verfall oder Einziehung gem. §§ 73 ff. StGB) aufzunehmen[8]:

„Der Angeklagte wird wegen vorsätzlicher Trunkenheit im Verkehr zu einer Geldstrafe von 30 Tagessätzen zu je 30 € verurteilt. Ihm wird die Fahrerlaubnis entzogen. Sein Führerschein wird eingezogen. Der Verwaltungsbehörde wird aufgegeben, dem Angeklagten vor Ablauf von acht Monaten keine neue Fahrerlaubnis zu erteilen."

358 Bei der Verurteilung zu einer Geldstrafe sind Zahl und Höhe der Tagessätze in die Urteilsformel aufzunehmen (§ 260 Abs. 4 S. 3 StPO). Die daraus zu errechnende Gesamtsumme wird nicht im Tenor angegeben. Zahlungserleichterungen nach § 42 StGB gehören in die Urteilsformel:

„Der Angeklagte wird wegen Diebstahls zu einer Geldstrafe von 30 Tagessätzen zu je 30 € verurteilt. Ihm wird gestattet, die Geldstrafe in monatlichen Raten in Höhe von 50 €, fällig jeweils am 5. eines Monat, beginnend am 1. Monat des auf die Rechtskraft dieses Urteils folgenden Monats zu zahlen. Diese Vergünstigung entfällt, wenn der Angeklagte mit der Zahlung einer Rate in Verzug gerät."

358a Bei der Verwarnung mit Strafvorbehalt kann wie folgt tenoriert werden:

„Der Angeklagte ist des Diebstahls schuldig. Er wird verwarnt. Die Verurteilung zu einer Geldstrafe von 20 Tagessätzen zu je 30 € bleibt vorbehalten."

Die Bewährungszeit sowie die Bewährungsauflagen und -weisungen werden nach § 268a StPO durch einen Beschluss festgesetzt, der mit dem Urteil zu verkünden ist.

359 Bei der Verurteilung zu einer Freiheitsstrafe, deren Vollstreckung zur Bewährung ausgesetzt wird, ist dies im Tenor zu kennzeichnen:

„Der Angeklagte wird wegen Betruges zu einer Freiheitsstrafe von 8 Monaten verurteilt, deren Vollstreckung zur Bewährung ausgesetzt wird."

360 Kommt es zu keiner Strafaussetzung zur Bewährung, ist dies im Urteilstenor nicht gesondert zu erwähnen. Ebenfalls keine Erwähnung finden bei einer Strafaussetzung die einzelnen Bewährungsauflagen. Diese werden in einem gesonderten Beschluss festgesetzt, welcher mit dem Urteil zu verkünden ist (§ 268a Abs. 1 StPO).

361 Bei Gesamtstrafen erscheinen die Einzelstrafen nicht im Tenor, sondern erst in den Gründen. In dem Tenor ist lediglich die Gesamtstrafe aufzunehmen:

„Der Angeklagte wird wegen Betruges zu einer Gesamtgeldstrafe von 120 Tagessätzen zu je 30 € verurteilt."

---

8 Vgl. hierzu Rn. 304 ff.

Bei einer nachträglichen Gesamtstrafenbildung ist das einzubeziehende Urteil im Tenor präzise anzugeben: **362**

„Der Angeklagte wird wegen Betruges unter Einbeziehung der Strafe aus dem Urteil des Amtsgerichts Eutin vom 4.6.2009, 31 Ds 213/09, zu einer Gesamtfreiheitsstrafe von einem Jahr und sechs Monaten verurteilt."

Neben Schuldspruch und Rechtsfolgenausspruch enthält der Tenor schließlich auch eine **Kostenentscheidung** (§ 464 StPO). Zu entscheiden ist, wer die Kosten des Verfahrens, mithin die Gebühren und Auslagen der Staatskasse (§ 464a Abs. 1 S. 1 StPO) und die notwendigen Auslagen (§ 464a Abs. 2 StPO), insbesondere also die Rechtsanwaltskosten, zu tragen hat. Zentrale Norm ist § 465 StPO, wonach der Verurteilte die Kosten zu tragen hat[9]. Zu tenorieren ist: **363**

„Der Angeklagte trägt die Kosten des Verfahrens."

Schließlich hat der Richter zu beachten, dass er im Tenor den Eröffnungsbeschluss erschöpfend erledigt. Ist etwa das Hauptverfahren wegen fünf Taten des Diebstahls eröffnet worden, konnten aber in der Hauptverhandlung nur drei Taten nachgewiesen werden, reicht es nicht aus, wegen Diebstahls in drei Fällen zu verurteilen. Es muss hinsichtlich der zwei weiteren Fälle freigesprochen werden: **364**

„Der Angeklagte wird wegen Diebstahls in drei Fällen verurteilt. Im Übrigen wird er freigesprochen."

Anders verhält es sich, wenn wegen einer prozessualen Tat, der mehrere Straftatbestände zugrunde liegen, das Hauptverfahren eröffnet wird und in der Hauptverhandlung nicht sämtliche Straftatbestände nachgewiesen werden können. In diesen Fällen erfolgt kein Teilfreispruch[10]. **365**

Beispiel: Das Hauptverfahren wird eröffnet wegen Diebstahls, tateinheitlich begangen mit Urkundenfälschung und Sachbeschädigung. Der Straftatbestand der Sachbeschädigung lässt sich in der Hauptverhandlung nicht nachweisen. Dann erfolgt kein Teilfreispruch wegen Sachbeschädigung, sondern lediglich Verurteilung wegen Diebstahls in Tateinheit mit Urkundenfälschung. Erst in den Urteilsgründen ist darauf einzugehen, warum der festgestellte Sachverhalt nicht auch den Vorwurf der Sachbeschädigung trägt.

Nicht in die Urteilsformel gehört die Anrechnung von Untersuchungshaft oder anderer Freiheitsentziehung nach § 51 Abs. 1 S. 1 StGB. Eines Ausspruchs in der Urteilsformel bedarf es hingegen, wenn eine Anrechnung der Untersuchungshaft in Hinblick auf das Verhalten des Angeklagten nach § 51 Abs. 1 S. 2 StGB ganz oder zum Teil unterbleiben soll. **365a**

---

9 Auf Einzelheiten zur Kostentragungspflicht soll hier nicht eingegangen werden. Zur Vertiefung sei *Beulke*, Rn. 607 ff. empfohlen.

10 Dies gilt uneingeschränkt, wenn es sich um tateinheitlich begangene Straftatbestände handelt. Umstritten ist jedoch die Tenorierung bei tatmehrheitlich begangenen Delikten, die dennoch nur eine prozessuale Tat darstellen (vgl. hierzu Rn. 103). Obwohl hier beim Abschluss des Ermittlungsverfahrens eine Teileinstellung nicht möglich ist, zieht der BGH diese Konsequenz beim Urteilstenor nicht und fordert in diesen Fällen einen Teilfreispruch (vgl. *BGH* NJW 1992, 989, 991).

365b Eine Besonderheit bei der Tenorierung ergibt sich in Fällen **rechtsstaatswidriger Verfahrensverzögerung**. Aufgrund des in Art. 6 Abs. 1 MRK garantierten Rechts des Angeklagten auf eine gerichtliche Entscheidung in angemessener Frist sind erhebliche Verfahrensverzögerungen, die den Strafverfolgungsbehörden zuzurechnen sind, strafmildernd zu berücksichtigen. Nach der Entscheidung des Großen Senats für Strafsachen vom 17.01.2008[11] hat dies durch die sogenannte **Vollstreckungslösung** zu erfolgen. Danach ist die an sich schuldangemessene Strafe im Urteil festzusetzen und gleichzeitig auszusprechen, dass ein angemessener Teil hiervon als vollstreckt gilt:

„Der Angeklagte wird wegen versuchten Totschlags zu einer Freiheitsstrafe von 6 Jahren verurteilt. Von der verhängten Freiheitsstrafe gelten neun Monate als vollstreckt."

366 Abschließend soll zusammenhängend ein vollständiger Urteilstenor an einem Beispiel verdeutlicht werden:

„Der Angeklagte wird wegen schweren Raubes in zwei Fällen, davon in einem Fall tateinheitlich begangen mit gefährlicher Körperverletzung, zu einer Gesamtfreiheitsstrafe von 6 Jahren und 9 Monaten verurteilt. Die sichergestellte Gaspistole der Marke Walther P99 wird eingezogen. Der Angeklagte hat die Kosten des Verfahrens und die notwendigen Auslagen des Nebenklägers zu tragen."

3. Liste der angewendeten Vorschriften

367 Nach § 260 Abs. 5 S. 1 StPO werden nach der Urteilsformel die angewendeten Vorschriften nach Paragraf, Absatz, Nummer, Buchstabe und mit der Bezeichnung des Gesetzes aufgeführt. Hier ergeben sich kaum Besonderheiten gegenüber den Angaben in der Anklageschrift. Neben den Normen des Besonderen Teils sind auch die entscheidungserheblichen Vorschriften des Allgemeinen Teils anzugeben. Auch Vorschriften über Strafschärfungen oder -milderungen sind anzugeben, sofern diese zur Anwendung kommen. Ebenfalls aufzuführen ist § 56 StGB, wenn es zu einer Strafaussetzung zur Bewährung gekommen ist. Insofern ist die Liste der angewendeten Vorschriften umfangreicher und präziser als der Tenor.

Beispiel: Der 20 Jahre alte Angeklagte wird wegen eines mittäterschaftlich begangenen Diebstahls in einem besonders schweren Fall, begangen im Zustand verminderter Schuldfähigkeit, zu einer Jugendstrafe von sechs Monaten verurteilt, deren Vollstreckung zur Bewährung ausgesetzt wird. Kosten und Auslagen werden ihm nicht auferlegt (vgl. §§ 74, 105, 109 Abs. 2 JGG). Tenor und Liste der angewendeten Vorschriften lauten:

„Der Angeklagte wird wegen Diebstahls zu einer Jugendstrafe von sechs Monaten verurteilt. Die Vollstreckung der Strafe wird zur Bewährung ausgesetzt. Es wird davon abgesehen, dem Angeklagten Kosten und Auslagen aufzuerlegen.

Angewendete Vorschriften: §§ 242 Abs. 1, 243 Abs. 1 Nr. 1, 21, 25 Abs. 2 StGB, 1, 21, 74, 105, 109 Abs. 2 JGG."

---

11 *BGH* NJW 2008, 860.

4. Gründe

Die Urteilsgründe, die im Urteil selbst nur mit der Überschrift „Gründe" zu kennzeichnen sind, sind in sechs Abschnitte zu unterteilen: **368**

a) Persönliche Verhältnisse
b) Feststellungen
c) Beweiswürdigung
d) Rechtliche Würdigung
e) Strafzumessung
f) Nebenentscheidungen

a) Persönliche Verhältnisse

Die Gründe beginnen mit der Schilderung der persönlichen Verhältnisse des Angeklagten. Diese Angaben dienen als Grundlage für die Strafzumessung. Inhaltlich ergeben sich keine Besonderheiten zur Schilderung der persönlichen Verhältnisse im Wesentlichen Ergebnis der Ermittlungen bei der Anklageschrift. Es ist daher – in der gebotenen Kürze – darzustellen, in welchen Verhältnissen der Angeklagte aufwuchs, welche Schulbildung er hat und welchen beruflichen Werdegang er genommen hat. Insbesondere ist auf seine derzeitige berufliche und wirtschaftliche sowie seine familiäre Situation einzugehen. Zudem sind die strafrechtlichen Vorerkenntnisse, die sich aus dem Bundeszentralregister ergeben, darzustellen. Enthält der Registerauszug eine Vielzahl an Eintragungen, ist es nicht notwendig, sämtliche Eintragungen mitzuteilen. Es sollten jedoch die einschlägigen Vorstrafen und die der letzten Zeit angegeben werden. Zwingend notwendig ist es, Bewährungszeiten darzustellen. **369**

Bei einem freisprechenden Urteil sind die persönlichen Verhältnisse des Angeklagten nicht zu schildern, da es in diesem Fall einer Grundlage für die Strafzumessung nicht bedarf.

b) Feststellungen

Gemäß § 267 Abs. 1 S. 1 StPO müssen in den Urteilsgründen die für erwiesen erachteten Tatsachen angegeben werden, welche die gesetzlichen Merkmale der Straftat erfüllen. Wie bei der Konkretisierung in der Anklageschrift sind daher alle objektiven und subjektiven Umstände darzustellen, die für eine Subsumtion unter die einzelnen Straftatbestände notwendig sind. Allerdings gehen die Feststellungen im Urteil über die Konkretisierung in der Anklageschrift insoweit hinaus, als auch auf Beweggründe, Hintergründe und Begleitumstände der Tat ausführlich einzugehen ist. Dies kann für den Rechtsfolgenausspruch von Bedeutung sein. Die Sachverhaltsschilderung ist im Imperfekt aus der Sicht des Angeklagten darzustellen. **370**

Beim freisprechenden Urteil ist der dem Eröffnungsbeschluss zugrunde liegende Sachverhalt, also in der Regel die Konkretisierung der Anklageschrift, darzustellen und anschließend die für erwiesen erachteten abweichenden Tatsachen, die zum Freispruch aus tatsächlichen Gründen führen. Kommt es zu einem Freispruch aus rechtli- **371** chen Gründen, ist lediglich der für erwiesen erachtete Sachverhalt zu schildern. Bei der rechtlichen Würdigung ist mitzuteilen, warum dieser Sachverhalt keinen Schuldspruch trägt.

c) Beweiswürdigung

372 Im Rahmen der Beweiswürdigung ist darzulegen, warum das Gericht den zuvor festgestellten Sachverhalt als erwiesen erachtet[12]. An dieser Stelle hat daher eine erschöpfende Auseinandersetzung mit den in der Hauptverhandlung verwendeten Beweismitteln zu erfolgen. Auf Beweismittel, die zwar im Ermittlungsverfahren zur Geltung kamen, in der Hauptverhandlung jedoch keine Rolle mehr spielten und nicht in diese eingeführt wurden, darf im Urteil nicht eingegangen werden.

373 Zu Beginn der Beweiswürdigung ist auf die Einlassung des Angeklagten einzugehen, wenn eine solche erfolgt ist. Anschließend erfolgt eine Auseinandersetzung mit den Zeugenaussagen. Schließlich sind die gegebenenfalls weiteren Beweismittel (Sachverständige, Urkunden und Augenschein) zu würdigen. Die Einlassung des Angeklagten und die Aussagen der Zeugen sind in indirekter Rede wiederzugeben. Tatsachen werden im Indikativ wiedergegeben, Meinungen und Behauptungen im Konjunktiv.

> **Hinweis:** Bei der Beweiswürdigung ist auf eine korrekte Terminologie zu achten. Beim Angeklagten spricht man von einer **Einlassung**, beim Zeugen von einer **Aussage** oder **Bekundung**. Der Angeklagte „lässt sich ein", „gibt an" oder „behauptet". Die Ausdrücke „aussagen" und „bekunden" sind bei Zeugen zu verwenden.
>
> Zudem kann eine Einlassung bzw. Aussage **glaubhaft** oder **unglaubhaft** sein, während der Angeklagte bzw. ein Zeuge **glaubwürdig** oder **unglaubwürdig** ist.

374 Liegt ein Geständnis des Angeklagten vor, kann die Beweiswürdigung in der Regel knapp gehalten werden. Allerdings genügt insoweit **nicht** die Formulierung:

„Der vorstehende Sachverhalt steht fest aufgrund der geständigen Einlassung des Angeklagten."

375 Hier fehlt es an einer Würdigung des Geständnisses. Es kann vorkommen, dass sich das Geständnis des Angeklagten als falsch herausstellt. Das Gericht hat daher auch die Glaubhaftigkeit einer geständigen Einlassung zu überprüfen. Insofern sollte wie folgt formuliert werden:

„Der vorstehende Sachverhalt steht fest aufgrund der geständigen Einlassung des Angeklagten, welche glaubhaft ist. Die Einlassung wird insbesondere durch die Aussagen der Zeugen Meier und Schulze bestätigt."

376 Bestreitet der Angeklagte dagegen die Tat oder lässt er sich zur Sache nicht ein, ist zumeist eine umfassende Würdigung der Beweismittel notwendig. Hier ist zunächst die Einlassung des Angeklagten wiederzugeben. Anschließend ist unter Darlegung

12 Vgl. hier auch die Ausführungen unter Rn. 271.

und Würdigung der weiteren Beweismittel mitzuteilen, warum die Einlassung des Angeklagten für widerlegt erachtet wird. Dabei ist sorgfältig darzulegen, warum etwa der Aussage eines Zeugen Glauben geschenkt wird und der eines anderen nicht. Die Würdigung von Zeugenaussagen ist eine komplexe Thematik, auf die im Einzelnen nicht eingegangen werden kann[13]. Es gibt insofern auch keine festen Kriterien, anhand derer man die Glaubhaftigkeit einer Aussage exakt festmachen kann. Letztlich spielt häufig der eigene Eindruck von einem Zeugen und seiner Aussage in der Hauptverhandlung die entscheidende Rolle. Dennoch haben sich in der Praxis einige Anhaltspunkte herausgebildet, die für die **Glaubhaftigkeit einer Zeugenaussage** sprechen:

- der Zeuge schildert ein Geschehen detailliert und widerspruchsfrei
- der Belastungszeuge lässt bei der Schilderung keine Belastungstendenzen erkennen und schildert auch für den Angeklagten günstige Aspekte
- der Zeuge hat kein Interesse am Ausgang des Verfahrens
- die Schilderung des Zeugen lässt sich mit anderen, bereits erwiesenen Tatsachen vereinbaren
- der Zeuge kann sich auf Nachfragen spontan an weitere Einzelheiten des Geschehens erinnern
- der Zeuge schildert eher ungewöhnliche Aspekte des Randgeschehens

Schließlich ist im Rahmen der Beweiswürdigung – sofern der konkrete Fall dazu Anlass bietet – auch darzulegen, ob Beweisverwertungsverbote[14] bestehen. Sollte ein solches angenommen werden, bedarf es zumeist keiner Würdigung des Inhalts einer Aussage. **377**

Beispiel: „Gegen die Einlassung des Angeklagten steht die Aussage der Zeugin Dettmer. Diese Aussage kann jedoch nicht verwertet werden, da das Beweisverwertungsverbot des § 252 StPO einschlägig ist."

d) Rechtliche Würdigung

Bei der rechtlichen Würdigung ist im Urteilsstil darzulegen, wegen welcher Straftatbestände der Angeklagte schuldig zu sprechen ist. Dabei sind keine umständlichen und umfangreichen Ausführungen zu machen, sofern ein Straftatbestand unproblematisch erfüllt ist. In der Praxis ist dies der Regelfall, so dass bei der rechtlichen Würdigung häufig nur ein Satz zu finden ist, etwa: **378**

„Durch sein Verhalten hat sich der Angeklagte einer Unterschlagung nach § 246 StGB schuldig gemacht."

Ergeben sich dagegen Rechtsprobleme – wie dies in Klausuren regelmäßig der Fall ist – ist auf diese einzugehen und exakt zu subsumieren. **379**

13 Näher hierzu *Haller/Conzen*, Rn. 514 ff.
14 Vgl. hierzu Rn. 503 ff.

e) Strafzumessung

380 Neben der Beweiswürdigung ist die Strafzumessung zentraler Bestandteil der Urteilsgründe. Nach § 267 Abs. 3 S. 1, 2. Variante StPO sind in den Gründen auch die Umstände anzuführen, die für die Zumessung der Strafe bestimmend gewesen sind.

381 Die Strafzumessung wird im Urteil in folgenden Schritten vorgenommen:

- Bestimmung, ob allgemeines Strafrecht oder Jugendstrafrecht zur Anwendung gelangt
- Strafrahmenbestimmung (bei Anwendung des allgemeinen Strafrechts)
- Begründung und Festsetzung der Einzelstrafe(n), orientiert an den Grundsätzen des § 46 StGB
- gegebenenfalls Begründung und Festsetzung der Gesamtstrafe (nicht bei Anwendung von Jugendstrafrecht)
- bei Verurteilung zur Freiheits- oder Jugendstrafe ist zu prüfen, ob eine Strafaussetzung zur Bewährung zu gewähren ist
- gegebenenfalls Begründung und Festsetzung von Maßnahmen der Besserung und Sicherung sowie von Nebenstrafen oder Nebenfolgen der Straftat

Hinsichtlich der Einzelheiten sei an dieser Stelle auf die Ausführungen im Kapitel Sitzungsvertretung verwiesen, in welchem die Grundzüge der Strafzumessung dargestellt wurden[15].

f) Nebenentscheidungen

382 Schließlich sind die Nebenentscheidungen zu begründen. Dies ist jedenfalls die Kostenentscheidung, wobei bei einer Verurteilung folgender Satz ausreicht:

„Die Kostenentscheidung folgt aus § 465 Abs. 1 StPO."

383 Bei einem Freispruch folgt die Kostenentscheidung aus § 467 Abs. 1 StPO, wonach die Auslagen der Staatskasse und die notwendigen Auslagen des Angeklagten der Staatskasse zur Last fallen. Im Verfahren gegen Jugendliche oder gegen Heranwachsende, bei denen Jugendstrafrecht zur Anwendung gelangt, folgt die Kostenentscheidung aus § 74 JGG. Nach dieser Vorschrift kann auch bei einer Verurteilung von einer Kostentragungspflicht abgesehen werden. Das kommt in Betracht, wenn der Angeklagte über keine oder nur geringe finanzielle Möglichkeiten verfügt.

384 Nähere Ausführungen zur Kostentragungspflicht sind nur dann notwendig, wenn besondere Konstellationen der §§ 464 ff. StPO auftreten, die Wertungen des Gerichts erforderlich machen[16].

385 Ferner ist beim freisprechenden Urteil gegebenenfalls darauf einzugehen, ob dem Angeklagten eine Entschädigung für Strafverfolgungsmaßnahmen (etwa erlittene

15 Vgl. Rn. 278 ff.

16 Etwa die Frage, ob leichtfertig eine unwahre Anzeige erstattet und dadurch das Verfahren veranlasst wurde, vgl. § 469 StPO.

Untersuchungshaft oder eine vorläufige Entziehung der Fahrerlaubnis) zusteht. Dies richtet sich nach dem Gesetz über die Entschädigung für Strafverfolgungsmaßnahmen (StrEG).

5. Unterschriften

Nach den Gründen schließt das Urteil mit den Unterschriften der Richter, die bei der **386**
Entscheidung mitgewirkt haben (§ 275 Abs. 2 S. 1 StPO). Ist ein Richter verhindert, seine Unterschrift beizufügen, so wird dies unter Angabe des Verhinderungsgrundes von dem Vorsitzenden und bei dessen Verhinderung von dem ältesten beisitzenden Richter unter dem Urteil vermerkt (§ 275 Abs. 2 S. 2 StPO). Der Unterschrift der Schöffen bedarf es nicht (§ 275 Abs. 2 S. 3 StPO).

6. Urteilsbegleitende Beschlüsse

Kein Bestandteil des Urteils, aber mit diesem zu verkünden, sind der Bewährungsbe- **387**
schluss nach § 268a StPO und die Entscheidung über die Fortdauer der Untersuchungshaft nach § 268b StPO.

Abschließend soll der Aufbau und die Gestaltung eines Urteils an einem Muster ver- **388**
anschaulicht werden:

3 Ls 733 Js 12334/09 (12/09)

Amtsgericht Eutin
URTEIL
Im Namen des Volkes

In der Strafsache gegen

1. den Schüler Torsten Hansen, geboren am 11.05.1991 in Kiel, wohnhaft Poststraße 25, 23701 Süsel, deutscher Staatsangehöriger, ledig,
2. den Kfz-Mechaniker Gerd Schubert, geboren am 21.02.1984 in Eutin, wohnhaft Lübecker Str. 9, 23701 Eutin, deutscher Staatsangehöriger, ledig,

wegen Diebstahls u.a.

hat das Amtsgericht Eutin – Jugendschöffengericht – in der Sitzung vom 14. Juni 2009 unter Teilnahme von

Richter am Amtsgericht Finke
als Vorsitzender,

Erzieherin Lisa Helmer,
Tischlermeister Günther Franz
als Schöffen,

Staatsanwältin Schneider
als Beamtin der Staatsanwaltschaft,

Rechtsanwalt Schulze
als Verteidiger des Angeklagten zu 1.,

Rechtsanwalt Künzel
als Verteidiger des Angeklagten zu 2.,

Justizangestellte Meier
als Urkundsbeamtin der Geschäftsstelle

für Recht erkannt:

Der Angeklagte Hansen wird wegen Diebstahls zu drei Wochen Jugendarrest verurteilt. Im Übrigen wird er freigesprochen. Von der Auferlegung von Kosten und Auslagen wird abgesehen.

Der Angeklagte Schubert wird wegen Diebstahls und Nötigung zu einer Gesamtfreiheitsstrafe von 7 Monaten verurteilt. Die Vollstreckung der Strafe wird zur Bewährung ausgesetzt. Er hat die Kosten des Verfahrens zu tragen.

Angewendete Vorschriften:
§§ 242 Abs. 1, 243 Abs. 1 Nr. 1, 25 Abs. 2 StGB, 1, 3, 74 JGG für den Angeklagten Hansen,

§§ 240 Abs. 1, 242 Abs. 1, 243 Abs. 1 Nr. 1, 25 Abs. 2, 53, 56 StGB, 465 Abs. 1 StPO für den Angeklagten Schubert.

<u>Gründe:</u>

I.

1. Der heute achtzehn Jahre alte Angeklagte Hansen wurde in Kiel geboren und wuchs dort bis zu seinem sechsten Lebensjahr im gemeinsamen Haushalt der Eltern auf. Nach der Scheidung seiner Eltern im Jahr 1994 erhielt seine Mutter das Sorgerecht. Seitdem lebt der Angeklagte zusammen mit seiner Mutter in Süsel. Der Angeklagte besucht derzeit die Realschule. Er ist strafrechtlich bereits in Erscheinung getreten. Das Erziehungsregister weist drei Eintragungen auf:

Am 07.08.2006 stellte die Staatsanwaltschaft Lübeck ein Verfahren wegen Körperverletzung (731 Js 23444/06) nach § 45 Abs. 2 JGG ein,

am 12.04.2007 verurteilte ihn das Amtsgericht Eutin wegen Diebstahls in zwei Fällen (3 Ds 144/07) zur Ableistung gemeinnütziger Arbeit,

und am 13.12.2008 verurteilte ihn das Amtsgericht Eutin wegen Diebstahls in drei Fällen (3 Ds 398/08) zu einem Freizeitarrest.

2. Der heute 25 Jahre alte Angeklagte Schubert besuchte ebenfalls die Realschule, die er im Jahr 2000 mit Abschluss verließ. Anschließend begann er eine Ausbildung zum Kfz-Mechaniker, die er erfolgreich absolvierte. Nach der Lehre fand er jedoch keine Anstellung in seinem Beruf und war zunächst für verschiedene Zeitarbeitsfirmen tätig. Seit Sommer 2004 ist er arbeitslos und bezieht derzeit Arbeitslosengeld II in Höhe von 345 € zuzüglich Wohngeld. Strafrechtlich ist der Angeklagte Schubert ebenfalls bereits in Erscheinung getreten. Im Bundeszentralregister sind zwei Eintragungen enthalten:

Am 12.11.2004 verurteilte ihn das Amtsgericht Bad Schwartau wegen Körperverletzung und Nötigung (3 Ds 250/04) zu einer Gesamtgeldstrafe von 50 Tagessätzen zu je 15 €, und am 23.08.2005 verurteilte ihn das Amtsgericht Lübeck wegen Diebstahls in 5 Fällen (68 Ds 1002/05) zu einer Gesamtgeldstrafe von 100 Tagessätzen zu je 10 €.

II.

1. Am 12.01.2009 begaben sich beide Angeklagten gegen 02.30 Uhr auf das Gelände des Hauses der Jugend in der Lindenstraße in Eutin. Dem Angeklagten Hansen war bekannt, dass dort in den Büroräumen teilweise höhere Geldbeträge verwahrt wurden. Nachdem er dies am Abend des 11.01.2009 dem Angeklagten Schubert erzählt hatte, schlug dieser vor, dort einzudringen und das Geld zu entwenden. Der Angeklagte Hansen erklärte sich damit einverstanden. In Ausübung des gemeinsamen Planes hebelte der Angeschuldigte Schubert mit einem Kuhfuß die Außentür des Hauses auf und betrat die Räumlichkeiten. Der Angeklagte Hansen wartete unterdessen vor dem Haus und beobachtete die nähere Umgebung. Es war zwischen den Angeklagten vereinbart, dass der Angeklagte Hansen den Angeklagten Schubert über das Mobiltelefon warnen sollte, falls sich jemand dem Haus nähern sollte. Der Angeklagte Schubert fand in einem Büroraum Bargeld in Höhe von 1.300 €, welches er an sich nahm. Anschließend verließ er die Räume des Jugendhauses und entfernte sich zusammen mit dem Angeklagten Hansen. Das Geld teilten sich beide Angeklagten.

2. Am 22.03.2009 traf der Angeklagte Schubert, der sich in Begleitung einer weiteren, unbekannt gebliebenen Person befand, in der Schulstraße in Eutin auf den ihm bekannten Knut Franzen. Es entwickelte sich ein Streitgespräch zwischen beiden, in welchem der Angeklagte Schubert seinem Gegenüber vorwarf, ihm noch 200 € zu schulden. Nachdem Knut Franzen dies abstritt, packte der Angeklagte Schubert diesen am Jackenkragen und forderte ihn auf, das

Geld sofort zu übergeben, da er ihn ansonsten abstechen werde. In dieser Situation schaltete sich der unbekannt gebliebene Begleiter des Angeklagten Schubert ein und umklammerte Knut Franzen von hinten. Dabei sagte er zu ihm, dass der Angeklagte Schubert ein Butterflymesser bei sich trage, welches er auch einsetzen würde, falls Franzen nicht zahle. Er selbst wolle ihm den letzten tödlichen Stich versetzen. Durch das Auftreten des Angeklagten Schubert und dessen Begleiter eingeschüchtert und verängstigt, übergab Knut Franzen dem Angeklagten Schubert schließlich einen Betrag von 120 €, den er mit sich führte. Der Angeklagte Schubert nahm das Geld als Anzahlung entgegen und entfernte sich zusammen mit seinem Begleiter. Ob tatsächlich eine Forderung des Angeklagten Schubert in Höhe von 200 € gegen Knut Franzen bestand, konnte in der Hauptverhandlung nicht geklärt werden.

Es konnte nicht festgestellt werden, dass es sich bei dem Begleiter des Angeklagten Schubert um den Angeklagten Hansen handelte, so wie es diesem in der Anklageschrift und dem Eröffnungsbeschluss vorgeworfen wurde.

III.

1. Der unter II. Ziffer 1 geschilderte Sachverhalt steht fest aufgrund der geständigen Einlassungen der beiden Angeklagten, die das Geschehen übereinstimmend und glaubhaft wiedergegeben haben. Zudem wird dies durch das daktyloskopische Spurengutachten des LKA Kiel gestützt. Danach hat ein Abgleich zwischen den in den Büroräumen des Hauses der Jugend sichergestellten Fingerabdrücken mit denen des Angeklagten Schubert eine Übereinstimmung ergeben.

2. Die Feststellungen zu dem unter II. Ziffer 2 geschilderten Sachverhalt beruhen auf den Einlassungen der Angeklagten, soweit ihnen gefolgt werden konnte, sowie der Aussage des Zeugen Franzen.

a) Der Angeklagte Schubert hat das äußere Tatgeschehen im Wesentlichen eingeräumt. Allerdings will er den Zeugen Franzen nicht angedroht haben, diesen abzustechen, falls er nicht zahle. Ob sein Begleiter eine derartige Drohung aufgestellt habe, könne er nicht erinnern. Diese Einlassung wird jedoch widerlegt durch die Aussage des Zeugen Franzen, der bekundet hat, von dem Angeklagten Schubert mit eben diesen Worten bedroht worden zu sein. Der Mittäter habe diese Drohung mit dem Hinweis auf ein Butterflymesser, welches der Angeklagte mit sich führen sollte, unterstützt. Die Aussage des Zeugen Franzen ist glaubhaft. Er hat diese flüssig, detailliert und in sich widerspruchsfrei vorgetragen. Es gibt keine Anzeichen dafür, dass er den Angeklagten Schubert zu Unrecht belasten wollte. Auch ist kein Grund ersichtlich, warum der Zeuge Franzen dem Angeklagten Schubert freiwillig und ohne den Eindruck einer massiven Einschüchterung einen Geldbetrag von 120 € geben sollte, auf den der Angeklagte Schubert nach Ansicht des Zeugen keinen Anspruch hatte.

b) Durch die Beweisaufnahme konnte allerdings nicht geklärt werden, ob dem Angeklagten Schubert tatsächlich eine Forderung in Höhe von 200 € gegen den Zeugen Franzen zustand. Sowohl der Angeklagte Schubert als auch der Zeuge Franzen haben übereinstimmend angegeben, dass der Zeuge Franzen vom Angeklagten Schubert kürzlich einen Geldbetrag von 200 € erhalten habe. Der Angeklagte Schubert hat sich weiter dahin eingelassen, dass eine Rückzahlung des Betrages zwischen beiden vereinbart gewesen sei, ohne jedoch dabei auf Einzelheiten einzugehen. Der Zeuge Franzen hat hierzu keine Angaben gemacht und sich dabei auf sein Auskunftsverweigerungsrecht nach § 55 StPO berufen.

c) Die Beweisaufnahme hat weiterhin nicht ergeben, dass der Angeklagte Hansen bei dieser Tat der Mittäter des Angeklagten Schubert war. Der Angeklagte Hansen hat dies bestritten, und auch der Angeklagte Schubert hat angegeben, dass nicht der Angeklagte Hansen, sondern ein flüchtiger Bekannter, dessen Namen er allerdings nicht kenne, bei der Tat zum Nachteil des Zeugen Franzen dabei gewesen sei. Da auch der Zeuge Franzen den Angeklagten Hansen nicht eindeutig als Mittäter wieder erkennen konnte, ließ sich diesem eine Tatbeteiligung nach dem Grundsatz in dubio pro reo nicht nachweisen.

Der Angeklagte Hansen war daher insoweit freizusprechen.

IV.

1. Die Angeklagten haben sich hinsichtlich der Tat vom 12.01.2009 (II.1.) eines gemeinschaftlichen Diebstahls in einem besonders schweren Fall gemäß §§ 242 Abs. 1, 243 Abs. 1 Nr. 1, 25 Abs. 2 StGB schuldig gemacht.

Der Angeklagte Schubert hat durch sein Verhalten selbst alle objektiven Tatbestandsmerkmale des Diebstahls und die objektiven Umstände, die das Regelbeispiel des Einbruchsdiebstahls begründen, erfüllt.

Dem Angeklagten Hansen sind diese als Mittäter nach § 25 Abs. 2 StGB zuzurechnen. Die Voraussetzungen einer Mittäterschaft liegen vor. Beide Angeklagten haben sich gemeinsam entschlossen, aus dem Haus der Jugend einen

Bargeldbetrag zu entwenden und hierzu in das Gebäude einzubrechen. Es war abgesprochen, dass das Geld zu gleichen Teilen zwischen beiden aufgeteilt werden sollte, was letztlich auch geschah. Insofern hatte der Angeklagte Hansen ein eigenes Interesse an der Tat. Schließlich war der Angeklagte Hansen bei der Tatausführung auch in einem wesentlichen Umfang beteiligt, indem er den Tatort sicherte und sich bereit hielt, den Angeklagten Schubert über sein Mobiltelefon gegebenenfalls rechtzeitig zu warnen. Erst durch diese unmittelbare Anwesenheit des Angeklagten Hansen am Tatort war es dem Angeklagten Schubert möglich, den Einbruch wie geplant auszuführen. Schließlich handelten beide auch in der Absicht rechtswidriger Zueignung.

2. Hinsichtlich der Tat am 22.03.2009 (II.2.) hat sich der Angeklagte Schubert einer Nötigung gemäß § 240 StGB schuldig gemacht.

Durch die Äußerung, den Zeugen Franzen abzustechen, falls dieser nicht zahle, hat er diesem ein empfindliches Übel angedroht. Durch die Zahlung des Zeugen Franzen wurde dieser auch zu einer Handlung genötigt. Der Angeklagte Schubert handelte insoweit auch vorsätzlich, rechtswidrig und schuldhaft. Die Rechtswidrigkeit ist auch nicht deswegen auszuschließen, weil der Angeklagte Schubert möglicherweise einen Anspruch auf das Geld hatte. Die Durchsetzung eines bestehenden Anspruchs mit derartigen Mitteln ist jedenfalls als verwerflich im Sinne des § 240 Abs. 2 StGB anzusehen.

Das Verhalten des Angeklagten Schubert stellt sich dagegen nicht als räuberische Erpressung gemäß §§ 253, 255 StGB dar, wie es noch in der Anklageschrift und im Eröffnungsbeschluss angenommen wurde. Insofern konnte nicht zweifelsfrei nachgewiesen werden, dass der Angeklagte in der Absicht einer rechtswidrigen Bereicherung handelte. Es konnte nicht aufgeklärt werden, ob ein Anspruch des Angeklagten Schubert gegen den Zeugen Franzen in Höhe von 200 € bestand. Aufgrund des Zweifelsgrundsatzes war daher zugunsten des Angeklagten Schubert davon auszugehen, dass eine solche Forderung bestand und die angestrebte Bereicherung nicht rechtswidrig war.

V.

1. Auf den Angeklagten Hansen war Jugendstrafrecht anzuwenden, da er zur Tatzeit siebzehn Jahre alt und daher Jugendlicher im Sinne des § 1 Abs. 2 JGG war. An seiner strafrechtlichen Verantwortlichkeit gemäß § 3 JGG bestehen keine Zweifel.

Bei der Strafzumessung war zugunsten des Angeklagten Hansen zu berücksichtigen, dass er geständig ist und sich in der Hauptverhandlung auch einsichtig gezeigt hat. Dagegen fiel erschwerend ins Gewicht, dass der Angeklagte Hansen bereits vermehrt strafrechtlich in Erscheinung getreten ist, insbesondere auch einschlägig. Die Tatsache, dass er nicht einmal einen Monat nach seiner letzten Verurteilung zu einem Freizeitarrest erneut einschlägig straffällig geworden ist, deutet darauf hin, dass ihm die letzte Verurteilung anscheinend keine ausreichende Warnung war. Dennoch hat das Gericht beim Angeklagten Hansen noch keine schädlichen Neigungen im Sinne des § 17 JGG erkannt, die die Verhängung einer Jugendstrafe erforderlich machen. Dabei wurde insbesondere berücksichtigt, dass der durch das Urteil vom 13.12.2008 gegen den Angeklagten Hansen verhängte Freizeitarrest erst Anfang April 2009, mithin nach der Tat in diesem Verfahren, vollstreckt wurde und seine erzieherische Wirkung entfalten konnte. Der Angeklagte Hansen hat sich in der Hauptverhandlung durchaus beeindruckt von der Verbüßung des Arrests gezeigt. Daher erschien es hier erzieherisch geboten, aber auch ausreichend, noch einmal mit dem Mittel des Jugendarrestes auf den Angeklagten Hansen einzuwirken. Allerdings war es erzieherisch erforderlich, den Arrest über einen längeren Zeitraum als ein Wochenende zu erstrecken. Das Gericht hat daher drei Wochen Jugendarrest für erzieherisch angemessen erachtet.

2. Hinsichtlich des vom Angeklagten Schubert verwirklichten Straftatbestandes des Diebstahls in einem besonders schweren Fall sieht das Gesetz Freiheitsstrafe von 3 Monaten bis zu 10 Jahren vor. Bei der Bemessung der Höhe der Freiheitsstrafe sprach zugunsten des Angeklagten Schubert sein Geständnis. Strafschärfend war dagegen zu berücksichtigen, dass er bereits einschlägig vorbestraft ist und das erbeutete Stehlgut auch von durchaus höherem Wert war. Negativ fällt auch ins Gewicht, dass die Initiative zur Tat von ihm ausging, und er bei der Tatausführung eine erhöhte kriminelle Energie erkennen ließ. Die gegen den Angeklagten Schubert zu verhängende Freiheitsstrafe konnte daher nach Abwägung aller für und gegen ihn sprechenden Umstände nicht am unteren Rand des Strafrahmens bemessen werden. Das Gericht hat eine Freiheitsstrafe von 6 Monaten für tat- und schuldangemessen erachtet.

Hinsichtlich der weiter verwirklichten Nötigung sieht das Gesetz Freiheitsstrafe bis zu drei Jahren oder Geldstrafe vor. Insoweit vermochte das Gericht mildernde Umstände nicht zu erkennen. Ein Geständnis hat der Angeklagte Schubert insoweit nicht abgelegt, da er die Begehung der

Drohung mit einem empfindlichen Übel bestritten hat. Gegen ihn spricht wiederum eine einschlägige Verurteilung aus dem Jahr 2004. Unter Abwägung der für und gegen den Angeklagten Schubert sprechenden Umstände hielt das Gericht eine Geldstrafe von 60 Tagessätzen zu je 10 € für tat- und schuldangemessen.

Aus diesen Einzelstrafen war gemäß §§ 53, 54 StGB eine Gesamtfreiheitsstrafe zu bilden. Unter nochmaliger Abwägung aller für und gegen den Angeklagten Schubert sprechenden Umstände hat das Gericht auf eine Gesamtfreiheitsstrafe von 7 Monaten erkannt.

Die Vollstreckung der Strafe konnte gemäß § 56 Abs. 1 StGB zur Bewährung ausgesetzt werden. Der Angeklagte Schubert ist erstmalig zu einer Freiheitsstrafe verurteilt worden. Es ist davon auszugehen, dass er sich schon die Verurteilung zur Warnung dienen lässt und künftig auch ohne Einwirkung des Strafvollzugs keine Straftaten mehr begehen wird. Ihm konnte insgesamt eine günstige Sozialprognose gestellt werden.

VI.

Die Kostenentscheidung für den Angeklagten Hansen folgt aus § 74 JGG, die für den Angeklagten Schubert aus § 465 StPO.

Finke

C. Die Ausbildung beim Strafverteidiger

In den letzten Jahren ist die Zahl der zugelassenen Rechtsanwälte erheblich gestiegen[1]. Diesem Umstand wurde durch die Reform der Juristenausbildung Rechnung getragen. Nach § 5b Abs. 4 S. 1 DRiG dauert die Pflichtstation bei einem Rechtsanwalt nunmehr neun Monate[2]. Dadurch hat auch die Ausbildung bei einem Strafverteidiger an Bedeutung gewonnen. 389

I. Stellung des Verteidigers

Der Verteidiger ist nach herrschender Ansicht ein selbstständiges, dem Gericht und der Staatsanwaltschaft gleichgeordnetes **Organ der Rechtspflege**[3]. Daraus folgt, dass der Verteidiger nicht unbegrenzt die Interessen des Beschuldigten vertreten darf, sondern auch die Funktionsfähigkeit der Strafrechtspflege zu beachten hat. Aus diesem theoretischen Ansatz ergibt sich jedoch keine Unparteilichkeit des Verteidigers gegenüber dem Beschuldigten. Vielmehr hat der Verteidiger in erster Linie die Interessen seines Mandanten zu wahren. Dabei darf er sich jedoch nur strafprozessual zulässiger Mittel bedienen. Im Einzelnen können sich Abgrenzungsschwierigkeiten zwischen zulässigen und unerlaubten Verteidigerhandeln ergeben[4]. Im Grundsatz muss das Verteidigervorbringen der Wahrheit entsprechen. Der Verteidiger darf nicht lügen oder seinen Mandanten dazu verleiten. Andererseits ist er nicht verpflichtet, seinen Mandanten belastende Umstände zu offenbaren. Im Interesse seines Mandanten muss er diese regelmäßig verschweigen. Aus der Stellung des Verteidigers folgt zudem, dass er nicht in unlauterer Weise auf Zeugen oder andere Beweismittel einwirken darf. 390

Hinweis: Dem Referendar kann unter den Voraussetzungen des § 139 StPO selbst die Verteidigung eines Beschuldigten übertragen werden. Ihm stehen dann alle Verteidigerrechte zu, wobei er die sich aus der Stellung des Verteidigers ergebenen Pflichten zu beachten hat.

1 Vgl. hierzu die Übersicht bei *Kröber*, NJ 2006, 253.
2 Näheres ist den jeweiligen Ausbildungsordnungen der Länder zu entnehmen, die § 5b Abs. 4 S. 1 DRiG umgesetzt haben.
3 Vgl. BVerfGE 38, 105, 119; 53, 207, 214. Zu abweichenden Meinungen vgl. *Beulke*, Rn. 150 ff. mwN.
4 Zu Beispielsfällen vgl. *Beulke*, Rn. 176.

II. Aufgaben des Verteidigers

391 Der Verteidiger kann in jedem Verfahrensstadium für seinen Mandanten tätig werden. Seine Hauptaufgaben sind die Beratung seines Mandanten über die Rechtslage und die prozessuale Durchsetzung seiner Rechte. Abhängig von dem jeweiligen Stadium des Verfahrens können sich unterschiedliche Gestaltungsmöglichkeiten ergeben.

1. Ermittlungsverfahren

392 Im Ermittlungsverfahren wird der Verteidiger zumeist durch die Beauftragung seines Mandanten tätig; in seltenen Fällen erfolgt in diesem Verfahrensstadium eine Beiordnung als Pflichtverteidiger nach § 141 Abs. 3 StPO. In aller Regel wendet sich der Mandant mit seinem Anliegen unmittelbar an den Verteidiger. Dem ist häufig eine Maßnahme der Strafverfolgungsbehörden vorausgegangen. Dies können beispielsweise Zwangsmaßnahmen wie eine Durchsuchung, Beschlagnahme oder vorläufige Festnahme sein. Daneben kommen insbesondere polizeiliche Vorladungen zu einer Beschuldigtenvernehmung in Betracht.

393 In dem ersten Termin mit seinem Mandanten erfolgt in der Regel die Beauftragung des Verteidigers. Diese wird entweder mündlich oder schriftlich erteilt und stellt einen **Geschäftsbesorgungsvertrag** (§ 675 BGB) dar. Bei der **ersten Besprechung** kann sich der Verteidiger meistens noch kein umfassendes Bild von dem strafrechtlich relevanten Geschehen machen. Zu diesem Zeitpunkt stehen ihm häufig ausschließlich die von seinem Mandanten erhaltenen Informationen zur Verfügung. Diese hält er durch Notizen oder ein Diktat fest.

394 Für eine effektive Strafverteidigung benötigt der Verteidiger jedoch weitergehende Informationen. Insbesondere muss er wissen, woraus sich der Tatvorwurf gegen seinen Mandanten ergibt. Erforderlich ist daher eine möglichst frühzeitige **Einsicht in die Ermittlungsakte**. Der Verteidiger sollte sich daher von seinem Mandanten bereits im ersten Termin eine **Prozessvollmacht** unterzeichnen lassen, um seine Verteidigerstellung gegenüber den Strafverfolgungsbehörden dokumentieren zu können.

395 Bei der Beantragung von Akteneinsicht hat der Verteidiger zu beachten, dass ihm diese im Ermittlungsverfahren ausschließlich durch die Staatsanwaltschaft gewährt werden darf (§ 147 Abs. 5 S. 1 StPO). In vielen Fällen befinden sich die Akten bis zum Abschluss der Ermittlungen bei der Polizei. Es ist dann ratsam, die Verteidigerbestellung schon gegenüber der Polizei anzuzeigen. Die Verteidigungsanzeige sollte mit einem Akteneinsichtsgesuch verbunden werden, in dem die Polizei um eine Weiterleitung an die Staatsanwaltschaft gebeten wird. Zugleich ist es ratsam darauf hinzuweisen, dass sich der Mandant ausschließlich durch seinen Verteidiger zur Sache einlassen wird oder nur nach Rücksprache mit diesem für eine Vernehmung zur Verfügung steht.

Ein **Akteneinsichtsgesuch** könnte wie folgt formuliert werden: **396**

Rechtsanwalt Kluger
Breite Straße 5,
23558 Lübeck

Lübeck, 12. 11. 2009

An die
Kriminalpolizeistelle
Possehlstraße 4
23550 Lübeck

Ihr Zeichen: K11/23450/2009
Mein Zeichen: 1236/09 Kl-bo

In dem Ermittlungsverfahren
gegen Sven Krug
wegen Verdachts des räuberischen Diebstahls

zeige ich ausweislich der beigefügten Vollmacht die Vertretung des Beschuldigten an. Mein Mandant wird sich zunächst nicht zur Sache äußern und den für den 23.11.2009 anberaumten Vernehmungstermin auf meinen Rat hin nicht wahrnehmen.

Eine Stellungnahme erfolgt ggf. nach **Akteneinsicht**, die bereits jetzt gegenüber der Staatsanwaltschaft beantragt wird.

Ich bitte, dieses Schreiben möglichst frühzeitig an die zuständige Staatsanwaltschaft weiterzuleiten.

Mit freundlichen Grüßen

Kluger
Rechtsanwalt

Nach Erhalt der Akte durch die Staatsanwaltschaft prüft der Verteidiger diese auf Vollständigkeit, insbesondere an Hand der Paginierung darauf, ob die Akte alle Seiten enthält und ob Sonderbände mit übersandt wurden[5]. Danach fertigt er sich in der Regel eine vollständige Kopie der Akte an oder scannt diese ein. Sodann würdigt er den Sachverhalt in tatsächlicher und rechtlicher Hinsicht, wobei eine objektive Bewertung erfolgen sollte. Anschließend bespricht er den Akteninhalt und die sich daraus ergebenen Konsequenzen mit seinem Mandanten. Dabei erörtert er die Möglichkeiten der weiteren Vorgehensweise und schlägt seinem Mandanten die für ihn aus **397**

5 Es ist darauf zu achten, dass Beweismittel nur in den Räumen der Staatsanwaltschaft oder des Gerichts eingesehen werden können; vgl. Rn. 86.

seiner Sicht günstigste vor. Der Verteidiger sollte seinem Mandanten keine falschen Hoffnungen machen, sondern ihm eine realistische Einschätzung der Sachlage geben. Die taktische Vorgehensweise hängt von dem jeweiligen Einzelfall ab. So kann es bei einer erdrückenden Beweislage ratsam sein, den Mandanten zu einem Geständnis zu bewegen und auf strafmildernde Umstände hinzuweisen. Andererseits kann es bei einer unklaren Beweislage sinnvoll sein, zu schweigen, die Tat zu bestreiten oder Entlastungszeugen zu benennen.

398 Der Verteidiger sollte sich darüber bewusst sein, dass er in den meisten Fällen den Ausgang des Verfahrens nicht sicher prognostizieren kann. Daher kann jeder Rat an den Mandanten mit Risiken behaftet sein. Diese sollten aufgezeigt und die Entscheidung dem Mandanten überlassen werden. Bietet die Staatsanwaltschaft dem Mandanten bei einer unsicheren Beweislage eine Verfahrenseinstellung nach § 153a StPO gegen eine Geldauflage an, ist abzuwägen, ob es sinnvoller ist, dieses Angebot anzunehmen oder es auf die Durchführung eines Hauptverfahrens und die damit verbundenen Belastungen ankommen zu lassen, um dort einen Freispruch zu erwirken.

399 Bei **Zwangsmaßnahmen** hat der Verteidiger zu prüfen, ob die Einlegung eines **Rechtsbehelfs** zulässig und erfolgversprechend erscheint. Gegen Verfügungen und Beschlüsse des Gerichts ist grundsätzlich die **Beschwerde** nach § 304 StPO zulässig. Es ist untunlich, einen Rechtsbehelf nur deshalb einzulegen, weil er zur Verfügung steht, er jedoch keine Erfolgsaussichten verspricht. In Haftsachen kann es sinnvoller sein, sich um eine Außervollzugsetzung des Haftbefehls zu bemühen, statt eine in dem konkreten Fall nicht erfolgversprechende Aufhebung zu beantragen.

400 Eine **Beschwerde** könnte wie folgt formuliert werden:

Rechtsanwalt Kluger
Breite Straße 5,
23558 Lübeck

Lübeck, 12.12.2009

An das Amtsgericht
- Ermittlungsrichter/in -
Am Burgtor 4
23568 Lübeck

In dem Ermittlungsverfahren
gegen Anton Richter
wegen Unerlaubten Entfernens vom Unfallort
Az. 3 Gs 6767/09
lege ich gegen den Beschluss des Amtsgerichts Lübeck vom 11.12.2009 (Az. 3 Gs 6767/09), durch welchen meinem Mandanten die Fahrerlaubnis vorläufig entzogen wurde,

B e s c h w e r d e

ein.

Begründung:

Die Voraussetzungen für eine vorläufige Entziehung der Fahrerlaubnis nach § 111a StPO liegen nicht vor. Es sind keine dringenden Gründe für die Annahme vorhanden, dass meinem Mandanten die Fahrerlaubnis in einer späteren Hauptverhandlung entzogen werden wird.

Mein Mandant räumt ein, den Schaden an dem PKW des Zeugen Müller verursacht zu haben. Nachdem er etwa 10 Minuten vergeblich auf den Zeugen gewartet hat, hinterließ er einen Zettel mit seiner Telefonnummer an dessen PKW und fuhr nach Hause. Ihm war nicht bewusst, dass er hierdurch den Tatbestand des § 142 StGB erfüllt.

Im Übrigen beträgt der Schaden an dem PKW des Zeugen Müller entsprechend des vorliegenden Kostenvoranschlags 598 €. Durch den Unfall wurde niemand verletzt. Das Regelbeispiel des § 69 Abs. 2 Nr. 3 StGB ist daher nicht erfüllt. Mein Mandant ist bisher weder straf- noch verkehrsrechtlich in Erscheinung getreten. Eine Ungeeignetheit zum Führen von Kraftfahrzeugen ist nicht ersichtlich.

Kluger

Rechtsanwalt

Bei einer **Beschuldigtenvernehmung** sollte der Verteidiger seine **Anwesenheitsrechte** **401**
wahrnehmen. Nach § 168c Abs. 1 StPO darf der Verteidiger bei jeder richterlichen Vernehmung des Beschuldigten anwesend sein; nach §§ 163a Abs. 3 S. 2, 168c Abs. 1 StPO auch bei Vernehmungen durch den Staatsanwalt. Ein Anwesenheitsrecht des Verteidigers bei polizeilichen Beschuldigtenvernehmungen ist in der Strafprozessordnung dagegen nicht vorgesehen. Der Verteidiger kann dies in der Praxis jedoch dadurch erreichen, indem er die Aussagebereitschaft seines Mandanten von seiner Anwesenheit bei der Vernehmung abhängig macht. Dem Verteidiger steht auch bei der richterlichen Zeugenvernehmung (§ 168c Abs. 2 StPO) sowie bei der Inaugenscheinnahme durch den Richter (§ 168d StPO) ein Anwesenheitsrecht zu. Dagegen hat der Verteidiger kein Recht auf Anwesenheit bei der richterlichen Vernehmung eines Mitbeschuldigten[6].

Der Verteidiger sollte im Übrigen prüfen, ob er das Geschehen durch eigene Ermitt- **402**
lungen – etwa eine Inaugenscheinnahme des Tatorts oder die Vernehmung von Zeugen – weiter aufklären kann. Dabei muss er darauf achten, jede Einflussnahme zu vermeiden.

6 Vgl. BGHSt 42, 391, 393; a.A. *Beulke*, Rn. 156 mwN., der die Vorschrift des § 168c Abs. 2 StPO in diesen Fällen analog anwenden möchte.

403 Im Ermittlungsverfahren ist die **Vermeidung einer Hauptverhandlung** häufig vordringliches Anliegen des Mandanten. Kommt eine Verfahrenseinstellung nach § 170 Abs. 2 StPO nicht ernsthaft in Betracht, kann der Verteidiger in geeigneten Fällen eine Verfahrenseinstellung nach dem Opportunitätsprinzip vorschlagen. Erscheint dies aussichtslos oder stimmt die Staatsanwaltschaft dem nicht zu, sollte er die Möglichkeit des Erlasses eines Strafbefehls in Erwägung ziehen und entsprechend darauf hinwirken.

404 Hat sich der Verteidiger mit seinem Mandanten auf eine bestimmte Vorgehensweise geeinigt, bietet es sich häufig an, einen Schriftsatz an die Staatsanwaltschaft zu richten (sog. **Schutzschrift**). Anders als beispielsweise bei der Anklageschrift existieren dafür keine strengen Formalitäten. Wichtig ist, dass die Zielsetzung aus dem Schriftsatz eindeutig hervorgeht. Es empfiehlt sich, das Anliegen in einem konkreten Antrag zu formulieren. Ob dieser am Anfang oder Ende des Schriftsatzes steht, ist nicht entscheidend. Allerdings ist es sinnvoll, das Anliegen des Schreibens schon zu Beginn hervorzuheben. Der Verteidiger hat die Sach- und Rechtslage in seinem Schriftsatz aus einer für seinen Mandanten günstigen Perspektive zu würdigen. Dabei muss er nur auf entscheidungserhebliche Umstände eingehen. Insbesondere sollte er mandantengünstige Tatsachen mitteilen, die dem Staatsanwalt unbekannt sind. In jedem Fall sollte sich der Verteidiger bei der Abfassung der Schutzschrift von äußerster Sachlichkeit leiten lassen und Polemik vermeiden. Zwar mag ein schneidiges Auftreten den Mandanten beeindrucken, allerdings ist dies dem Begehren meist nicht förderlich.

405 Zur Veranschaulichung einer **Schutzschrift** dient das folgende Beispiel:

```
Rechtsanwalt Kluger
Breite Straße 5,
23558 Lübeck

                                    Lübeck, 15.12.2009

An die
Staatsanwaltschaft
bei dem Landgericht
Travemünder Allee 9
23568 Lübeck

Ihr Zeichen: 711 Js 12222/09
Mein Zeichen: 1236/09 Kl-bo

In dem Ermittlungsverfahren
gegen Sven Krug
wegen Verdachts des räuberischen Diebstahls

beantrage ich die Einstellung des Verfahrens nach § 153
Abs. 1 StPO.

Gegen meinen Mandanten besteht kein hinreichender Tat-
verdacht wegen eines räuberischen Diebstahls. Er räumt
```

ein, in der Kaufhalle in Lübeck eine DVD mit erotischem Inhalt entwendet zu haben. Als er von dem Ladendetektiv hinter der Kasse auf den Diebstahl angesprochen wurde, bekam er Angst. Er wollte nicht, dass seine Ehefrau etwas von der Tat erfährt. Aus diesem Grund stieß er den Ladendetektiv leicht zur Seite und versuchte wegzulaufen. Es ist bereits zweifelhaft, ob in dem leichten Stoß schon eine Gewaltanwendung im Sinne des § 252 StGB liegt. Die Gewaltanwendung darf nach dieser Vorschrift nicht nur unerheblich sein. Vorliegend dürfte jedoch nur von einer unerheblichen Einwirkung auszugehen sein. Der Ladendetektiv ist nach seiner eigenen Aussage durch den Stoß weder gestürzt noch wurde er verletzt. Entscheidend ist jedoch, dass mein Mandant nicht handelte, um sich im Besitz des gestohlenen Gutes zu halten, wie es § 252 StGB voraussetzt. Es ging ihm nicht darum, die DVD zu behalten. Vielmehr wollte er vermeiden, dass seine Personalien festgestellt werden und seine Ehefrau von dem für ihn peinlichen Vorfall erfährt.

Demnach besteht gegen meinen Mandanten lediglich der hinreichende Tatverdacht eines Diebstahls. Dabei ist jedoch zu berücksichtigen, dass es zu keinem Schaden gekommen ist. Die Kaufhalle hat die DVD noch am selben Tag zurückerhalten. Außerdem handelt es sich bei der DVD um eine geringwertige Sache, da sie zu einem Preis in Höhe von 19,99 € angeboten wurde.

Mein Mandant bedauert den Vorfall außerordentlich. Ihm ist die Angelegenheit äußerst peinlich. Er hat die von der Kaufhalle geforderte Fangprämie in Höhe von 50 € sofort bezahlt.

Bei der zu treffenden Entscheidung bitte ich auch zu berücksichtigen, dass mein Mandant strafrechtlich bislang noch nicht in Erscheinung getreten ist.

Abschließend teile ich mit, dass mein Mandant verheiratet ist. Er ist Vater von zwei minderjährigen Kindern. Zur Zeit befindet er sich in einer schlechten wirtschaftlichen Situation, da er vor kurzem seinen Arbeitsplatz verloren hat.

Nach alledem sehe ich die Voraussetzungen des § 153 Abs. 1 StPO als erfüllt an.

Mit freundlichen Grüßen

Kluger

Rechtsanwalt

406 Von der Schutzschrift und sonstigen Korrespondenz erhält der Mandant eine Abschrift. Bei der Abfassung des **Mandantenschreibens** ist besonders darauf zu achten, dass es alle für den Mandanten wichtigen Informationen enthält und auch für den Laien gut verständlich ist.

2. Zwischenverfahren

407 Im Zwischenverfahren stellt sich für den Verteidiger eine andere Situation dar als im Ermittlungsverfahren, da die Staatsanwaltschaft bereits Anklage erhoben hat. Die Verfahrensherrschaft liegt nun bei dem zuständigen Gericht. Der Verteidiger muss seine Schriftsätze daher an das Gericht richten. Dabei muss er sich bewusst sein, dass in diesem Verfahrensstadium das Gericht über die Eröffnung des Hauptverfahrens entscheidet. Sein Handeln muss darauf gerichtet sein, auf diese Entscheidung Einfluss zu nehmen, sofern dies Erfolg verspricht. Dabei bieten sich ihm verschiedene Möglichkeiten der Einflussnahme auf das Verfahren. Voraussetzung ist ebenfalls die gründliche Auswertung der ihm zur Verfügung stehenden Informationen, insbesondere des Inhalts der Strafakte. Ein besonderes Augenmerk muss der Verteidiger auf die Anklageschrift richten, um etwaige Mängel zu rügen. Ziel des Verteidigers kann es sein, einen die Eröffnung des Hauptverfahrens ablehnenden Beschluss des Gerichts zu erwirken. Erscheint dies nicht erfolgversprechend, kann das Verteidigerhandeln auch darauf gerichtet sein, dass das Gericht das Hauptverfahren abweichend von der Anklageschrift, ggf. sogar vor einem Gericht niederer Ordnung eröffnet.

Beispiel: Die Staatsanwaltschaft hat gegen den Beschuldigten Anklage wegen schweren Raubes zum Landgericht erhoben. Der Verteidiger würdigt das Geschehen als einen Raub im minderschweren Fall und beantragt daher die Eröffnung vor dem Schöffengericht des Amtsgerichts.

408 Neben rechtlichen und tatsächlichen Ausführungen des Verteidigers kann es sinnvoll sein, das Gericht durch **Beweisanträge** zu weiteren Ermittlungen zu veranlassen[7]. Auf dieses Recht wird der Angeschuldigte mit der Mitteilung der Anklageschrift durch das Gericht nach § 201 Abs. 1 StPO hingewiesen.

409 Sieht der Verteidiger nach seiner Prüfung den hinreichenden Tatverdacht entsprechend der – formal nicht zu beanstandenden – Anklageschrift als gegeben an, ist ein Antrag auf Nichteröffnung des Hauptverfahrens nicht angebracht. Stattdessen muss er prüfen, ob sich die Durchführung eines Hauptverfahrens auf andere Weise vermeiden lässt. Hierbei kann er insbesondere auf eine Verfahrenseinstellung nach dem Opportunitätsprinzip (§§ 153 ff. StPO) hinwirken. Zu beachten ist dabei jedoch, dass die Staatsanwaltschaft der Verfahrenseinstellung zustimmen muss.

410 Zu bedenken ist schließlich, dass der Eröffnungsbeschluss von dem Angeklagten nicht angefochten werden kann (§ 210 Abs. 1 StPO). Dem Verteidiger bleibt nach Eröffnung des Hauptverfahrens daher nur noch die Möglichkeit, sich im Haupt- und ggf. Rechtsmittelverfahren für seinen Mandanten einzusetzen.

7 Eine ablehnende Entscheidung des Gerichts ist nicht anfechtbar (§ 201 Abs. 2 S. 2 StPO).

3. Hauptverfahren

Zwar erfolgen im Ermittlungsverfahren wichtige Weichenstellungen für den Verlauf des Strafverfahrens, so dass der Verteidiger versuchen sollte, hierauf möglichst frühzeitig Einfluss zu nehmen. Dennoch stellt die Hauptverhandlung nach wie vor in den meisten Fällen das Hauptbetätigungsfeld der Strafverteidigung dar. Dabei hat der Verteidiger insbesondere auf die Einhaltung der prozessualen Rechte des Angeklagten zu achten. Diese muss er aktiv und unter Beachtung der strafprozessualen Regeln in der Hauptverhandlung wahren. Hierzu gehört beispielsweise die Stellung bestimmter Anträge[8] oder die Beanstandung von Anordnungen des Vorsitzenden als unzulässig mit der Folge der Herbeiführung eines Gerichtsbeschlusses nach § 238 Abs. 2 StPO. Bestimmten Maßnahmen muss er im Hinblick auf eine mögliche Revision rechtzeitig widersprechen und insoweit auf eine Protokollierung achten[9]. In geeigneten Fällen sollte der Verteidiger durch das Hinwirken auf einen „Deal" mit den anderen Verfahrensbeteiligten Einfluss auf das Ergebnis des Verfahrens nehmen. Durch das Gesetz zur Regelung der Verständigung im Strafverfahren ist die bisher lediglich höchstrichterlich ausgestaltete Absprache nunmehr auf eine gesetzliche Grundlage gestellt worden. **411**

Hinweis: Obgleich die Verständigung in Strafverfahren für den Referendar in der praktischen Ausbildung allenfalls von geringer Bedeutung sein wird, sollte er sich insbesondere im Hinblick auf die mündliche Prüfung mit den gesetzlichen Regelungen vertraut machen[10].

Der Schwerpunkt der Verteidigertätigkeit im Hauptverfahren liegt regelmäßig in der Beweisaufnahme. Daneben kommt dem Schlussvortrag Bedeutung zu.

a) Beweisaufnahme

Der Verteidiger kann auf die Beweisaufnahme vor allem durch das ihm zustehende **Fragerecht** sowie durch **Beweisanträge** Einfluss nehmen. Dabei kommt dem Beweisantragsrecht eine besondere Bedeutung zu. Der Verteidiger muss in der Hauptverhandlung vor dem Tatsachengericht hierauf sein besonderes Augenmerk richten, da dieser Bereich sehr fehleranfällig ist. Im Folgenden soll daher ein Überblick über die wesentlichen Aspekte des Beweisantragsrechts gegeben werden[11]. **412**

8 Anträge, die der Präklusion unterliegen – etwa die Ablehnung von Gerichtspersonen oder Besetzungsrügen – muss der Verteidiger unverzüglich stellen.

9 Der Verteidiger muss beispielsweise einer Verwertung der durch einen Verstoß nach § 136 StPO zustande gekommenen Aussage rechtzeitig widersprechen (sog. Widerspruchslösung des Bundesgerichtshofs), um ein Beweisverwertungsverbot mit der Revision erfolgreich geltend machen zu können, vgl. BGHSt 38, 214. Einen Überblick gibt *Mosbacher*, NStZ 2011, 606; vgl. dazu auch *Bauer*, NStZ 2012, 191.

10 Vgl. die ausführliche Darstellung bei *Beulke*, Rn. 394 ff.

11 Vgl. auch den Überblick zur Rechtsprechung des BGH zum Beweisantragsrecht bei *Cierniak/Pohlit*, NStZ 2011, 261.

aa) Beweisantrag

413 Nach der in § 244 Abs. 2 StPO normierten Amtsaufklärungspflicht hat das Gericht zur Erforschung der Wahrheit die Beweisaufnahme von Amts wegen auf alle Tatsachen und Beweismittel zu erstrecken, die für die Entscheidung von Bedeutung sind. Durch das Beweisantragsrecht haben der Angeklagte und sein Verteidiger die Möglichkeit, das Gericht über diese Pflicht hinaus zu weiteren Beweiserhebungen zu veranlassen. Ein förmlicher Beweisantrag darf durch das Gericht nur unter den engen Voraussetzungen der §§ 244 Abs. 3 bis 5, 245 Abs. 2 S. 2 und 3 StPO abgelehnt werden. Dazu bedarf es eines Gerichtsbeschlusses (§ 244 Abs. 6 StPO).

Hinweis: Der Referendar sollte sich gründlich mit dem Beweisantragsrecht auseinandersetzen. Fragestellungen aus diesem Bereich sind äußerst **examensrelevant**. Nur genaue Kenntnisse in diesem Gebiet ermöglichen es dem Referendar, erfolgreich auf die Beweisaufnahme Einfluss zu nehmen. Er muss wissen, welche formalen Anforderungen an einen Beweisantrag zu stellen sind. Darüber hinaus müssen ihm auch die Ablehnungsgründe bekannt sein, um die Erfolgsaussichten eines Beweisantrags einschätzen zu können. Die Stellung eines Beweisantrags ist untunlich, wenn dieser nicht erfolgversprechend ist.

414 Der **(förmliche) Beweisantrag** ist das ernsthafte, unbedingte oder an eine Bedingung geknüpfte Verlangen eines Prozessbeteiligten, über eine die Schuld- oder Rechtsfolgenfrage betreffende Behauptung durch bestimmte, nach der Strafprozessordnung zulässige Beweismittel Beweis zu erheben[12]. Nach der höchstrichterlichen Rechtsprechung muss zwischen der Beweistatsache und dem Beweismittel zudem ein Zusammenhang bestehen (sog. Konnexität)[13]. Der Beweisantrag ist in der Hauptverhandlung mündlich zu stellen[14]. Das nachfolgende Schaubild verdeutlicht noch einmal die wesentlichen Bestandteile eines Beweisantrags.

Wesentliche Bestandteile eines Beweisantrags
1. Behauptung einer bestimmten Tatsache, die für die Schuld- oder Rechtsfolgenfrage von Bedeutung ist (Beweistatsache).
2. Angabe eines bestimmten Beweismittels.
3. Konnexität zwischen Beweistatsache und Beweismittel.

415 Fehlt es an einer dieser Voraussetzungen, liegt kein förmlicher Beweisantrag vor. Der Antrag stellt dann lediglich eine Anregung an das Gericht dar, den begehrten Beweis zu erheben (sog. **Beweisermittlungsantrag**). Das Gericht ist in diesem Fall nicht an die engen Ablehnungsgründe der §§ 244 Abs. 3 bis 5, 245 Abs. 2 S. 2 und 3 StPO gebunden. Es hat lediglich im Rahmen der bestehenden Aufklärungspflicht darüber zu befinden, ob es diesem Begehren nachgeht. Einer formellen Ablehnung durch Gerichtsbeschluss bedarf es grundsätzlich nicht. Allerdings darf der Antragsteller nicht im Unklaren darüber gelassen werden, weshalb seinem Antrag nicht nachgegangen wird.

---

12 Vgl. *Meyer-Goßner*, § 244 Rn. 18.
13 Vgl. *BGH* NStZ 1998, 97; 1999, 522; 2000, 437, 438.
14 Vgl. *Meyer-Goßner*, § 244 Rn. 32. Zu Ausnahmen vgl. § 257a StPO.

Wird der Beweisermittlungsantrag nicht durch einen Gerichtsbeschluss abgelehnt, bedarf es einer prozessleitenden Verfügung des Vorsitzenden, die gemäß § 34 StPO mit Gründen zu versehen ist[15].

(1) Bestimmte Tatsachenbehauptung

Die im Beweisantrag behauptete Tatsache muss für die Schuld- oder Rechtsfolgenfrage von Bedeutung sein. Andere Tatsachen sind einem Beweisantrag nicht zugänglich. Dies betrifft insbesondere prozessuale Fragen, z.B. die wirksame Stellung eines Strafantrags, die Zuständigkeit des Gerichts oder die Verjährung. Die Feststellung der Prozessvoraussetzungen und sonstiger prozesserheblicher Tatsachen kann im sog. **Freibeweis**, d.h. auf jede beliebige Art, erfolgen[16]. Einer Beweisaufnahme im sog. **Strengbeweis**, d.h. mit den nach den Strafprozessordnung zur Verfügung stehenden Beweismitteln und dem in den §§ 244 ff. StPO geregelten Verfahren, bedarf es nicht. **416**

In einem Beweisantrag muss eine bestimmte **Tatsache** behauptet werden. Anträge, die Wertungen zum Gegenstand haben, stellen keinen Beweisantrag dar. Um solche **Wertungen** handelt es sich, wenn mit dem Antrag beispielsweise bewiesen werden soll, dass ein Zeuge unglaubwürdig, verwahrlost, verlogen oder drogenabhängig ist. Hierbei handelt es sich um Schlussfolgerungen, die sich erst aufgrund von äußeren Umständen oder Handlungen ergeben können. Diese Umstände und Handlungen sind die der Beweiserhebung zugänglichen Tatsachen. **417**

Beispiel: Geht es dem Verteidiger darum, die Drogenabhängigkeit einer Person in das Verfahren einzuführen, wäre es fehlerhaft, einen Zeugen zu benennen, der bekundet, dass diese Person drogenabhängig ist. Dies würde lediglich eine Wertung des Zeugen darstellen. Der Verteidiger müsste den Beweisantrag vielmehr darauf richten, dass ein Zeuge etwa bekundet, die Person konsumiere täglich ein Gramm Kokain. Daraus könnten dann Rückschlüsse auf eine Drogenabhängigkeit der Person gezogen werden.

An einer **bestimmten** Tatsachenbehauptung fehlt es regelmäßig auch dann, wenn der Antrag auf den Beweis einer sog. **Negativtatsache** gerichtet ist. Nach der höchstrichterlichen Rechtsprechung ist die in einem Beweisantrag zu bezeichnende Tatsache in der Regel nicht hinreichend bestimmt, wenn lediglich behauptet wird, ein bestimmtes Ereignis habe nicht stattgefunden[17]. Die Negativtatsache kann mit dem Beweismittel nicht bewiesen werden. Sie stellt das Beweisziel dar, welches sich erst aufgrund weiterer von dem Gericht zu ziehender Schlüsse ergeben kann. Derartige Negativtatsachen sind beispielsweise die unter Beweis gestellte Behauptung, **418**

- dem Angeklagten sei von dem Zeugen Müller kein Kokain geliefert worden,
- der Angeklagte habe sich zur Tatzeit nicht am Tatort aufgehalten,
- der Angeklagte habe mit dem Mitangeklagten am Tattag keine Absprache bezüglich der Begehung eines Raubes getroffen.

Ausnahmsweise können Negativtatsachen bei kürzeren und einfach gelagerten Geschehensabläufen hinreichend bestimmt und damit dem Beweis zugänglich sein[18]. **419**

15 Vgl. *BGH* NStZ 2008, 109, 110.
16 Vgl. *Meyer-Goßner*, § 244 Rn. 7 mwN.; a.A. *Roxin/Schünemann*, § 21 Rn. 22.
17 Vgl. BGHSt 39, 251, 253 mwN.
18 Vgl. *BGH* NStZ 1999, 362, 363; *BGH* StV 2005, 115, 116.

Dies wäre beispielsweise der Fall, wenn ein Zeuge bekunden soll, dass während eines von ihm verfolgten kurzen Gesprächs zwischen dem Angeklagten und dem Geschädigten der Angeklagte keine finanziellen Forderungen an diesen gestellt habe.

420 Der Verteidiger muss die zu beweisende Tatsache als feststehend **behaupten**. Stellt er in seinem Antrag lediglich Vermutungen an, handelt es sich um einen bloßen Beweisermittlungsantrag.

> **Hinweis:** Der Verteidiger muss nicht die Wahrheit seiner Behauptung versichern. Er ist berechtigt, Beweis über Tatsachen zu erheben, die er nur vermutet oder für möglich hält[19]. Diese muss er seinem Beweisantrag aber als wahr zugrunde legen[20].

(2) Bestimmtes Beweismittel

421 In dem Beweisantrag muss der Verteidiger ein bestimmtes, dem Strengbeweis zugängliches Beweismittel bezeichnen. Dies sind Zeugen, Sachverständige, Augenscheineinnahme und Urkunden. Entscheidend ist die genaue Bezeichnung des Beweismittels. Handelt es sich etwa um einen Zeugen, muss dieser anhand der Angaben in dem Beweisantrag individualisierbar sein. Der Antrag muss daher die ladungsfähige Anschrift des Zeugen oder jedenfalls Hinweise enthalten, die seine Identifizierung und Auffindung ermöglichen. Dafür reicht die bloße Namensnennung und die Angabe des Wohnortes zumeist nicht aus (Bsp.: Michael Müller aus Hamburg).

422 Dagegen muss bei dem Antrag auf Sachverständigenbeweis kein bestimmter Sachverständiger bezeichnet werden, da dessen Auswahl nach § 73 Abs. 1 StPO dem Gericht obliegt.

423 Die im Beweisantrag bezeichneten Beweismittel müssen neu sein. Anträge, die auf eine Wiederholung einer bereits durchgeführten Beweisaufnahme zielen, stellen keine Beweisanträge dar[21]. Sie sind als Beweisermittlungsanträge zu behandeln.

(3) Konnexität zwischen Beweistatsache und Beweismittel

424 Nach der Rechtsprechung des Bundesgerichtshofs ist ferner ein Zusammenhang zwischen der Beweistatsache und dem Beweismittel erforderlich (sog. **Konnexität**)[22]. Dem Beweisantrag muss daher zu entnehmen sein, weshalb das Beweismittel Aufschluss über die behauptete Beweistatsache geben kann. Soll ein Zeuge beispielsweise bekunden, dass der Angeklagte zum Tatzeitpunkt an einem bestimmten Ort war, muss sich aus dem Beweisantrag ergeben, weshalb der Zeuge aus eigenem Wissen oder Erleben hierzu Angaben machen kann.

---

19 Vgl. BGHSt 21, 118, 125.

20 Vgl. *Meyer-Goßner*, § 244 Rn. 20.

21 Anders verhält es sich beispielsweise, wenn der bereits vernommene Zeuge zum Beweis einer neuen Tatsache benannt wird, zu der er bei seiner ersten Vernehmung noch nicht gehört wurde (vgl. *BGH* NJW 2003, 2761, 2763).

22 Vgl. BGHSt 43, 321, 330; a.A. *Beulke*, Rn. 437.

Durch das Erfordernis der Konnexität soll erreicht werden, dass „ins Blaue hinein" erhobene Beweisbehauptungen nicht den strengen Ablehnungsgründen der §§ 244 Abs. 3 bis 5, 245 Abs. 2 S. 2 und 3 StPO unterliegen. **425**

Ein **Beweisantrag** könnte etwa wie folgt formuliert werden: **426**

> „Ich beantrage zum Beweis der Tatsache,
> dass sich der Angeklagte am 12.12.2009 zwischen 18.00 und 19.10 Uhr in der Gaststätte Mecki in der Bäckerstr. 15 in Lübeck aufhielt,
>
> die Vernehmung des Zeugen Max Schwarz, wohnhaft: Am Klingenberg 12, 23701 Eutin.
>
> Der Zeuge Schwarz ist mit dem Angeklagten befreundet und hat mit ihm zur angegebenen Zeit in der Gaststätte Schach gespielt."

bb) Bedingte Beweisanträge

Die Stellung eines Beweisantrags ist auch unter einer Bedingung zulässig. Solche Bedingungen sind etwa der Eintritt einer bestimmten Prozesslage oder dass das Gericht zu einer bestimmten Auffassung gelangt. Über einen solchen Antrag ist nur zu entscheiden, wenn die Bedingung eintritt. **427**

Bezieht sich die Bedingung auf den Urteilsausspruch, spricht man von einem **Hilfsbeweisantrag**[23]. Dieser wird im Schlussvortrag gestellt und muss erst in den Urteilsgründen beschieden werden. **428**

cc) Ablehnungsgründe für einen Beweisantrag

Die Ablehnung eines Beweisantrags ist ausschließlich unter den Voraussetzungen der §§ 244 Abs. 3 bis 5, 245 Abs. 2 S. 2 und 3 StPO zulässig. Grundsätzlich ist zwischen **präsenten** und **nicht präsenten Beweismitteln** zu unterscheiden. Präsente Beweismittel sind vom Gericht vorgeladene und erschienene Zeugen und Sachverständige sowie die nach § 214 Abs. 4 StPO herbeigeschafften Urkunden und Augenscheinsobjekte. Als präsente Beweismittel gelten auch Zeugen oder Sachverständige, die auf Ladung der Staatsanwaltschaft (§ 214 Abs. 3 StPO) oder des Angeklagten (§ 220 Abs. 1 StPO) erschienen sind sowie sonstige herbeigeschaffte Beweismittel. Alles andere sind nicht präsente Beweismittel. Dies gilt insbesondere auch bei im Gerichtssaal anwesenden Zeugen oder Sachverständigen, die nicht durch einen Verfahrensbeteiligten geladen wurden. **429**

Die Ablehnung eines präsenten Beweismittels ist nur unter engeren Voraussetzungen möglich als die eines nicht präsenten Beweismittels. Dies erklärt sich dadurch, dass es bei präsenten Beweismitteln in der Regel zu keinen erheblichen Verfahrensverzögerungen kommt. **430**

---

23 Siehe hierzu näher *Haller/Conzen*, Rn. 472 ff.

(1) Ablehnung des Beweisantrags bei nicht präsenten Beweismitteln

431 Der in der Praxis häufigste Fall ist die Ablehnung nicht präsenter Beweismittel. Das nachfolgende Schaubild bietet einen Überblick über die einzelnen Ablehnungsgründe bei nicht präsenten Beweismitteln.

Ablehnung des Beweisantrags bei nicht präsenten Beweismitteln
Ablehnungsgründe für *sämtliche* Beweismittel: – Unzulässigkeit der Beweiserhebung (einziger zwingender Ablehnungsgrund) – Offenkundigkeit – Bedeutungslosigkeit – Ungeeignetheit – Unerreichbarkeit – Verschleppungsabsicht – Wahrunterstellung
Zusätzliche Ablehnungsgründe: ➤ beim **Sachverständigenbeweis:** – eigene Sachkunde des Gerichts – Erwiesenheit des Gegenteils durch ein früheres Gutachten ➤ beim **Augenscheinsbeweis und Auslandszeugen:** – Ablehnung liegt im Ermessen des Gerichts

(a) Unzulässigkeit der Beweiserhebung

432 Ein Beweisantrag ist nach § 244 Abs. 3 S. 1 StPO **zwingend** abzulehnen, wenn die beantragte Beweiserhebung unzulässig ist. Dies ist der Fall, wenn die Beweiserhebung einem Beweisverbot unterliegt[24].

(b) Offenkundigkeit

433 Nach § 244 Abs. 3 S. 2 StPO kann ein Beweisantrag abgelehnt werden, wenn eine Beweiserhebung wegen Offenkundigkeit überflüssig ist. Offenkundig sind **allgemein- oder gerichtskundige Tatsachen**. Allgemeinkundige Tatsachen sind solche, von denen ein verständiger Mensch regelmäßig Kenntnis haben oder diese erlangen kann[25]. Gerichtskundig sind Tatsachen, von denen das Gericht in amtlicher Eigenschaft, vor allem aus anderen Verfahren, Kenntnis hat[26].

(c) Bedeutungslosigkeit

434 Die Ablehnung eines Beweisantrags nach § 244 Abs. 3 S. 2 StPO kommt in Betracht, wenn die zu beweisende Tatsache für die Entscheidung ohne Bedeutung ist. Dies kann entweder aus rechtlichen oder aus tatsächlichen Gründen der Fall sein. Aus Rechtsgründen ist eine Beweiserhebung zu Fragen der Rechtswidrigkeit beispielsweise dann bedeutungslos, wenn das Gericht bereits von einem Fehlen des Tatvorsat-

---

24 Näher hierzu unter Rn. 501 f.
25 Vgl. BGHSt 26, 56, 59.
26 Vgl. BGHSt 26, 56, 59.

zes ausgeht. Eine Bedeutungslosigkeit aus tatsächlichen Gründen liegt vor, wenn die zu beweisende Tatsache keinen Einfluss auf die Entscheidung haben kann. Dies ist etwa dann der Fall, wenn bewiesen werden soll, dass ein Zeuge das Tatgeschehen wegen seiner Schwerhörigkeit akustisch nicht wahrnehmen konnte und das Gericht davon ausgeht, dass dieser Zeuge während der Tat nicht am Tatort war.

Bei der Ablehnung eines Beweisantrages wegen Bedeutungslosigkeit ist zu beachten, dass das Gericht keine vorweggenommene Beweiswürdigung **(Beweisantizipation)** vornehmen darf. So wäre es unzulässig, einen Beweisantrag auf Zeugenvernehmung mit der Begründung als bedeutungslos abzulehnen, der Zeuge werde die unter Beweis gestellte Tatsache nicht bestätigen und die bisherige Beweislage bleibe daher unverändert. **435**

(d) Erwiesenheit

Ein Beweisantrag kann ferner nach § 244 Abs. 3 S. 2 StPO abgelehnt werden, wenn die zu beweisende Tatsache schon erwiesen ist. Unzulässig wäre allerdings die Ablehnung eines Beweisantrages wegen Erwiesenheit mit der Begründung, das Gegenteil von der unter Beweis gestellten Tatsache sei bereits erwiesen. Dies wäre wiederum eine unzulässige Beweisantizipation. **436**

(e) Ungeeignetheit

Ferner ist es möglich, einen Beweisantrag nach § 244 Abs. 3 S. 2 StPO wegen völliger Ungeeignetheit des Beweismittels abzulehnen. Als völlig ungeeignet kann ein Beweismittel nur dann zurückgewiesen werden, wenn das Gericht ohne Rücksicht auf das bisher gewonnene Beweisergebnis sagen kann, dass sich mit einem solchen Beweismittel das im Beweisantrag in Aussicht gestellte Ergebnis nach sicherer Lebenserfahrung nicht erzielen lässt[27]. So wäre beispielsweise die Inaugenscheinnahme des Tatorts ungeeignet, wenn an diesem zwischenzeitlich derartige Veränderungen eingetreten sind, dass sich sein Zustand zum Tatzeitpunkt nicht mehr klären lässt. Ein Sachverständiger ist nur dann ein ungeeignetes Beweismittel, wenn auszuschließen ist, dass er sich zur vorgelegten Beweisfrage sachlich überhaupt äußern kann[28]. **437**

(f) Unerreichbarkeit

Nach § 244 Abs. 3 S. 2 StPO kann ein Beweisantrag auch dann abgelehnt werden, wenn das Beweismittel unerreichbar ist. Das ist der Fall, wenn alle Bemühungen des Gerichts, es herbeizuschaffen, erfolglos geblieben sind und auch keine begründete Aussicht besteht, dass es in absehbarer Zeit beigebracht werden kann[29]. Unerreichbar ist etwa ein Zeuge, der trotz entsprechender Bemühungen nicht auffindbar ist[30]. **438**

---

27 BGHSt 14, 339, 342; *BGH* NStZ 1995, 45.
28 *BGH* NStZ 2008, 116.
29 *BGH* StV 1987, 45; *BGH* NStZ 2005, 44 f.
30 Zeugen, deren Ladung im Ausland zu bewirken wäre, sind nicht unerreichbar, sondern unterfallen der Regelung des § 244 Abs. 5 S. 2 StPO.

(g) Verschleppungsabsicht

439 Die Ablehnung eines Beweisantrages nach § 244 Abs. 3 S. 2 StPO kommt auch in Betracht, wenn der Antrag zum Zweck der Prozessverschleppung gestellt ist. Diesbezüglich sind durch die Rechtsprechung strenge Kriterien aufgestellt worden. Danach ist die Ablehnung eines Beweisantrags wegen Verschleppungsabsicht nur dann möglich, wenn die Beweisaufnahme nach Ansicht des Gerichts keine sachdienlichen Erkenntnisse erbringen kann, die Beweiserhebung den Verfahrensabschluss erheblich hinauszögern würde und der Antragsteller gerade dies bezweckt[31]. Hinsichtlich der Erheblichkeit der zur erwartenden Verfahrensverzögerung zeichnet sich ein Wandel der höchstrichterlichen Rechtsprechung ab. In einem obiter dictum hat der 1. Strafsenat des Bundesgerichtshofs bemerkt, dass das objektive Kriterium, dass die zu erwartende Verfahrensverzögerung zusätzlich wesentlich sein muss, deutlich restriktiver auszulegen oder sogar ganz aufzugeben sei[32]. Der 3. Strafsenat neigt dieser Auffassung zwischenzeitlich ebenfalls zu[33].

(h) Wahrunterstellung

440 Nach § 244 Abs. 3 S. 2 StPO kann ein Beweisantrag ferner abgelehnt werden, wenn eine erhebliche Behauptung, die zur **Entlastung** des Angeklagten bewiesen werden soll, so behandelt werden kann, als wäre die behauptete Tatsache wahr. Tatsachen, aus denen Schlüsse zuungunsten des Angeklagten gezogen werden können, dürfen nicht als wahr unterstellt werden. Die Wahrunterstellung ist eine vorweggenommene Anwendung des Grundsatzes *in dubio pro reo*. Sie kommt nur in Frage, wenn eine weitere Sachaufklärung nicht mehr möglich ist[34]. Im Urteil ist das Gericht an die Wahrunterstellung gebunden, muss jedoch aus der als wahr unterstellten Tatsache nicht den von dem Angeklagten gewünschten Schluss ziehen.

(i) Weitere Ablehnungsgründe beim Sachverständigenbeweis

441 Der Antrag auf **erstmalige** Vernehmung eines Sachverständigen kann neben den oben aufgeführten Gründen des § 244 Abs. 3 S. 2 StPO auch wegen eigener Sachkunde des Gerichts (§ 244 Abs. 4 S. 1 StPO) abgelehnt werden. Dies kann etwa den Sachverständigenbeweis zur Beurteilung der Glaubhaftigkeit einer Zeugenaussage betreffen. In der Regel verfügt das Gericht hierzu über die notwendige eigene Sachkunde. Anderes kann bei kindlichen oder psychisch beeinträchtigten Zeugen gelten[35].

442 Wurde bereits ein Sachverständiger zu einer bestimmten Tatsache vernommen, darf der Antrag auf Anhörung eines **weiteren** Sachverständigen nach § 244 Abs. 4 S. 2 StPO auch dann abgelehnt werden, wenn das Gegenteil durch ein früheres Gutachten bereits erwiesen ist. Dies gilt jedoch nicht, wenn die Sachkunde des früheren Gutachters zweifelhaft ist, wenn sein Gutachten von unzutreffenden tatsächlichen Voraussetzungen ausgeht, wenn das Gutachten Widersprüche enthält oder wenn der neue Sachverständige über überlegene Forschungsmittel verfügt.

---

31 Vgl. BGHSt 29, 149, 151; *BGH* NJW 2001, 1956, 1957; näher *Niermöller*, NStZ 2008, 181 ff.
32 *BGH* StV 2007, 454.
33 *BGH* StV 2008, 9 f.
34 BGHSt 1, 137, 138; *BGH* StV 1990, 291, 292.
35 Vgl. hierzu *Haller/Conzen*, Rn. 502 mwN.

(j) Weitere Ablehnungsgründe bei Augenscheinsbeweis und Auslandszeugen

Gemäß § 244 Abs. 5 StPO kann ein Beweisantrag auf Einnahme eines Augenscheins oder Vernehmung eines Zeugen, dessen Ladung im Ausland zu bewirken wäre, abgelehnt werden, wenn das Beweismittel nach pflichtgemäßem Ermessen des Gerichts zur Erforschung der Wahrheit nicht erforderlich wäre. Damit ist für die Ablehnung solcher Beweisanträge allein die Pflicht des Gerichts zur umfassenden Sachaufklärung maßgeblich[36]. **443**

(2) Ablehnung des Beweisantrags bei präsenten Beweismitteln

Nach der Vorschrift des § 245 Abs. 1 StPO ist die Beweisaufnahme auf alle von dem Gericht vorgeladenen und auch erschienenen Zeugen und Sachverständigen sowie auf die sonstigen nach § 214 Abs. 4 StPO herbeigeschafften Beweismittel zu erstrecken. Dies gilt nicht, wenn die Beweiserhebung unzulässig ist. **444**

Selten hat ein Gericht in der Praxis über eine Beweiserhebung durch von dem Angeklagten oder der Staatsanwaltschaft herbeigeschaffte präsente Beweismittel zu entscheiden. Sowohl der Staatsanwaltschaft als auch dem Angeklagten steht gem. §§ 214 Abs. 3, 220 Abs. 1 StPO das Recht zu, unmittelbar weitere Personen als Zeugen oder Sachverständige zu laden. Außerdem besteht das Recht, weitere Beweismittel (Urkunden und Augenscheinsobjekte) herbeizuschaffen. Sind diese Beweismittel in der Hauptverhandlung präsent, ist das Gericht nicht ohne weiteres dazu verpflichtet, die Beweiserhebung hierauf zu erstrecken. Nach § 245 Abs. 2 S. 1 StPO bedarf es dafür zunächst der Stellung eines Beweisantrages. Diesen darf das Gericht nur unter den Voraussetzungen des § 245 Abs. 2 S. 2 und 3 StPO ablehnen. Die Ablehnungsgründe sind: Unzulässigkeit der Beweiserhebung, Erwiesenheit, Offenkundigkeit, fehlender Zusammenhang zwischen der Beweistatsache und dem Gegenstand der Urteilsfindung, Ungeeignetheit und Prozessverschleppung. Damit stehen dem Gericht weniger Ablehnungsgründe zur Verfügung als in den Fällen nicht präsenter Beweismittel (§ 244 Abs. 3 bis 5 StPO). **445**

Das nachfolgende Schaubild bietet einen Überblick über die Beweiserhebung bei präsenten Beweismitteln. **446**

Beweiserhebung bei präsenten Beweismitteln	
Fälle des § 245 Abs. 1 StPO	**Fälle des § 245 Abs. 2 StPO**
Beweiserhebung <u>auch ohne</u> Beweisantrag <u>Ausnahme</u>: Unzulässigkeit der Beweiserhebung	Beweiserhebung <u>nur auf</u> Beweisantrag <u>Besonderheit</u>: engere Ablehnungsgründe als in den Fällen des § 244 Abs. 3 bis 5 StPO

36 Vgl. zum Ganzen *Rose*, NStZ 2012, 18.

b) Schlussvortrag

447 Im Anschluss an das Plädoyer des Staatsanwalts (und ggf. das des Nebenklägers) folgt der Schlussvortrag des Verteidigers[37]. Diesen sollte er anhand seiner Aufzeichnungen nach Möglichkeit in freier Rede und verständlicher Sprache halten[38]. Im Schlussvortrag würdigt er das Gesamtergebnis der Hauptverhandlung in tatsächlicher und rechtlicher Hinsicht. Ausgehend von seiner Aufgabe als Interessenvertreter seines Mandanten muss der Verteidiger in seinem Plädoyer die für den Angeklagten günstigen Umstände hervorheben. Auf negative Aspekte braucht er nicht einzugehen. Allerdings kann es sinnvoll sein, sich mit diesen auseinanderzusetzen, um diese zu entkräften oder abzumildern. Dabei gilt die Devise: „Alles, was der Verteidiger sagt, muss wahr sein, aber er darf nicht alles sagen, was wahr ist“[39].

448 Der Verteidiger hat bei seinem Schlussvortrag den Vorteil, dass ihm das Plädoyer des Staatsanwalts und damit dessen tatsächliche und rechtliche Würdigung des Geschehens bekannt ist. Daran anknüpfend sollte er sich gezielt mit den Argumenten des Staatsanwalts auseinandersetzen und versuchen, diese zu entkräften. Den besten Eindruck bei Gericht wird der Verteidiger erzielen, wenn er seine Ansichten sachlich vorträgt. Herablassende oder neben der Sache liegende Ausführungen diskreditieren ihn.

449 Der Verteidiger darf sich keinesfalls allein auf die Wirkung seines Schlussvortrags auf das Gericht verlassen. Häufig hat sein Plädoyer in der Praxis nur einen geringen Einfluss auf das Gericht. Seine Möglichkeiten, auf die Überzeugungsbildung des Gerichts Einfluss zu nehmen, sind in der Beweisaufnahme wesentlich höher.

450 Bei dem Aufbau seines Plädoyers kann sich der Verteidiger an dem des Staatsanwalts orientieren:

1. Anrede
2. Darstellung des Sachverhalts
3. Beweiswürdigung
4. Rechtliche Würdigung
5. Strafzumessung (im Falle einer Verurteilung)
6. Antrag

---

37 In der Berufungshauptverhandlung hält zunächst der Berufungsführer den Schlussvortrag (§ 326 StPO). Haben sowohl Staatsanwaltschaft als auch der Angeklagte Berufung eingelegt, plädiert zunächst derjenige, dessen Berufung weitergehend ist, ansonsten die Staatsanwaltschaft.

38 Dies gilt insbesondere bei der Mitwirkung von Laienrichtern an dem Strafverfahren. Gerade komplexe Rechtsfragen müssen ihnen verständlich dargelegt werden. Es erscheint sinnvoll, in dem Schlussvortrag nicht ständig von „dem Angeklagten“ zu sprechen. Einen besseren Eindruck macht es, wenn der Verteidiger von seinem „Mandanten“ oder Frau/Herrn „Mustermann“ spricht, um auf diese Weise eine Distanz zur Anklage deutlich zu machen.

39 Vgl. *Dahs*, Handbuch des Strafverteidigers, Rn. 49.

Dieser Aufbau ist von dem Verteidiger jedoch nicht stur einzuhalten. Im Schlussvortrag sollte er Wiederholungen des staatsanwaltschaftlichen Plädoyers vermeiden oder nur dann aufgreifen, wenn dieses für seinen Mandanten günstige Aspekte enthält. Die Bezugnahme auf das Plädoyer des Staatsanwalts genügt, soweit der Verteidiger mit den Ausführungen des Staatsanwalts übereinstimmt. Die Wiederholung eines unstreitigen Sachverhalts oder eine längere Beweiswürdigung langweilen das Gericht, soweit diese keine Abweichungen zum staatsanwaltschaftlichen Plädoyer bieten. Den Schwerpunkt des Schlussvortrags muss der Verteidiger auf die Gesichtspunkte legen, die er anders als der Staatsanwalt und für seinen Mandanten vorteilhaft beurteilt. Strafzumessungserwägungen sind im Falle einer zu erwartenden Verurteilung in jedem Fall erforderlich, wobei die für seinen Mandanten günstigen hervorzuheben sind. Anders als der Staatsanwalt ist der Verteidiger nicht verpflichtet, einen bestimmten Antrag zu stellen. Häufig wird das Strafmaß ins Ermessen des Gerichts gestellt, wobei dieses um eine „milde Bestrafung" gebeten wird. Dies trägt der Sorge Rechnung, dass das Gericht aus sachfremden Erwägungen den Antrag des Verteidigers nicht unterschreitet und der Mandant dadurch härter bestraft werden könnte. Dagegen müssen Anträge zu einem minderschweren Fall oder zur Bewährung konkret gestellt werden. Dadurch wird das Gericht gezwungen, sich mit diesen Fragen in dem Urteil zu befassen (§ 267 Abs. 3 S. 2 und 4 StPO). **451**

4. Rechtsmittelverfahren

Die Tätigkeit des Strafverteidigers erstreckt sich auch auf das Rechtsmittelverfahren. In der Stationsausbildung beim Rechtsanwalt ist dies jedoch kaum ausbildungsrelevant. Der Referendar wird kaum Gelegenheit bekommen, in diesem Bereich mitzuwirken. Allerdings ist das Revisionsrecht **klausurrelevant**. Daher soll auf das Revisionsrecht erst in dem Abschnitt über die Klausurbearbeitung vertiefend eingegangen werden. **452**

D. Klausuren

453 Während die Aufgabenstellung in der strafrechtlichen Assessorklausur bis vor wenigen Jahren noch überwiegend eine Entschließung der Staatsanwaltschaft zum Gegenstand hatte, sind die Klausurtypen durch Änderungen der Prüfungsordnungen in vielen Bundesländern erweitert worden. Der zunehmenden Bedeutung der anwaltlichen Ausbildung im Referendariat wurde dadurch Rechnung getragen, dass die **Anwaltsklausur** zum festen Bestandteil der Prüfung wurde. Zudem hat der von dem Referendar zu beherrschende Examensstoff durch **revisionsrechtliche Aufgabenstellungen** zugenommen.

454 Viele Referendare sind durch diese Entwicklung verunsichert und halten den Examensstoff für schwer überschaubar. Zwar sind die Anforderungen an die Examenskandidaten tatsächlich gestiegen, doch sind die im Examen gestellten Probleme bei einer systematischen Herangehensweise gut zu handhaben.

455 Die dem Referendar gestellten Klausuren lassen sich in drei unterschiedliche Typen aufteilen:

- die Staatsanwaltsklausur
- die Anwaltsklausur
- die Richterklausur.

456 Die Klausuren unterscheiden sich im Wesentlichen dadurch, dass der Referendar die ihm gestellte Aufgabe entweder aus der Sicht des Staatsanwalts, Verteidigers oder Richters betrachten und lösen soll. In jedem Fall erhält der Referendar einen Aktenauszug, welcher eine Entscheidung in einem bestimmten Vefahrensstadium erfordert. Dies kann entweder das Ermittlungs-, Zwischen-, Haupt- oder Rechtsmittelverfahren betreffen.

457 In jeder Klausur hat der Referendar den Sachverhalt materiell-rechtlich und prozessual zu würdigen und eine praxisrelevante Entscheidung zu entwerfen. Die rechtliche Würdigung ist häufig in Gutachtenform vorzunehmen, kann unter Umständen aber auch ausschließlich in der zu treffenden Entscheidung erfolgen. Dies ergibt sich aus der Aufgabenstellung im Bearbeitervermerk. Dieser ist daher stets genau zu lesen.

458 Nach allgemeinen Hinweisen, die auf sämtliche Klausurtypen zutreffen, soll auf Einzelheiten der staatsanwaltschaftlichen Klausur, der Anwaltsklausur und der Richterklausur eingegangen werden.

I. Allgemeine Hinweise zur Klausurbearbeitung

459 Während der Examenskandidat im ersten juristischen Staatsexamen einen feststehenden Sachverhalt zur Bearbeitung erhält, den er materiell-rechtlich und gegebenenfalls auch prozessual zu begutachten hat, ist die Aufgabenstellung im Assessorexamen wesentlich komplexer. Der Kandidat erhält einen mehrseitigen Aktenauszug,

aus dem er zunächst den Sachverhalt in tatsächlicher Hinsicht herauszuarbeiten hat. Neben der daran anschließenden rechtlichen Würdigung hat er zudem eine – häufig strengen formalen Anforderungen unterliegende – praktische Entscheidung zu treffen. Mehr noch als im ersten Staatsexamen kommt es darauf an, die Aufgabe innerhalb der zur Verfügung stehenden und knapp bemessenen Zeit zu bewältigen. Der Referendar muss daher unbedingt ein gutes **Zeitmanagement** entwickeln. Dies kann ihm nur gelingen, indem er möglichst viele Übungsklausuren schreibt. Dabei sollte die Bearbeitung von vornherein „unter Examensbedingungen" erfolgen, d.h. insbesondere ohne Unterbrechung innerhalb der zur Verfügung stehenden Zeit und nur mit den in der Prüfung zugelassenen Hilfsmitteln[1].

Obwohl die Zeiteinteilung stark von der individuellen Arbeitsweise, von dem Klausurtyp sowie der Klausuraufgabe abhängt, soll folgender, sich in der Examenspraxis bewährter Vorschlag zur Zeiteinteilung den Einstieg in die Klausurbearbeitung erleichtern (ausgehend von einer Bearbeitungszeit von 5 Stunden): **460**

1. Sachverhaltserfassung und Lösungsskizze	1–1½ Stunden
2. schriftliche Ausarbeitung	3½ bis 4 Stunden

z.B. Klausur mit Anfertigung eines Gutachtens und einer praktischer Entscheidung:

a) Gutachten	2½ bis 3 Stunden
b) praktische Entscheidung	1 Stunde

Am Beginn der Klausurbearbeitung steht die **gründliche Lektüre des Bearbeitervermerks**. Dieser ist anders als im ersten Staatsexamen regelmäßig relativ umfangreich. Aus dem Bearbeitervermerk ergibt sich die Aufgabenstellung, die je nach Klausur verschieden sein kann. Zwar dürfte es für einen Juristen eine Selbstverständlichkeit sein, die ihm gestellte Aufgabe richtig und vollständig zu erfassen, allerdings zeigt die Erfahrung, dass dies selbst bei Examenskandidaten nicht immer der Fall ist. So werden Themen erörtert, die von der Aufgabenstellung nicht erfasst sind oder deren Bearbeitung sogar explizit ausgeschlossen wurde. Andererseits wird auf ausdrückliche Fragen nicht eingegangen. Derartige Fehler können durch ein gründliches und mehrfaches Lesen des Bearbeitervermerks vermieden werden. Erst nach der Lektüre des Bearbeitervermerks und Erfassen der Aufgabenstellung sollte der Bearbeiter den Aktenauszug lesen. Auf diese Weise ist er in der Lage, den Aktenauszug sofort unter der für die Klausur relevanten Fragestellung zu betrachten und Schwerpunkte zu erkennen. **461**

Sodann empfiehlt es sich, eine **Lösungsskizze** anzufertigen. Diese sollte die relevanten tatsächlichen und rechtlichen Probleme des Falles in Stichpunkten enthalten. Dabei sollte sich der Bearbeiter die **Schwerpunkte der Klausur** bewusst machen und entsprechend kennzeichnen. **462**

1 Die zugelassenen Hilfsmittel ergeben sich aus den Prüfungs- und Hilfsmittelordnungen der Länder, können aber auch bei dem zuständigen Justizprüfungsamt erfragt werden.

463 Bei der Anfertigung des Gutachtens ist neben einer exakten **Subsumtion** auf eine fundierte **juristische Argumentation** zu achten. Zwar dürfen in der Klausur in der Regel Kommentare (z.B. *Fischer* und *Meyer-Goßner*) benutzt werden. Es ist aber unzureichend, Probleme des Falles lediglich mit einem Hinweis auf die Kommentarliteratur zu lösen.

> **Hinweis:** Dem Referendar ist dringend anzuraten, sich frühzeitig mit den im Examen zugelassenen Kommentaren vertraut zu machen, um damit effektiv arbeiten zu können.

464 Das Hauptaugenmerk bei der schriftlichen Ausarbeitung ist grundsätzlich unabhängig vom Klausurtyp auf die **Anfertigung der praktischen Entscheidung** zu legen. Im Assessorexamen soll der Referendar zeigen, dass er in der Lage ist, seine erworbenen Rechtskenntnisse in die Praxis umzusetzen.

> **Hinweis:** Gerät der Prüfling während der Klausurbearbeitung in Verzug, sollte er gleichwohl die praktische Entscheidung entwerfen und Abstriche bei dem Gutachten machen.

465 Abschließend ist darauf hinzuweisen, dass ein korrekter Umgang mit der Sprache für eine ordentliche Klausurbearbeitung unabdingbar ist. Defizite in diesem Bereich führen häufig zu einer schlechteren Bewertung der Arbeit. Zudem sollte der Kandidat auf ein leserliches Schriftbild achten.

II. Die staatsanwaltschaftliche Klausur

466 In der staatsanwaltschaftlichen Klausur ist zumeist über den Abschluss eines Ermittlungsverfahrens zu entscheiden. Daneben sind im Examen staatsanwaltschaftliche Entschließungen in der Hauptverhandlung und im Rechtsmittelverfahren von besonderer Relevanz.

1. Verfahrensstadium: Ermittlungsverfahren

467 In vielen Bundesländern hatte die strafrechtliche Pflichtklausur im Assessorexamen bislang ausschließlich ein Ermittlungsverfahren zum Gegenstand, über dessen Abschluss zu entscheiden und die Entschließung des Staatsanwalts zu fertigen war. Derartige Klausuren kommen im Examen nach wie vor am häufigsten vor. Dabei erhält der Bearbeiter einen Auszug aus der Ermittlungsakte.

468 Von dem Bearbeiter wird in aller Regel zunächst eine Begutachtung des Sachverhalts in materieller und prozessualer Hinsicht verlangt. Anschließend hat er die Entschließung der Staatsanwaltschaft zu entwerfen. Diese hat regelmäßig eine Abschlussverfügung und Anklageschrift zum Gegenstand. Sie kann aber auch in einer umfangreichen Einstellungsverfügung oder einem Antrag auf Erlass einer Zwangsmaßnahme (z.B. Haftbefehl, Wohnungsdurchsuchung) bestehen.

Ein typischer **Bearbeitervermerk** kann etwa lauten: **469**

1. Der Sachverhalt ist in tatsächlicher und rechtlicher Hinsicht zu begutachten.
2. Es ist die Entschließung der Staatsanwaltschaft Lübeck zu entwerfen.
3. Straftatbestände außerhalb des StGB und Ordnungswidrigkeiten sind nicht zu prüfen.
4. Sollten weitere Ermittlungen für erforderlich gehalten werden, so ist zu unterstellen, dass diese durchgeführt worden sind, aber keine weiteren Erkenntnisse gebracht haben.
5. Von den §§ 153 bis 153f, 407 ff. StPO ist kein Gebrauch zu machen.
6. Im Falle einer Anklageerhebung ist die Abfassung eines wesentlichen Ergebnisses der Ermittlungen erlassen.

a) Materielles Gutachten

Das materiell-rechtliche Gutachten (sog. A-Gutachten) bereitet die Entschließung der Staatsanwaltschaft in rechtlicher Hinsicht vor. Wie im Ersten Staatsexamen ist dieses grundsätzlich im Gutachtenstil anzufertigen. Wegen des Umfangs der Assessorklausur und ihrem Schwerpunkt im praktischen Teil sollte der Prüfling allerdings auf eine **straffe Darstellung** achten. Unproblematisches kann daher im Urteilsstil abgehandelt werden[2]. Ansonsten sollte das Gutachten in der Regel historisch aufgebaut und nach Beschuldigten oder Tatkomplexen gegliedert werden. Innerhalb der Handlungsabschnitte kann es sich anbieten, die Prüfung mit dem schwersten Delikt zu beginnen. **470**

Anders als im ersten Staatsexamen ist nicht die Strafbarkeit oder Schuld eines Beteiligten zu erörtern. Darüber entscheidet das Gericht. Für die Entschließung der Staatsanwaltschaft ist es nach § 170 i.V.m. § 203 StPO maßgeblich, ob ein **hinreichender Tatverdacht** gegen einen Beschuldigten[3] besteht. Ein solcher besteht, wenn bei vorläufiger Tatbewertung eine Verurteilung des Beschuldigten wahrscheinlich ist[4]. Das setzt voraus, dass nach dem Stand der Ermittlungen sämtliche Merkmale des gesetzlichen Tatbestandes (Tatbestand, Rechtswidrigkeit und Schuld) unter einen beweisbaren Sachverhalt subsumiert werden können. Darüber hinaus darf kein Verfahrenshindernis vorliegen, das einer späteren Verurteilung entgegen steht. **471**

aa) Subsumtion

Die Subsumtion erfolgt nach den bereits aus dem Ersten Staatsexamen bekannten Grundsätzen. Zunächst ist ein präziser Obersatz zu bilden, der entsprechend der Aufgabenstellung nicht auf die Strafbarkeit, sondern auf den hinreichenden Tatverdacht abstellt. Die zu prüfende Strafvorschrift muss genau nach Gesetz, Paragraf, Absatz, **472**

2 Ebenso *Wolters/Gubitz*, Rn. 14.

3 Die Anklage darf nur gegen einen Beschuldigten erhoben werden, dem rechtliches Gehör gewährt wurde. Daher erübrigt sich die Prüfung eines hinreichenden Tatverdachts hinsichtlich derjenigen Personen, denen kein rechtliches Gehör angeboten wurde.

4 *Meyer-Goßner*, § 203 Rn. 2.

Satz und ggf. Ziffern zitiert werden. Des Weiteren ist die zu untersuchende Tathandlung konkret zu bezeichnen.

473 Der Obersatz ist daher beispielsweise wie folgt zu formulieren:

> „A könnte sich eines Diebstahls nach § 242 Abs. 1 StGB hinreichend verdächtig gemacht haben, indem er die Handtasche der B an sich nahm."

474 Sodann folgt die Subsumtion des beweisbaren[5] Sachverhalts unter die gesetzlichen Tatbestandsmerkmale. Dabei hat sich der Bearbeiter argumentativ mit den vorhandenen rechtlichen Problemen auseinanderzusetzen und entsprechende Schwerpunkte zu bilden. Einzelne Tatbestandsmerkmale oder sogar Straftatbestände, die offensichtlich erfüllt sind, können dagegen auch knapp im Urteilsstil abgehandelt werden.

bb) Verfolgbarkeit

475 Für die Prüfung des hinreichenden Tatverdachts genügt es nicht, dass ein Sachverhalt einen Straftatbestand erfüllt. Weitere Voraussetzung ist, dass die strafbare Handlung auch verfolgbar ist. Dies ist daher bereits im materiell-rechtlichen Gutachten und nicht erst im prozessualen Teil der Klausur zu erörtern. Die Verfolgbarkeit kann durch verschiedene verfahrensrechtliche Vorschriften ausgeschlossen sein. Klausurrelevante Fälle sind insbesondere die Verfolgungsverjährung, das Fehlen eines Strafantrags und der Strafklageverbrauch.

> **Hinweis:** Im materiell-rechtlichen Gutachten sind nur die Prozessvoraussetzungen zu erörtern, die für das Vorliegen eines hinreichenden Tatverdachts von Bedeutung sind. Andere prozessuale Fragen wie etwa nach der Zuständigkeit des Gerichts sind dagegen im prozessualen Gutachten zu behandeln.

(1) Verfolgungsverjährung

476 Eine strafbare Handlung kann nach § 78 StGB nicht verfolgt werden, wenn die Tat verjährt ist. Kommt eine Verfolgungsverjährung[6] in Betracht, hat der Bearbeiter zunächst den Beginn der Verjährung für den betreffenden Tatbestand festzustellen. Nach § 78a S. 1 StGB beginnt die Verjährung mit Beendigung der Tat. Bei Erfolgsdelikten ist dies in der Regel unproblematisch. Tritt ein zum Tatbestand gehörender Erfolg erst später ein, ist die Regelung des § 78a S. 2 StGB zu beachten. Danach beginnt die Verjährung erst mit diesem Zeitpunkt.

> **Beispiel:** A schießt auf B. Dieser erliegt seinen Verletzungen eine Woche später im Krankenhaus. Hier beginnt die Verjährung mit dem Tod des B.

477 Bei Tätigkeitsdelikten, Dauerdelikten, Gefährdungsdelikten und Unterlassungsdelikten ist der Verjährungsbeginn häufig schwieriger festzustellen. Hierzu existiert eine

---

5 Näher hierzu unter Rn. 494 ff.

6 Von der Verfolgungsverjährung ist die Vollstreckungsverjährung zu unterscheiden, die in §§ 79 ff. StGB geregelt ist. Diese spielt für das Vorliegen eines hinreichenden Tatverdachts keine Rolle. Sie bestimmt, dass eine rechtskräftig verhängte Strafe oder Maßnahme nach Ablauf der Verjährungsfrist (§ 79 Abs. 3 StGB) nicht mehr vollstreckt werden kann.

umfangreiche Rechtsprechung[7], auf die mangels Klausurrelevanz nicht näher eingegangen werden soll.

Nach der Bestimmung des Verjährungsbeginns muss der Bearbeiter die für den betreffenden Straftatbestand geltende Verjährungsfrist bestimmen. Diese ergibt sich aus § 78 Abs. 3 und 4 StGB. Sie richtet sich nach der Strafandrohung für den verwirklichten Straftatbestand. Darunter fallen auch Qualifikationstatbestände (z.B. gefährliche Körperverletzung, schwerer Raub). Dagegen sind Schärfungen oder Milderungen, die nach den Vorschriften des Allgemeinen Teils des Strafgesetzbuchs (z.B. Versuch, Beihilfe, verminderte Schuldfähigkeit) oder für besonders schwere oder minder schwere Fälle (z.B. besonders schwerer Fall des Diebstahls, minder schwerer Fall des Raubes) vorgesehen sind, nicht zu berücksichtigen. **478**

Beispiel:
1.) A bricht in den verschlossenen Geräteschuppen des B ein und entwendet einen Rasenmäher.
2.) A bricht in die verschlossene Wohnung des B ein und entwendet einen Fernseher.

Im ersten Fall hat A einen Diebstahl im besonders schweren Fall nach §§ 242, 243 Abs. 1 S. 2 Nr. 1 StGB begangen. Die Verjährungsfrist richtet sich nach der Strafandrohung für den (einfachen) Diebstahl, weil es sich bei dem Regelbeispiel des § 243 StGB lediglich um eine Strafschärfung für einen besonders schweren Fall handelt. Die Verjährungsfrist beträgt daher gem. § 78 Abs. 3 Nr. 4 StGB fünf Jahre.

In zweiten Fall hat A einen Wohnungseinbruchsdiebstahl nach § 244 Abs. 1 Nr. 3 StGB begangen. Die Verjährung richtet sich nach der Strafandrohung für diese Vorschrift, weil es sich bei dem Wohnungseinbruchsdiebstahl um einen selbstständigen Qualifikationstatbestand handelt. Die Verjährungsfrist beträgt daher gem. § 78 Abs. 3 Nr. 3 StGB zehn Jahre.

Das nachfolgende Schaubild bietet eine Übersicht über die in § 78 Abs. 3 StGB geregelten Verjährungsfristen: **479**

Verjährungsfrist	Höchstmaß der Strafandrohung	Beispiel
30 Jahre	**lebenslange** Freiheitsstrafe	§ 251 StGB
20 Jahre	Freiheitsstrafe von mehr als **10** Jahren	§ 249 StGB
10 Jahre	Freiheitsstrafe von mehr als **5** Jahren bis zu **10** Jahren	§ 224 StGB
5 Jahre	Freiheitsstrafe von mehr als **1** Jahr bis zu **5** Jahren	§ 242 StGB
3 Jahre	Geldstrafe oder Freiheitsstrafe bis zu **1** Jahr	§ 316 StGB
Ausnahme: keine Verjährung bei Mord, § 78 Abs. 2 StGB		

Nach Bestimmung der Verjährungsfrist ist zu prüfen, ob die Verjährung nach § 78b StGB ruhte oder ob eine Unterbrechung der Verjährung nach § 78c StGB eingetreten ist. Das Ruhen der Verjährung hemmt deren Beginn oder Weiterlauf[8]. Dagegen hat die Unterbrechung nach § 78c Abs. 3 S. 1 StGB zur Folge, dass die Verjährung von neuem beginnt. Die Verfolgung ist jedoch spätestens verjährt, wenn seit dem Beginn **480**

7 Ein Überblick findet sich bei *Fischer*, § 78a Rn. 11 ff.
8 Vgl. *Fischer*, § 78b Rn. 2.

der Verjährung das Doppelte der gesetzlichen Verjährungsfrist verstrichen ist[9]. Dieser Zeitpunkt wird als **absolute Verjährung** bezeichnet.

Beispiel:

11. 10. 2001	A begeht eine Körperverletzung nach § 223 Abs. 1 StGB
02. 11. 2001	Verantwortliche Vernehmung des A
10. 12. 2001	Anklageerhebung
04. 01. 2002	Vorläufige Einstellung nach § 205 StPO durch das Gericht
14. 01. 2002	Fahndungsausschreibung durch die Staatsanwaltschaft
13. 01. 2005	Verlängerung der Fahndungsausschreibung durch die Staatsanwaltschaft
13. 01. 2008	Verlängerung der Fahndungsausschreibung durch die Staatsanwaltschaft

Nach § 78a S. 1 StGB hat die Verjährung am 11.10.2001 begonnen. Gemäß § 78 Abs. 3 Nr. 4 StGB beträgt die Verjährungsfrist für die Körperverletzung fünf Jahre. Die Verjährung wurde mehrfach unterbrochen, und zwar am 02.11.2001 durch die Vernehmung des A (§ 78c Abs. 1 Nr. 1 StGB), am 10. 12. 2001 durch die Anklageerhebung (§ 78c Abs. 1 Nr. 6 StGB), am 04.01.2002 durch die vorläufige gerichtliche Einstellung des Verfahrens (§ 78c Abs. 1 Nr. 10 StGB) sowie am 14.01.2002, 13. 01. 2005 und 13. 01. 2008 durch die jeweiligen Anordnungen des Staatsanwalts zur Ermittlung des Aufenthalts des A (§ 78c Abs. 1 Nr. 10 StGB). Mit jeder Unterbrechung begann die Verjährungsfrist von neuem. Die neue Verjährung setzt daher nach der letzten Unterbrechung am 13. 01. 2008 ein. Obwohl die Verjährungsfrist bei der Körperverletzung fünf Jahre beträgt, tritt die Verjährung hier nicht erst mit dem Ablauf des 12.01.2013 ein, weil die Tat zu diesem Zeitpunkt bereits absolut verjährt wäre. Die Tat wäre hier mit Ablauf des 10. 10. 2011 verjährt, weil die absolute Verjährungsfrist nach § 78c Abs. 3 S. 2 StGB bei der Körperverletzung zehn Jahre beträgt.

(2) Fehlender Strafantrag

481 Das Strafrecht enthält bestimmte Delikte, die der Strafverfolgung grundsätzlich nur unterliegen, wenn der Verletzte einen Strafantrag stellt. Dabei ist zwischen absoluten und relativen Antragsdelikten zu unterscheiden. Bei den **absoluten Antragsdelikten** ist eine Strafverfolgung ohne den Strafantrag des Verletzten nicht zulässig. Bei den **relativen Antragsdelikten** ist auch bei Fehlen eines Strafantrags eine Strafverfolgung möglich. Voraussetzung dafür ist, dass die Strafverfolgungsbehörde wegen des besonderen öffentlichen Interesses an der Strafverfolgung ein Einschreiten von Amts wegen für geboten hält.

9 Ist die Verjährungsfrist nach besonderen Gesetzen kürzer als drei Jahre, beträgt die absolute Verjährungsfrist nach § 78c Abs. 3 S. 2 StGB drei Jahre.

In dem nachfolgenden Schaubild sind einige klausurrelevante Antragsdelikte aufgeführt: **482**

Absolute Antragsdelikte	**Relative Antragsdelikte**
– Hausfriedensbruch (§ 123 StGB) – Beleidigung (§§ 185, 194 StGB) – Verletzung des Briefgeheimnisses (§§ 202, 205 StGB) – Haus- und Familiendiebstahl (§§ 242, 247 StGB) – Unbefugter Gebrauch eines Fahrzeugs (§ 248b StGB)	– Körperverletzung (§§ 223, 229, 230 StGB) – Nachstellung (§ 238 Abs. 1 und 4 StGB) – Diebstahl (§ 242 StGB), Unterschlagung (§ 246 StGB), Hehlerei (§ 259 StGB), Betrug (§ 263 StGB), Untreue (§ 266 StGB) soweit es sich um eine **geringwertige Sache (§ 248a StGB)** handelt – Sachbeschädigung (§§ 303, 303c StGB)

Hat der Bearbeiter ein Antragsdelikt zu erörtern, muss er zunächst feststellen, ob ein **wirksamer Strafantrag** gestellt ist. Dies ist in § 77 ff. StGB geregelt[10]. In der Klausur ist vor allem auf die Antragsberechtigung (§ 77 StGB), auf die Antragsfrist von drei Monaten (§ 77b StGB) sowie auf eine mögliche Rücknahme des Strafantrags (§ 77d StGB) zu achten. **483**

Liegt ein wirksamer Strafantrag vor, ergeben sich bei der Klausurbearbeitung keine Besonderheiten. Ansonsten hat der Bearbeiter zunächst zu klären, ob es sich um ein absolutes oder ein relatives Antragsdelikt handelt. Fehlt bei einem absoluten Antragsdelikt ein wirksamer Strafantrag, besteht kein hinreichender Tatverdacht. In diesem Fall bedarf es keiner Subsumtion des Sachverhalts unter die gesetzlichen Tatbestandsmerkmale. Es genügt, wenn der Bearbeiter sofort nach dem Obersatz auf das Fehlen eines Strafantrags abstellt und dies ggf. ausführt. In einem solchen Fall kann etwa wie folgt formuliert werden: **484**

> A hat sich durch das Betreten der Wohnung des B keines Hausfriedensbruchs nach § 123 Abs. 1 StGB hinreichend verdächtig gemacht. Es besteht ein Strafverfolgungshindernis nach § 123 Abs. 2 StGB, da B auf die Stellung eines Strafantrags verzichtet hat.

Liegt bei einem relativen Antragsdelikt kein Strafantrag vor, hat der Bearbeiter zu prüfen, ob das Fehlen des Strafantrags durch ein **besonderes öffentliches Interesse an der Strafverfolgung** überwunden werden kann. Zwar findet sich im Gesetz keine Definition des besonderen öffentlichen Interesses, allerdings bieten Nr. 234, 235, 242a und 243 RiStBV eine wertvolle Orientierungshilfe. Diese betreffen insbesondere das besondere öffentliche Interesse bei Körperverletzungen, können größtenteils aber auch als Prüfungsmaßstab bei anderen relativen Antragsdelikten herangezogen werden. In diesen Richtlinien sind die für das besondere öffentliche Interesse an der Strafverfolgung maßgeblichen Gesichtspunkte aufgeführt. Dies sind insbesondere: **485**

10 Näher hierzu *Haller/Conzen*, Rn. 97 ff.

486

Besonderes öffentliches Strafverfolgungsinteresse	
Dafür sprechende Umstände:	**Dagegen sprechende Umstände:**
– einschlägige Vorstrafen – hohes Maß der Pflichtwidrigkeit – rohes oder besonders leichtfertiges Handeln – erhebliche Verletzung des Opfers – Opfer kann wegen seiner persönlichen Beziehung zum Täter die Stellung eines Strafantrags nicht zugemutet werden – Strafverfolgung ist gegenwärtiges Anliegen der Allgemeinheit	– keine Vorstrafen – geringes Maß der Pflichtwidrigkeit – geringfügige Verletzung des Opfers – eigene Verletzung des Täters – Mitverschulden des Verletzten – Verletzter legt auf Bestrafung keinen Wert – Sozialpädagogische, familientherapeutische oder andere unterstützende Maßnahmen wurden eingeleitet und erscheinen erfolgversprechend

487 Gelangt der Bearbeiter zu dem Ergebnis, dass ein besonderes öffentliches Interesse an der Strafverfolgung nicht besteht, ist der hinreichende Tatverdacht abzulehnen.

488 Liegt bei relativen Antragsdelikten kein Strafantrag vor, steht der Bearbeiter bei der Anfertigung seines Gutachtens vor einem Aufbauproblem. Es gilt als legitim, das besondere öffentliche Strafverfolgungsinteresse als Prozessvoraussetzung erst im prozessualen Gutachten zu erörtern[11]. Allerdings ist der Bearbeiter in diesem Fall gezwungen, die Entscheidung über das Vorliegen eines hinreichenden Tatverdachts im materiellen Gutachten offen zu lassen. Diese Frage kann dann erst im prozessualen Gutachten geklärt werden. Dies erscheint unzweckmäßig. Es führt dazu, dass zusammenhängende Fragen des Strafantrags und besonderen öffentlichen Interesses in der Begutachtung auseinanderfallen. Dadurch wird das Gutachten nicht selten unübersichtlich. Gelangt der Bearbeiter nach einer ausführlichen Prüfung der Straftat im materiell-rechtlichen Gutachten im prozessualen Teil seiner Arbeit zu dem Ergebnis, dass ein besonderes öffentliches Interesse an der Strafverfolgung nicht vorliegt, wären seine Ausführungen im materiellen Teil nicht erforderlich gewesen. Denn ein hinreichender Tatverdacht besteht im Ergebnis nicht. Es ist daher ratsam, diese Frage bereits im materiell-rechtlichen Gutachten zu erörtern.

489 Fehlt es bei relativen Antragsdelikten an einem Strafantrag und gelangt der Bearbeiter zu dem Ergebnis, dass kein besonderes öffentliches Interesse an der Strafverfolgung vorliegt, bedarf es auch keiner Subsumtion des Sachverhalts unter die gesetzlichen Tatbestandsmerkmale. Ein hinreichender Tatverdacht liegt nämlich schon wegen der fehlenden Strafverfolgungsvoraussetzung nicht vor.

490 Anders verhält es sich, wenn der Bearbeiter bei relativen Antragsdelikten und einem fehlenden Strafantrag das besondere öffentliche Interesse an der Strafverfolgung bejaht. Dann sollte der Kandidat zunächst durch Subsumtion zu klären, ob ein Sachverhalt unter die gesetzlichen Merkmale eines Straftatbestands fällt. Bejaht er dies, ist anschließend – ebenfalls innerhalb des materiell-rechtlichen Gutachtens – auf die Frage des Strafantrags und das Vorliegen eines besonderen öffentlichen Interesses an der Strafverfolgung einzugehen.

11 Vgl. *Emde*, JuS 1996, 443; *Kröpil*, JuS 1984, 45.

Hinweis: Nach Erstellung der Lösungsskizze sollte sich der Referendar darüber klar werden, welchen Aufbau er wählt. Entsprechend den vorstehenden Ausführungen ist es zweckmäßig, diesen von der jeweiligen Lösung abhängig zu machen. Ausgehend von dem unterschiedlichen Ergebnis der Fallprüfung wird im nachfolgenden Schaubild[12] der jeweils zweckmäßige Prüfungsaufbau dargestellt.

491

Absolutes Antragsdelikt			
Straftat-bestand	**Wirksamer Strafantrag**		**Prüfungsreihenfolge im materiell-rechtlichen Gutachten**
(+)	(+)		1.) Straftatbestand[13] 2.) Strafantrag → hinreichender Tatverdacht
(–)	(+)		Straftatbestand → kein hinreichender Tatverdacht
(+)	(–)		Strafantrag → kein hinreichender Tatverdacht

Relatives Antragsdelikt			
Straftat-bestand	**Wirksamer Strafantrag**	**besonderes öffentliches Interesse an der Strafverfolgung**	**Prüfungsreihenfolge im materiell-rechtlichen Gutachten**
(+)	(+)		1.) Straftatbestand 2.) Strafantrag → hinreichender Tatverdacht
(–)	(+)		Straftatbestand → kein hinreichender Tatverdacht
(+)	(–)	(+)	1.) Straftatbestand 2.) Strafantrag 3.) bes. öff. Interesse a.d. Strafverfolgung → hinreichender Tatverdacht
(+)	(–)	(–)	1.) Straftatbestand 2.) Strafantrag 3.) bes. öff. Interesse a.d. Strafverfolgung → kein hinreichender Tatverdacht

12 Zum Verständnis des Schaubilds sei die erste Variante erläutert: Der Bearbeiter kommt bei einem absoluten Antragsdelikt in seiner Lösungsskizze zu dem Ergebnis, dass der Straftatbestand zu bejahen ist und ein wirksamer Strafantrag vorliegt. In diesem Fall sollte im Gutachten zunächst die vollständige Prüfung des Straftatbestands erfolgen. Anschließend folgen die Ausführungen zum Vorliegen eines wirksamen Strafantrags. Im Ergebnis ist ein hinreichender Tatverdacht dann zu bejahen.

13 Die Prüfung des Straftatbestands umfasst jeweils die Tatbestandsmäßigkeit, Rechtswidrigkeit und Schuld sowie ggf. Strafaufhebungsgründe (z.B. Rücktritt vom Versuch).

(3) Strafklageverbrauch

492 Ein weiteres Verfahrenshindernis besteht beim Vorliegen eines Strafklageverbrauchs. Nach dem in Art. 103 Abs. 3 GG festgelegten Grundsatz der Einmaligkeit der Strafverfolgung (ne bis in idem) darf eine erneute Strafverfolgung gegen denselben Täter wegen derselben Tat nicht erfolgen[14]. Stellt sich in einem Ermittlungsverfahren heraus, dass ein Beschuldigter wegen einer Tat, die Gegenstand des Ermittlungsverfahrens ist, bereits rechtskräftig verurteilt worden ist, liegt ein Verfahrenshindernis vor[15]. Ein hinreichender Tatverdacht besteht nicht. Ein Verfahrenshindernis kann auch beim Vorliegen eines beschränkten Strafklageverbrauchs bestehen. Wichtigster Fall ist die Vorschrift des § 153a Abs. 1 S. 5 StPO. Bei einer Verfahrenseinstellung nach § 153a Abs. 1 StPO gegen eine Auflage kann die Tat nach Erfüllung der Auflage nicht mehr als Vergehen verfolgt werden. Stellt sich später heraus, dass es sich bei der Tat um ein Verbrechen gehandelt hat, ist die Verfolgung des Verbrechens weiter zulässig. Dies wird als **beschränkter Strafklageverbrauch** bezeichnet, weil sich die Beschränkung der Strafverfolgung ausschließlich auf die Tat als Vergehen bezieht. Obwohl eine entsprechende ausdrückliche Regelung in § 153 StPO fehlt, nimmt der Bundesgerichtshof einen beschränkten Strafklageverbrauch auch im Falle einer **gerichtlichen** Verfahrenseinstellung nach § 153 Abs. 2 StPO an[16]. Danach kann die Tat auch hier nur dann weiter verfolgt werden, wenn sich die Tat aus tatsächlichen oder rechtlichen Gründen nachträglich als Verbrechen darstellt.

> **Hinweis:** Der Referendar sollte sich vergegenwärtigen, dass die meisten Verfahrenseinstellungen nicht zu einem Strafklageverbrauch führen. Dies gilt insbesondere bei Verfahrenseinstellungen nach § 170 Abs. 2 StPO.

(4) Weitere Strafverfolgungshindernisse

493 Andere Strafverfolgungshindernisse sind in Klausuren eher selten zu erörtern. Bei mehreren Beschuldigten kann es vorkommen, dass einer von diesen nicht strafmündig ist (§ 19 StGB). Dann erübrigt sich eine weitere Prüfung hinsichtlich dieser Person.

cc) Relevanter Sachverhalt

494 Im Gegensatz zum Ersten Staatsexamen erhält der Kandidat im Assessorexamen keinen feststehenden Sachverhalt zur Bearbeitung. Vielmehr muss er sich diesen anhand einer Würdigung des Aktenauszugs in tatsächlicher Hinsicht erst erarbeiten. Hier liegt der Hauptunterschied zu dem im Ersten Staatsexamen anzufertigenden Gutachten. Nicht selten bildet die Auseinandersetzung mit tatsächlichen Zweifelsfragen einen Schwerpunkt der Arbeit.

---

14 Zum Begriff der prozessualen Tat Rn. 103 ff.
15 Zu Einzelheiten des Grundsatzes ne bis in idem vgl. *Haller/Conzen*, Rn. 48 ff.
16 Vgl. *BGH* NJW 2004, 375 ff.

Selten ergibt sich aus dem Aktenauszug ein eindeutiger Sachverhalt, der von dem Beschuldigten und den Zeugen übereinstimmend geschildert wird und der sich mit den übrigen Beweismitteln deckt. In diesem Fall erübrigt sich eine Auseinandersetzung mit tatsächlichen Fragen. Der Bearbeiter kann die übereinstimmende Schilderung als Sachverhalt zu Grunde legen und unter diesen subsumieren. **495**

In der Regel lässt sich aus dem Aktenauszug jedoch kein übereinstimmender Sachverhalt entnehmen. Häufig enthält dieser unterschiedliche Angaben zu einem bestimmten Geschehen. Der Kandidat muss sich dann mit der Frage auseinandersetzen, von welchem Geschehen er bei seiner Subsumtion ausgeht. Dabei darf er die Einlassung des Beschuldigten oder die Aussage eines Zeugen nicht kritiklos übernehmen, sondern muss diese zusammen mit den übrigen Beweismitteln würdigen. Er muss darlegen, weshalb er den von ihm zugrundegelegten Sachverhalt als bewiesen ansieht. **496**

Bei der Beweiswürdigung muss sich der Bearbeiter darüber bewusst sein, dass er das Bestehen eines **hinreichenden Tatverdachts** zu prüfen hat. Es ist daher nicht erforderlich, dass eine Tatsache mit der für eine Verurteilung erforderlichen Sicherheit bewiesen werden kann. Vielmehr genügt die für eine Anklageerhebung erforderliche **Wahrscheinlichkeit einer Verurteilung**. **497**

Die Würdigung der Beweismittel findet nicht in einem besonderen Teil des Gutachtens statt. Sie hat bei der Subsumtion zu erfolgen. **Die Auseinandersetzung mit den Beweismitteln muss bei der Prüfung des jeweiligen Tatbestandsmerkmals erfolgen, für dessen Vorliegen die Beweiswürdigung von Bedeutung ist.** **498**

Beispiel: In einem gegen Anton Müller geführten Ermittlungsverfahren wegen des Vorwurfs einer Körperverletzung enthält der Aktenauszug zunächst eine Strafanzeige des Bert Bach. In dieser gibt er an, dass Anton Müller ihm auf dem Stadtfest in Lübeck grundlos mit der Faust ins Gesicht geschlagen habe. Er stellt Strafantrag gegen Anton Müller und fügt ein ärztliches Attest bei, aus dem sich ergibt, dass er einen Nasenbeinbruch erlitten hat. Anton Müller bestreitet in seiner verantwortlichen Vernehmung, dass es überhaupt zu einer Auseinandersetzung mit dem Bert Bach gekommen sei. Der Aktenauszug enthält ferner das Vernehmungsprotokoll des Zeugen Rudi Redlich. Dieser hat ausgesagt, dass er gesehen habe, wie Anton Müller dem Bert Bach mit der Faust ins Gesicht geschlagen habe.

Lösungsvorschlag:

Anton Müller könnte sich einer Körperverletzung nach § 223 Abs. 1 StGB hinreichend verdächtig gemacht haben, indem er dem Bert Bach auf dem Stadtfest in Lübeck mit der Faust ins Gesicht geschlagen hat.

Der nach § 230 Abs. 1 StGB erforderliche Strafantrag ist wirksam gestellt worden.

Anton Müller müsste den Bert Bach körperlich misshandelt oder an der Gesundheit geschädigt haben. Eine körperliche Misshandlung ist jede üble, unangemessene Behandlung, die geeignet ist, das körperliche Wohlbefinden nicht unerheblich zu beeinträchtigen. Ein Faustschlag ins Gesicht stellt eine solche Misshandlung dar. Fraglich ist, ob dem Beschuldigten Müller mit hinreichender Wahrscheinlichkeit nachgewiesen werden kann, den Bert Bach mit der Faust ins Gesicht geschlagen zu haben. Dies wird von dem Beschuldigten bestritten. Dagegen stehen jedoch die Aussage der Zeugen Bach und Redlich. Diese haben übereinstimmend bekundet, dass der Beschuldigte dem Geschädigten Bach ins Gesicht geschlagen habe. Zudem wird durch das ärztliche Attest dokumentiert, dass der Geschädigte einen Nasenbeinbruch erlitten hat. Aufgrund dieser Beweismittel ist die Einlassung des Beschuldigten nicht glaubhaft. Vielmehr ist den Aussagen der Zeugen Bach und Redlich zu folgen. Beide haben unabhängig von einander geschildert, dass der Beschuldigte dem Bert Bach mit der Faust ins Gesicht geschlagen habe. Eine Belastungstendenz ist den Zeugenaussagen nicht zu entnehmen. Insbesondere ist kein Grund ersichtlich, weshalb der an dem Geschehen unbeteiligte Zeuge Redlich die Unwahrheit gesagt haben soll. Außerdem werden die Zeugenaussagen durch die in dem ärztlichen Attest dokumentierte Verletzung gestützt. Danach kann dem Beschuldigten eine körperliche Misshandlung des Bert Bach mit hinreichender Wahrscheinlichkeit nachgewiesen werden.

Zudem könnte der Beschuldige Müller den Bert Bach auch an der Gesundheit geschädigt haben. Darunter versteht man das Hervorrufen oder Steigern eines pathologischen Zustands. Ein solcher liegt in der Verursachung des Nasenbeinbruchs bei Bach, der sich aufgrund der übereinstimmenden Zeugenaussagen und des ärztlichen Attests auch mit hinreichender Wahrscheinlichkeit nachweisen lässt.

Der Beschuldigte handelte auch vorsätzlich, rechtswidrig und schuldhaft. Demnach hat sich der Beschuldigte Müller einer Körperverletzung nach § 223 Abs. 1 StGB hinreichend verdächtig gemacht.

499 Bei der Würdigung der Beweismittel muss sich der Bearbeiter darüber im Klaren sein, dass die Strafprozessordnung **keine Wahrheitserforschung um jeden Preis** vorsieht[17]. Nicht jedes Beweismittel darf in einer Hauptverhandlung verwertet werden. Auf nicht verwertbare Beweismittel kann ein hinreichender Tatverdacht nicht gestützt werden, weil es in diesem Fall von vornherein an einer Wahrscheinlichkeit der Verurteilung fehlt. In der Klausur hat sich der Bearbeiter daher unter Umständen mit der Frage auseinanderzusetzen, ob einzelne sich aus dem Aktenauszug ergebende Beweismittel verwertbar sind. Im materiell-rechtlichen Gutachten liegt hier häufig ein Schwerpunkt der Klausur.

500 In einem solchen Fall hat der Bearbeiter zunächst zu prüfen, ob ein bestimmtes Beweismittel auf unzulässige Art und Weise gewonnen wurde. Ist dies der Fall, muss er in einem weiteren Schritt prüfen, ob daraus ein Beweisverwertungsverbot folgt.

(1) Unzulässige Beweisgewinnung

501 Bei der unzulässigen Beweisgewinnung wird allgemein zwischen Beweisthemaverboten, Beweismittelverboten, Beweismethodenverboten und relativen Beweisverboten unterschieden[18]. Im Falle eines Beweisthemaverbots darf über bestimmte Tatsachen kein Beweis erhoben werden. Beweismittelverbote untersagen die Verwendung eines bestimmten Beweismittels. Beweismethodenverbote schließen die Anwendung bestimmter Methoden bei der Beweisgewinnung aus. Schließlich ist die Beweisgewinnung bei relativen Beweisverboten nur zulässig, sofern sie durch bestimmte Personen angeordnet oder durchgeführt wird.

17 Vgl. BGHSt 14, 358, 365; 38, 372, 374.

18 Vgl. *Roxin/Schünemann*, § 24 Rn. 15; siehe auch *Beulke*, Rn. 455; *Haller/Conzen*, Rn. 595 ff.

Die wichtigsten Fälle einer unzulässigen Beweiserhebung ergeben sich aus der nachfolgenden Übersicht:

Unzulässige Beweisgewinnung			502
Beweisthemaverbot	keine Beweiserhebung über: → § 51 BZRG → § 43 DRiG	 getilgte oder zu tilgende Eintragungen im Bundeszentralregister Tatsachen, die dem Beratungsgeheimnis unterliegen	
Beweismittelverbot	als Beweismittel steht nicht zur Verfügung: → §§ 52–55 StPO	 Zeuge bei zulässiger Zeugnis- oder Auskunftsverweigerung	
Beweismethodenverbot	keine Beweiserhebung mittels: → § 136a StPO	 Vernehmungsmethoden, die den freien Willen beeinträchtigen (z.B. Misshandlung, Ermüdung, Täuschung und Drohung)	
Relatives Beweisverbot	Beweisgewinnung darf nur von bestimmten Personen angeordnet oder durchgeführt werden, z.B. bei: → §§ 102, 105 StPO → § 98 StPO → § 81a StPO → §§ 100a StPO	 Durchsuchung Beschlagnahme körperliche Untersuchung (z.B. Blutprobe) Überwachung der Telekommunikation	

(2) Beweisverwertungsverbot

Ist ein bestimmtes Beweismittel auf unzulässige Art und Weise gewonnen worden, muss sich der Bearbeiter mit der Frage auseinandersetzen, ob daraus ein Beweisverwertungsverbot resultiert. Nicht jedes unzulässig gewonnene Beweismittel führt zu einem Beweisverwertungsverbot. Es existieren nur wenig gesetzlich normierte Beweisverwertungsverbote[19]. Einen allgemeinen Grundsatz, wann bei einer fehlenden Regelung ein Beweisverwertungsverbot anzunehmen ist, besteht nicht. Hier haben sich in der Rechtsprechung und Literatur bestimmte Fallgruppen herausgebildet. 503

(a) Beweisverwertungsverbot des § 136a Abs. 3 S. 2 StPO

Die wichtigste gesetzliche Regelung eines Beweisverwertungsverbots findet sich in § 136a Abs. 3 S. 2 StPO. Danach dürfen Aussagen eines Beschuldigten, die durch eine in § 136a Abs. 1 bis 2 StPO verbotene Vernehmungsmethode gewonnen worden sind, nicht verwertet werden. Dies gilt auch dann, wenn der Beschuldige der Verwertung seiner Aussage zustimmt. Die Aussage darf weder unmittelbar noch mittelbar – etwa durch eine Verlesung des Vernehmungsprotokolls oder Vernehmung der Verhörspersonen – verwertet werden[20]. Das Beweisverwertungsverbot des § 136a Abs. 3 S. 2 504

19 In der Strafprozessordnung geregelte Beweisverwertungsverbote finden sich etwa in §§ 100c Abs. 5 S. 3, 136a Abs. 3 S. 2 StPO. Weitere gesetzlich normierte Beweisverwertungsverbote sind in Nebengesetzen enthalten, z.B. in § 393 Abs. 2 AO, § 51 Abs. 1 BZRG, § 97 Abs. 1 S. 3 InsO.

20 Vgl. *Meyer-Goßner*, § 136a Rn. 29 mwN.

StPO bezieht sich unmittelbar nur auf richterliche Beschuldigtenvernehmungen. Über die Vorschriften der §§ 163a Abs. 3 S. 2 und Abs. 4 S. 2 StPO gilt es jedoch auch für die staatsanwaltschaftliche und polizeiliche Beschuldigtenvernehmung. Außerdem findet es nach § 69 Abs. 3 StPO bei der Vernehmung von Zeugen entsprechende Anwendung.

505 Nach § 136a Abs. 1 S. 1 StPO darf die Freiheit der Willensentschließung und der Willensbetätigung des Beschuldigten nicht durch Misshandlung, durch Ermüdung, durch körperlichen Eingriff, durch Verabreichung von Mitteln, durch Quälerei, durch Täuschung oder Hypnose beeinträchtigt werden. Die Anwendung von Zwang ist nur zulässig, soweit das Strafverfahrensrecht dies zulässt (§ 136a Abs. 1 S. 2 StPO). Ferner ist nach § 136a Abs. 1 S. 3 StPO die Drohung mit einer unzulässigen Maßnahme und das Versprechen eines gesetzlich nicht vorgesehenen Vorteils verboten. Schließlich sind Maßnahmen, die das Erinnerungsvermögen oder die Einsichtsfähigkeit des Beschuldigten beeinträchtigen, nicht gestattet (§ 136a Abs. 2 StPO).

506 Probleme aus dem Bereich der verbotenen Vernehmungsmethoden kommen in Klausuren immer wieder vor. Die Erfahrung zeigt, dass derartige Klausurfälle häufig aktuellen höchstrichterlichen Entscheidungen nachgebildet sind. Der Referendar sollte sich bei seiner Examensvorbereitung daher unbedingt einen Überblick über die Rechtsprechung zu dieser Thematik verschaffen[21]. Insbesondere sollte er sich auch durch die Lektüre der gängigen Fachzeitschriften über die aktuelle Rechtsprechung informieren.

507 Folgendes **Beispiel** beruht auf einer Entscheidung des BGH[22]:

> Der Angeklagte war zum Zeitpunkt seiner polizeilichen Vernehmung seit 24 Stunden ohne Schlaf. Er war es jedoch gewohnt, zwischen seinen Nachtschichten nur wenig zu schlafen, nämlich insgesamt 3 bis 4 Stunden mit einer einstündigen Unterbrechung. Der Bundesgerichtshof hat vorliegend keinen Verstoß gegen § 136a StPO festgestellt. Der Tatrichter durfte aufgrund der besonderen Schlafgewohnheiten des Angeklagten davon ausgehen, dass dieser bei seiner Vernehmung nicht in einem solchen Maße ermüdet war, dass die Freiheit seiner Willensentschließung und -betätigung beeinträchtigt war.

(b) Gesetzlich nicht geregelte Beweisverwertungsverbote

508 Ein allgemeiner Grundsatz, wann bei einer fehlenden gesetzlichen Regelung ein Beweisverwertungsverbot anzunehmen ist, hat sich bislang nicht herausgebildet. Der Große Senat des Bundesgerichtshofs hat zur Lösung dieser Problematik die sog. **Rechtskreistheorie** entwickelt[23]. Danach hängt das Vorliegen eines Beweisverwertungsverbots davon ab, ob durch die unzulässige Erlangung des Beweismittels (Verstoß gegen ein Beweiserhebungsverbot) der Rechtskreis des Beschwerdeführers wesentlich berührt oder ob der Verstoß für ihn nur von untergeordneter oder keiner Bedeutung ist[24]. Die Rechtskreistheorie des Bundesgerichtshofs war von vornherein

---

21 Zahlreiche Fälle finden sich bei *Beulke*, Rn. 130 ff. und *Engländer*, Rn. 238.
22 Vgl. *BGH* NStZ 1984, 15.
23 BGHSt 11, 213, 215.
24 BGHSt 11, 213, 215; 38, 214, 220.

heftig umstritten[25]. Sie kann nicht als alleiniger Maßstab zur Bestimmung eines Beweisverwertungsverbots herangezogen werden. Stattdessen nimmt auch die jüngere Rechtsprechung eine Interessenabwägung im Einzelfall vor. Dadurch hat sich eine umfangreiche Kasuistik herausgebildet. **Klausurrelevante Fallgruppen** sind:

- fehlende/fehlerhafte Beschuldigtenbelehrungen[26]
- fehlende/fehlerhafte Zeugenbelehrungen[27]
- unzulässige Verwertung von Aussagen Zeugnisverweigerungsberechtigter (§ 252 StPO)[28]
- unzulässige Durchsuchungen oder Beschlagnahmen[29]
- unzulässige Foto-, Film- oder Tonbandaufnahmen[30]
- unzulässige Telefonüberwachungen[31]
- unzulässiger Einsatz von verdeckten Ermittlern und Privatpersonen durch die Ermittlungsbehörden[32]
- Verwendung von Tagebuchaufzeichnungen[33]
- Blutentnahme ohne richterliche Anordnung[34].

Der Referendar sollte sich durch die große Anzahl von Entscheidungen und die dazu **509**
veröffentlichten Anmerkungen und Kritiken in der Literatur jedoch nicht verunsichern lassen. Der Versuch, sämtliche Entscheidungen im Detail zu kennen, wäre ein hoffnungsloses und nicht erforderliches Unterfangen. Der Referendar sollte vielmehr die Grundstruktur der Fälle erfassen und ein entsprechendes Problembewusstsein entwickeln.

In jedem Fall ist eine Abwägung zwischen dem staatlichen Strafverfolgungsinteresse **510**
und den Rechten des Beschuldigten vorzunehmen. Die Auswertung der maßgeblichen Entscheidungen zeigt, dass sich die Rechtsprechung dabei auf immer wiederkehrende Kriterien stützt. Diese werden je nach Fallkonstellation unterschiedlich herangezogen und verschieden gewichtet. Unabhängig davon, wie ein bestimmter Fall letztlich durch ein Gericht entschieden wird, ist im Examen vor allem die Kenntnis der Abwägungskriterien von entscheidender Bedeutung. Anhand dieser kann der Referendar in der Klausur argumentieren und zu guten Lösungen gelangen.

---

25 Vgl. etwa *Rudolphi*, MDR 1970, 93, 95 ff; *Eb. Schmidt*, JZ 1958, 596.

26 Vgl. etwa BGHSt 38, 214, 218; 42, 15 ff.; *LG Saarbrücken* NStZ 2012, 167 mit Besprechung *Möller*, NStZ 2012, 113.

27 BGHSt 11, 213; 48, 294; *BGH* NStZ-RR 2004, 212.

28 BGHSt 36, 384; 46, 1; *OLG Hamm* NStZ 2012, 53.

29 BGHSt 18, 227; *BGH* NStZ 2012, 104; *BVerfG* NJW 2005, 1917, 1923; *BGH* NStZ 2004, 449; *OLG Koblenz* NStZ 2002, 660.

30 BGHSt 34, 39; BVerfGE 34, 238, 245; 109, 279

31 *BGH* NJW 2003, 1880, 1883; BGHSt 31, 304; 32, 68, 70; 41, 30.

32 BGHSt 40, 211; 42, 139; 44, 129.

33 BGHSt 19, 325; *BGH* NStZ 1998, 635; *BVerfG* NJW 1990, 563.

34 *BVerfG* NJW 2007, 1345; 2008, 3053; *OLG Bamberg* NStZ 2009, 408; *OLG Köln* NStZ 2009, 406; zur Vertiefung vgl. auch *Prittwitz*, Richtervorbehalt, Beweisverwertungsverbot und Widerspruchslösung bei Blutentnahmen gem. 81a Abs. 2 StPO, StV 2008, 486.

511 Folgende Kriterien sind bei der zu treffenden Abwägung von besonderer Bedeutung:

Beweisverwertungsverbot	
Dafür sprechende Umstände:	**Dagegen sprechende Umstände:**

– Schutzzweck der Norm berührt (überwiegend) den Rechtskreis des Beschuldigten
– Besonders schwerwiegender Verfahrensverstoß:
  – Verstoß gegen tragende Prinzipien des Strafprozesses
  – Verletzung des Kernbereichs von Grundrechten
– Bewusste Missachtung von Verfahrensvorschriften durch die Strafverfolgungsbehörden
– Verstoß gegen Verfahrensvorschrift beruht auf einer groben Fehleinschätzung oder Willkür der Strafverfolgungsbehörden
– Umgehung von Verfahrensvorschriften durch die Strafverfolgungsbehörden
	– Schutzzweck der Norm berührt (überwiegend) den Rechtskreis eines Dritten
	– Öffentliches Interesse an der Aufklärung der Tat und Durchführung des Strafverfahrens, insbesondere bei schwerer Kriminalität (Katalogstraftaten des § 100a StPO)
	– Beweismittel hätte hypothetisch auch auf rechtmäßige Weise erlangt werden können

512 Im Gegensatz zum amerikanischen Recht (fruit of the poisonous tree doctrine) kennt das deutsche Strafprozessrecht grundsätzlich **keine Fernwirkung** von Beweisverwertungsverboten[35]. Nicht zu verwerten sind daher in aller Regel nur die unmittelbar rechtswidrig erlangten Beweismittel. Dagegen unterliegen Beweismittel, die in Folge einer unzulässigen Beweismittelgewinnung erlangt wurden, keinem generellen Beweisverwertungsverbot. Der Bundesgerichtshof hat bislang erst in einem Fall die Fernwirkung eines Beweisverwertungsverbots angenommen[36]. Auch in derartigen Konstellationen erfolgt eine Einzelfallabwägung anhand der oben dargestellten Kriterien[37]. Dabei stellt der Bundesgerichtshof insbesondere darauf ab, ob das Beweismittel auch in zulässiger Weise hätte beschafft werden können[38]. In diesen Fällen wird eine Fernwirkung des Beweisverwertungsverbots abgelehnt.

Beispiel: Der Beschuldigte räumt bei der Polizei unter Androhung von Folter die Begehung eines erpresserischen Menschenraubs ein und gibt das Versteck seines Erpressungsopfers preis. Dieses wird gefunden und belastet den Beschuldigten.

Die geständige Einlassung des Beschuldigten kann wegen des Verstoßes gegen § 136a Abs. 1 S. 3 i.V.m. § 163a Abs. 4 S. 2 StPO nicht verwertet werden. Dagegen darf die Zeugenaussage des Erpressungsopfers zur Begründung eines hinreichenden Tatverdachts herangezogen werden, weil eine Fernwirkung der unzulässigen Beweisgewinnung durch die Vernehmung des Beschuldigten nicht besteht.

35 Zur Kritik vgl. *Roxin/Schünemann*, § 24 Rn. 59 ff.

36 BGHSt 29, 244, 247 (Verstoß gegen das Gesetz zur Beschränkung des Brief-, Post- und Fernmeldegeheimnisses – G 10).

37 Vgl. *BGH* NJW 1980, 1700.

38 Vgl. *BGH* NStZ 1989, 375, 376.

dd) Konkurrenzen

Im Rahmen des materiell-rechtlichen Gutachtens sind auch die Konkurrenzen zu erörtern. Es fällt auf, dass dieser Bereich in vielen Examensklausuren zu nachlässig behandelt wird. Dies kann einen schwerwiegenden Mangel darstellen, weil die Konkurrenzen in der Praxis – insbesondere bei der Strafzumessung – von erheblicher Bedeutung sind. In problematischen Fällen ist daher auf eine sorgfältige Begründung zu achten. **513**

In Klausuren spielt nicht selten die Rechtsfigur der **natürlichen Handlungseinheit** eine Rolle. Diese hat nach dem Wegfall der fortgesetzten Handlung in der Praxis stark an Bedeutung gewonnen[39]. Danach liegt nur eine Tat vor, wenn sich das Handeln des Täters bei natürlicher Betrachtung als Einheit darstellt. Nach ständiger Rechtsprechung setzt dies voraus, dass zwischen mehreren strafrechtlich erheblichen Verhaltensweisen ein enger räumlicher und zeitlicher Zusammenhang besteht und dass das gesamte Tätigwerden bei natürlicher Betrachtungsweise objektiv als ein einheitliches Tun erscheint[40]. **514**

> **Beispiel:** Ein Täter bricht in derselben Straße kurz nacheinander mehrere Fahrzeuge auf und entwendet daraus verschiedene Gegenstände[41]. Hier liegt nur eine (natürliche) Handlung vor.

b) Prozessuales Gutachten

Nachdem der Bearbeiter im materiell-rechtlichen Gutachten geklärt hat, hinsichtlich welcher Delikte ein hinreichender Tatverdacht besteht oder abzulehnen ist, muss er im prozessualen Teil der Arbeit (sog. B-Gutachten) die Entschließung der Staatsanwaltschaft vorbereiten. Dabei ist zu entscheiden, ob und in welchem Umfang Anklage[42] zu erheben oder ob das Ermittlungsverfahren einzustellen ist. **515**

Hat der Bearbeiter im materiell-rechtlichen Gutachten einen hinreichenden Tatverdacht bejaht, ist vorrangig an eine Anklageerhebung zu denken. Bei Ablehnung eines hinreichenden Tatverdachts muss sich der Bearbeiter mit der Frage einer Verfahrenseinstellung auseinandersetzen. **516**

Allerdings hat eine Klausur äußerst selten ein Ermittlungsverfahren zum Gegenstand, dass sich allein gegen einen Beschuldigten richtet und in dem nur ein Straftatbestand zu prüfen ist. Je nachdem, ob ein hinreichender Tatverdacht vorliegt, ist dann entweder Anklage zu erheben oder das Verfahren einzustellen[43]. Häufig richtet sich das Ermittlungsverfahren jedoch gegen mehrere Beschuldigte und hat auch mehrere Straftaten zum Gegenstand. Von besonderer Klausurrelevanz sind in diesen Fällen Teileinstellungen und Beschränkungen der Strafverfolgung. Entscheidender Ausgangspunkt ist dabei der **prozessuale Tatbegriff**[44]. **517**

---

39 Vgl. hierzu *Fischer*, vor § 52 Rn. 49 ff.
40 Vgl. BGHSt 4, 219; 10, 230; 43, 381, 387; *BGH* NStZ 2000, 30.
41 Vgl. *BGH* NStZ 1996, 493.
42 Der Antrag auf Erlass eines Strafbefehls ist in der Regel durch den Bearbeitervermerk ausgeschlossen.
43 In der Klausur wird in aller Regel eine Konstellation auftreten, in der eine Anklage zu erheben ist.
44 Siehe hierzu Rn. 103 ff.

518 In den Klausuren können sich folgende Grundkonstellationen ergeben, was am Beispiel eines Totschlags und Betruges verdeutlicht werden soll:

Prozessuale Tat(en)	**Hinreichender Tatverdacht**	**Lösung:**
Tat 1: Totschlag Tat 2: Betrug	(+) (–)	Anklage wg. Totschlags Teileinstellung wg. Betrugs nach § 170 Abs. 2 StPO
Tat 1: Totschlag Tat 2: Betrug	(+) (+)	Anklage wg. Totschlags und Betrugs
Tat 1: Totschlag Tat 2: Betrug	(+) (+)	Anklage wg. Totschlags Teileinstellung wg. Betrugs nach § 154 Abs. 1 StPO
1 Tat a) Totschlag b) Betrug	(+) (–)	Anklage wg. Totschlags und Vermerk in Vfg., dass wg. Betruges kein hinreichender Tatverdacht besteht
1 Tat a) Totschlag b) Betrug	(+) (+)	Anklage wg. Totschlags in Tateinheit mit Betrug
1 Tat a) Totschlag b) Betrug	(+) (+)	Anklage wg. Totschlags und Strafverfolgungsbeschränkung nach § 154a Abs. 1 StPO wg. Betruges

519 Richtet sich das Ermittlungsverfahren gegen mehrere Beschuldigte, können bei jedem die im Schaubild dargestellten Konstellationen auftreten. Bei jedem Beschuldigten ist darüber zu entscheiden, ob Anklage erhoben werden soll oder eine Einstellung vorzunehmen ist. Wird gegen einen Beschuldigten Anklage erhoben und erfolgt hinsichtlich eines anderen insgesamt eine Verfahrenseinstellung, wird diese ebenfalls als (vertikale) Teileinstellung bezeichnet.

520 Es ist zweckmäßig, das prozessuale Gutachten mit den Ausführungen zur Frage einer Anklageerhebung und Einstellung zu beginnen. Sofern nicht durch den Bearbeitervermerk ausgeschlossen, muss der Bearbeiter ggf. auch besondere Verfahrensarten wie den Erlass eines Strafbefehls oder die Beantragung eines beschleunigten Verfahrens im Blick haben.

aa) Einstellung des Verfahrens

521 Im Fall einer Einstellung oder Teileinstellung des Verfahrens hat der Bearbeiter die in Betracht kommenden Einstellungsvorschriften zu prüfen. In erster Linie ist dies die Vorschrift des § 170 Abs. 2 StPO. Daneben ist häufig zu prüfen, ob eine Teileinstellung nach § 154 Abs. 1 StPO oder eine Beschränkung der Strafverfolgung nach § 154a Abs. 1 StPO vorzunehmen ist[45]. Eine Anwendung und damit auch eine Erörterung weiterer Einstellungsnormen, insbesondere die der §§ 153 Abs. 1, 153a Abs. 1

45 Der Referendar muss sich vergewissern, ob eine Anwendung dieser Vorschriften im Bearbeitervermerk nicht (ausnahmsweise) ausgeschlossen ist. Dies ist etwa der Fall, wenn es in der Aufgabenstellung heißt: „Vom Opportunitätsprinzip ist kein Gebrauch zu machen“.

StPO, ist meistens schon durch den Bearbeitervermerk ausgeschlossen. Die Voraussetzungen der einzelnen Einstellungsvorschriften sind in dem Kapitel Abschlussverfügungen ausführlich dargestellt[46].

Gelangt der Bearbeiter zu dem Ergebnis, dass das Verfahren einzustellen ist, muss er sich mit den Unterrichtungspflichten der Staatsanwaltschaft auseinandersetzen. Er hat insbesondere zu prüfen, ob Einstellungsbescheide oder -nachrichten, ggf. mit Rechtsbelehrung, zu erteilen sind[47]. Dabei hat der Bearbeiter auf die Terminologie zu achten. Dem Anzeigenden ist ggf. ein **Bescheid**, dem Beschuldigten eine **Nachricht** zu erteilen. **522**

Hinweis: Häufig ist es sinnvoll, von den Vorschriften der §§ 154 Abs. 1, 154a Abs. 1 StPO Gebrauch zu machen. Hierdurch wird die Anklage gestrafft, was zu einer Zeitersparnis in der Klausur führt. Zudem zeigt der Referendar dadurch, dass er in der Lage ist, praxisnah zu arbeiten.

bb) Anklageerhebung

Ganz überwiegend kommt in Klausurfällen ausschließlich die Erhebung einer Anklage in Betracht. Andere Verfahrensarten, wie etwa das Strafbefehls- oder beschleunigte Verfahren sind häufig schon aufgrund eines Ausschlusses im Bearbeitervermerk nicht in Erwägung zu ziehen. **523**

Im Fall einer Anklageerhebung stellt sich zunächst die Frage der sachlichen und örtlichen Zuständigkeit des Gerichts. Hierzu sind im prozessualen Gutachten stets Ausführungen erforderlich. Ansonsten hängt es von dem Einzelfall ab, auf welche prozessualen Umstände näher einzugehen ist. **524**

(1) Zuständigkeit des Gerichts

Die **sachliche Zuständigkeit** wird nach § 1 StPO durch das GVG bestimmt. Sie hängt wesentlich von der Art und Schwere der Tat ab. In § 24 GVG ist eine Regelzuständigkeit der Amtsgerichte vorgesehen. Die Landgerichte oder Oberlandesgerichte sind in den in § 24 Abs. 1 und Abs. 2 GVG genannten Fällen zuständig. Klausurrelevant sind insbesondere die Regelungen in § 74 Abs. 1 und 2 GVG, die eine Zuständigkeit des Landgerichts begründen. Nach dem Katalog des § 74 Abs. 2 GVG ist das Landgericht für Verbrechen mit Todesfolge[48] zuständig. Bei der Prüfung der sachlichen Zuständigkeit sollte der Referendar zunächst überlegen, ob eine derartige Straftat vorliegt. Ist dies nicht der Fall, kann sich eine Zuständigkeit des Landgerichts insbesondere aus § 74 Abs. 1 GVG ergeben. Bedeutsam für die Klausur sind dabei die Fälle, in denen eine höhere Strafe als vier Jahre Freiheitsstrafe zu erwarten ist. Der Bearbeiter muss in seinem Gutachten dann Ausführungen zur Straferwartung machen[49]. Die weiteren **525**

46 Siehe hierzu Rn. 108 ff.
47 Siehe hierzu Rn. 110 ff.
48 Die Landgerichte sind nach § 74 Abs. 2 Nr. 17 GVG ferner für Verbrechen nach § 307 Abs. 1 bis 3 StGB zuständig.
49 Zur Strafzumessung vgl. Rn. 278 ff.

Zuständigkeiten der Land- und Oberlandesgerichte[50] kommen in Klausuren höchst selten vor.

526 Innerhalb der einzelnen Zuständigkeiten ist weiter zu klären, welcher Spruchkörper innerhalb des Gerichts zuständig ist. Bei den Landgerichten ist dies immer die Große Strafkammer, die in den Fällen des § 74 Abs. 2 GVG als Schwurgericht, des § 74a GVG als Staatsschutzkammer und des § 74c GVG als Wirtschaftsstrafkammer tätig wird.

527 Bei den Amtsgerichten ist zu unterscheiden, ob das Schöffengericht oder der Strafrichter zuständig ist. Der Strafrichter entscheidet nach § 25 GVG ausschließlich bei **Vergehen**, wenn sie im Wege der Privatklage verfolgt werden oder wenn eine höhere Strafe als Freiheitsstrafe von zwei Jahren nicht zu erwarten ist. In den übrigen Fällen ist gemäß § 28 GVG das Schöffengericht zuständig. Dieses entscheidet also immer bei **Verbrechen**, sofern die Straferwartung vier Jahre Freiheitsstrafe nicht übersteigt, und bei Vergehen mit einer Straferwartung von über zwei bis zu vier Jahren Freiheitsstrafe.

528 Die **örtliche Zuständigkeit** ist in §§ 7 ff. StPO geregelt. Die wichtigsten Gerichtsstände sind die des Tatorts (§ 7 StPO), des Wohnsitzes oder Aufenthaltsorts des Beschuldigten (§ 8 StPO) und des Ergreifungsorts (§ 9 StPO).

529 Bei mehreren Beschuldigten, für die abweichende Zuständigkeiten bestehen, sind die Vorschriften der §§ 2, 3 und 13 StPO zu beachten. Danach ist die Verbindung von zusammenhängenden Verfahren und eine einheitliche Anklageerhebung vor einem Gericht möglich.

530 Besonderheiten ergeben sich in Verfahren gegen Jugendliche und Heranwachsende. Die sachliche Zuständigkeit ist in §§ 39 bis 41 JGG geregelt. Die örtliche Zuständigkeit ergibt sich aus § 42 JGG und richtet sich regelmäßig nach dem Wohnort des Jugendlichen oder Heranwachsenden.

(2) Antrag auf Erlass eines Haftbefehls

531 Kommt nach dem Sachverhalt die Beantragung eines Haftbefehls in Betracht, ist im prozessualen Gutachten zu erörtern, ob die Voraussetzungen (dringender Tatverdacht, Haftgrund, Verhältnismäßigkeit)[51] dafür vorliegen. Nach der Annahme eines hinreichenden Tatverdachts im materiell-rechtlichen Gutachten sind im prozessualen Teil der Klausur nur selten umfangreiche Ausführungen zum Vorliegen eines dringenden Tatverdachts erforderlich. Dieser ist in der Regel unproblematisch zu bejahen. Der Schwerpunkt liegt häufig bei der Frage nach Haftgründen. Aus dem Aktenauszug müssen sich dafür Hinweise ergeben. Solche sind etwa:
- kein fester Wohnsitz des Beschuldigten
- keine familiären, beruflichen oder sozialen Bindungen des Beschuldigten
- einschlägige Vorstrafen des Beschuldigten

50 Vgl. §§ 74 Abs. 1, 74a, 120 GVG.
51 Näher hierzu siehe Rn. 45 ff.

- hohe Straferwartung
- Labilität oder Drogenabhängigkeit des Beschuldigten
- Einwirkung des Beschuldigten auf Zeugen

Eine Besonderheit hinsichtlich der Zuständigkeit ergibt sich aus § 125 Abs. 2 StPO. **532**
Während im Ermittlungsverfahren der Richter bei dem Amtsgericht, in dessen Bezirk ein Gerichtsstand begründet ist oder der Beschuldigte sich aufhält, für den Erlass des Haftbefehls zuständig ist (§ 125 Abs. 1 StPO), ergibt sich nach Anklageerhebung eine andere Zuständigkeit. Nach Erhebung der öffentlichen Klage erlässt den Haftbefehl das mit der Sache befasste Gericht. Aus diesem Grund ist in der Klausur mit der Anklageerhebung zugleich der Erlass eines Haftbefehls bei dem betreffenden Gericht zu stellen. Dieser Antrag kann entweder in der Abschlussverfügung oder in der Anklageschrift gestellt werden[52].

(3) Antrag auf vorläufige Entziehung der Fahrerlaubnis

Sind Straßenverkehrsdelikte Gegenstand der Klausur ist stets zu prüfen, ob dem Be- **533**
schuldigten die Fahrerlaubnis vorläufig zu entziehen ist. Er hat ggf. die Voraussetzungen des § 111a StPO zu erörtern[53]. Wie bei dem Antrag auf Erlass eines Haftbefehls geht auch hier die Zuständigkeit nach Erhebung der öffentlichen Klage auf das mit der Sache befasste Gericht über[54].

(4) Antrag auf Bestellung eines Pflichtverteidigers

Liegen die Voraussetzungen einer notwendigen Verteidigung nach § 140 StPO vor[55] **534**
und hat der Beschuldigte noch keinen Verteidiger, beantragt die Staatsanwaltschaft nach Abschluss der Ermittlungen die Bestellung eines Pflichtverteidigers. Über die Bestellung entscheidet der Vorsitzende des Gerichts, das für das Hauptverfahren zuständig oder bei dem das Verfahren anhängig ist (§ 141 Abs. 4 StPO).

Im Falle einer unzulässigen Mehrfachverteidigung (§ 146 StPO) oder einer Verteidi- **535**
gung des Beschuldigten durch mehr als drei Wahlverteidiger (§ 137 Abs. 1 S. 2 StPO), ist die Zurückweisung eines Verteidigers nach § 146a StPO in Betracht zu ziehen. Hierüber entscheidet ebenfalls das für das Hauptverfahren zuständige Gericht (§ 146a Abs. 1 S. 3 StPO).

Ist der bisherige Verteidiger von der Mitwirkung in dem Verfahren nach § 138a StPO **536**
ausgeschlossen und hat der Beschuldigte keinen weiteren Verteidiger, liegt nach § 140 Abs. 1 Nr. 8 StPO ein Fall notwendiger Verteidigung vor. Durch entsprechende Antragstellung hat der Staatsanwalt in der Abschlussverfügung auf die Zurückweisung des (bisherigen) Verteidigers und Bestellung eines (neuen) Pflichtverteidigers hinzuwirken.

---

52 Die Stellung des Haftbefehlsantrags in der Abschlussverfügung hat den Vorteil, dass der Beschuldigte davon bei Zustellung der Anklageschrift keine Kenntnis erlangt und nicht vorgewarnt wird.

53 Siehe hierzu Rn. 39 ff.

54 Vgl. *Meyer-Goßner*, § 162 Rn. 17.

55 Näher zur notwendigen Verteidigung s. *Beulke*, Rn. 165 ff.

(5) Mitteilungspflichten

537 Im prozessualen Gutachten ist auch zu erörtern, ob Mitteilungspflichten der Staatsanwaltschaft bestehen. Diese ergeben sich vor allen aus der Anordnung über Mitteilungen in Strafsachen (MiStra)[56]. Klausurrelevant sind insbesondere die Mitteilungen bei Verfahren gegen Ausländer, Beamte, Soldaten, Jugendliche und Heranwachsende und in Bewährungsfällen.

(6) Weitere prozessuale Erwägungen

538 Sofern nicht bereits durch den Bearbeitervermerk ausgeschlossen, sind im prozessualen Gutachten ggf. der Erlass eines Strafbefehls oder die Beantragung eines beschleunigten Verfahrens – ggf. in Verbindung mit Hauptverhandlungshaft – zu erörtern.

539 Ergibt sich aus dem Aktenauszug, dass der Verletzte einen Antrag auf Zulassung der Nebenklage gestellt hat, muss der Staatsanwalt hierzu Stellung nehmen. Insoweit bedarf es hierzu Ausführungen im prozessualen Gutachten. Neben den in § 395 StPO geregelten Zulassungsvoraussetzungen ist in Verfahren gegen Jugendliche § 80 Abs. 3 JGG zu beachten, wonach die Nebenklage ausgeschlossen ist.

540 Sofern auf weitere prozessuale Fragen einzugehen ist, werden sich hierzu in der Klausur entsprechende Anhaltspunkte finden.

Beispiel: Ergibt sich aus dem Aktenauszug, dass bestimmte Gegenstände sichergestellt oder beschlagnahmt wurden – beispielsweise die Tatwaffe –, muss sich der Bearbeiter mit Fragen der Einziehung (§ 74 ff. StGB) und ggf. des Verfalls (§§ 73 ff. StGB) auseinandersetzen.

c) Entschließung der Staatsanwaltschaft

541 Nach den gutachterlichen Überlegungen hat der Referendar in der Klausur die praktische Entscheidung der Staatsanwaltschaft zu treffen. Diese besteht in aller Regel in einer Abschlussverfügung und der Anklageschrift. Der Aufbau und die Formalien sind bereits in den entsprechenden Kapiteln ausführlich dargestellt worden[57]. In der Klausur finden sich auch hier meistens Einschränkungen im Bearbeitervermerk. So ist bei der Anklageschrift regelmäßig das Wesentliche Ergebnis der Ermittlungen erlassen, teilweise auch die Auflistung der Beweismittel.

Hinweis: Der Referendar sollte sich vergegenwärtigen, dass er im Assessorexamen seine praktischen Fähigkeiten unter Beweis zu stellen hat. Daher ist die Entschließung der Staatsanwaltschaft (insbesondere die Anklageschrift) in der Klausur von herausragender Bedeutung. Wird dieser Teil nicht oder nur unzureichend bearbeitet, ist die Leistung selbst bei ansonsten ordentlichen Ausführungen in aller Regel mangelhaft. Zeichnet es sich ab, dass der Bearbeiter während der Klausur in „Zeitnot" gerät, sollte er sich im Gutachten kürzer fassen und in sich in jedem Fall noch ausreichend Zeit für die Anfertigung der Abschlussverfügung und Anklageschrift lassen.

---

56 Siehe hierzu Rn. 174.
57 Siehe hierzu Rn. 168 ff. und Rn. 179 ff.

Der Aufbau der Anklageschrift soll anhand des nachfolgenden Schaubilds noch einmal verdeutlicht werden: **542**

```
Staatsanwaltschaft                                Ort, Datum
bei dem Landgericht

Aktenzeichen

Adressat                                    ggf. Haft!
(zuständiges Gericht)                       Haftprüfungstermin

                        Anklageschrift

Personalien des/der Angeschuldigten
ggf. Verteidiger/gesetzliche Vertreter/Untersuchungshaft-
angaben
wird angeklagt,

Zeit der Tatbegehung
Ort der Tatbegehung

gesetzliche Merkmale der Tat

Konkretisierung

Anzuwendende Vorschriften

Beweismittel

(Wesentliches Ergebnis der Ermittlungen)

Anträge

Unterschrift
Dienstbezeichnung
```

2. Verfahrensstadium: Hauptverfahren

Die staatsanwaltschaftliche Assessorklausur kann auch ein Hauptverfahren zum Gegenstand haben. In diesem Fall wird in der Klausur in aller Regel die Anfertigung eines Schlussvortrags **(Plädoyer)** des Staatsanwalts in wörtlicher Rede verlangt. Anders als bei der staatsanwaltschaftlichen Klausur im Ermittlungsverfahren ist regelmäßig kein materiell-rechtliches und prozessuales Gutachten anzufertigen. Die tatsächlichen und rechtlichen Probleme des Falles sind vielmehr in dem Schlussvortrag zu erörtern. Sofern eine Erörterung einzelner Rechtsfragen im Plädoyer nicht möglich oder zweckmäßig ist, müssen diese zumeist in einem Hilfsgutachten ausgeführt werden. **543**

544 Ein typischer **Bearbeitervermerk** kann etwa lauten:

> Der vollständige Schlussvortrag des Staatsanwalts ist in wörtlicher Rede zu entwerfen. Dabei ist ein konkreter Antrag zur Strafhöhe entbehrlich. Die insoweit maßgeblichen grundsätzlichen Überlegungen sind jedoch vollständig darzustellen.
>
> Es ist davon auszugehen, dass
> - eine weitere Aufklärung des Sachverhalts nicht möglich ist,
> - die Aussagen der Zeugen glaubhaft sind,
> - die erforderlichen rechtlichen Hinweise nach § 265 StPO erteilt worden sind,
> - Verfahrensfehler nicht vorliegen.
>
> Soweit nach Auffassung der Bearbeiter nicht alle aufgeworfenen Rechtsfragen im Plädoyer anzusprechen sind, sind diese in einem ergänzenden Gutachten zu erörtern.

545 Dieser Klausurtyp erfordert Kenntnisse über den Aufbau eines Plädoyers. Hinsichtlich der tatsächlichen und rechtlichen Probleme ergeben sich gegenüber einer Staatsanwaltsklausur, die ein Ermittlungsverfahren zum Gegenstand hat, kaum Besonderheiten. Der Referendar kann daher größtenteils auf seine zum materiell-rechtlichen Gutachten[58] erworbenen Kenntnisse zurückgreifen. Die in diesem Abschnitt behandelten Fragestellungen können auch in dem Plädoyer von Bedeutung sein.

546 Wesentlicher Unterschied ist jedoch, dass der Bearbeiter **keinen hinreichenden Tatverdacht** zu prüfen hat. Er muss sich vielmehr damit auseinandersetzen, ob nach dem Ergebnis der Hauptverhandlung der Tatnachweis mit der für eine **Verurteilung erforderlichen Sicherheit** geführt werden kann. Dafür ist ein nach der Lebenserfahrung ausreichend hohes Maß an Sicherheit erforderlich, demgegenüber vernünftige Zweifel nicht mehr aufkommen[59].

547 Im **Plädoyer** könnte wie folgt formuliert werden:

Die Staatsanwaltschaft hält folgenden Sachverhalt für erwiesen…

548 Anders als in einem Gutachten sind die tatsächlichen und rechtlichen Erörterungen im Urteilsstil vorzunehmen. Sofern der Bearbeiter die Schuld des Angeklagten für erwiesen hält, muss er auf Strafzumessungserwägungen eingehen[60]. Dieser Klausurtyp verlangt daher auch solide Kenntnisse in diesem Bereich[61].

549 Der Aufbau des Plädoyers wurde im Kapitel Sitzungsvertretung schon ausführlich dargestellt[62]. Zur Klausurvorbereitung sollte sich der Bearbeiter nochmals den in dem nachfolgenden Schaubild dargestellten Aufbau vergegenwärtigen:

58 Siehe hierzu Rn. 470 ff.
59 *BGH* NStZ 1988, 236, 237; *Meyer-Goßner*, § 261 Rn. 2 mwN.
60 Vgl. auch Nr. 138 Abs. 2 RiStBV.
61 Zur Strafzumessung vgl. Rn. 278 ff.
62 Siehe hierzu Rn. 265 ff.

Anrede Darstellung des Sachverhalts Beweiswürdigung Rechtliche Würdigung Strafzumessung (im Falle einer Verurteilung) Anträge

3. Verfahrensstadium: Rechtsmittelverfahren

Schließlich kann der Aktenauszug in der Staatsanwaltsklausur auch Rechtsmittelverfahren betreffen. Berufungsverfahren sind äußerst selten Gegenstand staatsanwaltlicher Klausuren. In aller Regel geht es um die Beurteilung einer Revision. **550**

Hier kommen im Wesentlichen zwei Konstellationen in Betracht. Einerseits kann die Begutachtung der Erfolgsaussichten einer von der Staatsanwaltschaft eingelegten Revision verlangt sein. Andererseits kommt die Fertigung einer Revisionsbegründung in Betracht. In seltenen Fällen kann auch die Prüfung und Abgabe einer Gegenerklärung nach § 347 Abs. 1 StPO Gegenstand einer Klausur sein. **551**

Allerdings spielen staatsanwaltschaftliche Aufgabenstellungen aus dem Revisionsrecht in den Examensklausuren eine nur untergeordnete Rolle[63]. In aller Regel geht es um die Begutachtung oder Begründung einer durch den Verteidiger eingelegten Revision. Für die Klausurbearbeitung folgen hieraus keine Unterschiede. Daher soll auf Klausuren aus dem Bereich des Revisionsrechts entsprechend ihrer Bedeutung erst im Rahmen der Anwaltsklausur eingegangen werden[64]. **552**

III. Die Anwaltsklausur

Die Anwaltsklausur verlangt von dem Bearbeiter eine Auseinandersetzung mit formellen und materiellen Rechtsfragen. Diese können – ähnlich wie bei der staatsanwaltschaftlichen Klausur – in verschiedenen Verfahrensstadien auftreten. Die Klausuren können das Ermittlungs- oder Zwischenverfahren, das Hauptverfahren sowie das Rechtsmittelverfahren zum Gegenstand haben. **553**

1. Verfahrensstadium: Ermittlungs- und Zwischenverfahren

Anwaltsklausuren betreffen häufig Fragestellungen aus dem Bereich des Ermittlungs- und Zwischenverfahrens. In der Regel erhält der Bearbeiter einen Auszug aus der anwaltlichen Handakte. Diese besteht zumeist aus Kopien aus der Ermittlungsakte und zusätzlichen, ausschließlich dem Rechtsanwalt zur Verfügung stehenden Infor- **554**

---

63 Vgl. auch *Russack*, Rn. 6, der die in Nordrhein-Westfalen im Zweiten Staatsexamen gestellten revisionsrechtlichen Klausuren ausgewertet hat.

64 Siehe hierzu Rn. 569 ff.

mationen über den Mandanten. Hat die Klausur ein Zwischenverfahren zum Gegenstand, ist regelmäßig die Anklageschrift in Auszügen abgedruckt.

555 Von dem Bearbeiter wird in aller Regel eine Würdigung des Aktenauszugs in prozessualer und materiell-rechtlicher Hinsicht verlangt. Häufig ist ein **anwaltlicher Schriftsatz** an die zuständige Justizbehörde und in einigen Fällen zusätzlich ein Schreiben an den Mandanten zu fertigen. Abhängig von der jeweiligen Aufgabenstellung hat die rechtliche Würdigung entweder (teilweise oder vollständig) in dem Schriftsatz zu erfolgen oder ist in einem gesonderten Gutachten vorzunehmen.

556 Ein **typischer Bearbeitervermerk** kann etwa lauten:

> Versetzen Sie sich an die Stelle von Rechtsanwalt Müller.
>
> Fertigen Sie auf der Grundlage der vorliegenden Unterlagen und Informationen den im Interesse des Mandanten gebotenen und an die zuständige Justizbehörde gerichteten anwaltlichen Schriftsatz an. Gehen Sie dabei auf alle auftretenden materiell-rechtlichen und prozessualen Fragen ein, soweit dies dort erforderlich ist.
>
> Werden in dem zu fertigenden Schriftsatz nicht alle aufgetretenen Rechtsfragen behandelt, sind diese in einem ergänzenden Gutachten zu erörtern.
>
> Es ist davon auszugehen, dass Rechtsanwalt Müller derzeit keine weiteren Informationen erlangen kann.
>
> Straftatbestände außerhalb des StGB und Ordnungswidrigkeiten sind nicht zu prüfen.

557 Bevor der Bearbeiter den Fall rechtlich würdigt, muss er sich das Anliegen seines Mandanten vergegenwärtigen und überlegen, wie er dies mit den prozessual zur Verfügung stehenden Mitteln umsetzen kann. Im Ermittlungsverfahren wird es dem Mandanten häufig um die Vermeidung einer Anklageerhebung gehen, so dass eine **Schutzschrift** an die Staatsanwaltschaft zu richten wäre. Der Aufbau einer Schutzschrift wurde bereits dargestellt[65].

558 Denkbar ist auch, dass sich der Mandant gegen prozessuale Zwangsmaßnahmen, etwa einen Haftbefehl oder die vorläufige Entziehung der Fahrerlaubnis, wenden möchte. In diesen Fällen wäre eine **Beschwerde** an das zuständige Gericht zu fertigen. Ein Beispiel für eine Beschwerde findet sich in dem Kapitel über die Ausbildung beim Rechtsanwalt[66].

559 Im Zwischenverfahren kann es dem Mandanten darum gehen, dass das Hauptverfahren nicht oder zumindest abweichend von der Anklageschrift eröffnet wird. Dann wäre ein entsprechender **Schriftsatz** an das für die Eröffnung des Hauptverfahrens zuständige Gericht zu richten[67].

---

65 Siehe hierzu Rn. 405.

66 Siehe hierzu Rn. 400.

67 Eine das Zwischenverfahren betreffende Aufgabenstellung findet sich im Anhang unter Rn. 644 als Musterklausur.

Die rechtliche Würdigung knüpft an diese Vorüberlegungen an. Wendet sich der Verteidiger gegen einen Haftbefehl, ist ein dringender Tatverdacht und das Vorliegen von Haftgründen zu prüfen. Richtet sich sein Anliegen gegen die Eröffnung des Hauptverfahrens, ist das Vorliegen eines hinreichenden Tatverdachts Prüfungsmaßstab. **560**

Die Rechtsprobleme unterscheiden sich im Grundsatz nicht von den bei der staatsanwaltschaftlichen Klausur dargestellten. Besonderheiten ergeben sich jedoch daraus, dass der Bearbeiter den Fall aus anwaltlicher Sicht zu bewerten hat. Dafür ist eine objektive Würdigung des Falls erforderlich, wobei der Bearbeiter jedoch in erster Linie das Interesse seines Mandanten berücksichtigen muss. Werden zu einer Rechtsfrage verschiedene Auffassungen vertreten, sollte der Bearbeiter sich grundsätzlich die für seinen Mandanten günstigste zu eigen machen. Allerdings sollte dies unter Beachtung der höchstrichterlichen Rechtsprechung erfolgen. Es ist nicht erfolgversprechend und wirkt ungeschickt, sich gegen eine gefestigte Rechtsprechung einer Mindermeinung anzuschließen. **561**

Hinweis: Der Referendar sollte beachten, dass die Prüfer im zweiten Staatsexamen in aller Regel Praktiker sind und dass die Ansicht der Rechtsprechung von entscheidender Bedeutung ist.

In der Anwaltsklausur sind häufig auch **prozesstaktische Überlegungen** anzustellen. Sofern dies in der Aufgabenstellung ausdrücklich gefordert wird, sind sie in einem gesonderten Gutachten darzulegen. Sollte lediglich die Anfertigung eines Schriftsatzes verlangt sein, sind die prozesstaktischen Überlegungen nur zur gedanklichen Vorbereitung des Schriftsatzes erforderlich. **562**

In taktischer Hinsicht muss der Bearbeiter auf der Grundlage der rechtlichen Würdigung prüfen, welche Vorgehensweise im Interesse des Mandanten liegt und am meisten Erfolg verspricht. Die Möglichkeiten und Aufgabenstellungen in diesem Bereich sind vielschichtig. Häufig ist auch die Kreativität des Kandidaten gefordert. **563**

Erscheint je nach Verfahrensstadium eine Verfahrenseinstellung nach § 170 Abs. 2 StPO oder eine Nichteröffnung des Hauptverfahrens fernliegend, sollte der Bearbeiter zunächst überlegen, ob eine Verfahrenseinstellung nach dem Opportunitätsprinzip in Betracht kommt. Dabei sind die Vorschriften der §§ 153 und 154 StPO von besonderer Bedeutung. Sollte eine sanktionslose Einstellung nicht zu erreichen sein, kann es sich anbieten, auf eine Verfahrenseinstellung gegen Auflage nach § 153a StPO hinzuwirken. Schließlich könnte ein Ziel der Verteidigung auch in der Vermeidung einer Hauptverhandlung bestehen. In diesem Fall könnte der Verteidiger den Erlass eines Strafbefehls anregen und auf strafmildernde Aspekte hinweisen[68]. **564**

Verfügt der Verteidiger über weitergehende Informationen als die Ermittlungsbehörden und das Gericht, muss der Bearbeiter entscheiden, ob und ggf. welche Informationen er der Staatsanwaltschaft oder dem Gericht mitteilt. Dies werden in aller Regel nur die für den Mandanten günstigen Aspekte sein. Dabei ist zu beachten, dass

68 Siehe hierzu Rn. 397 ff.

der Verteidiger zwar ungünstige Tatsachen verschweigen darf oder sogar muss, andererseits aber wissentlich keine falschen Angaben machen darf.

565 In einigen Fällen kann die Anwaltsklausur auch ein **Klageerzwingungsverfahren** zum Gegenstand haben. Dann geht es darum, dass sich der Rechtsanwalt als Vertreter eines Verletzten gegen eine Verfahrenseinstellung nach § 170 Abs. 2 StPO wendet. In der Klausur muss sich der Kandidat regelmäßig mit den Erfolgsaussichten eines **Antrags auf gerichtliche Entscheidung** auseinandersetzen. Dazu sind die Zulässigkeit und Begründetheit eines solchen Antrags zu beurteilen und entsprechend der Aufgabenstellung gutachterlich zu prüfen. In der Zulässigkeitsprüfung muss sich der Kandidat mit der Statthaftigkeit, Beschwer und Fristeinhaltung des Rechtsbehelfs befassen. Prüfungsmaßstab der Begründetheitsprüfung ist das Bestehen eines hinreichenden Tatverdachts. Häufig wird von dem Prüfling die Formulierung des Antrags auf gerichtliche Entscheidung an das zuständige Oberlandesgericht verlangt. Dabei muss er darauf achten, dass der Antrag die Tatsachen, die die öffentliche Klage begründen sollen, enthält (§ 172 Abs. 3 S. 1 StPO). Erforderlichenfalls ist eine aus sich heraus verständliche Schilderung des Sachverhalts vorzunehmen, die die Erhebung der öffentlichen Klage in materieller und formeller Hinsicht rechtfertigt. In der Praxis bestehen hier häufig Defizite, die zu einer Unzulässigkeit des Antrags führen.

2. Verfahrensstadium: Hauptverfahren

566 Betrifft die Anwaltsklausur das Hauptverfahren, beinhaltet der Aktenauszug in der Regel die Anklageschrift und das Hauptverhandlungsprotokoll. In den meisten Fällen wird von dem Bearbeiter die Anfertigung des Schlussvortrages des Verteidigers in wörtlicher Rede verlangt.

567 Ein typischer **Bearbeitervermerk** kann etwa lauten:

> Der Schlussvortrag des Verteidigers ist in wörtlicher Rede zu entwerfen. Dabei ist ein konkreter Antrag zur Strafhöhe nicht erforderlich; die insoweit maßgeblichen Überlegungen sind jedoch vollständig darzulegen.
>
> Es ist davon auszugehen, dass eine weitere Aufklärung des Sachverhalts nicht möglich ist. Die §§ 240 und 257 StPO wurden beachtet. Es ist zu unterstellen, dass rechtliche Hinweise nach § 265 StPO, sofern sie für erforderlich gehalten werden, erteilt worden sind.
>
> Soweit nach Auffassung des Bearbeiters im Plädoyer des Verteidigers nicht alle aufgeworfenen Rechtsfragen anzusprechen sind, sind diese in einem ergänzenden Gutachten zu erörtern.

568 Im Aufbau unterscheidet sich die anwaltliche Schlussvortragsklausur nicht von der staatsanwaltschaftlichen. Insoweit wird auf die entsprechenden Ausführungen hingewiesen[69]. Der Bearbeiter hat sich jedoch der Besonderheiten des Plädoyers, die sich

69 Siehe hierzu Rn. 543 ff.

aus der anwaltlichen Sichtweise ergeben, zu vergegenwärtigen. Diese wurden bereits ausführlich dargestellt[70].

3. Verfahrensstadium: Rechtsmittelverfahren

Examensklausuren aus dem Bereich des Rechtsmittelverfahrens beinhalten in aller Regel Fragestellungen des Revisionsrechts, da sich Probleme etwa aus dem Bereich des Berufungsrechts kaum für schriftliche Klausuren eignen. Die Revisionsklausur hat in den letzten Jahren zunehmend an Bedeutung gewonnen, wobei dies insbesondere für die anwaltliche Revisionsklausur gilt[71]. **569**

Bei der anwaltlichen Revisionsklausur sind verschiedene Aufgabenstellungen denkbar. Üblich ist die Begutachtung der Erfolgsaussichten einer bereits eingelegten, jedoch noch nicht begründeten Revision. Neben der Begutachtung wird zumeist vom Bearbeiter verlangt, etwaige Revisionsanträge auszuformulieren. Der Aktenauszug enthält regelmäßig das Hauptverhandlungsprotokoll sowie die schriftlichen Urteilsgründe. **570**

Ein typischer **Bearbeitervermerk** könnte wie folgt lauten: **571**

> Erstellen Sie ein Gutachten zu den Erfolgsaussichten der von Rechtsanwalt Müller eingelegten Revision.
>
> Begutachtungszeitpunkt ist der 28. März 2010.
>
> Die Revisionsanträge sind auszuformulieren.

Soweit der Bearbeiter die Erfolgsaussichten einer bereits eingelegten Revision zu prüfen hat, ist das Gutachten in zwei Teile zu gliedern: Zulässigkeit und Begründetheit der Revision. Dabei sollte der Referendar stets beachten, dass der Schwerpunkt der Bearbeitung in aller Regel bei der Begründetheitsprüfung liegt. Der Bearbeiter sollte daher nicht zu viel Zeit in die Prüfung der Zulässigkeit investieren. Zumeist wird von dem Bearbeiter auch verlangt, etwaige Revisionsanträge auszuformulieren. **572**

a) Zulässigkeit der Revision

Bei der Zulässigkeitsprüfung sind die in §§ 296 ff. StPO geregelten allgemeinen Vorschriften zu den Rechtsmitteln und die in §§ 333 ff. StPO enthaltenen speziellen Vorschriften zur Revision zu beachten. Auf folgende Punkte sollte der Bearbeiter bei der Zulässigkeitsprüfung stets eingehen: **573**

- Statthaftigkeit
- Revisionsberechtigung
- Beschwer
- Kein Rechtsmittelverzicht
- Ordnungsgemäße Revisionseinlegung und -begründung.

70 Siehe hierzu Rn. 447 ff.

71 Zur Vertiefung wird dem Referendar insoweit die Lektüre von *Russack, Die Revision in der strafrechtlichen Assessorklausur*, empfohlen.

Einer ausführlichen Erörterung der einzelnen Prüfungspunkte bedarf es dabei nur, wenn tatsächlich erörterungswürdige Probleme vorhanden sind. Ansonsten ist auf eine knappe Darstellung zu achten.

aa) Statthaftigkeit

574 Die Beurteilung der Frage, ob eine Revision statthaft ist, setzt eine Kenntnis der Instanzenzüge voraus. Die Revision ist gemäß § 333 StPO statthaft gegen die Urteile der Strafkammern und der Schwurgerichte sowie gegen die erstinstanzlichen Urteile des Oberlandesgerichts. Das bedeutet, dass die Revision sowohl gegen erstinstanzliche Urteile (der großen Strafkammern und des Schwurgerichts) des Landgerichts als auch gegen Berufungsurteile[72] (der kleinen Strafkammern) des Landgerichts statthaft ist. Gegen Urteile des Strafrichters oder des Schöffengerichts beim Amtsgericht ist die Revision dagegen nur unter den Voraussetzungen des § 335 StPO als **„Sprungrevision"** statthaft.

bb) Revisionsberechtigung

575 §§ 296 ff. StPO regeln allgemein die Berechtigung zur Rechtsmitteleinlegung. Aus diesen Vorschriften ergibt sich daher auch die Berechtigung zur Revisionseinlegung. Rechtsmittelberechtigte sind gemäß § 296 StPO der Beschuldigte und die Staatsanwaltschaft, wobei letztere ein Rechtsmittel auch zugunsten des Beschuldigten einlegen kann (§ 296 Abs. 2 StPO). Für den Beschuldigten kann nach § 297 StPO auch der Verteidiger das Rechtsmittel einlegen, allerdings nicht gegen den ausdrücklichen Willen des Beschuldigten. Ferner steht auch dem gesetzlichen Vertreter des Beschuldigten gemäß § 298 StPO das Rechtsmittel zu. Für Privat- und Nebenkläger ergeben sich die Rechtsmittelberechtigung aus §§ 390 Abs. 1, 2 und 401 Abs. 1 StPO.

cc) Beschwer

576 Die Revision ist nur zulässig, wenn der Revisionsberechtigte durch das angefochtene Urteil auch beschwert ist, also unmittelbar in eigenen Rechten oder schutzwürdigen Interessen beeinträchtigt ist. Der Angeklagte ist durch jedes für ihn nachteilige Urteil beschwert, wobei sich der Nachteil direkt aus der Urteilsformel ergeben muss[73]. Wird der Angeklagte etwa freigesprochen und ergibt sich aus den Urteilsgründen, dass ihm die Tat unter Heranziehung des Grundsatzes *in dubio pro reo* nicht nachzuweisen war, kann er gegen das Urteil keine Revision mit dem Ziel einlegen, dass seine Unschuld positiv festgestellt werden soll.

> **Hinweis:** Das Vorliegen einer konkreten Beschwer ist bei Revisionen der Staatsanwaltschaft nicht erforderlich. Diese nimmt Aufgaben der staatlichen Rechtspflege wahr und kann daher jedes Urteil anfechten, welches ihrer Auffassung zu Folge das Gesetz verletzt. Dabei ist Nr. 147 RiStBV zu beachten.

---

72 Zu beachten ist allerdings die Sonderregelung des § 55 Abs. 2 JGG. Wer bereits eine zulässige Berufung gegen ein Urteil des Jugendrichters oder des Jugendschöffengerichts eingelegt hat, kann gegen das Berufungsurteil der Jugendkammer beim Landgericht nicht mehr Revision einlegen.

73 BGHSt 7, 153.

dd) Kein Rechtsmittelverzicht

Der Zulässigkeit der Revision kann in einigen Fällen auch ein bereits – zumeist im Anschluss an die Urteilsverkündung – erklärter Rechtsmittelverzicht gemäß § 302 Abs. 1 StPO entgegenstehen. Klausurrelevant ist dies jedoch nur, wenn Zweifel an der Wirksamkeit der Verzichtserklärung bestehen. **577**

Hinweis: Nach § 302 Abs. 1 S. 2 StPO ist ein Rechtsmittelverzicht ausgeschlossen, wenn dem Urteil eine Verständigung im Sinne des § 257c StPO vorausgegangen ist.

ee) Ordnungsgemäße Revisionseinlegung und -begründung

Bei der Revisionseinlegung muss eine bestimmte Form und Frist gewahrt werden. **578** Dies bestimmt sich nach § 341 StPO. Den Regelfall stellt § 341 Abs. 1 StPO dar. Danach muss die Revision bei dem Gericht, dessen Urteil angefochten wird, **binnen einer Woche** nach Verkündung des Urteils zu Protokoll der Geschäftsstelle oder schriftlich (Telefax genügt) eingelegt werden. Nur in dem Ausnahmefall, wenn der Angeklagte bei der Verkündung des Urteils nicht anwesend war, beginnt die Wochenfrist erst mit der Zustellung des Urteils an den Angeklagten (§ 341 Abs. 2 StPO). Die Berechnung der Frist bestimmt sich nach § 43 StPO.

Beispiel: Urteil wurde (in Anwesenheit des Angeklagten) am Dienstag, den 5. Januar 2010 verkündet. In diesem Fall kann bis zum Ablauf des folgenden Dienstags (12. Januar 2010) Revision eingelegt werden.

Sofern auch das Rechtsmittel der Berufung statthaft ist, genügt es, zunächst lediglich **579** allgemein ein „Rechtsmittel" einzulegen, also eine vorläufig unbestimmte Anfechtung des Urteils vorzunehmen. Es reicht aus, das Rechtsmittel erst später als Revision zu bezeichnen. Dies muss jedoch bis zum Ablauf der Revisionsbegründungsfrist gemäß 345 Abs. 1 StPO erfolgen. Innerhalb dieser Frist ist auch der Übergang von einer Berufung zur Revision[74] oder umgekehrt[75] zulässig. Ein erneuter Wechsel ist danach allerdings ausgeschlossen[76].

Neben der für die Revisionseinlegung maßgebenden Wochenfrist ist die **Revisions-** **580** **begründungsfrist** nach § 345 Abs. 1 StPO zu beachten. Diese beträgt **einen Monat** und beginnt nach Ablauf der Frist zur Einlegung des Rechtsmittels. Ist jedoch zu dieser Zeit das Urteil noch nicht zugestellt, so beginnt die Frist erst mit der **Zustellung** des Urteils (§ 345 Abs. 1 S. 2 StPO), da der Revisionsberechtigte erst die schriftlichen Urteilsgründe kennen muss, um sich mit diesen bei der Revisionsbegründung auseinandersetzen zu können.

Hinweis: In der Praxis beginnt die Revisionsbegründungsfrist in aller Regel erst mit Zustellung des Urteils, da dieses nur selten binnen einer Woche nach der Verkündung abgefasst ist und zugestellt werden kann.

---

74 Vgl. BGHSt 40,395, 398 ff. mwN.
75 Vgl. *BGH* NJW 2004, 789; BGHSt 25, 324.
76 Vgl. BGHSt 13, 388; *Meyer-Goßner*, § 335 Rn. 12 mwN.

581 Die Revisionsbegründungsfrist beginnt allerdings nur zu laufen, sofern die Zustellung des Urteils auch wirksam ist. Fehler bei der Zustellung des Urteils können in der Klausur durchaus Anlass bieten, Fristprobleme zu erörtern. Zu beachten ist insbesondere die Vorschrift des § 273 Abs. 4 StPO. Danach ist die Fertigstellung des Protokolls Voraussetzung der Urteilszustellung. Ist das Hauptverhandlungsprotokoll nicht unterschrieben, beginnt die Revisionsbegründungsfrist (§ 345 Abs. 1 S. 2 StPO) nicht zu laufen.

582 Die Revisionsbegründung ist – wie auch die Revisionseinlegung – bei dem Gericht, dessen Urteil angefochten wird („iudex a quo“), anzubringen. Die Frist wird nicht gewahrt, wenn die Revisionsbegründung bei dem Gericht, welches über das Rechtsmittel entscheidet („iudex ad quem“) – mithin der Bundesgerichtshof oder ein Oberlandesgericht –, eingereicht wird.

583 Während der Angeklagte die Revision selbstständig einlegen kann, muss die Revisionsbegründungsschrift durch einen Verteidiger unterzeichnet werden (§ 345 Abs. 2 StPO). Dadurch soll gewährleistet werden, dass der Inhalt der Begründung von sachkundiger Seite stammt[77].

584 Hat der Verteidiger die Frist zur Einlegung oder Begründung der Revision versäumt, ist in der Klausur stets an die Möglichkeit einer Wiedereinsetzung in den vorigen Stand zu denken. Diese richtet sich nach den allgemeinen Vorschriften (§§ 44 ff. StPO). Anders als im Zivilrecht wird dem Angeklagten eine schuldhafte Fristversäumung durch seinen Verteidiger grundsätzlich nicht zugerechnet. Der Wiedereinsetzungsantrag kann nach § 45 Abs. 1 StPO sowohl beim Tatgericht als auch beim Revisionsgericht gestellt werden.

b) Begründetheit der Revision

585 Nach § 337 Abs. 1 StPO kann die Revision nur darauf gestützt werden, dass das Urteil auf einer Verletzung des Gesetzes beruht. Mit der Revision kann daher ausschließlich die Verletzung formellen oder materiellen Rechts gerügt werden. Bloße Einwendungen gegen die festgestellten Tatsachen oder die Beweiswürdigung finden keine Berücksichtigung.

586 Das Revisionsgericht nimmt von sich aus keine umfassende Überprüfung des Urteils vor. Die Überprüfung des Urteils erfolgt gemäß § 352 Abs. 1 StPO grundsätzlich nur im Rahmen der gestellten Revisionsanträge. Nach § 344 Abs. 1 StPO hat der Beschwerdeführer darin den Umfang der Anfechtung des Urteils zu bezeichnen. Er muss klarstellen, ob er das Urteil wegen der Verletzung einer Rechtsnorm über das Verfahren **(Verfahrensrüge)** oder/und wegen der Verletzung einer anderen Rechtsnorm **(Sachrüge)** anficht (§ 344 Abs. 2 S. 1 StPO).

77 *Meyer-Goßner*, § 345 Rn. 10.

Das Vorliegen eines Verfahrenshindernisses hat das Revisionsgericht dagegen auch ohne eine Rüge des Beschwerdeführers von Amts wegen zu berücksichtigen[78]. **587**

Zweckmäßig ist es daher, die Begründetheit der Revision in drei Schritten zu prüfen. **588** Zunächst ist zu klären, ob ein Verfahrenshindernis vorliegt. Anschließend ist zu prüfen, ob Verfahrensrecht verletzt wurde. Schließlich ist zu untersuchen, ob durch das Urteil materielles Recht verletzt wurde.

aa) Verfahrenshindernisse

Zunächst ist zu prüfen, ob ein Verfahrenshindernis vorliegt. Verfahrenshindernisse **589** sind Umstände, von denen die Zulässigkeit des gesamten Verfahrens oder einzelner Verfahrensabschnitte abhängt[79]. Diese können vielschichtiger Art sein[80]. In der Klausur ist auf Verfahrenshindernisse nur dann einzugehen, wenn der Sachverhalt hierfür konkrete Anhaltspunkte bietet. Klausurrelevant sind insbesondere die nachfolgend aufgeführten Verfahrenshindernisse.

- Unzuständigkeit des Gerichts (insbesondere sachlich)
- Fehlende oder unwirksame Anklage
- Fehlender oder unwirksamer Eröffnungsbeschluss
- Strafklageverbrauch
- Anderweitige Rechtshängigkeit
- Strafverfolgungsverjährung
- Fehlender oder zurückgenommener Strafantrag

In der Klausur beziehen sich Verfahrenshindernisse in aller Regel nur auf eine von **590** mehreren prozessualen Taten oder auf einen von mehreren Angeklagten. Beträfe das Verfahrenshindernis das gesamte Verfahren, könnte das Urteil schon aus diesem Grund keinen Bestand haben. In diesem Fall käme es auf die Prüfung weiterer verfahrens- oder materiell-rechtlicher Fragen nicht mehr an. Hier liegt aber häufig ein Schwerpunkt der Klausur.

bb) Verletzung des Verfahrensrechts

Die Verletzung des Verfahrensrechts muss in der Revision mit der sog. **Verfahrensrüge** **591** geltend gemacht werden. Zu beachten ist, dass die Verfahrensrüge strengen Formvorschriften unterliegt. Nach § 344 Abs. 2 S. 2 StPO müssen in der Revisionsbegründung die den Verfahrensmangel enthaltenden Tatsachen angegeben werden. Dies hat so

78 In der Literatur wird bei den Verfahrensvoraussetzungen teilweise danach unterschieden, ob ihr Fehlen für das Gericht zu einem „Befassungsverbot" oder zu einem „Bestrafungsverbot" führt. Von Amts wegen seien nur solche Verfahrenshindernisse zu berücksichtigen, die zu einem „Befassungsverbot" führen; die anderen seien mit der Sachrüge oder Verfahrensbeschwerde geltend zu machen (vgl. hierzu *Meyer-Goßner*, Einleitung Rn. 142 ff., 150).

79 Vgl. *Roxin/Schünemann*, § 21 Rn. 1. Der Begriff „Verfahrenshindernis" bedeutet nichts anderes als das Fehlen einer „Verfahrensvoraussetzung" (vgl. *Russack*, Rn. 64).

80 Einen Überblick über wesentliche Verfahrenshindernisse bietet *Haller/Conzen*, Rn. 895 ff.

genau zu geschehen, dass das Revisionsgericht allein auf Grund der Revisionsbegründungsschrift prüfen kann, ob ein Verfahrensfehler vorliegt, wenn das tatsächliche Vorbringen der Revision zutrifft[81]. Bezugnahmen und Verweisungen auf die Akten, das Hauptverhandlungsprotokoll oder andere Schriftstücke sind unzulässig[82]. Genügt die Revision nicht diesen Formerfordernissen, ist sie bereits unzulässig.

(1) Verfahrensverstoß

592 Im Gegensatz zu der (unbeschränkten) Sachrüge, die zu einer vollständigen Überprüfung des Urteils auf materiell-rechtliche Fehler führt, prüft das Gericht das Urteil bei der Verfahrensrüge nicht umfassend auf Verfahrensfehler, sondern nur auf solche, die in der Revisionsbegründung ausdrücklich gerügt wurden. Aus diesem Grunde ist die Unterscheidung zwischen einem Verfahrensfehler und der Verletzung materiellen Rechts von erheblicher Bedeutung.

593 Das Verfahrensrecht betrifft den Weg, auf dem der Richter zur Urteilsfindung berufen und gelangt ist[83]. Das Verfahrensrecht ist verletzt, wenn eine gesetzlich vorgeschriebene Handlung unterblieben, wenn sie fehlerhaft vorgenommen worden ist oder wenn sie überhaupt unzulässig war[84].

(2) Beweisbarkeit

594 Der Verfahrensmangel muss bewiesen werden[85]. Grundsätzlich kann die Beachtung der für die Hauptverhandlung vorgeschriebenen Förmlichkeiten nach § 274 StPO nur durch das Hauptverhandlungsprotokoll bewiesen werden. In der Klausur ist dieses daher in erster Linie der Prüfungsmaßstab für die Frage, ob ein Verfahrensfehler vorliegt.

595 Die Beweiskraft des Protokolls entfällt allerdings, wenn dieses offensichtlich lückenhaft, unklar oder widersprüchlich ist.

Beispiel: Im Hauptverhandlungsprotokoll ist vermerkt, dass die Öffentlichkeit zu einem bestimmten Zeitpunkt wieder hergestellt wurde. Dagegen enthält das Protokoll keinen Hinweis, dass die Öffentlichkeit zuvor ausgeschlossen wurde. Hier ist der Mangel des Protokolls offensichtlich.

596 In derartigen Fällen muss das Rechtsmittelgericht den tatsächlichen Verfahrensablauf im Freibeweisverfahren klären. In Betracht kommen insbesondere dienstliche Äußerungen der an dem Verfahren beteiligten Richter und des Staatsanwalts. Enthält der Aktenauszug eine dienstliche Äußerung, kann sich hieraus ein Hinweis auf ein fehlerhaftes Protokoll und einen möglichen Verfahrensfehler ergeben.

(3) Beruhen

597 Die Revision ist nur begründet, wenn das Urteil auf dem (bewiesenen) Verfahrensverstoß **beruht**. Zwischen der Gesetzesverletzung und dem Urteil muss also ein ur-

81 *BGH* NJW 1982, 1655; 1995, 2047 mwN.
82 *Meyer-Goßner*, § 344 Rn. 21 mwN.
83 *Meyer-Goßner*, § 337 Rn. 8 mwN.
84 *Meyer-Goßner*, § 337 Rn. 9 mwN.
85 *Meyer-Goßner*, § 337 Rn. 10 mwN.

sächlicher Zusammenhang bestehen. Bei den sog. **absoluten Revisionsgründen** wird dieser unwiderleglich vermutet. Bei den übrigen, den sog. **relativen Revisionsgründen**, muss der Ursachenzusammenhang positiv festgestellt werden.

Die absoluten Revisionsgründe sind in § 338 StPO abschließend aufgeführt. Nach **598**
herrschender Meinung wird die Vorschrift des § 338 Nr. 8 StPO jedoch wie ein relativer Revisionsgrund behandelt[86]. Aus der nachfolgenden Übersicht ergeben sich die **Verfahrensfehler**, die zwingend zur Aufhebung des Urteils führen.

- Vorschriftswidrige Besetzung des Gerichts (§ 338 Nr. 1 StPO)
- Mitwirkung eines ausgeschlossenen Richters oder Schöffen (§ 338 Nr. 2 StPO)
- Mitwirkung eines abgelehnten Richters oder Schöffen (§ 338 Nr. 3 StPO)
- Unzuständigkeit des Gerichts (§ 338 Nr. 4 StPO)
- Vorschriftswidrige Abwesenheit von Verfahrensbeteiligten (§ 338 Nr. 5 StPO)
- Verletzung des Öffentlichkeitsgrundsatzes (§ 338 Nr. 6 StPO)
- Fehlende oder verspätete Urteilsbegründung (§ 338 Nr. 7 StPO)

Bei den relativen Revisionsgründen muss das Revisionsgericht positiv feststellen, **599**
dass das Urteil auf dem Verfahrensverstoß beruht. Der Ursachenzusammenhang zwischen Verfahrensfehler und Urteil muss jedoch nicht bewiesen werden. Es genügt die bloße Möglichkeit, dass ein rechtsfehlerfreies Verfahren möglicherweise zu einem anderen Ergebnis geführt hätte[87].

Im der nachfolgenden Übersicht werden wesentliche **klausurrelevante Fälle relativer** **600**
Revisionsgründe aufgeführt.

- Missachtung von Beweisverwertungsverboten
- Fehlerhafte Behandlung von Beweisanträgen
- Fehlender Hinweis auf das Schweigerecht des Angeklagten
- Fehler bei der Belehrung und Vereidigung von Zeugen
- Missachtung der Höchstdauer der Unterbrechung einer Hauptverhandlung (§ 229 StPO)
- Fehlende Verlesung des Anklagesatzes
- Fehler bei der Einführung von Vernehmungsprotokollen in die Hauptverhandlung
- Fehlen des letzten Wortes des Angeklagten
- Fehlen eines erforderlichen rechtlichen Hinweises nach § 265 StPO
- Fehler bei der Urteilsverkündung (§ 268 Abs. 3 StPO)

86 Vgl. *Beulke*, Rn. 566 mwN.
87 BGHSt 1, 346, 350; 8, 155, 158.

(4) Kein Rügeausschluss

601 Zu beachten ist schließlich, dass ein Verfahrensfehler im Revisionsverfahren grundsätzlich nur dann geltend gemacht werden kann, wenn dieser im Rahmen der Hauptverhandlung nach § 238 Abs. 2 StPO beanstandet wurde.

cc) Verletzung des materiellen Rechts

602 Die Verletzung des materiellen Rechts muss in der Revision mit der sog. **Sachrüge** geltend gemacht werden. Diese kann allgemein erhoben werden und muss nicht weiter begründet werden. Es genügt die Formulierung *„gerügt wird die Verletzung sachlichen Rechts"*. Auf die allgemein erhobene Sachrüge wird geprüft, ob das Recht auf den festgestellten Sachverhalt richtig angewendet wurde und ob die Urteilsfeststellungen eine tragfähige Grundlage für diese Prüfung bieten[88]. Prüfungsmaßstab ist ausschließlich die Urteilsurkunde und ggf. Abbildungen, auf die nach § 267 Abs. 1 S. 3 StPO verwiesen wurde[89]. Bei der Prüfung von Sachrügen darf der Referendar in der Klausur daher auf keinen Fall auf das Hauptverhandlungsprotokoll zurückgreifen.

603 In der Klausur empfiehlt es sich, zunächst zu prüfen, ob der durch das Gericht festgestellte Sachverhalt eine tragfähige Grundlage bildet, so dass dem Revisionsgericht eine Überprüfung auf sachlich-rechtliche Mängel des Urteils überhaupt möglich ist. Anschließend ist in einem weiteren Schritt die richtige Gesetzesanwendung auf der Grundlage des festgestellten Sachverhalts zu untersuchen. Schließlich ist zu prüfen, ob Fehler bei dem Rechtsfolgenausspruch vorliegen. In jedem Fall muss das Urteil auch auf dem festgestellten materiell-rechtlichen Gesetzesverstoß beruhen. Hier ergeben sich keine Probleme, da sich das Beruhen ohne weiteres aus dem Urteil selbst ergibt[90]. In der Klausur genügt daher ein feststellender Satz.

(1) Darstellungsmängel

604 Die Sachrüge kann Erfolg haben, wenn das Urteil Darstellungsmängel enthält. Dies ist zum einen der Fall, wenn der Sachverhalt in dem Urteil nicht vollständig und eindeutig mitgeteilt wird. Dann ist dem Revisionsgericht die Überprüfung der Subsumtion des Tatgerichts nicht möglich. Entsprechend der Konkretisierung in der Anklageschrift muss in dem Urteil der Sachverhalt so geschildert werden, dass eine Subsumtion sämtlicher (objektiver und subjektiver) Merkmale des gesetzlichen Tatbestands möglich ist.

Beispiel: Fehlerhaft wäre es, wenn das Gericht zur Begründung eines Mordes lediglich ausführt, dass der Angeklagte sein Opfer auf grausame Art und Weise erstach. Dies begründet einen Darstellungsmangel, da dem Revisionsgericht eine Subsumtion des Sachverhalts unter den Tatbestand des Mordes nicht möglich ist. Das Tatgericht hätte nähere tatsächliche Ausführungen zum Mordmerkmal grausam machen müssen. Es hätte darlegen müssen, woraus sich in objektiver Hinsicht die für das Vorliegen des Mordmerkmals erforderliche besonders gravierende Begehungsweise sowie die in subjektiver Hinsicht erforderliche gefühllose und mitleidlose Gesinnung des Angeklagten ergibt.

88 *Meyer-Goßner*, § 337 Rn. 21 mwN.
89 *Meyer-Goßner*, § 337 Rn. 22 mwN.
90 *Meyer-Goßner*, § 337 Rn. 40 mwN.

Zum anderen liegt ein Darstellungsmangel vor, wenn die Beweiswürdigung rechtsfehlerhaft ist. Dabei ist jedoch zu beachten, dass die Beweiswürdigung grundsätzlich ureigene Sache des Tatrichters ist. Dem Revisionsgericht ist daher nur eine **eingeschränkte Überprüfung der Beweiswürdigung** möglich. Es darf die Beweiswürdigung des Tatgerichts nur auf rechtliche Fehler prüfen, sie aber nicht durch eine eigene ersetzen[91]. Die Beweiswürdigung ist rechtsfehlerhaft, wenn sie in sich widersprüchlich, lückenhaft oder unklar ist oder gegen Denkgesetze und Erfahrungssätze verstößt[92]. **605**

(2) Fehlerhafte Gesetzesanwendung

Einen Schwerpunkt von Revisionsklausuren bildet häufig die Überprüfung, ob das Gesetz fehlerhaft angewendet wurde. Dies ist der Fall, wenn auf den von dem Tatgericht festgestellten Sachverhalt eine nicht anzuwendende Norm angewendet oder wenn eine anzuwendende Norm des materiellen Rechts nicht oder falsch angewendet wurde. Dabei kann der Fehler in der Auslegung der Rechtsnorm oder in einer fehlerhaften Subsumtion liegen. **606**

Beispiel: Das Tatgericht verurteilt den Angeklagten wegen eines Diebstahls im besonders schweren Fall, weil er in eine Gartenlaube eingebrochen ist und daraus – wie geplant – Lebensmittel im Wert von etwa 15 € entwendet hat. Hier liegt eine fehlerhafte Gesetzesanwendung vor, weil das Gericht die Vorschrift des § 243 Abs. 2 StGB übersehen hat. Danach ist ein besonders schwerer Fall des Diebstahls ausgeschlossen, wenn sich die Tat auf eine geringwertige Sache bezieht.

(3) Fehlerhafter Rechtsfolgenausspruch

Die Strafzumessung ist grundsätzlich allein Sache des Tatrichters. Das Revisionsgericht kann nur überprüfen, ob die zur Strafzumessung im Urteil niedergelegten Gründe rechtsfehlerhaft sind oder die erkannte Strafe die Grenze des Schuldangemessenen unvertretbar über- oder unterschreitet[93]. Eine Übersicht **klausurrelevanter Probleme** aus diesem Bereich bietet das nachfolgende Schaubild. **607**

608

- Unzutreffende Strafrahmen (z.B. fehlerhafte Strafrahmenberechnungen bei Strafrahmenverschiebungen nach § 49 StGB)
- Fehlerhafte Strafzumessung (z.B. Nichtberücksichtigung von Strafmilderungen oder Strafschärfungen, Verstöße gegen das Doppelverwertungsverbot des § 46 Abs. 3 StGB)
- Fehler bei der Gesamtstrafenbildung
- Fehler bei der Strafaussetzung zur Bewährung
- Fehler bei Maßnahmen der Sicherung und Besserung (z.B. §§ 69, 69a StGB)

c) Revisionsanträge

Entsprechend des Bearbeitungsvermerks sind am Ende der Klausur regelmäßig die Revisionsanträge zu formulieren. Dies ist dann nicht erforderlich, wenn der Bearbeiter zu dem Ergebnis gelangt, dass die Revision unzulässig oder unbegründet ist. In **609**

91 *Meyer-Goßner*, § 337 Rn. 26 mwN.
92 *Meyer-Goßner*, § 337 Rn. 27 mwN.
93 Vgl. *BGH* NJW 1994, 2703, 2707.

diesem Fall wäre eine Rücknahme der Revision zu empfehlen. Dazu bedarf der Verteidiger gem. § 302 Abs. 2 StPO einer ausdrücklichen Ermächtigung seines Mandanten. In Klausuren kommt diese Konstellation praktisch nicht vor. Häufig ist die Revision aus prüfungstaktischen Gründen zulässig und begründet, damit der Kandidat zeigen kann, dass er praxistaugliche Revisionsanträge stellen kann.

610 Der zu stellende Revisionsantrag richtet sich nach dem von dem Revisionsführer begehrten Tenor des Revisionsgerichts. Die Entscheidungsmöglichkeiten des Revisionsgerichts ergeben sich aus den Vorschriften der §§ 353 bis 355 StPO.

611 Das Revisionsgericht hebt das angefochtene Urteil nach § 353 Abs. 1 StPO auf, soweit die Revision begründet ist. Gleichzeitig werden die dem Urteil zugrunde liegenden tatsächlichen Feststellungen aufgehoben, sofern sie durch die festgestellte Gesetzesverletzung betroffen werden (§ 353 Abs. 2 StPO). In diesem Umfang wird die Sache nach § 354 Abs. 2 StPO regelmäßig zur erneuten Entscheidung an eine andere Kammer des Landgerichts oder Abteilung des Amtsgerichts, dessen Urteil aufgehoben wird, zurückverwiesen. Häufig wird dies die in den Klausuren begehrte Entscheidung sein. In derartigen Fällen kann der Revisionsantrag wie folgt formuliert werden:

> „Es wird beantragt, das Urteil des Landgerichts Lübeck vom 22.01.2010 (Az.: 1 Kls 97/09) mit den zugrunde liegenden Feststellungen aufzuheben und die Sache zur neuen Verhandlung und Entscheidung an eine andere Kammer des Landgerichts Lübeck zurückzuverweisen."

612 In den besonderen Fällen des § 354 Abs. 1 und Abs. 1a StPO trifft das Revisionsgericht eine eigene Sachentscheidung. In Klausuren kommt diese Konstellation selten vor. Voraussetzung für eine eigene Sachentscheidung des Revisionsgerichts ist, dass die dem Urteil zugrunde liegenden tatsächlichen Feststellungen Bestand haben. Auf diesen festgestellten Sachverhalt muss das materielle Recht fehlerhaft angewandt worden sein. Dies ist beispielsweise der Fall, wenn das Gericht den Sachverhalt fehlerhaft subsumiert hat. Eine eigene Sachentscheidung darf das Revisionsgericht nur dann treffen, wenn es – ohne dass es einer weiteren tatsächlichen Aufklärung bedarf – nur eine richtige Entscheidungsmöglichkeit gibt. Die Fälle, in denen das Revisionsgericht eine eigene Sachentscheidung treffen kann, sind in § 354 Abs. 1 und Abs. 1a StPO aufgezählt. Hinzu kommt ein durch die Rechtsprechung und Lehre anerkannter Fall.

613

Fälle eigener Sachentscheidung des Revisionsgerichts

1.) § 354 Abs. 1 StPO

- Freispruch
- Einstellung des Verfahrens (z.B. wegen Verjährung)
- Verurteilung zu einer absolut bestimmten Strafe (z.B. bei § 211 StGB)
- Das Revisionsgericht hält die Verurteilung zur gesetzlich niedrigsten Strafe in Übereinstimmung mit der Staatsanwaltschaft für angemessen (z.B. Freiheitsstrafe von 1 Jahr bei § 249 Abs. 1 StGB)
- Das Revisionsgericht hält das Absehen von Strafe in Übereinstimmung mit der Staatsanwaltschaft für angemessen (z.B. §§ 60, 142 Abs. 4 StGB)

2.) § 354 Abs. 1 StPO analog

Schuldspruchberichtigung (z.B. bei einer rechtsfehlerhaften Verurteilung wegen Raubes an Stelle einer – durch die Feststellungen gedeckten – räuberischen Erpressung)

3.) § 354 Abs. 1a StPO
- Absehen von einer Aufhebung des angefochtenen Urteils, wenn sich die festgestellte Gesetzesverletzung ausschließlich auf die Strafzumessung bezieht und das Revisionsgericht die Rechtsfolge für angemessen erachtet
- Herabsetzung (keine Erhöhung) der Rechtsfolgen auf Antrag der Staatsanwaltschaft, wenn sich die festgestellte Gesetzesverletzung ausschließlich auf die Strafzumessung bezieht[94]

Kommt der Bearbeiter in seinem Gutachten zu dem Ergebnis, dass der Angeklagte sich nach den Feststellungen des Urteils nicht schuldig gemacht hat, könnte wie folgt formuliert werden: **614**

„Es wird beantragt, das Urteil des Amtsgerichts Bad Schwartau vom 23.10.2009 (Az.: 3 Ls 297/09) aufzuheben und den Angeklagten freizusprechen."

Ist das Verfahren wegen des Vorliegens eines Verfahrenshindernisses einzustellen, könnte der Antrag wie folgt lauten: **615**

„Es wird beantragt, das Urteil des Landgerichts Itzehoe vom 23.03.2010 (Az.: 3 Kls 4/10) aufzuheben und das Verfahren einzustellen."

Denkbar ist es auch, dass der Bearbeiter in der Klausur zu dem Ergebnis gelangt, dass der Schuldspruch zwar zutrifft, die Strafzumessung jedoch fehlerhaft ist. In diesem Fall empfiehlt sich eine Beschränkung der Revision[95] auf den Rechtsfolgenausspruch. Hier könnte wie folgt formuliert werden: **616**

„Es wird beantragt, das Urteil des Amtsgerichts Neumünster vom 23.02.2010 (Az.: 63 Ds 34/10) im Rechtsfolgenausspruch mit den zugehörigen Feststellungen aufzuheben und das Verfahren im Umfang der Aufhebung an eine andere Abteilung des Amtsgerichts Neumünster zurückzuverweisen."

IV. Die Richterklausur

Die Richterklausur kann wie die Staatsanwalts- oder Anwaltsklausur alle Verfahrensstadien zum Gegenstand der Bearbeitung haben. Richterklausuren aus dem Bereich des Ermittlungsverfahrens spielen im Examen eine eher untergeordnete Rolle. Zumeist hat sich der Referendar mit einer **Urteilsklausur** zu beschäftigen[96]. **617**

Der Aktenauszug enthält in diesem Fall die – häufig verkürzt dargestellte – Anklageschrift sowie das Hauptverhandlungsprotokoll. Der Bearbeiter hat einen Urteilsentwurf zu fertigen, wobei eine konkrete Strafe in aller Regel nicht festzusetzen ist. Insoweit werden lediglich die tragenden Erwägungen zur Strafzumessung verlangt. **618**

94 Eine eigene Sachentscheidung des Revisionsgerichts ist u.a. jedoch regelmäßig ausgeschlossen, wenn ihm die tatsächlichen Grundlagen für eine Strafzumessung fehlen, vgl. *BVerfG* StV 2007, 561; *BGH* StV 2008, 175.

95 Die Revision kann wie auch die Berufung beschränkt werden. Zum Umfang der zulässigen Beschränkung vgl. *Meyer-Goßner*, § 318, Rn. 1 ff.

96 Nachfolgend soll auf eine erstinstanzliche Urteilsklausur eingegangen werden. Soweit Urteile (oder Beschlüsse) des Revisionsgerichts zu entwerfen sind, wird auf die Ausführungen in Rn. 569 ff. verwiesen.

619 Ein typischer **Bearbeitervermerk** könnte wie folgt lauten:

> Das Urteil des Landgerichts Lübeck (Rubrum, Urteilsformel und Gründe) ist unter Beachtung der Vorschrift des § 267 StPO zu entwerfen. § 267 Abs. 4, 5 S. 2 StPO ist nicht anzuwenden. Die Niederschrift zu den persönlichen Verhältnissen des Angeklagten ist erlassen. Es ist eine ausführliche rechtliche Würdigung des Tatgeschehens vorzunehmen.
>
> Straftatbestände außerhalb des StGB und Ordnungswidrigkeiten sind nicht zu prüfen.
>
> Wird ein rechtlicher Hinweis nach § 265 StPO für erforderlich gehalten, so ist davon auszugehen, dass dieser erteilt und den Prozessbeteiligten hinreichend Gelegenheit zur Stellungnahme gegeben wurde.
>
> Werden weitere Beweisaufnahmen für erforderlich gehalten, so ist dies zu erörtern, sodann jedoch zu unterstellen, dass entsprechende Maßnahmen ohne Erfolg durchgeführt worden sind.
>
> Im Falle einer Verurteilung ist keine bestimmte Strafhöhe festzusetzen. In den Gründen ist jedoch darzulegen, welcher Strafrahmen in Betracht kommt, welche für und gegen den Angeklagten sprechende Gesichtspunkte im Rahmen der Strafzumessung zu beachten sind und ob eine Geld- oder Freiheitsstrafe für angemessen erachtet wird.

620 Inhaltlich unterscheiden sich die Probleme der Urteilsklausur nicht wesentlich von denen der staatsanwaltschaftlichen und Anwaltsklausur. Der Bearbeiter hat zu beachten, dass kein hinreichender Tatverdacht zu prüfen ist, sondern sich die Frage stellt, ob nach dem Ergebnis der Hauptverhandlung der Tatnachweis mit der für eine Verurteilung erforderlichen Sicherheit geführt werden kann.

621 Der Bearbeiter muss mit dem Aufbau und den Formalien des Urteils vertraut sein. Diese wurden bereits ausführlich dargestellt[97]. Nachfolgende Übersicht soll die wesentlichen Prüfungspunkte des Urteils noch einmal verdeutlichen.

> I. Rubrum
> II. Tenor
> III. Liste der angewendeten Vorschriften
> IV. Gründe:
> 1. Persönliche Verhältnisse
> 2. Feststellungen
> 3. Beweiswürdigung
> 4. Rechtliche Würdigung
> 5. Strafzumessung
> 6. Nebenentscheidungen
> V. Unterschrift(en) der Berufsrichter

97 Siehe hierzu Rn. 345 ff.

E. Mündliche Prüfung

Die mündliche Assessorprüfung untergliedert sich in vielen Bundesländern in den Aktenvortrag und die daran anschließenden Prüfungen in den drei Pflichtfächern und dem Wahlfach. 622

I. Der Aktenvortrag

Der Aktenvortrag ist ein wichtiger Bestandteil der mündlichen Prüfung. Durch diesen soll der Referendar seine Fähigkeit beweisen, einen komplexen Akteninhalt in relativ kurzer Zeit zu erfassen, den Sachverhalt präzise zusammenzufassen und ihn dem Zuhörer klar und verständlich zur Kenntnis zu bringen. Er hat den Sachverhalt rechtlich einwandfrei zu würdigen, dabei die wesentlichen Rechtsfragen in den Blick zu nehmen und diese schließlich einem konkreten Entscheidungsvorschlag zuzuführen. Der Referendar muss mithin Fähigkeiten aufweisen, die bei der täglichen juristischen Tätigkeit von entscheidender Bedeutung sind. Vor allem aber hinterlässt der Referendar mit seinem Aktenvortrag den ersten – oft entscheidenden – Eindruck bei der Prüfungskommission. 623

1. Allgemeine Hinweise

Zu Beginn der mündlichen Prüfung erhalten die Kandidaten in einem separaten Raum zeitlich versetzt einen Aktenauszug mit einem Bearbeitervermerk. Der Auszug ist zumeist einer staatsanwaltschaftlichen Ermittlungsakte entnommen, so dass der Bearbeitervermerk eine staatsanwaltschaftliche Entschließung verlangen wird. Der Kandidat hat anschließend neunzig Minuten Zeit[1], seinen Aktenvortrag vorzubereiten. In dieser knappen Zeit muss der Akteninhalt erfasst und rechtlich gewürdigt werden. Zudem ist der Vortrag gedanklich vorzubereiten. Es empfiehlt sich daher zwingend, nicht den gesamten Zeitraum für die Ausarbeitung einer Lösung zu verwenden. Vielmehr sollten jedenfalls zehn Minuten dafür eingeplant werden, den Aktenvortrag gedanklich durchzugehen und sich einzuprägen. 624

Nach Ablauf der Vorbereitungszeit begibt sich der Kandidat zum Prüfungsraum, in welchen er zeitnah hineingebeten wird. Nach einer knappen Begrüßung hält er den Aktenvortrag, dessen Dauer bei etwa zehn Minuten liegen sollte. Auf keinen Fall sollte der Kandidat länger als zwölf Minuten vortragen. Es kann geschehen, dass die Prüfungskommission den Vortrag nach zwölf Minuten unterbricht. Dies passiert aber spätestens nach fünfzehn Minuten, da dann der nächste Kandidat seinen Aktenvor- 625

1 So etwa in Schleswig-Holstein, Hamburg und Bremen. Häufig beträgt die Vorbereitungszeit nur **60 Minuten**. Der Referendar sollte sich rechtzeitig mit der Regelung in seinem Bundesland vertraut machen.

trag halten muss. Nach dem Vortrag kommt es in der Regel in der verbleibenden Zeit zu ergänzenden Fragen der Prüfungskommission. Sollte der Kandidat in seinem Vortrag Rechtsprobleme übersehen haben, hat er hier gegebenenfalls die Möglichkeit nachzubessern. Bereits deswegen sollte der Kandidat seinen Vortrag zeitlich nicht überziehen, um sich nicht dieser Gelegenheit zu begeben.

626 Der Aktenvortrag ist grundsätzlich in freier Rede zu halten. Zwar ist es unschädlich, einige knappe Notizen zu verwenden. Der Kandidat sollte aber tunlichst vermeiden, umfangreiche Aufzeichnungen anzufertigen und in ein Vorlesen zu verfallen. Ein in freier Rede gehaltener Vortrag vermittelt nicht nur einen souveränen Eindruck, sondern erleichtert es dem Zuhörer auch, dem Vortrag zu folgen. Der Kandidat hat auf eine klare und verständliche Sprache zu achten und sollte nicht zu schnell sprechen. Es macht einen guten Eindruck, Blickkontakt zu den Prüfern aufzunehmen.

Hinweis: Die freie Rede stellt für viele Referendare eine der größten Schwierigkeiten des Aktenvortrages dar. Durch mehr oder weniger umfangreiche Aufzeichnungen ist man versucht, sich abzusichern, um beim Vortrag kein Problem zu vergessen und nicht den Faden zu verlieren. Die Erfahrung zeigt jedoch, dass dies der freien Rede eher hinderlich ist. Längere Aufzeichnungen führen dazu, zwischen freier Rede und Vorlesen ständig umschalten zu müssen. Der Referendar sollte viele Aktenvorträge üben und diese in (privaten) Arbeitsgemeinschaften oder vor Ausbildern halten, ohne dabei Aufzeichnungen zu verwenden. Sinnvoll kann auch eine Teilnahme an Rhetorikseminaren sein.

2. Aufbau des Aktenvortrags

627 Der Aktenvortrag gliedert sich in fünf Abschnitte, und zwar die Einleitung, den Sachbericht, den (pauschalen) Entscheidungsvorschlag, die rechtliche Würdigung und den abschließenden Entscheidungsvorschlag.

a) Einleitung

628 In der Einleitung schildert der Vortragende in ein oder zwei kurzen, prägnanten Sätzen, gegen wen ein Verfahren geführt wird, in welchem Stadium sich das Verfahren befindet und wo es anhängig ist. Zudem ist der wesentliche Tatvorwurf zu benennen. Die Einleitung könnte wie folgt gestaltet werden:

„Ich berichte über ein Ermittlungsverfahren, welches durch die Staatsanwaltschaft Lübeck geführt wird. Es richtet sich gegen den Schlosser Manfred Bauer, dem u.a. Raub vorgeworfen wird.“

b) Sachbericht

629 Nach der Einleitung ist direkt in den Sachbericht überzuleiten. Dies kann etwa mit folgender Formulierung geschehen:

„Dem Verfahren liegt folgender Sachverhalt zugrunde.“

630 Danach ist der für die rechtliche Bewertung relevante Sachverhalt mitzuteilen. Dabei sind Ausschmückungen wegzulassen und nur die Tatsachen zu schildern, die für die anschließende Subsumtion unter Straftatbestände von Bedeutung sind. Insofern ist der Sachbericht mit der Konkretisierung in der Anklageschrift vergleichbar[2]. Allerdings sollten einzelne Details wie etwa Daten und Zahlenangaben, die in der Konkretisierung der Anklageschrift geschildert werden müssen, nicht erwähnt werden, sofern diese für die folgende rechtliche Bewertung unwichtig sind. Der Zuhörer wird sich diese Details nicht merken können, und es besteht die Gefahr, dass diese ihn von den wesentlichen Punkten ablenken. Gleiches gilt im Übrigen auch für den Vortragenden. Ohne umfangreiche schriftliche Aufzeichnungen, die der Vortragende nach Möglichkeit nicht verwenden sollte, lassen sich derartige Details kaum schildern. Zudem kostet es Zeit.

Beispiel: Aus der Ermittlungsakte ergibt sich, dass der Beschuldigte Frisch am 4.8.2009 im Kaufhaus Karstadt ein T-Shirt im Wert von 14,99 €, ein Oberhemd im Wert von 45,50 € und eine Jeans im Wert von 54,99 € entwendet hat. Am 6.8.2009 entwendete er im Kaufhaus H&M einen Pullover im Wert von 64,99 € und eine Krawatte im Wert von 25 €. Schließlich entwendete er am 15.8.2009 im Kaufhaus C&A ein T- Shirt im Wert von 15,99 € und einen Pullover im Wert von 79 €.

In der Anklageschrift müssen die unterschiedlichen Tatzeiten sowie die einzelnen Diebesgüter mit ihren Werten in der Konkretisierung genau angegeben werden. Beim Sachbericht des Aktenvortrags sollte dies dagegen vermieden werden. Hier reicht es aus, etwa wie folgt zu formulieren:

„Der Beschuldigte Frisch begab sich im August 2009 an drei unterschiedlichen Tagen jeweils in ein Warenhaus und nahm Bekleidungsgegenstände jeweils in einem Wert von etwa 100 € an sich. Mit den Waren verließ er das jeweilige Geschäft, ohne diese zu bezahlen und um sie selbst zu behalten.“

Sofern Details jedoch auch bei der rechtlichen Würdigung bedeutsam sind, sind diese **631** im Sachbericht exakt wiederzugeben, teilweise sogar mit dem genauen Wortlaut aus der Akte zu zitieren. Zu denken ist dabei etwa an eine genaue Angabe einer Blutalkoholkonzentration, wenn bei einer Trunkenheitsfahrt die Frage der absoluten oder relativen Fahruntüchtigkeit eine Rolle spielt. Bei den Tatbeständen der Beleidigung oder Bedrohung kommt es häufig auf den genauen Wortlaut einer Äußerung des Beschuldigten an.

Der Vortragende hat weiter darauf zu achten, dass er bei der Sachverhaltsschilderung **632** die Rolle der Verfahrensbeteiligten klarstellt. Es sind daher nicht nur die Namen der Beteiligten mitzuteilen, sondern diesen ist auch voranzustellen, ob es sich um einen Beschuldigten oder einen Zeugen handelt. Auch dies erleichtert die Verständlichkeit des Vortrags.

Wie in der Konkretisierung bei der Anklageschrift sind Beweisfragen im Sachverhalt **633** nicht zu erörtern. Vielmehr ist der Sachverhalt zu schildern, den der Vortragende als feststehend erachtet. Warum er einen bestimmten Sachverhalt für erwiesen hält, hat er erst im Rahmen der rechtlichen Würdigung darzulegen[3]. Allenfalls kann nach dem Sachbericht der kurze Hinweis erfolgen, aufgrund welcher Beweismittel der Vor-

2 So auch *Wolters/Gubitz*, Rn. 438.
3 In diesem Sinne auch *Wolters/Gubitz*, Rn. 437.

tragende von dem geschilderten Sachverhalt ausgeht. So könnte wie folgt formuliert werden:

> „Dieser Sachverhalt steht fest aufgrund der Einlassung des Beschuldigten, sofern dieser gefolgt werden konnte, und den Aussagen der Zeugen Kuhn und Schulz. Hierauf soll im Einzelnen später eingegangen werden."

c) Pauschaler Entscheidungsvorschlag

634 Der pauschale Entscheidungsvorschlag soll vom Sachverhalt in die rechtliche Würdigung überleiten. Er ist dementsprechend kurz zu halten und beinhaltet nur die wesentliche Entscheidung.

> **Beispiel:** „Ich schlage vor, gegen den Beschuldigten Müller Anklage wegen Trunkenheit im Verkehr zu erheben."

635 Weitere Einzelheiten – etwa vor welchem örtlich und sachlich zuständigen Gericht die Anklage zu erheben ist oder ob noch weitere Anträge (z.B. auf vorläufige Entziehung der Fahrerlaubnis gemäß § 111a StPO) zu stellen sind – bleiben dem abschließenden Entscheidungsvorschlag vorbehalten.

d) Rechtliche Würdigung

636 Dem pauschalen Entscheidungsvorschlag folgt die rechtliche Würdigung des festgestellten Sachverhalts. Dieser Teil bildet das Kernstück des Aktenvortrags. Wie bei der Klausur ist auch beim Aktenvortrag der Sachverhalt sowohl in materiell-rechtlicher als auch in prozessualer Hinsicht zu würdigen. Allerdings ist beim Aktenvortrag die zeitliche Begrenzung noch stärker zu berücksichtigen als bei der Klausur. Bei einem Aktenvortrag von zehn bis zwölf Minuten Dauer sollte der auf die rechtliche Würdigung entfallende Anteil bei etwa sieben bis neun Minuten liegen. Der Vortragende hat daher auf eine sinnvolle Schwerpunktsetzung zu achten. Die Aufmerksamkeit des Zuhörers ist auf die wenigen Probleme des Falles zu lenken, die vertieft und im Gutachtenstil dargestellt werden sollten. Dagegen sind Tatbestände und Fragestellungen, die keine Probleme aufwerfen, kurz im Urteilsstil abzuhandeln.

637 Inhaltlich entsprechen die Anforderungen an die rechtliche Würdigung beim Aktenvortrag denen des Klausurgutachtens. Bei staatsanwaltschaftlichen Aufgabenstellungen, die den Abschluss eines Ermittlungsverfahrens zum Gegenstand haben, ist daher zu erörtern, ob ein hinreichender Tatverdacht im Hinblick auf einen oder mehrere Straftatbestände besteht. Hierbei können die Probleme des Falles sowohl im rechtlichen als auch im tatsächlichen Bereich liegen. Im letzteren Fall hat der Vortragende eine Beweiswürdigung vorzunehmen und darzulegen, aus welchen Gründen er den zuvor geschilderten Sachverhalt als feststehend erachtet.

638 Prozessual ergeben sich im Vergleich zur Klausur ebenfalls kaum Besonderheiten. Zu beachten ist jedoch, dass im Bearbeitervermerk des Aktenvortrags in der Regel nicht derartige Einschränkungen zu finden sind wie bei der Klausur. Der Vortragende hat daher stets auch Verfahrensabschlüsse durch Einstellungen nach §§ 153, 153a StPO oder den Antrag auf Erlass eines Strafbefehls in Betracht zu ziehen. Der Vortragende kann dadurch Verständnis für die Erfordernisse der Praxis erkennen lassen.

e) Abschließender Entscheidungsvorschlag

Nach der rechtlichen Würdigung endet der Vortrag mit dem abschließenden Entscheidungsvorschlag, welcher im Gegensatz zum pauschalen Vorschlag sämtliche für einen vollständigen Verfahrensabschluss relevanten Informationen enthalten muss. **639**

Beispiel: „Abschließend schlage ich vor, gegen den Beschuldigten Kunz Anklage zum Amtsgericht – Schöffengericht – Lübeck wegen räuberischen Diebstahls in Tateinheit mit gefährlicher Körperverletzung zu erheben und die Bestellung eines Pflichtverteidigers zu beantragen. Hinsichtlich des Beschuldigten Hinz schlage ich vor, das Verfahren wegen Nötigung vorläufig nach § 153a StPO gegen Zahlung einer Geldbuße von 500 € an die Landeskasse einzustellen."

Es ist ein Gebot der Höflichkeit, sich am Ende des Vortrags für die Aufmerksamkeit der Prüfer zu bedanken.

II. Pflicht- und Wahlfachprüfung

Nach den Aktenvorträgen der Kandidaten folgt in der Regel eine Pause, an die sich die Prüfungen in den einzelnen Pflicht- und Wahlfächern anschließen. Diese sind wie im Referendarexamen zumeist als Rechtsgespräch ausgestaltet und stellen eine Verständnisprüfung dar. Insbesondere wird darauf geachtet, ob der Kandidat in der Lage ist, sich mit seinem „juristischen Handwerkszeug" auch in unbekannte Rechtsfragen oder abgelegene Rechtsgebiete einzuarbeiten und Lösungen zu entwickeln. Insofern sollte der Kandidat stets auf eine präzise Subsumtion unter Tatbestände achten und die Grundsätze der Normenauslegung und juristischen Argumentationstechnik beherzigen. Zudem sollte der Kandidat versuchen, bei den einzelnen Rechtsfragen die Sichtweise des Berufspraktikers nicht aus den Augen zu verlieren. Im Übrigen ist es zu empfehlen, sich in der Vorbereitung auf die mündliche Prüfung einen Überblick über aktuelle Gesetzesänderungen sowie neue Entscheidungen und Entwicklungen in der Rechtsprechung zu verschaffen. Dazu sollte man unbedingt die gängigen Fachzeitschriften (NJW und NStZ für den Bereich des Strafrechts) der letzten Monate heranziehen und insbesondere die Entscheidungen des BGH zu examensrelevanten Themen lesen. **640**

F. Anhang

I. Aufbau einer Einstellungsverfügung in Bayern und Baden-Württemberg

641 Staatsanwaltschaft bei dem Landgericht
154 Js 243/10

Nürnberg, 11.01.2010

Vfg:

1. Einstellung des Verfahrens nach § 170 Abs. 2 StPO aus den Gründen in Ziff. 2 dieser Verfügung.
2. Einstellungsbescheid mit Rechtsbelehrung an Anzeigenden Meyer (Bl. 4 d.A.):

154 Js 243/10

Verfügung

Das Ermittlungsverfahren

gegen Martin Schneider,
geb. am 15.01.1948 in München,
wohnhaft: Kirchplatz 15, 90476 Nürnberg,
ledig, deutscher Staatsangehöriger
wegen Verdachts des Diebstahls

wird gem. § 170 Abs. 2 StPO eingestellt.

Gründe:

Dem Beschuldigten wird vorgeworfen, einen Rucksack aus dem Personalraum der Firma Schulze & Sohn in Nürnberg am 11.11.2009 entwendet zu haben.

Nach dem Ergebnis der durchgeführten Ermittlungen kann dem Beschuldigten diese Tat nicht mit der für eine Anklageerhebung erforderlichen Sicherheit nachgewiesen werden.

Der Beschuldigte hat in seiner verantwortlichen Vernehmung bestritten, den Rucksack aus dem Personalraum mitgenommen zu haben. Er hat angegeben, zum Tatzeitpunkt bei einem Bekannten in München gewesen zu sein. Diese Einlassung wurde von dem Zeugen Dachs bestätigt. Unmittelbare Tatzeugen sind nicht vorhanden. Bei dieser Beweislage ist eine Überführung des Beschuldigten nicht möglich.

Auf die anliegende Rechtsbelehrung wird Bezug genommen.

Nürnberg, 11.01.2010

Wagner

(Staatsanwalt)

3. Frist: 1 Monat.

Paraphe

II. Aufbau einer Anklageschrift in Bayern

642

Staatsanwaltschaft
bei dem Landgericht
154 Js 4243/10

Nürnberg, 13.02.2010

A n k l a g e s c h r i f t

In der Strafsache
gegen

den Landwirt Mario Sinnhuber,
geboren am 11.06.1972 in München,
wohnhaft Kirchplatz 12, 90476 Nürnberg,
deutscher Staatsangehöriger, ledig.

Die Staatsanwaltschaft legt aufgrund ihrer Ermittlungen dem Angeschuldigten folgenden Sachverhalt zur Last:

Der Angeschuldigte begab sich am 07. Januar 2010 gegen 17 Uhr in das Fachgeschäft Stadler in der Meierstraße 4 in Nürnberg. Als er sich unbeobachtet fühlte, nahm er eine Akkubohrmaschine der Marke Bosch mit einem Wert von 269 € an sich und verstaute das Gerät in dem von ihm mitgeführten Rucksack. Anschließend passierte er den Kassenbereich, ohne die Ware, die er für sich behalten wollte, zu bezahlen. Kurz vor dem Verlassen des Geschäfts wurde der Angeschuldigte von dem Ladendetektiv Ernst Gruber auf den Diebstahl angesprochen. Der Angeschuldigte stieß daraufhin den Zeugen Gruber von sich weg, um mit der Ware das Geschäft verlassen zu können. Durch den heftigen Stoß fiel der Zeuge Gruber zu Boden. Dies nutzte der Angeschuldigte und floh mit seiner Beute.

Der Angeschuldigte wird daher beschuldigt,

bei einem Diebstahl auf frischer Tat betroffen, gegen eine Person Gewalt verübt zu haben, um sich im Besitz des gestohlenen Gutes zu erhalten.

Strafbar als Verbrechen des räuberischen Diebstahls gemäß § 252 StGB.

Wesentliches Ergebnis der Ermittlungen

(Auf einen Abdruck wird verzichtet, da sich keine Abweichungen zum bereits dargestellten Aufbau der Anklageschrift ergeben.)

Zur Aburteilung ist das Amtsgericht Nürnberg - Schöffengericht - zuständig.

Ich erhebe öffentliche Klage und beantrage,

a) das Hauptverfahren zu eröffnen und Termin zur Hauptverhandlung zu bestimmen,

b) dem Angeschuldigten einen Pflichtverteidiger zu bestellen.

Als **Beweismittel** benenne ich

den Zeugen Ernst Gruber, Nürnberg (Bl.5 d. A.).

Mit Akten an das Amtsgericht Nürnberg.

Schmidt

(Schmidt)
Staatsanwältin

III. Aufbau einer Anklageschrift in Baden-Württemberg[1]

643

```
Staatsanwaltschaft                    Stuttgart, 13.02.2010
bei dem Landgericht
211 Js 4243/10

An das
Amtsgericht
- Schöffengericht -
Stuttgart
```

A n k l a g e s c h r i f t

Unter Vorlage der Akten und mit dem Antrag, das Hauptverfahren vor dem Amtsgericht - Schöffengericht - zu eröffnen sowie dem Angeschuldigten einen Pflichtverteidiger zu bestellen, wird **Anklage** erhoben gegen

den am 21.07.1974 in Stuttgart geborenen, in der Friedensstraße 15, 70193 Stuttgart wohnhaften, deutschen und geschiedenen Maler Michael Huber.

Er wird angeschuldigt,

er habe sich am 07. Januar 2010 in Stuttgart gegen 17 Uhr in das Fachgeschäft Meier in der Stichstraße 6 in Stuttgart begeben. Als er sich unbeobachtet fühlte, habe er eine Akkubohrmaschine der Marke Bosch mit einem Wert von 269 € an sich genommen und das Gerät in dem von ihm mitgeführten Rucksack verstaut. Anschließend habe er den Kassenbereich passiert, ohne die Ware, die er für sich behalten wollte, zu bezahlen. Kurz vor dem Verlassen des Geschäfts sei der Angeschuldigte von dem Ladendetektiv Niklas Schulze auf den Diebstahl angesprochen worden. Der Angeschuldigte habe daraufhin den Zeugen Schulze von sich weggestoßen, um mit der Ware das Geschäft verlassen zu können. Durch den heftigen Stoß sei der Zeuge Schulze zu Boden gefallen. Dies habe der Angeschuldigte genutzt und sei mit seiner Beute geflohen.

Er habe somit bei einem Diebstahl auf frischer Tat betroffen, gegen eine Person Gewalt verübt, um sich im Besitz des gestohlenen Gutes zu erhalten.

1 In Baden-Württemberg existieren unterschiedliche Varianten des Aufbaus einer Anklageschrift, vgl. etwa auch das Muster bei *Vollmer/Heidrich*, Rn. 239. Der wesentliche Unterschied liegt in der Konkretisierung. Diese wird teilweise – wie im Muster – im Konjunktiv geschildert. Bei vielen Staatsanwaltschaften ist allerdings die Verwendung des Indikativs üblich. Insoweit entspricht die Anklageschrift der Handhabung in Bayern. Der Referendar sollte sich daher mit dem in seinem Landgerichtsbezirk üblichen Aufbau vertraut machen.

Strafbar als Verbrechen des räuberischen Diebstahls gemäß § 252 StGB.

Beweismittel:

Zeuge: Niklas Schulze, Stuttgart (Bl. 7 d. A.).

Wesentliches Ergebnis der Ermittlungen

(Auf einen Abdruck wird verzichtet, da sich keine Abweichungen zum bereits dargestellten Aufbau der Anklageschrift ergeben.)

Schmidt

(Schmidt)
Staatsanwältin

IV. Musterklausur (Anwaltsklausur) mit Lösungshinweisen

644 Für die nachfolgende Klausur ist eine Bearbeitungszeit von fünf Stunden vorgesehen. Als Hilfsmittel sind die Kommentare von *Fischer* zum StGB und von *Meyer-Goßner* zur StPO zugelassen.

Auszug aus der Handakte des Rechtsanwalts Ralf Kunze

Strafsache Hansen – K 276/08

Vermerk:
Heute wurde mir die nachgeheftete Anklage der Staatsanwaltschaft Lübeck vom 12.01.2009 durch das Landgericht Lübeck (1 Ks 2/09) zugestellt. Stellungnahmefrist läuft bis zum 13.02.2009. Akteneinsicht wurde bereits genommen. Ablichtungen wurden gefertigt.

Ku/20.01.09

Staatsanwaltschaft
bei dem Landgericht
705 Js 49978/08

Lübeck, 12.01.2009

Landgericht
- Schwurgerichtskammer -
Lübeck

Haft!
HPT: 04.06.2009

A n k l a g e s c h r i f t

Der Schlosser Markus Hansen, geb. am 07.04.1963 in Tübingen, wohnhaft Dornbreite 14, 23483 Bad Oldesloe, deutscher Staatsangehöriger, ledig,

- in dieser Sache vorläufig festgenommen am 03.12.2008 und aufgrund des Haftbefehls des AG Lübeck (3 Gs 346/08) vom 04.12.2008 seit diesem Tag in Untersuchungshaft in der JVA Lübeck -

Verteidiger: Rechtsanwalt Ralf Kunze, Bahnhofstraße 4, 23843 Bad Oldesloe,

wird angeklagt,

zwischen dem 2. und 3. Dezember 2008
in Lübeck

durch zwei selbstständige Handlungen

1. einen Menschen getötet zu haben,
2. eine fremde bewegliche Sache einem anderen in der Absicht weggenommen zu haben, diese sich rechtswidrig zuzueignen.

Der Angeschuldigte war am Tattag Gast in der Wohnung des Christian Schäfer in der Mühlenstraße 340 in Lübeck. Gegen 23.00 Uhr kam es zu einer Auseinandersetzung zwischen beiden, in dessen Verlauf der Angeschuldigte mit einem Baseballschläger gegen den Kopf des Christian Schäfer schlug. Nachdem dieser zu Boden gegangen war, würgte der Angeschuldigte ihn bis zur Bewusstlosigkeit.

Der Angeschuldigte fasste nunmehr den Entschluss, den bewusstlos am Boden liegenden Christian Schäfer nach Wertsachen zu durchsuchen. Er fand dabei ein Mobiltelefon sowie Bargeld in Höhe von 60 €. Beides nahm er an sich, um es für sich zu behalten.

Infolge der erlittenen Verletzungen verstarb Christian Schäfer am 3. Dezember 2008 zwischen 02.00 und 03.00 Uhr.

Den tödlichen Verlauf des Verletzungsgeschehens hielt der Angeschuldigte für möglich und nahm ihn billigend in Kauf.

Verbrechen und Vergehen, strafbar nach §§ 212, 242, 53 StGB.

Beweismittel: (von einem Abdruck wurde abgesehen)

Wesentliches Ergebnis der Ermittlungen:
(von einem Abdruck wurde abgesehen)

Es wird beantragt,

a) das Hauptverfahren zu eröffnen,

b) die Fortdauer der Untersuchungshaft anzuordnen.

Panzer

(Panzer)
Staatsanwältin

Ablichtung des Vorführungsprotokolls

Amtsgericht Lübeck
3 Gs 346/08

Lübeck, 04.12.2008

Strafsache gegen Markus Hansen,
Personalien Bl. 43 d. A.
wegen Totschlags u.a.

gegenwärtig: Richter am Amtsgericht Müller als Haftrichter,
Staatsanwältin Panzer als Beamtin der Staatsanwaltschaft,
Rechtsanwalt Kunze als Verteidiger,
Justizangestellte Janke als Urkundsbeamtin der Geschäftsstelle

Vorgeführt erscheint der Beschuldigte Hansen. Es wurde ihm eröffnet, welche Taten ihm zur Last gelegt werden.

(Anmerkung: Es ist davon auszugehen, dass der Beschuldigte ordnungsgemäß belehrt wurde.)

Der Beschuldigte erklärt:

Ich will aussagen.

Zu meiner Person kann ich sagen, dass ich 45 Jahre alt bin. Nach Abschluss der Hauptschule habe ich eine Schlosserlehre bei der Firma Vogel in Bad Oldesloe gemacht, wo ich seitdem auch beschäftigt bin.

Christian Schäfer kannte ich bereits längere Zeit, etwa drei bis vier Jahre. Wir waren nicht richtig befreundet. Ich würde ihn eher als Zechkumpanen bezeichnen. Damit meine ich, dass wir uns vielleicht einmal im Monat allein oder auch mit anderen Kumpels zu einer Kneipentour in Lübeck getroffen haben. Da ich selbst in Bad Oldesloe wohne, habe ich nach solchen Abenden meistens in der Wohnung von Christian Schäfer übernachtet.

Am 2. Dezember war ich auch in Lübeck. Mit Christian Schäfer bin ich durch mehrere Kneipen in der Altstadt gezogen. Das dauerte jedoch nicht lange. Es war nicht viel los. Christian war auch irgendwie mies drauf. Wir sind dann schon früh, gegen 22.00 Uhr, in Christians Wohnung gegangen. Wir hatten beide ganz schön getankt. Ich hatte mehrere Bier und einige Kurze getrunken. Christian hatte nicht viel weniger intus. Bei Christian zu Hause haben wir dann noch eine Flasche Wodka geleert. Christian wurde im Verlauf des Abends immer gereizter. Ich weiß zwar, dass er nach Alkoholkonsum häufig aggressiv wird. An dem Abend war es aber besonders schlimm. Christian wärmte alte Geschichten auf. Dazu muss ich sagen, dass ich mal ein Verhältnis mit seiner Ex-Freundin hatte. Das ist aber bestimmt schon anderthalb Jahre her. Das dauerte auch nicht lange, vielleicht zwei, drei Wochen. Christian war damals natürlich sauer auf mich. Wir hatten uns dann aber ausgesprochen und ich dachte, die Sache sei vom Tisch. Jetzt fing er aber wieder damit an. Er meinte, dass ich ihm bei Frauen immer die Tour vermasseln würde. Ich muss dazu sagen, dass wir bereits am Abend in einer Kneipe einen kleinen Streit hatten. Christian hatte versucht, mit einer Frau am Tresen anzubandeln. Die hatte ihn aber recht schroff abgewiesen. Stattdessen bin ich später mit ihr nett ins Gespräch gekommen. Dies warf Christian mir nun vor und meinte, dass ich wieder meine Tour von damals mit seiner Ex durchziehen würde. Jedenfalls entwickelte sich ein richtiger Streit zwischen uns.

Irgendwann wurde Christian auch körperlich aggressiv. Er kam auf mich zu und schlug mir mit der Faust mehrmals in das Gesicht. Der erste Schlag traf mich unvorbereitet. Die nächsten konnte ich abwehren. Ich habe wohl auch einmal zurückgeschlagen. Weil Christian nicht aufhörte, nahm ich ihn in den Schwitzkasten bis er schließlich signalisierte, dass er aufgab. Ich ließ ihn dann los. Christian sagte darauf hin, dass ich dafür büßen müsste und verschwand in der Küche. Kurz darauf kam er mit einem Schlachtermesser zurück und stürzte sich auf mich. Er versuchte mit dem Messer auf mich einzustechen. Mir gelang es jedoch auszuweichen, weil Christian auch etwas unkontrolliert war. Jedenfalls hatte ich ganz schöne Panik, weil Christian auch so einen irren Blick hatte. Ich ergriff dann eine Baseballkeule, die sich dort im Zimmer befand. Christian lief erneut mit erhobenem Messer auf mich zu. Ich hatte nun richtig Angst, dass er mich absticht. Als er mit dem Messer auf mich zukam, habe ich daher mit dem Baseballschläger zugeschlagen. Ich muss ihn dabei voll am Kopf erwischt haben. Jedenfalls ging Christian sofort zu Boden. Ich habe mich dann neben Christian auf den Boden gekniet und ihn mit beiden Händen am Hals gepackt. Dabei habe ich ihn gewürgt und geschrien, dass er aufhören soll. Ich hatte Angst, dass er mich mit dem Messer weiter attackieren würde. Ich war richtig in Panik.

Als ich von ihm abgelassen hatte, bemerkte ich, dass Christian reglos da lag und so einen starren Blick hatte. Ich war erstmal erschrocken. Dann kam mir die Schnapsidee nachzusehen, ob Christian Geld bei sich hatte. Ich fand dann auch welches. Das müssen so etwa 60 bis 70 € gewesen sein. Ich nahm das Geld und auch sein Handy an mich. Ich weiß auch nicht, warum ich das gemacht habe. Wahrscheinlich war ich auch irgendwie noch wütend auf Christian wegen seiner Messerattacke.

Auf Nachfrage:

Ich habe danach nichts weiter gemacht. Ich habe meine Jacke genommen und habe die Wohnung verlassen. Ich bin dann erstmal ein, zwei Stunden ziellos durch die Gegend geirrt. Ich war völlig aufgelöst. Dann bin ich noch in der Nacht zu meiner Schwester Karin Hansen, die auch in Lübeck wohnt, gegangen und habe ihr alles erzählt. Meine Schwester meinte, ich sollte mich bei der Polizei stellen. Das habe ich am frühen Morgen schließlich auch gemacht.

Auf Nachfrage:

Ich wusste nicht genau, ob Christian bereits tot war, als ich die Wohnung verließ. Ich hielt ihn schon für schwer angeschlagen. Er war ja auf jeden Fall bewusstlos. Aber eigentlich ging ich schon davon aus, dass er wieder auf die Beine kommt.

Mehr kann ich nicht sagen.

b.u.v.:
Gegen den Beschuldigten Hansen ergeht nachfolgender Haftbefehl:

(Anmerkung: von einem Abdruck wurde abgesehen)

Müller	*Janke*
Richter am Amtsgericht	Justizangestellte

Ablichtung des am 03.12.2008 durch PK Schneider, 2. Polizeirevier Lübeck, in der Ermittlungsakte gefertigten Vermerks

2. Polizeirevier Lübeck
Tbg.-Nr. 2/34563/2008

Lübeck, 03.12.2008

Vermerk:

Um 03.55 Uhr erscheint der Markus Hansen auf der Dienststelle und zeigt an, dass es in der Mühlenstraße 340 zu einem Unglücksfall gekommen sei. Man solle dort mal nachsehen. Zu weiteren Angaben war er nicht bereit. Der Markus Hansen machte auf mich einen stark alkoholisierten Eindruck. Er wirkte unkontrolliert. Seine Gemütslage war stark schwankend zwischen hochgradiger Erregung und völliger Verzweiflung. Ich habe umgehend veranlasst, dass ein Funkstreifenwagen in die Mühlenstraße 340 fährt. Da aufgrund der Angaben des Hansen der Anfangsverdacht einer

Straftat, an der dieser möglicherweise beteiligt ist, bestand, habe ich wegen der nicht übersehbaren Alkoholisierung die Entnahme einer Blutprobe veranlasst.

gez. Schneider, PK

Ablichtung des Blutalkoholprotokolls (Auszug)

Staatliche Blutalkoholuntersuchungsstelle
des Instituts für Rechtsmedizin
des Universitätsklinikums Schleswig-Holstein

Kiel, 04. 12. 2008

Die am 03.12.2008 um 04.20 Uhr entnommene Blutprobe enthält im Mittel

2,36‰ Alkohol.

gez. Zunker

Ablichtung des Schreibens der Kanzlei Rohlich & Partner an die Staatsanwaltschaft Lübeck

Rohlich & Partner
Alter Markt 1, 23566 Lübeck

Staatsanwaltschaft bei dem Landgericht
Travemünder Allee 9
23556 Lübeck

Rechtsanwälte
Klaus Rohlich
Günther Clausen
Fritz Hamer
Siegfried Paulsen
Durchwahl Sekretariat
Tel. 0451/37 54 -12
Fax. 0451/37 54 -72

Lübeck, 21. 12. 2008
Pa/1220/08
(bei Rückfragen stets angeben)

Ihr Zeichen: 705 Js 49978/08

Sehr geehrte Frau Staatsanwältin Panzer,

wie bereits fernmündlich erörtert, ist meine Mandantin Karin Hansen zu einer zeugenschaftlichen Vernehmung vor den Strafverfolgungsbehörden nicht bereit. Sie wird sich ausschließlich über mich äußern. Wie besprochen übersende ich Ihnen daher in der Anlage das Protokoll der von mir durchgeführten Zeugenvernehmung der Karin Hansen.

Mit freundlichen Grüßen

Paulsen

Rechtsanwalt

Anlage:

Vernehmung einer Zeugin

Gegenwärtig:
Rechtsanwalt Siegfried Paulsen
als Vernehmungsleiter
Rechtsanwaltsgehilfin Caroline Emsig
als Protokollführerin

Es erscheint: die Hausfrau Karin Hansen,
geboren am 12. 10. 1971 in Lübeck,
wohnhaft Meierstraße 5, 23568 Lübeck,
ausgewiesen durch Bundespersonalausweis,

und erklärt, mit dem Gegenstand der Untersuchung vertraut gemacht und über die Verpflichtung zur wahrheitsgemäßen Aussage belehrt:

Mir ist bekannt, dass ich in dem gegen meinen Bruder Markus Hansen geführten Ermittlungsverfahren vernommen werden soll. Mir ist bekannt, dass ich nach § 52 StPO zur Zeugnisverweigerung berechtigt bin. Ich möchte – allerdings nur hier – zur Sache aussagen. Ich bin damit einverstanden, dass meine heutige Aussage gerichtlich verwertet wird.

In der Nacht vom 2. auf den 3. Dezember 2008, es muss so gegen 01.00 Uhr gewesen sein, erschien völlig unvermittelt mein Bruder Markus bei mir. Er war völlig aufgelöst und sagte, er hätte gerade einen Menschen umgebracht. Er sei in der Wohnung seines Kumpels Christian Schäfer gewesen und hätte dort eine Auseinandersetzung mit diesem gehabt. Christian habe ihn mit einem Messer angegriffen. Darauf hin habe er sich zur Wehr gesetzt und Christian mit einem Knüppel oder etwas ähnlichem niedergeschlagen. Als Christian dann zu Boden gegangen sei, habe er ihn noch kräftig gewürgt, weil er wütend auf ihn gewesen sei. Er habe ihm noch zugerufen: "Das geschieht Dir recht! Verrecke doch bloß!" Irgendwann habe er von Christian abgelassen. Dieser sei reglos und mit starrem Blick am Boden liegen geblieben. Darauf hin sei er in Panik geraten. Er habe angenommen, dass der Christian Schäfer tot sei. Er habe dann sofort die Wohnung verlassen.

Mehr kann ich zu der Sache nicht sagen.
Lübeck, 20.12.2008

selbst gelesen, genehmigt und unterschrieben

Karin Hansen

geschlossen: *Paulsen*
Rechtsanwalt

Handakenvermerk von Rechtsanwalt Kunze vom 22.01.2009

Strafsache Hansen – K 76/09

Vermerk:
Bei meiner heutigen Unterredung mit dem Mandanten in der JVA Lübeck gab mir dieser zu verstehen, dass seine Schwester Karin nicht gegen ihn aussagen werde. Die Aussage seiner Schwester bei Rechtsanwalt Paulsen erkläre er sich mit großen Meinungsverschiedenheiten mit seiner Schwester nach der Tat. Inzwischen habe man sich aber wieder versöhnt. Seiner Schwester täte es leid, vor dem Rechtsanwalt ausgesagt zu haben. Jetzt werde sie aber nichts mehr sagen.

Ku/22.01.09

Ablichtung aus dem Gutachten der Sachverständigen Lamprecht (Auszug)

Institut für Rechtsmedizin
Universitätsklinikum Schleswig Holstein
Campus Lübeck

Lübeck, 11. 12. 2008

Die von mir geleitete Obduktion der Leiche des Christian Schäfer hat folgendes ergeben:

Die Leiche wies multiple Verletzungen im Hals- und Kopfbereich auf. Der Gesichtsschädel war gebrochen, wodurch Blutungen nach innen und außen verursacht wurden. Am Hals befanden sich deutliche Hämatome. (…) Es kann als sicher angesehen werden, dass die Kopfverletzung durch stumpfe Gewalteinwirkung verursacht wurde. Die Würgemale am Hals lassen den Schluss auf eine Strangulation des Opfers zu. Die Kopfverletzung dürfte mit an Sicherheit grenzender Wahrscheinlichkeit zu einer sofortigen Bewusstlosigkeit des Opfers geführt haben. Die Halsverletzungen waren für sich allein nicht todesursächlich. Der Tod trat durch das Einatmen von Blut im Zusammenhang mit der Kopfverletzung ein. Dies muss einige Minuten bis zu einer halben Stunde gedauert haben. Ob die Halsverletzung für den Tod mitursächlich war, konnte nicht aufgeklärt werden. (…)

gez. Dr. med Lamprecht

Bearbeitervermerk:

Versetzen Sie sich an die Stelle von Rechtsanwalt Kunze.

Erörtern Sie in einem Gutachten alle materiell-rechtlichen und prozessualen Fragen. Fertigen Sie sodann auf der Grundlage der vorliegenden Unterlagen und Informationen den im Mandanteninteresse gebotenen und an die zuständige Justizbehörde gerichteten, auf den 23.01.2009 datierten anwaltlichen Schriftsatz an.

Es ist davon auszugehen, dass Rechtsanwalt Kunze im Augenblick keine weiteren Informationen erlangen kann.

Straftatbestände außerhalb des Strafgesetzbuches sowie Ordnungswidrigkeiten sind nicht zu prüfen.

Lösungshinweise

Nach dem Bearbeitervermerk sind die Rechtsprobleme des Falles zunächst in einem Gutachten zu erörtern. Anschließend ist der im Mandanteninteresse gebotene Schriftsatz an die zuständige Justizbehörde zu entwerfen.

A. Gutachterliche Überlegungen (materiell-rechtlich)

Die am 12.01.2009 erhobene Anklage wirft dem Mandanten die Begehung eines Totschlags sowie tatmehrheitlich begangenen Diebstahls vor. Zu prüfen ist daher zunächst, ob ein entsprechender hinreichender Tatverdacht besteht.

I. Totschlag, § 212 StGB

Ein hinreichender Tatverdacht wegen Totschlags dürfte bereits deswegen entfallen, weil nicht auszuschließen ist, dass sich der Angeschuldigte im Zustand der Schuldunfähigkeit gemäß § 20 StGB befunden hat.

Hinweis: Vertretbar ist es natürlich, wenn der Prüfling zunächst alle einzelnen Tatbestandsmerkmale und die Frage nach der Rechtswidrigkeit des Verhaltens untersucht. Sinnvoll erscheint es jedoch, hier sogleich auf die sich aufdrängende Frage des § 20 StGB einzugehen und die weitergehenden Probleme erst bei der Rauschtat des § 323a StGB zu erörtern.

Anhaltspunkt für die Prüfung von § 20 StGB ist das in der Akte enthaltene Protokoll über die Blutalkoholbestimmung. Bei dem Angeschuldigten wurde etwa fünf Stunden nach der Tat noch ein Blutalkoholwert von 2,36‰ festgestellt. Die Blutalkoholbestimmung zur Tatzeit erfolgt durch Rückrechnung, die in der Praxis durch einen Sachverständigen zu erfolgen hat. Da ein solches Gutachten hier (noch) nicht vorliegt, hat der Prüfling selbst eine grobe Rückrechnung anhand der vom BGH entwickelten Kriterien (vgl. hierzu *Fischer*, § 20 Rn. 13 ff.) vorzunehmen. Bei der Prüfung des § 20 StGB ist dabei – entgegen der BAK-Bestimmung bei §§ 315c, 316 StGB – zugunsten des Täters von einem maximalen Abbauwert auszugehen. Dieser errechnet sich nach der Rechtsprechung aus einem stündlichen Abbauwert von 0,2‰ (bei §§ 315c, 316 StGB nur 0,1‰) und einem (einmaligen) Sicherheitszuschlag von 0,2‰, wobei hier (anders als bei §§ 315c, 316 StGB) auch die ersten beiden Stunden nach Trinkende in die Rückrechnung einzubeziehen sind. Ausgehend von einer um 04:20 Uhr festgestellten BAK von 2,36‰ errechnet sich hier also eine Tatzeit-BAK von ca. 3,5‰.

Bei einer Blutalkoholkonzentration von über 3‰ ist § 20 StGB stets zu prüfen (vgl. *Fischer*, § 20 Rn. 20 mwN.). Zwar gibt es keine Faustregel, dass bei BAK-Werten von über 3‰ in der Regel von Schuldunfähigkeit auszugehen ist. Vielmehr sind immer die konkreten Umstände der Tat und die Persönlichkeit und das Verhalten des Täters zu beurteilen. An die Frage der Schuldunfähigkeit ist insbesondere bei schweren Straftaten ein strenger Maßstab anzulegen. Hier sind jedoch neben dem hohen BAK-Wert auch die Einlassung des Angeschuldigten und der Vermerk des PK Schneider zu berücksichtigen. Daraus ergibt sich, dass sich der Angeschuldigte in einem hochgradigen Erregungszustand befunden habe und unkontrolliert wirkte. Dies zusammen mit der erheblichen Alkoholisierung lässt den Schluss auf eine Schuldunfähigkeit nach § 20 StGB zu, wobei die endgültige Klärung der Hauptverhandlung vorbehalten ist.

Hinweis: Vom Prüfling ist zu erwarten, dass er sich mit der Rechtsprechung zu § 20 StGB auseinandersetzt und dabei die im Aktenauszug enthaltenen Hinweise für seine Argumentation verwendet. Selbst wenn das Ergebnis, ob von einer Schuldunfähigkeit des Angeschuldigten auszugehen ist, offen erscheint, ist es aus der Anwaltsperspektive und damit aus einer mandantenfreundlichen Beurteilung geboten, die Voraussetzungen des § 20 StGB anzunehmen.

II. Fahrlässige Tötung, § 222 StGB i.V.m. den Grundsätzen der actio libera in causa

Auch insoweit ist ein hinreichender Tatverdacht abzulehnen. Die Figur der (fahrlässigen) actio libera in causa setzt voraus, dass der Täter sich im Zustand der Schuldfähigkeit vorsätzlich oder fahrlässig in einen Rausch versetzt und dabei fahrlässig außer Acht lässt, dass er im berauschten Zustand eine bestimmte Straftat begehen werde (*Fischer*, § 20 Rn. 51). Die im Aktenauszug zur Verfügung stehenden Beweismittel lassen einen derartigen Schluss jedoch nicht zu.

III. Vollrausch, § 323a StGB

Der objektive Tatbestand des § 323a StGB ist verwirklicht. Durch den Konsum alkoholischer Getränke, welcher zu einer deutlichen Blutalkoholkonzentration führte, hat sich der Angeschuldigte in einen Rauschzustand versetzt.

Der Angeschuldigte müsste zudem in diesem Zustand eine Rauschtat begangen haben. Zu beachten ist dabei, dass es sich bei der Begehung der Rauschtat nach überwiegender Ansicht lediglich um eine objektive Bedingung der Strafbarkeit handelt (vgl. etwa BGHSt 16, 124), so dass sich darauf der Vorsatz des Täters nicht beziehen muss.

Als Rauschtaten kommen mehrere Delikte in Betracht, die nacheinander (inzident) zu prüfen sind.

1. Totschlag, § 212 StGB

Zu problematisieren ist zunächst, ob der objektive Tatbestand des Totschlags verwirklicht ist. Durch sein Verhalten hat der Angeschuldigte nach der conditio-sine-qua-non-Formel den Tod des Christian Schäfer verursacht. Der Prüfling ist jedoch gehalten, hier genau zu differenzieren und dabei das Gutachten der Sachverständigen

Lamprecht zu verwerten. Danach hat die Kopfverletzung, mithin der Schlag mit der Baseballkeule, den Tod verursacht. Dagegen konnte nicht aufgeklärt werden, ob das anschließende Würgen des Opfers für den Todeseintritt mitursächlich war. Zu Gunsten des Angeschuldigten ist daher davon auszugehen, dass dies nicht der Fall war.

Anschließend stellt sich die Frage des Vorsatzes. Hierbei ist zu beachten, dass die Rechtsprechung den natürlichen Vorsatz genügen lässt und nicht zusätzlich auf das Unrechtsbewusstsein des Rauschtäters abstellt. Für die finalen Handlungslehren stellt sich diese Frage dagegen nicht (vgl. hierzu *Fischer*, § 323a Rn. 7 mwN.). Längere Ausführungen hierzu sind vom Prüfling nicht zu erwarten.

In Betracht kommt hier allein bedingter Vorsatz. Zu erörtern ist, ob der Angeschuldigte es für möglich hielt und es billigend in Kauf nahm, dass der Schlag mit der Baseballkeule zu tödlichen Verletzungen führte. Der Prüfling hat sich hier argumentativ mit der einschlägigen Rechtsprechung auseinanderzusetzen, welche einerseits auf die hohe Hemmschwelle bei Tötungsdelikten abstellt, andererseits die Anforderungen an den bedingten Vorsatz bei äußerst gefährlichen Handlungen auch nicht übersteigert (vgl. etwa *BGH* NStZ 1981, 32). Im Ergebnis dürfte ein bedingter Vorsatz zu bejahen sein.

Hinweis: Vertretbar und aus anwaltlicher Sicht vielleicht auch geboten ist es, bereits hier Totschlag mangels Vorsatzes abzulehnen. Der Prüfling hat sich dann trotzdem mit den weitergehenden Problemen in der Rechtswidrigkeit und Schuld (ergänzend) auseinanderzusetzen. Dies verlangt nicht nur die Aufgabenstellung, wonach alle Rechtsfragen zu erörtern sind. Auch ein gewissenhafter Verteidiger würde eine Prüfung nicht an dieser Stelle abbrechen und sich darauf verlassen, dass das Gericht bei einer solch schwierigen Frage seiner Argumentation folgt. Stattdessen würde er weiter prüfen, ob es nicht noch weitere Punkte gibt, die gegen die Annahme eines Tötungsdelikts sprechen.

Nach der durch weitere Beweismittel nicht zu widerlegenden Einlassung des Angeschuldigten fehlt es an der Rechtswidrigkeit seines Handelns. Der Angeschuldigte befand sich in einer Notwehrlage, als der Christian Schäfer mit erhobenem Messer auf ihn zustürzte. Es handelt sich insoweit um einen gegenwärtigen und rechtswidrigen Angriff auf die körperliche Unversehrtheit des Angeschuldigten. Die von ihm gewählte Verteidigung war auch erforderlich. Es ist kein gleich geeignetes und milderes Mittel als der Schlag mit der Baseballkeule ersichtlich, um den Angriff des Schäfer abzuwehren. Die Verteidigungshandlung war auch geboten. Zwar wird allgemein bei einem Angriff von schuldlos Handelnden, insbesondere Betrunkenen, eine Einschränkung des Notwehrrechts angenommen. Ein solcher Fall könnte hier vorliegen, da nach der Einlassung des Angeschuldigten auch das Opfer in erheblichem Maße Alkohol konsumiert hatte. Allerdings wird auch in diesen Fällen vom Angegriffenen nicht verlangt, durch den Verzicht auf die an sich erforderliche Verteidigungshandlung erhebliche Risiken für eigene Rechtsgüter, insbesondere für Leib oder Leben, einzugehen (vgl. etwa *Schönke/Schröder-Lenckner*, § 32 Rn. 52). Dies wird man hier annehmen müssen. Dem Angeschuldigten war es in der konkreten Situation nicht zuzumuten, auf den Schlag mit der Baseballkeule zu verzichten und erhebliche Verletzungen durch die bevorstehende Messerattacke zu riskieren.

Nach allem wird Totschlag jedenfalls mangels Rechtswidrigkeit abzulehnen sein.

Gleiches gilt für eine gefährliche Körperverletzung durch den Schlag mit der Baseballkeule. Weitere Ausführungen hierzu erübrigen sich.

2. Versuchter Totschlag, §§ 212, 22 StGB

Der Angeschuldigte würgte den Christian Schäfer nach dem Schlag mit der Baseballkeule. Diesen Umstand hat er selbst eingeräumt. Das Würgen war jedoch nach dem *in-dubio-pro-reo*-Grundsatz unter Heranziehung des Sachverständigengutachtens nicht (mit)ursächlich für den Todeseintritt. Zu prüfen ist daher insoweit ein versuchter Totschlag.

Hinsichtlich eines Tötungsvorsatzes gilt das oben Gesagte entsprechend. Erwartet wird auch hier eine Würdigung des Sachverhalts mit Hilfe der von der Rechtsprechung entwickelten Kriterien.

Wird Tötungsvorsatz angenommen, ist objektiv lediglich kurz festzustellen, dass der Angeschuldigte auch unmittelbar zur Tat angesetzt hat.

Das Würgen war auch rechtswidrig, da zu diesem Zeitpunkt ein gegenwärtiger Angriff nicht mehr vorlag, es mithin an einer Notwehrlage fehlte.

Zu erörtern ist jedoch, ob dem Angeschuldigten der Schuldausschließungsgrund des § 33 StGB zugute kommt. Die Möglichkeit eines schuldausschließenden Notwehrexzesses ist auch hinsichtlich der Rauschtat im Rahmen des § 323a StGB gegeben, denn der Vollrauschtatbestand führt lediglich zur Unbeachtlichkeit der rauschbedingten Schuldeinschränkungen (*Fischer*, § 323a Rn. 8). Der Prüfling muss hier zwischen dem sog. intensiven Notwehrexzess, wie ihn § 33 StGB allein regelt, und dem sog. extensiven Notwehrexzess, dessen Rechtsfolgen im Einzelnen umstritten sind, differenzieren.

Der intensive Notwehrexzess setzt voraus, dass in einer objektiv gegebenen Notwehrlage die Grenzen der erforderlichen Verteidigung überschritten werden. Eine solche Fallkonstellation ist hier jedoch nach den bereits getroffenen Feststellungen nicht anzunehmen.

In Betracht kommt dagegen der sog. extensive Notwehrexzess, welcher nach überwiegender Ansicht nach den Regeln des Erlaubnistatbestandsirrtums zu behandeln ist (vgl. hierzu *Fischer*, § 33 Rn. 5, § 32 Rn. 51). Das setzt voraus, dass der Angeschuldigte zum Zeitpunkt des Würgens irrig von einer (immer noch) bestehenden Notwehrlage ausging.

Der Prüfling hat sich an dieser Stelle ausführlich mit den vorhandenen Aussagen auseinanderzusetzen. Nach der Einlassung des Angeschuldigten ist durchaus von einem derartigen Putativnotwehrexzess auszugehen. Er will den am Boden liegenden Schäfer gewürgt haben, weil er Angst vor einer Fortsetzung der Messerattacke gehabt habe. Dabei habe er diesen angeschrien, er solle aufhören. Dieser Einlassung zufolge hätte der Angeschuldigte irrig das Fortbestehen eines gegenwärtigen Angriffs angenommen. Dagegen steht jedoch die Aussage der Schwester des Angeschuldigten, der Zeugin Karin Hansen. Diese hat in einer Zeugenaussage geschildert, was der Angeschuldigte ihr kurz nach der Tat erzählt habe. Danach habe der Angeschuldigte das Opfer aus Wut gewürgt und dabei gerufen: „Das geschieht Dir recht! Verrecke doch bloß!“ Diese Aussage widerspricht der Einlassung des Angeschuldigten und damit auch dem Bestehen eines Putativnotwehrexzesses.

Es stellt sich jedoch die Frage, ob die Aussage der Zeugin Karin Hansen verwertet werden darf. Die Zeugin ist die Schwester des Angeschuldigten und damit gemäß § 52 StPO zeugnisverweigerungsberechtigt. Sie hat auch angegeben, in einer Hauptverhandlung nicht gegen ihren Bruder auszusagen. Zu problematisieren ist daher, ob die gegenüber dem Rechtsanwalt Paulsen getätigte Aussage verwertet werden kann. Hier rückt die Vorschrift des § 252 StPO in den Blickpunkt. Diese Vorschrift enthält nach ständiger Rechtsprechung des BGH nicht nur ein Verlesungsverbot, sondern über ihren Wortlaut hinaus auch ein umfassendes Verwertungsverbot (BGHSt 46, 1, 3). Dieses schließt auch jede andere Verwertung der bei der nichtrichterlichen Vernehmung gemachten Aussage aus; insbesondere ist die Vernehmung von Verhörspersonen nicht gestattet (BGHSt 2, 99, 102). Allerdings stellt sich hier das weitere Problem, dass § 252 StPO seinem Wortlaut nach nur auf vorangegangene amtliche Vernehmungen Anwendung findet. Hier besteht jedoch die Besonderheit, dass die Zeugin durch einen Rechtsanwalt vernommen wurde. In einer jüngeren Entscheidung hat der BGH jedoch klargestellt, dass § 252 StPO auch bei „anwaltlichen Vernehmungen“ entsprechend anzuwenden ist (BGHSt 46, 1, 4 f.). Der BGH führt hierzu aus (BGH aaO.):

> „Die in die Form einer Vernehmung gekleidete Anhörung durch den Verteidiger fällt nicht hierunter [unter § 252 StPO]. Zwar ist es dem Verteidiger nicht verwehrt, eigene Ermittlungen zu führen, insbesondere Zeugen oder Mitbeschuldigte vor und außerhalb der Hauptverhandlung zu befragen (...) Die Befugnis, Zeugen oder Beschuldigte „amtlich“ zu vernehmen (vgl. §§ 161a, 163a, 168, 168a bis c StPO) gibt ihm das Gesetz, auch soweit es Nachforschungen des Verteidigers zulässt, aber gerade nicht.
>
> Auch wenn der Verteidiger bei der Befragung von Zeugen oder Beschuldigten keine amtliche Funktion wahrnimmt, muss ein Verwertungsverbot entsprechend dem Rechtsgedanken des § 252 StPO für eine vor dem verfahrensbeteiligten Verteidiger des Angeklagten gemachte Aussage angenommen werden, wenn sie zur Verwendung durch den Verteidiger des Angeklagten in dem gegen diesen – und wie hier – zu diesem Zeitpunkt auch gegen den Zeugen gerichteten Verfahren bestimmt war. Wenn es § 252 StPO schon untersagt, eine unter den Strafdrohungen der §§ 145d und 164 StGB vor der Polizei gemachte Aussage als Zeuge oder eine sogar vor dem Richter als Beschuldigter abgegebene Einlassung nach anschließender berechtigter Zeugnisverweigerung zu verwerten, muss dies erst recht der Verwertung einer Aussage bei einer anwaltlichen „Beschuldigtenvernehmung“ entgegen stehen (vgl. BGHSt 20, 384, 385 a.E.; 29, 232, 239), zumal der Verteidiger bei einer solchen Anhörung einseitig die Interessen des Beschuldigten wahrzunehmen hat (vgl. *OLG Düsseldorf* NStZ-RR 1998, 336; *Meyer-Goßner*, aaO., vor § 137 Rn. 1), während die Strafverfolgungsbehörden nach § 160 Abs. 2 StPO sowohl die belastenden als auch die entlastenden Umstände zu ermitteln haben.
>
> Wäre dies anders, würde es darüber hinaus (...) die Möglichkeit eröffnen, dass wesentliche Teile der Verhandlungsführung dem Verantwortungsbereich des Vorsitzenden und des Gerichts entzogen und in die Hände eines anderen Verfahrensbeteiligten gelegt würden, der es dann seinerseits in der Hand hätte, eine Zeugenaussage zu „protokollieren“ und den Zeugen dann auf sein Zeugnisverweigerungsrecht hinzuweisen, von dem dieser dann in der Hauptverhandlung Gebrauch macht.“

In dem vom BGH entschiedenen Fall ging es um die Aussage eines Zeugen vor dem Verteidiger des Angeklagten. Der dieser Rechtsprechung zugrunde liegende Gedanke ist jedoch auf jede „anwaltliche Vernehmung“ anzuwenden. Danach dürfen hier die Angaben der Karin Hansen weder über ihre protokollierte Aussage noch durch Vernehmung des Rechtsanwalts Paulsen oder der Protokollführerin Emsig in eine Hauptverhandlung eingeführt werden.

Hinweis: Vom Prüfling ist nicht zu erwarten, dass er die Rechtsprechung des BGH bis ins Detail kennt. Er muss jedoch die Problematik des Verwertungsverbots und die Besonderheiten der „anwaltlichen Vernehmung“ erkennen und sich argumentativ damit auseinandersetzen. Hier liegt ein Schwerpunkt in der Klausurbearbeitung.

Geht der Prüfling auf der Grundlage der oben getätigten Ausführungen von einem Putativnotwehrexzess aus, hat er in der gebotenen Kürze darauf einzugehen, welche Rechtsfolgen dies auslöst (vgl. hierzu etwa *Fischer*, § 16 Rn. 20 ff.). Im Ergebnis lässt sich ein versuchter Totschlag mit guter Begründung bereits an dieser Stelle verneinen.

Der Prüfling hat sich jedoch weiter (notfalls ergänzend) mit der Frage auseinanderzusetzen, ob der Angeschuldigte strafbefreiend von dem versuchten Totschlag zurückgetreten ist. Maßgebend hierfür ist, ob der Angeschuldigte von einem rücktrittsfähigen Versuch ausging. Da der Angeschuldigte keinerlei Rettungsaktivitäten eingeleitet hat, sondern nach der letzten Handlung lediglich die Wohnung verlassen hat, ist entscheidend, ob der Angeschuldigte von einem unbeendeten oder beendeten Versuch ausging. Ein Rücktritt gemäß § 24 StGB kommt hier lediglich in Betracht, wenn der Angeschuldigte zu diesem Zeitpunkt davon ausging, noch nicht alles Erforderliche für den Erfolgseintritt getan zu haben. Dann würde das bloße Verlassen der Wohnung ausreichen.

Hier ist wiederum eine Würdigung der Beweismittel notwendig. Nach der Einlassung des Angeschuldigten ließe sich ein unbeendeter Versuch bejahen. Dieser hat angegeben, dass er nicht genau wusste, ob das Opfer schon tot war. Eigentlich sei er davon ausgegangen, dass der Schäfer wieder auf die Beine kommen würde. Dagegen stehen wiederum die Angaben der Zeugin Karin Hansen. Aus den oben genannten Gründen sind diese jedoch unverwertbar.

Da eine Freiwilligkeit des Rücktritts anzunehmen sein dürfte, wäre ein versuchter Totschlag daher auch unter dem Gesichtspunkt des strafbefreienden Rücktritts abzulehnen.

3. Totschlag durch Unterlassen, §§ 212, 13 StGB

Durch das Zurücklassen des Christian Schäfer in der Wohnung hat sich der Angeschuldigte auch nicht wegen Totschlags durch Unterlassen (und weiterer Unterlassungsdelikte wie Aussetzung oder unterlassene Hilfeleistung) hinreichend verdächtig gemacht. Dies lässt sich bereits deswegen verneinen, da das Unterlassen des Angeschuldigten nicht einerseits die Strafbarkeit entfallen lassen kann (bei § 24 StGB) und diese andererseits auf Umwegen wiederum begründen soll (hinsichtlich §§ 212,

13 StGB). Im Übrigen bietet der Sachverhalt zu wenige Anhaltspunkte, um sich mit diesen Fragen ausführlich zu beschäftigen.

4. Fahrlässige Körperverletzung, § 229 StGB

Das Würgen des Schäfers erfüllt den objektiven Tatbestand einer (gefährlichen) Körperverletzung. Auf der Grundlage des Putativnotwehrexzesses ist jedoch insoweit von fehlender Vorsatzschuld auszugehen. Der Angeschuldigte hätte seinen Irrtum jedoch erkennen können, so dass fahrlässige Körperverletzung unproblematisch zu bejahen ist.

5. Diebstahl, § 242 StGB

Als weitere Rauschtat kommt ein Diebstahl in Betracht, indem der Angeschuldigte dem bewusstlosen Christian Schäfer das Mobiltelefon und Bargeld entwendete. Der Angeschuldigte hat dies eingeräumt. Zu diskutieren ist lediglich, ob das Tatbestandsmerkmal der Wegnahme erfüllt ist. Hier sind die Gewahrsamsverhältnisse zum Zeitpunkt des Entwendens der Gegenstände entscheidend. War der Schäfer zu diesem Zeitpunkt bereits tot, wäre sein Gewahrsam an den Gegenständen entfallen, so dass für den Angeschuldigten nur eine Unterschlagung in Betracht käme. War Schäfer zu diesem Zeitpunkt jedoch bewusstlos, hätte er noch fortbestehenden Gewahrsam, nach h.M. auch, wenn die Bewusstlosigkeit bis zum Todeseintritt andauert (vgl. hierzu *Fischer*, § 242 Rn. 13). Dann wäre eine Wegnahme zu bejahen. Das Gutachten der Sachverständigen Lamprecht lässt hier Raum für beide Alternativen. Diese hat den Zeitpunkt des Todeseintritts auf einige Minuten bis eine halbe Stunde nach Eintritt der Kopfverletzungen bestimmt. Nach Einlassung des Angeschuldigten hat er die Gegenstände unmittelbar nach dem Würgen des Opfers an sich genommen. Mit entsprechender Begründung ist daher sowohl die Annahme als auch die Ablehnung des Tatbestandsmerkmals der Wegnahme vertretbar.

Zu beachten ist jedoch, dass der Angeschuldigte nach seiner Einlassung, die wegen der Unverwertbarkeit der Aussage seiner Schwester allein zugrundezulegen ist, von einer Bewusstlosigkeit des Opfers ausging, er mithin Diebstahlsvorsatz hatte. Wer objektiv Unterschlagung annimmt, hat daher noch versuchten Diebstahl zu erörtern. Insoweit wäre kurz auf das Verhältnis von versuchtem Diebstahl und vollendeter Unterschlagung im Hinblick auf die Subsidiaritätsklausel des § 246 StGB einzugehen.

Hinweis: Bei der Annahme von Unterschlagung stellt sich das Problem der Subsidiaritätsklausel auch im Hinblick auf schwerere Taten, die nicht aus dem Bereich der Vermögensdelikte stammen. Die Einzelheiten sind hier umstritten (vgl. *Ernst/Charchulla*, DRiZ 2003, 238). Hier stellt sich die Frage jedoch nicht, da als weiterer Straftatbestand lediglich die fahrlässige Körperverletzung angenommen wird, welche nicht mit schwererer Strafe bedroht ist.

Bei der Annahme eines Diebstahls ist weiter auf die Regelbeispiele des § 243 StGB einzugehen, wobei hier § 243 Abs. 1 S. 2 Nr. 6 StGB (Ausnutzen der Hilflosigkeit) zu bejahen sein dürfte.

Als verwirklichte Rauschtaten sind daher letztlich fahrlässige Körperverletzung nach § 229 StGB und Diebstahl in einem besonders schweren Fall gemäß §§ 242 Abs. 1, 243 Abs. 1 S. 2 Nr. 6 StGB anzunehmen.

Der Angeschuldigte kann wegen der festgestellten Rauschtaten infolge seiner jedenfalls nicht ausschließbaren rauschbedingten Schuldunfähigkeit auch nicht bestraft werden.

Subjektiv ist lediglich Vorsatz hinsichtlich des Versetzens in einen Rauschzustand erforderlich. Dolus eventualis reicht insoweit. Dies ist hier angesichts der objektiven Umstände unproblematisch zu bejahen.

Konkurrenzen sind nicht zu erörtern. Auch bei mehreren Rauschtaten ist (innerhalb desselben Rausches) nur von einer Tat des § 323a StGB auszugehen.

Entgegen der Anklageschrift ist der Angeschuldigte nicht eines Totschlags in Tatmehrheit mit Diebstahls, sondern lediglich wegen eines vorsätzlichen Vollrausches hinreichend verdächtig.

B. Gutachterliche Überlegungen (prozessual)

I. Adressat der Schutzschrift

Prozessual ist zunächst zu überlegen, an wen die anzufertigende Schutzschrift zu richten ist. Der Prüfling hat sich daher zu vergegenwärtigen, dass die Strafsache derzeit im Stadium des Zwischenverfahrens beim Landgericht Lübeck anhängig ist. Diese muss über die Eröffnung des Hauptverfahrens entscheiden. Die Schutzschrift ist demnach an das Landgericht Lübeck zu richten.

II. Anträge

Der Prüfling hat weiter darzulegen, welche Anträge sinnvollerweise zu stellen sind.

1. Eröffnungsbeschluss

Nach der materiell-rechtlichen Begutachtung wäre ein Antrag auf Nichteröffnung des Hauptverfahrens fehlerhaft, da die zur Anklage gebrachte Tat einen hinreichenden Tatverdacht begründet, der lediglich in der rechtlichen Bewertung von der Anklageschrift abweicht. Insoweit ist zu beantragen, dass das Gericht gemäß § 207 Abs. 2 Nr. 3 StPO abweichend das Hauptverfahren nur wegen vorsätzlichen Vollrausches eröffnet.

Gleichzeitig ist zu beachten, dass der Vollrausch lediglich eine Strafdrohung bis zu fünf Jahren Freiheitsstrafe oder Geldstrafe vorsieht. Die Zuständigkeit des Landgerichts war nach der Anklageschrift allein wegen des Vorwurfs des Totschlags begründet (§ 74 Abs. 2 Nr. 5 GVG). Das Landgericht kann gemäß § 209 Abs. 1 StPO das Hauptverfahren auch vor einem Gericht niederer Ordnung eröffnen. Dies wäre hier angesichts der zu erwartenden Freiheitsstrafe von nicht über zwei Jahren der Strafrichter beim Amtsgericht. Insofern sollte die Eröffnung vor dem Amtsgericht – Strafrichter – Lübeck beantragt werden.

2. Haftbefehl

Der Angeschuldigte befindet sich in Untersuchungshaft. Anhaltspunkte für Flucht-, Verdunkelungs- oder Wiederholungsgefahr sind nicht gegeben. Der Haftbefehl kann auch nicht auf § 112 Abs. 3 StPO gestützt werden, wonach Untersuchungshaft auch ohne das Vorliegen eines Haftgrundes nach § 112 Abs. 2 StPO angeordnet werden darf. Nach dem materiell-rechtlichen Gutachten besteht kein dringender Tatverdacht wegen Totschlags. Da das Gericht im Rahmen der Eröffnungsentscheidung auch über die Fortdauer der Untersuchungshaft zu entscheiden hat (§ 207 Abs. 4 StPO), ist dementsprechend ein Antrag auf Aufhebung des Haftbefehls zu stellen.

3. Beweisantrag

Nach dem materiell-rechtlichen Gutachten ist von einer Anwendung des § 20 StGB auszugehen. In der Hauptverhandlung hat der Tatrichter für die Prüfung der Voraussetzungen der §§ 20, 21 StGB in der Regel einen Sachverständigen hinzuzuziehen (*Fischer*, § 20 Rn. 60). Insoweit ist jedoch beim Landgericht Lübeck kein entsprechender Antrag zu stellen, da die Eröffnung vor dem Amtsgericht Lübeck beantragt wird, welches dann auch für die Beweiserhebungen zuständig wird. In der Begründung innerhalb der Schutzschrift sollte aber die Notwendigkeit der Hinzuziehung eines Sachverständigen thematisiert werden.

C. Schutzschrift

– Briefkopf Rechtsanwalt Kunze –

An das
Landgericht
– Schwurgerichtskammer –
Lübeck

Lübeck, 23.01.2009

In dem Strafverfahren

gegen Markus Hansen
wegen Vorwurfs des Totschlags u.a.
dortiges Aktenzeichen: 1 Ks 2/09

beantrage ich,

1. die Anklage nur wegen des Vorwurfs eines vorsätzlichen Vollrausches zuzulassen und das Hauptverfahren vor dem Amtsgericht – Strafrichter – Lübeck zu eröffnen und
2. den Haftbefehl des Amtsgerichts Lübeck vom 04.12.2008 (3 Gs 346/08) aufzuheben.

Zur Begründung wird Folgendes vorgetragen:

Bereits nach Aktenlage besteht gegen meinen Mandanten kein hinreichender Tatverdacht wegen Totschlags und einem hierzu tatmehrheitlich begangenen Diebstahl. Stattdessen ist lediglich von einem vorsätzlichen Vollrausch auszugehen. *(Es folgt die Begründung im Einzelnen, die in der Klausur auszuformulieren ist).*

Unterschrift
(Rechtsanwalt Kunze)

Hinweis: Der Prüfling hat in der Begründung im Urteilsstil die bereits im materiell-rechtlichen und prozessualen Gutachten erörterten Probleme straff darzustellen. Dabei ist darauf zu achten, dass nur die entscheidungserheblichen Umstände anzusprechen sind und mandantenfreundlich zu formulieren ist. So ist es – anders als im Gutachten – in der Schutzschrift gestattet und sogar geboten, für den Mandanten ungünstige Aspekte auszusparen. Negativ wäre es daher zu bewerten, wenn der Prüfling in der Schutzschrift etwa darlegt, dass es sich bei dem vom Angeschuldigten eingeräumten Diebstahl sogar um einen besonders schweren Diebstahl gemäß § 243 Abs. 1 S. 2 Nr. 6 StGB handelt. Dies ist zwar eine zutreffende rechtliche Würdigung. Da aber selbst in der Anklageschrift bisher nur von einem einfachen Diebstahl ausgegangen wurde, kann es nicht Aufgabe des Verteidigers sein, die anderen Verfahrensbeteiligten auf eine rechtliche Würdigung des Geschehens aufmerksam zu machen, die sich ungünstig für seinen Mandanten auswirkt.

Stichwortverzeichnis

Die Zahlen bezeichnen die Randnummern.

Abgabe des Verfahrens an die Ordnungsbehörde 124
Abschlussverfügung bei Anklageerhebung 168 ff.
Abschlussverfügung bei Verfahrenseinstellung *siehe Einstellungsverfügungen*
Absolute Revisionsgründe 597 ff.
Abwesenheit des Beschuldigten 77 f.; 162a
Akkusationsprinzip 3
Aktenaufbau 13
Akteneinsicht 85 ff.; 394 ff.
Aktenvortrag 623 ff.
Amtsaufklärungspflicht 262
Anfangsverdacht 3; 48
Anklagesatz 180; 233; 251; 258
Anklageschrift 179 ff.; 258; 541 f.
Antragsdelikt 481 ff.
Anwaltsklausur *siehe Klausur*
Anwesenheitsrechte von Verfahrensbeteiligten 81 f.; 401
Augenscheinsbeweis 431; 443
Auslandszeuge 431; 443
Ausschreibung des Beschuldigten 76

Bedeutungslosigkeit 431; 434
Belehrungspflicht 83
Beruhen in der Revision 597 ff.
Beschlagnahme 35 ff.
Beschleunigungsgrundsatz 66 f.
Beschränkung der Strafverfolgung 107; 153 ff.; 189
Beschwerde 399 f.; 558
Besonderes öffentliches Interesse an der Strafverfolgung 485 ff.
Beurteilungsspielraum 131
Bewährung *siehe Strafaussetzung zur Bewährung*
Beweisantizipation 435 f.
Beweisantrag 408; 413 ff.
– Ablehnung 429 ff.
Beweisaufnahme 262 ff.; 412 ff.
Beweisermittlungsantrag 415
Beweismittel 219 ff.
Beweisverwertungsverbot 503 ff.
Beweiswürdigung 271; 372 ff.

Darstellungsmängel in der Revision 604 f.
Deal *siehe Verständigung im Strafverfahren*
Devolutionsrecht 8
Dezernat 11
Doppelverwertungsverbot *siehe Verbot der Doppelverwertung*
Dringender Tatverdacht 45; 47 ff.
Durchsuchung 27 ff.
– Durchsuchungsanordnung 30
– Durchsuchungsantrag 38
– Durchsuchungsbeschluss 325

Einsatzstrafe 299
Einstellung des Verfahrens 108 ff.; 521 ff.
– nach § 153 Abs. 1 StPO 127 ff.
– nach § 153a Abs. 1 StPO 135 ff.
– nach § 153b StPO 160
– nach § 154 Abs. 1 StPO 147 ff.
– nach § 154d StPO 161
– nach § 154e StPO 162
– nach § 154f StPO 162a
– nach § 170 Abs. 2 StPO 108 ff.
– nach § 45 Abs. 1 JGG 164
– nach § 45 Abs. 2 JGG 165
– nach § 45 Abs. 3 JGG 166
Einstellungsbescheid 110 ff.; 147; 522
Einstellungsnachricht 117 f.; 148; 522
Einstellungsverfügungen 120 ff.; 134, 143 ff.; 150 ff.; 167
Einstweilige Unterbringung 49
Einziehung 216; 308; 357; 540
Entziehung der Fahrerlaubnis 305; 357
Ermittlungspersonen der Staatsanwaltschaft 3; 32
Eröffnung des Hauptverfahrens 327
Eröffnungsbeschluss 335 ff.; 410
Erwiesenheit 431; 436
Erziehungsmaßregeln 312
Examensklausur *siehe Klausur*

Fahndung 75 ff.
Fahrerlaubnis *siehe (vorläufige) Entziehung der Fahrerlaubnis*
Fahrverbot 307; 357
Fernwirkung von Beweisverwertungsverboten 512
Feststellungen des Urteils *siehe Urteilsfeststellungen*
Flucht *siehe Haftgründe*
Fluchtgefahr *siehe Haftgründe*
Freibeweis 416
Freiheitsstrafe 290 ff.
Freispruch 269; 352

Gefahr im Verzug 32 ff.; 37; 70
Geldstrafe 287 f.
Generalprävention 290
Gesamtstrafe 298 ff.; 361 f.
Geschäftsverteilungsplan 11
Glaubhaftigkeit von Zeugenaussagen 376

Haftbefehl 63; 254 f.; 531 f.
Haftgründe 50 ff.
- bei besonders schwerwiegenden Delikten 57
- Flucht 51
- Fluchtgefahr 52 ff.
- Verdunkelungsgefahr 55 f.
- Wiederholungsgefahr 58 ff.
Haftprüfung 66
Handakte 13; 92; 175
Handaktenvermerk 321
Hauptverhandlung 251 ff.; 343 f.; 411 ff.
Hilfsbeweisantrag 428
Hinreichender Tatverdacht 48; 101; 497; 516

Jugendstrafe 314 ff.
Jugendstrafrecht 280 f.; 309 ff.

Klageerzwingungsverfahren 112; 126; 565
Klausur 453 ff.
- Anwaltsklausur 553 ff.
- Richterklausur 617 ff.
- Staatsanwaltsklausur 466 ff.
Konkretisierung der Anklageschrift 205 ff.
Konkurrenzen 513 f.
Konnexität 424 f.
Kostenentscheidung 363; 383 f.

Legalitätsgrundsatz 3; 9; 15; 101

Maßregeln der Besserung und Sicherung 304 ff.; 357
Mitteilungspflichten 174; 537

Natürliche Handlungseinheit 514
Nebenstrafen 304 ff.; 357
Negativverfügung 22
Notwendiger Verteidiger *siehe Pflichtverteidiger*

Offenkundigkeit 431; 433
Öffentliches Strafverfolgungsinteresse 130 f.
Offizialdelikt 112
Offizialprinzip 108
Opportunitätsprinzip 101; 125 ff.

Pflichtverteidiger 93; 534 ff.
Plädoyer *siehe Schlussvortrag*
Privatklagedelikt 108; 112
Prozessuale Tat 103 f.; 107; 146; 155; 365; 517
Prozessurteil 345
Prozessverschleppung *siehe Verschleppungsabsicht*
Prozessvollmacht 394

Ratenzahlung *siehe Zahlungserleichterung*
Rechtsbelehrung 111
Rechtsfolgenausspruch 357 ff.; 607
Rechtshängigkeit 108
Rechtskreistheorie des Bundesgerichtshofs 508
Rechtsmittelverfahren 569 ff.
Rechtsstaatswidrige Verfahrensverzögerung 283a; 365b
Registerzeichen 17
Revision 572 ff.
- Begründetheit 585 ff.
- Zulässigkeit 573 ff.
Revisionsanträge 609 ff.
Revisionsgründe 597 ff.
- absolute 598
- relative 599 f.
Richterklausur *siehe Klausur*
Rubrum 347 ff.
Rügeausschluss in der Revision 411; 601

Sachrüge 602 ff.
Sachurteil 345; 351
Sachverständigenbeweis 431; 437; 441 f.
Schlussvortrag
- des Staatsanwalts 265 ff.; 545 ff.
- des Verteidigers 447 ff.; 566 f.

Schuldspruch 354 ff.
Schutzschrift 404 ff.; 557
Schweigerecht 261
Sicherheitsleistung 69 ff.
Sicherstellung 35
Sitzungsvertretung 249 ff.
Sperrfrist zur Erteilung einer Fahrerlaubnis 305 f.
Spezialprävention 291
Sprungrevision 574
Staatsanwaltsklausur *siehe Klausur*
Strafantrag 108; 481 ff.
Strafaussetzung zur Bewährung 292 ff.; 316; 359 f.
Strafbefehl 243 ff.; 256; 259 f.
Strafklageverbrauch 108; 141; 492
Strafverfolgungsverjährung 108; 476 ff.
Strafverteidiger 389 ff.
Strafvollstreckung 6 f.
Strafzumessung 278 ff.; 380 f.
Strengbeweis 416
Substitutionsrecht 8

Tagessatz 287
Tat im prozessualen Sinn
siehe prozessuale Tat
Tateinheit 103
Tatmehrheit 103
Teileinstellung 104 ff.
Tenor *siehe Urteilstenor*

Übersendungsverfügung 177
Unerreichbarkeit 431; 438
Ungeeignetheit 431; 437
Unterbringung *siehe einstweilige Unterbringung*
Untersuchungshaft 44 ff.; 88
Urteil 320; 345 ff.; 621
Urteilsfeststellungen 370 f.
Urteilsgründe 368 ff.
Urteilstenor 350 ff.

Verbot der Doppelverwertung 284
Verbotene Vernehmungsmethoden 504 ff.
Verdunkelungsgefahr *siehe Haftgründe*
Verfahrensabtrennung 96 ff.
Verfahrenshindernis 475 ff.; 589 f.
Verfahrensrüge 591 ff.
Verfahrensverzögerung *siehe rechtsstaatswidrige Verfahrensverzögerung*
Verfall 308; 357; 540
Verfolgungsverjährung
siehe Strafverfolgungsverjährung
Verfügungstechnik 19 ff.
Verhältnismäßigkeitsgrundsatz 62
Verletzter 111
Vernehmung 79 ff.
Verschleppungsabsicht 431; 439
Verständigung im Strafverfahren 577
Verteidiger *siehe Strafverteidiger*
Verwarnung mit Strafvorbehalt 289a; 358a
Verwertungsverbot
siehe Beweisverwertungsverbot
Vollstreckungslösung 283a; 365b
Vorauszeichner 16
Vorbewährung 317
Vorführung 254
Vorläufige Entziehung der Fahrerlaubnis 39 ff.; 217; 305; 533

Wahlfeststellung 202
Wahrunterstellung 431; 440
Wesentliches Ergebnis der Ermittlungen 231 ff.
Widerspruchslösung des Bundesgerichtshofs 411
Wiederholungsgefahr *siehe Haftgründe*

Zäsurwirkung 303
Zahlungserleichterung 288 f.; 358
Zentrale Eingangsstelle 17
Zuchtmittel 313
Zustellungsbevollmächtigter 71 f.